2024

高等教育教学实践探索

厦门大学解决方案

厦门大学教务处 编

厦门大学出版社
XIAMEN UNIVERSITY PRESS

国家一级出版社
全国百佳图书出版单位

图书在版编目（CIP）数据

2024 高等教育教学实践探索 ：厦门大学解决方案 / 厦门大学教务处编. -- 厦门 ：厦门大学出版社，2024. 12. -- ISBN 978-7-5615-9551-0

Ⅰ．G642.0-53

中国国家版本馆 CIP 数据核字第 20243WV033 号

责任编辑 高 健
美术编辑 李嘉彬
技术编辑 朱 楷

出版发行 厦门大学出版社
社 址 厦门市软件园二期望海路 39 号
邮政编码 361008
总 机 0592-2181111 0592-2181406(传真)
营销中心 0592-2184458 0592-2181365
网 址 http://www.xmupress.com
邮 箱 xmup@xmupress.com
印 刷 厦门市竞成印刷有限公司

开本 787 mm×1 092 mm 1/16
印张 22.75
插页 1
字数 552 千字
版次 2024 年 12 月第 1 版
印次 2024 年 12 月第 1 次印刷
定价 129.00 元

厦门大学出版社
微信二维码

厦门大学出版社
微博二维码

目　录

第二篇　课程建设与改革

第三篇　高等教育数字化转型的探索与实践

第四篇 四新建设举措及成效研究

第一篇

思政教育与课程思政

坚持建设性和批判性相统一的学理思考

——以"马克思主义基本原理"课程为例*

傅丽芬**

摘要:习近平总书记在 2019 年学校思想政治理论课教师座谈会上强调指出,思想政治课改革创新要坚持建设性和批判性相统一。坚持建设性和批判性相统一是马克思主义理论的特质,是高校思政课教学的价值意蕴。本文以"马克思主义基本原理"课程为例,分析教学内容设置坚持批判性的缘由以及实现建设性和批判性相统一的实践路径。

关键词:思政课教学;批判性;建设性

习近平总书记在 2019 年学校思想政治理论课教师座谈会上直面思想政治教育过程中的重大基本问题,提出思想政治课改革创新要坚持"八个相统一"。其中,"建设性和批判性相统一"作为思政课教学改革创新的重要引领之一,要求教师"传导主流意识形态,直面各种错误观点和思潮"[①]。这一基本要求继承了马克思主义一以贯之的批判精神,为从顶层设计方面发挥思政课思想堡垒作用提供了方法论指导,并指明了思政课教学实现建设性与批判性的具体任务。

一、坚持建设性和批判性相统一是马克思主义理论的特质

"马克思主义基本原理"课程(以下简称"原理"课)讲授的是马克思主义理论体系中最基本、最核心的内容。马克思主义理论不是主观臆想的产物,而是在同一系列错误思潮进行斗争中,在旧哲学、资产阶级政治经济学进行批判吸收的过程中不断成长和发展壮大,并最终指向全人类解放的伟大思想理论体系。"从批判旧世界中发现新世界"[②]使其自始至终蕴含着批判性与建设性的统一。

批判性是哲学得以不断创新发展的"催化剂"。这一点在马克思主义哲学中表现得最为明显和突出,如《黑格尔法哲学批判》《〈黑格尔法哲学批判〉导言》《1844 年经济学哲学手稿》《神圣家族》等。马克思主义的哲学批判首先体现在对"形而上学"这种哲学形态的批

---

* 基金项目:国家社科基金高校思政课研究专项课题"推动高校思政课专题教学改革创新研究"(20VSZ120)、厦门大学 2022 年教改项目"'八个相统一':深化思想政治理论课专题教学改革的遵循原则"(2022MJY01)。

** 傅丽芬,女,福建厦门人,厦门大学马克思主义学院副教授,经济学博士,研究方向为马克思经济学。

① 《用新时代中国特色社会主义思想铸魂育人贯彻党的教育方针落实立德树人根本任务》,《人民日报》2019 年 3 月 19 日。

② 《马克思恩格斯文集》第 10 卷,人民出版社 2009 年版,第 7 页。

判,马克思主义哲学克服了唯心主义"不知道现实的、感性的活动本身"的弊端,将黑格尔哲学"头足倒置"进行了"颠倒",确立了唯物主义认识论立场。在《关于费尔巴哈的提纲》中,马克思对旧哲学特别是费尔巴哈哲学进行了批判与清算,指出他们的根本理论缺陷就是把人当作"感性直观"和"感性存在",从客体的或直观的形式去理解人和外在于人的世界,而不是从现实的社会实践去探讨,导致在社会历史领域陷入了唯心主义,是一种半截子唯物主义。据此,马克思提出实践是人类存在的本质性活动,"全部社会生活在本质上是实践的"①,人的实践需要与其所处的客观物质条件之间的矛盾及其运动构成的社会发展内生性动力是历史发展的终极原因。通过实践批判,马克思主义哲学逐步走向实践唯物主义与历史唯物主义,实现了以实践为基础的哲学认识论向哲学历史观的转向。

在政治经济学上,马克思首先通过对古典经济学中"渔夫"和"猎人"的自然"利己本性"假设前提的批判,"因为按照他们关于人性的观念,这种合乎自然的个人并不是从历史中产生的,而是由自然造成的。这样的错觉是到现在为止每个新时代所具有的……我们越往前追溯历史,个人,从而也是进行生产的个人,就越表现为不独立,从属于一个较大的整体……只有到18世纪,在'市民社会'中,社会联系的各种形式,对个人来说,才表现为只是达到他私人目的的手段,才表现为外在的必然性"②,提出了人不是与社会关系分离的单独的个体,而是必须在其社会关系内按照经济规则进行生产的"生产关系的人","我绝不用玫瑰色描绘资本家和地主的面貌。不过这里涉及的人,只是经济范畴的人格化……人的观点是把经济的社会形态的发展理解为一种自然史的过程。不管个人在主观上怎样超脱各种关系,他在社会意义上总是这些关系的产物"③。其次,通过对资本、劳动、土地等范畴的分析,尤其是"资本"具体化的阐释,批判和消解了古典经济学家对资本本质的"物化"理解,揭露和澄清"资本"的真实本质,"资本不是一种物,而是一种以物为中介的人和人之间的社会关系"④。最后,马克思继承了古典政治学的"劳动价值论",通过批判地证明"劳动的二重性",解决了李嘉图体系的两大难点:一是说明资本和劳动的交换如何与"价值规律"相一致;二是说明等量资本,不管它们的有机构成如何,总提供相等的利润,或提供一般利润率。⑤ 这架起了劳动价值论通向剩余价值论的桥梁,"表现为最初活动的等价物交换,已经变得仅仅在表面上是交换,因为,第一,用来交换劳动力的那部分资本本身只是不付等价物而占有的他人的劳动产品的一部分;第二,这部分资本不仅必须由它的生产者即工人来补偿,而且在补偿时还要加上新的剩余额"⑥,最终揭开了资本主义生产方式之谜,"批判地理解问题的全部秘密"。

在科学社会主义上,马克思、恩格斯一方面吸收了空想社会主义中合理的思想和有益成果,他们充分地利用了空想社会学说,尤其是19世纪圣西门、傅立叶和欧文三大空想家学说中的积极因素:深刻地揭露和批判了资本主义社会的种种罪恶,并力图找到产生罪恶

① 《马克思恩格斯选集》第1卷,人民出版社2012年版,第135页。
② 《马克思恩格斯文集》第8卷,人民出版社2009年版,第6页。
③ 《资本论》第1卷,人民出版社2004年版,第10页。
④ 《马克思恩格斯文集》第5卷,人民出版社2009年版,第877~878页。
⑤ 马克思:《剩余价值学说史》第3卷,郭大力译,上海三联书店2009年版,第157页。
⑥ 《马克思恩格斯选集》第44卷,人民出版社2001年版,第673页。

的根源；学说中包含着唯物主义和辩证法的某些合理因素，像圣西门和傅立叶都提出了社会发展有规律的特点；对未来社会提出了许多积极的主张和天才的预测等。另一方面，批判了空想社会主义仅仅从抽象的理性原则出发谴责资本主义制度的缺陷，找不到历史发展的真正动力和推翻资本主义制度的真正力量，"他们看不到无产阶级方面的任何历史主动性，看不到它所特有的任何政治运动"①。最后，马克思、恩格斯在唯物史观和剩余价值学说基础上，克服了空想社会主义者不懂得历史规律的根本缺陷，指出了资本主义基本矛盾使得资本主义必然灭亡、社会主义必然胜利，揭示了无产阶级与资产阶级利益的根本对立，科学论证了无产阶级肩负的推翻资本主义旧世界、建设社会主义新世界的历史使命，使人们找到了变革资本主义旧社会的力量和通向社会主义新社会的途径。

批判性与建设性是破和立的关系，马克思主义理论的创立充分体现了破立并举、不破不立：破中有立，"破"是为了"立"，不是为了批判而批判，批判的最终指向是建设；立中有破，以科学的态度对待科学，以真理的精神追求真理，勇于自我否定、自我批判。无论是立还是破，无不彰显马克思主义理论在真理、道义上的比较优势和理论魅力。破立并举彰显了守正创新和与时俱进的时代精神，是马克思主义永葆青春魅力、不断绽放真理光芒的精神密码。

二、建设性和批判性相统一是"原理"课教学的价值意蕴

首先，"原理"课教学内容设置的批判性要求源于新时代社会主义意识形态工作面临的严峻复杂形势。"能否做好意识形态工作事关党的前途命运、事关国家长治久安、事关民族凝聚力和向心力。"②从国际看，以美国为首的西方国家为维护资本主义制度在全球的绝对优势和实现自身利益最大化，利用经济、科技和文化传播方面的话语优势，将自己的价值观巧加包装为所谓"普世价值"，即放之四海而皆准的普世主义，使之成为瓦解社会主义国家价值观和意识形态防线的有力工具。世界百年未有之国际大变局下，随着中国持续快速发展，国际地位和影响力提升，"中国之治"和"西方之乱"产生了鲜明对比。美国延续冷战思维，把中国视为主要战略竞争对手，大肆渲染"中国威胁论""中国称霸论"，不断对我国实施地缘政治上的围堵并加大对我国意识形态领域的攻势，甚至欲挑起中美之间的意识形态对抗。从国内看，我国进入新发展阶段和全面改革的深水期、攻坚期，发展不平衡不充分、不可持续问题仍然突出，改革进程中的一些社会矛盾日益凸显，如贫富差距问题、劳资矛盾问题、腐败问题等，容易导致民众立场信念的动摇和价值观的混乱。另外，伴随着社会主义市场经济的深入发展，人们思想认知、道德意识和价值取向日益呈现出分化、多样，引发了社会性的主流价值观的认同危机。意识形态工作的复杂性更加要求思政课教师善于运用马克思主义理论批判武器，通过马克思主义理论功底、提升自身思想和价值引领能力来应对现实挑战。

其次，"原理"课教学内容设置的批判性要求源于在思政课教学中有些老师只讲正面的、建设性的内容，对西方社会思潮和各种非马克思主义加以消极回避。一方面是因为在思政课统编教材中，由于体例、篇幅等方面的限制，内容重心主要放在对主流意识形态的论述上和阐释上，致力于用正确的价值导向正向推动课程发展和坚定学生马克思主义信仰。

---

① 马克思、恩格斯：《共产党宣言》，人民出版社 2016 年版，第 61 页。

② 《习近平总书记系列重要讲话读本》，人民出版社 2014 年版，第 105 页。

这导致部分教师机械照搬教材,照本宣科,对社会矛盾和问题遮遮掩掩,对学生的发问质疑语焉不详,对错误思潮三缄其口,不敢举旗亮剑。另一方面是因为有些思想政治理论课教师在面对西方意识形态的诘难和挑战时缺乏应有的理论自信,没有练就敢于战斗和破其攻势的真本领。"思政课教师,不仅要有信仰,还要有底气,理直气壮开好思政课。'理'直,意味着理论性强,思想政治理论课'理论不彻底,就难以服人',有了理论的清醒,才能有课程的自信和批判的底气"[①]。教师只有全面系统地学习和掌握马克思主义理论并深入研究当下的各种社会思潮,厘清它们产生与传播的历史条件、社会背景,搞清楚它们的来龙去脉、基本主张、思想实质、理论特征、发展走向,把理论讲透彻,学生才不会因少知而迷、不知而盲、无知而乱。

思政课教师要能够批判性地思考和分析社会问题,要紧跟时代,深入社会,敏锐地关注经济、政治、文化、社会、生态文明等各个领域的新情况新问题,做到心中有数、了然于胸,才能在教学设置中把收集到的学生问题进行整理、归类,并结合教学内容对具有普遍性、代表性的相关社会性、生活性的真问题庖丁解牛似的分析批判,回应学生关切。"如果教师语言陈旧乏味,没有时代感,只是满足于照本宣科,很难激发学生的求知欲,其结果只能是课堂沉闷、学生煎熬。"[②]例如,当我们讲授"原理"课第四章"资本有机构成与相对过剩人口关系"时,有同学会结合我国当前的就业形势与青年的就业压力提出疑惑,即社会主义国家与资本主义国家一样,存在相对过剩人口和失业问题,并不存在制度优势。对此,我们可以通过客观阐释和对比分析为学生解惑答疑。其一,要阐述我国社会当前客观现实。随着资本积累和社会技术进步,资本有机构成提高的规律在任何国家都客观存在,而我国由于现阶段基本国情、市场经济发展等因素,就业压力凸显。其二,通过分析国内外对就业的举措,对比我国与外国在就业问题上的做法。以我国习近平总书记关于做好就业的一系列重要讲话为切入,分析我国政府出台的种种就业优先政策和新冠疫情期间落实落细援企、稳岗、增就业的举措,并列出发达资本主义国家如美国在就业问题上实行以市场为导向的完全市场经济体制的做法,进而展开中西对比。其三,我们以近5年每年完成的就业目标的翔实数据和事例展示我们"坚持就业优先,做好百姓就业"的成效。总之,在教学内容设置时,我们就要敢于和善于回答此类疑虑重、难度大的现实思想问题,解开同学们的疑团,拨云见日,潜移默化地培养学生的批判性思维能力。

"原理"课教学内容设置坚持批判性,并不意味着建设性就可有可无,无足轻重。建设性是批判性的基础,没有建设性的批判是无力、软弱的。只有深耕课程的思想与理论性,将时代发展的最新形势与思政课教学关联起来,抓住关键问题进行教学和研究,并不断把马克思主义中国化的最新理论成果和经济社会发展的前沿问题融入教学中,才能使批判更加有力,也才能更好地完成思政课建设性的应然属性——立德树人的根本任务。

三、"原理"课教学内容增强"时代导向"的建设性具体例证

在世界百年变局加速演进的大背景下,"国内外形势、党和国家工作任务发展变化较

① 吴潜涛、陈越:《坚持建设性和批判性相统一推动思政课改革创新》,《中国高等教育》2019年第10期。
② 张艳涛、吴美川:《"马克思主义基本原理概论"课教学话语体系创新的困境及对策》,《思想政治教育研究》2019年第5期。

快,思政课教学内容要跟上时代"①。因此,要遵循"常讲常新"的思路,把习近平生态文明思想融入思政课,并通过深刻的理论阐释凸显"原理"课教学的"建设性",让学生在体味社会主义制度温情中厚植爱党爱国情怀,不断增进政治认同、思想认同、理论认同、情感认同。

我们以"原理"课的第一章为例,说明如何结合生态文明建设的"厦门实践"的鲜活故事和精彩案例,通过哲思、意蕴、理趣充分融为一体的教学设计,本课让学生在想听与爱听的过程中实现建设性的教学目标。第一章我们分为两个专题:专题一"辩证唯物论",主要讲授"世界的本质是什么"这一哲学本体论问题,揭示哲学物质观的历史演变及其时代基础,系统阐明辩证唯物主义所坚持的世界物质统一性原理的基本立场、观点和方法。专题二"唯物辩证法",从"物质世界怎么样"出发,阐明物质世界的总特征,唯物辩证法与形而上学的根本区别,深刻阐明物质世界联系和发展的三大基本规律和五个基本环节。

通过厦门以筼筜湖综合治理为起点,从溪流到湖泊,从海湾到海岛,从山川到海洋,从局部到全域,坚持陆海统筹、河海联动的人与自然和谐共生的探索试验、探路先行的故事,我们引出事物的普遍联系的原理。普遍联系的观点是唯物辩证法的总特征之一。联系具有普遍性、客观性、条件性、多样性的特点,要求人们善于分析事物的具体联系,确立整体性、开放性的观念,运用系统思维方法,从动态中考察事物的普遍联系,按辩证法规律办事。20 世纪 70 年代,厦门大规模围海造田、筑堤围湖,筼筜港由此成为内湖。由于地处城市核心区,筼筜湖周边集聚了上百家工厂,有不少甚至是污染严重的化工厂,工厂废水和湖周边数十万居民生活污水直接排入筼筜湖,生态环境持续恶化。1988 年 3 月,时任厦门市委常委、常务副市长的习近平同志主持专题会议,确定治湖方略,开启了筼筜湖的蝶变之路。筼筜湖的综合治理,说明我们遵循生态系统的内在机理,因地制宜,在认识世界和改造世界的过程中善于以时间、地点和条件为转移,既善于充分利用有利条件,又善于化不利条件为有利条件,并注重把尊重条件和发挥人的主观能动性两者统一起来。习近平创造性提出的"依法治湖、截污处理、清淤筑岸、搞活水体、美化环境"20 字方针,精准施策,对症下药。依法治湖,注重法治先行,将生态环境保护纳入法治轨道,为综合治理保驾护航。截污处理,抓住源头治理这一祛除筼筜湖水质"病根"的关键要害。清淤筑岸,淤泥处理后筑岸,堆起湖心岛,变废为宝,既改善了水质,又提升了防汛能力。搞活水体,修建西堤闸口、引潮堤,治本之策,利用自然潮差纳新鲜海水入湖,畅通"经脉"。美化环境,打造美丽湖区,提升筼筜湖"颜值",增强人民群众的绿色获得感和生态幸福感。20 字方针说明习近平坚持系统观念,在进行矛盾分析的基础上注重抓重心、抓关键,统筹谋划,整体推进,使筼筜湖从昔日的臭水沟华丽转身为水清岸绿、白鹭翩翩、鱼翔浅底的"城市会客厅"。

总之,习近平总书记提出的思想政治课要坚持建设性和批判性相统一实现了教学内容正向激励与反面批驳的互洽,是思想政治理论课教学改革创新的引领性路向。我们只有认真学习、理解、贯彻这一原则要求,才能在教学内容的设置中用好用对批判的武器,以批判强化建设,于建设中批判,强化学生对主流意识形态的认识、接受和认同。

① 习近平:《思政课是落实立德树人根本任务的关键课程》,《求是》2020 年第 17 期。

高校思政课专题教学改革中的辩证统一[*]

李　欣[**]

摘要：推进思政课改革创新离不开思政课教师的主导，也需要学生这个主体来实践，坚持主导性和主体性相统一是高校思政课专题教学模式改革创新的关键。本文首先在教学理念上厘清教师主导性与学生主体性的辩证统一，并重点从案例教学、问题导向教学、小组研讨教学、社会实践教学等四个方面探索有效的实现路径，以提升思政课专题教学效果。

关键词：思政课专题教学；主导性；主体性

推进思政课改革创新离不开思政课教师的主导，作为上好思政课的主体，教师是办好思政课的关键。主导性彰显了教师作为教学主体的能动作用，教师在教学活动中，通过知识传授、价值塑造、能力培养、素质提升等彰显主导性作用。

推进思政课改革创新需要学生这个主体来实践，作为学好思政课的主体，学生是学好思政课的关键。青少年阶段处在人生的"拔节孕穗期"，在思政课教师的引导下，学生需要充分调动学习思政课的积极性和主动性，在学习过程中，通过知识学习、价值建构、能力养成、素质增强等彰显主体性作用。

一、主导性和主体性的辩证统一

作为教学活动的双方，教师和学生都不是孤立存在的，两者是密切相关的教学共同体，教师发挥其主导性能动地开展教学活动，以激发学生主体性学习的动能，从"要我学"转变为"我要学"，实现了教与学的同频共振。坚持主导性和主体性相统一超越了传统的师生角色定位，强调了教师主导性与学生主体性的辩证统一。[①]

首先，坚持主导性和主体性的辩证统一，必须以教师的主导为前提。在高校思政课教学中，教师的主导地位更加突出。高校作为思想传播的重要场所，师生之间的教学过程是思想与灵魂的交流过程，高校思政课的首要任务是要讲明白马克思主义基本原理和中国化马克思主义理论，把这些理论问题是什么讲好，属于知识教育的范畴；把这些理论为什么能够产生以及其内在的价值追求说清楚就是思想升华的过程；只有思想升华了，人们才能形

＊　基金项目：厦门大学 2022 年教改项目"八个相统一"：深化思想政治理论课专题教学改革的遵循原则（2022MJY01）。

＊＊　李欣，男，福建永春人，厦门大学马克思主义学院副教授，主要研究方向为马克思主义经济学。

①　党锐锋：《思想政治理论课改革创新的主导性和主体性相统一研究》，《思想理论教育导刊》2019年第 7 期。

成稳固的价值信念,才能使这种信念转化为自觉的行动。①

高校思政课专题教学课堂要以教师为主导进行科学的灌输,采用"理论精讲"+"科学引导"的方法。课堂理论精讲就是系统的理论灌输,要突出主流意识形态的价值引导,但是理论灌输并非填鸭式"满堂灌",而是立足于贴近学生个人需求和心理需要对学生进行启迪与引导,引发其共鸣。在话语方式上,通过讲好中国故事进行巧妙的灌输,既有"四史"教育方面的宏大故事,又有贴近学生日常生活的新时代故事,以亲切真诚的话语,唤起学生的情感,提高学生的课堂参与度。总之,在教学过程中,教师既要对理论进行系统讲解和正面的教育引导,又要对各种错误思潮进行纠偏纠错,科学引导避免学生误入歧途,使教学朝着正确的方向发展。

其次,坚持主导性和主体性的辩证统一,还必须以学生的主体性为归宿。如果学生主体作用无法得以发挥,教师的主导作用就失去了对象,教学就无法实现双向互动。如果一味强调灌输在教育中的作用和地位,忽视学生的主体地位,必然会引发部分学生的反感和排斥,从而弱化思政教育的效果。所以,科学教育理念的核心应该是坚持"以学生为本",更加突出学生的主体地位,认识到学生的差异性,鼓励他们充分发挥积极性、主动性和创造力,提高大学生自我管理和自我教育的能力,拥有完善的人格继而得到全面发展。教师必须尊重学生,了解和掌握学生的思想动态,选择适合学生的教育方法和途径进行有针对性的教育引导,从学生的角度出发贴近他们的内心。要尊重学生的话语权,给学生创造更多自由发言的机会与展示自我的空间,让学生形成独立自主的人格。要转变工作职能,提高服务质量和水平,使服务贯穿学生培养和发展的全过程,促进学生全面发展。

最后,坚持主导性和主体性的辩证统一,还需防止出现两种错误。其一,片面强调教师主导性而忽视学生的主体性。部分思政课教师由于教学理念滞后,过于强调教师对教学环节的绝对主导,忽略学生在教学中的参与互动,无法激发学生学习的积极性、主动性和创造性,课堂演变成教师的一言堂。其二,过于迎合学生的主体性,而放弃教师的主导性。部分思政课教师为了提高教学效果,过于强调形式的创新,将思政课上成故事课、娱乐课或视频课,导致课堂娱乐有余、思想不足,无法回应学生的理论困惑和思想困惑,导致思政课理论性不强。

二、实现主导性和主体性相统一的路径

实现主导性和主体性的统一,不仅需要在教学理念上厘清认识,更需要在思政课教学实践中探索有效实现的路径。② 思政课专题教学改革创新,实现教师主导性与学生主体性的辩证统一,尤其要从案例教学、问题导向教学、小组研讨教学、实践教学等方面进行探索。

(一)案例教学

教师在使用案例进行授课时,习惯采用的是"传授—接受"的传统教学模式,事实上,案例教学成功的秘诀是强调以学生为中心的多方互动,强化课内外的师生互动。

为取得良好的案例教学效果,可采取课堂提问或小组讨论方式进行案例分析。课堂提

---

① 程美东:《让真理和思想的光辉照亮思想政治理论课课堂——基于 2017 年教育部思想政治理论课大听课的一点思考》,《思想教育研究》2017 年第 7 期。

② 何洪兵:《论高校思想政治理论课坚持主导性与主体性相统一》,《学校党建与思想教育》2019 年第 13 期。

问采用的案例要尽量贴近学生的生活实际,通过鲜活的或典型的案例,不断引导、启发学生跟随教师进行思考,从而提高学生学习的主动性,学生愿意积极回答问题并且言之有物。若采取小组讨论的方式解读案例,则要做好一系列的准备。教师应在讨论课前将案例发给学生,组织学生认真阅读案例材料,运用所学理论探寻案例的启示,并解读相关联的理论,准备好发言提纲。在分组案例讨论课上,小组内学生轮流发言,相互启发,从不同的角度来解读案例,通过头脑风暴,碰撞出思想的火花。然后,由各小组选出代表进行总结发言,其他小组可以进行补充。最后,教师就本次案例分析的情况做出总结和点评,尤其是要对学生讨论的观点、案例涉及的相关原理和方法,对理论知识的拓展和独到见解、案例中理论运用的成败等进行一一评价。

案例教学实施过程中教师的主导性还表现在教师要对出现的问题及时反思总结。比如案例设计方面,可以反思如下问题:提出的问题是否能让学生有话可说?问题的难易度是否适合学生?学生是否主动参与案例讨论?研讨过程中有没有突发的问题?下次教师可以如何处理?案例研讨还有何改进的空间?

此外,案例教学实施过程中学生的主体性也可表现在学生参与案例的编写或视频案例的制作。案例的选择和提炼是一个理论联系实际的综合能力的考验,能激发学生实践的热情,学生通过收集、阅读、分析、编辑、整理、加工等一系列过程获得锻炼,提高学生眼界广度、认识深度和知识层次。学生在短视频制作方面也比教师更加熟练,可以师生合作,让学生积极参与到视频案例开发过程之中。

经过多年的实践探索,厦大马院的案例教学已积累不少经验,且组织教师将近年来课堂教学实践中的案例进行整理并编撰出版。

(二)问题导向教学

就问题导向教学来说,它的理论基础主要有建构主义理论、合作学习理论、情境学习理论等。该教学模式有以下几项典型的特征:以学生为中心,教师担任学生认知的引导者和促进者;以真实世界的问题作为学习的开端;教与学的过程多样化,整个学习过程贴近真实的生活;教师设计的问题取材于生活,期望学生能对问题有进一步的探究而非仅寻求单一的正确答案。因此,问题导向模式既是一种课程组织的方法,也是一种以教师为主导、以学生为主体围绕现实问题展开的教学过程。

教师要注重采用启发式教学,即使在进行灌输教育过程中,也要积极引导学生发现问题、分析问题和解决问题,使学生知其然而且知其所以然,真正发挥教师在思政课教学中的主导作用。学生是思政课教学活动的主体,只有充分发挥主体性对问题进行探索性学习,勤于思考并勇于创新,才能将所学内化为自身素质的一部分。

当前,我国面临的国际、国内形势正在发生着深刻的变化。世界多极化冲突不断加剧、"脱钩断链"的外部挑战逐渐突出、国际舆论环境日益严峻。同时,随着改革开放进入新阶段,国内各种社会矛盾凸显,社会思潮更加复杂多变。国内外环境所引发的种种问题给思政课教学提出更大的挑战。大学生正处于身心发展的关键时期,他们容易受错误价值观、网络虚假信息、社会舆论热点等误导,产生思想上的困惑和信念上的动摇。因此,思政课教学内容的设置要敢于直面这些现实问题,针对社会上的热点、难点问题,学生心中困惑的问题,在教学过程的多个环节进行呈现,如教师讲授的专题、学生讨论的话题、社会实践的主题、期末考试的考题等,既能体现学生的学习需求,又要贯穿着教师的引导,引发学生的思考。

以教学手段创新进行启发教学，最关键的就是实现师生的良性互动，启发和引导学生发现、分析、思考和解决问题。教师要明确自身职责，坚持以学生为本，引导学生积极参与，让学生在追根溯源的过程中水到渠成地得出结论。教师直接给出结论还是让学生在设计情境下不断追问探寻答案，反映的正是灌输性和启发性的区别。

因此，选取学生关注的带有启发性的问题，有助于激发学生的兴趣，启发学生思考，增进学生对知识的理解和对问题的感悟。还可以在教学中设计一个学生不易回答的悬念，激发学生强烈的求知欲望，起到启示和引导的作用。比如，在讲授"走高质量发展之路，不断增进民生福祉"专题，教师可以先抛出一个问题："国家放开生第三胎了，同学们将来打算生几个小孩？"随着课堂讲授和讨论的进行，教师继续提出"年轻人生育意愿下降的主要原因有什么？""国家在教育、住房等问题上有什么最新的举措缓解年轻人的压力？ 为什么要推出这些新政策？"……教师通过一系列问题和耐心细致的引导，启发学生一步步地思考，从三孩政策到住房、教育等民生改革，从新热点、新层面、新角度阐释国家在高质量发展阶段解决民生福祉提出的系列改革创新举措，让学生有层层剥笋的感觉，从而激发学生学习的兴趣。

（三）小组研讨教学

针对我国高校大班教学、助教缺乏的现状，许桂清曾归纳出了四种开展小组研讨的教学模式，思政课专题教学的小组研讨通常也是基于上述几种模式进行：基于先行问题的随堂小组研讨模式适用于多数以教师专题讲授为主的课程教学；基于课前独立阅读的堂上小组研讨模式、基于课前小组研讨成果的堂上交流模式、基于分组小课题研究的学术论坛交流模式这三种模式则适用于在专题讲授中途或专题之间穿插安排小组研讨课。[①]

厦大马院教师在实践中更多地采用第一种模式，教师讲授完几个专题后，再留出一两周时间安排相应内容的小组研讨，也有少部分教师打破固定的教学和研讨的安排，采纳在课堂中随机研讨的模式，但不管何种小组研讨教学模式，都是教师主导性和学生主体性相统一的教学过程。

小组研讨在思政课专题教学的运用大致分为以下几个步骤：一是理论讲授。教师先对专题的基本框架、主要原理进行初步的讲解，让学生对课程主要涉及的原理和重难点有初步的印象。二是选题分组。在理论讲授的基础上，设置不同的选题，可以是案例、实践主题、正反观点等。通过抽签、教师分配或自主选择等方式分成若干小组，每个小组选定一个研讨主题。三是收集资料。在教师的指导下，学生通过图书馆、网络或调研查找并收集整理资料，撰写研讨发言稿。四是课堂研讨。学生在小组内进行交流讨论，针对问题提出看法，并对别人的观点做出分析和评论，最后汇总小组观点。五是展示评议。各小组推选代表汇报各组的选题和观点。教师根据情况安排发言时间，并让其他学生进行提问或展开辩论，教师最后进行总结和点评。

从以上几个步骤中，不难看出，教师作为小组研讨的组织者和掌控者，其主导作用贯穿于研讨教学的全过程，是确保教学目标达成的责任主体。[②] 无论理论讲授还是学生分组研

---

① 　许桂清：《高校大班教学背景下通识教育课程小组研讨模式探讨》，《中国现代教育装备》2016 年第 13 期。

② 　董雅华：《思想政治理论课教学坚持主导性与主体性相统一论析》，《思想理论教育》2020 年第 3 期。

讨到最后的点评，教师都必须全程参与组织和引导，使教学过程朝向教学目标有序推进。这不仅需要教师具备扎实的理论素养，还需要教师熟练把控课堂教学的能力。而小组研讨要成功，还需要学生主体性的发挥，要促使学生积极参与讨论、提出观点。

（四）实践教学

随着大学生主体意识的不断增强，思政课依靠传统的理论教学模式已经难以满足价值观多元化发展的时代需要，必须通过引入实践教学来巩固和提升课堂教学实效。为了积极顺应这一转向，厦大马院不断发展并完善思政课的实践教学。具体而言，实践教学模式是以教师为主导、以学生为主体，综合采用多种教学手段和教学方法，激发学生的积极性、主动性和创造力，通过各种形式的社会实践了解社会实际，体验社会生活，感受社会责任感，提升教学效果的教学模式。

社会实践主要包括校内实践教学和校外实践教学两部分。校内实践教学包括案例教学、校内调研、经典著作读书社等主要形式，校外实践教学则包括实践教育基地研学、暑期社会实践等形式。每一种实践教学形式所发挥的作用不尽相同，但都体现了教师主导性和学生主体性的统一。

以经典著作读书社为例，学期初任课教师以阅读书目为分组依据进行安排，介绍考核要求。学生们自主选择感兴趣的阅读书目，形成阅读小组。由推选出来的组长负责阅读任务的分解、组织分工协作、理论研讨等事宜，并向教师汇报阅读进度。教师对各个小组在各个阶段提交的文件，如选题报告、汇报课件和读书报告等进行审核，及时给予指导意见，并要求学生适时改进。学期末除了提交一份读书报告外，还可以组织读书分享会，师生们围坐在一起，共同品读马列经典名篇。学生就读书计划、阅读方法、学习感悟等方面踊跃发言，并提出在阅读中所遇到的困惑，教师在答疑解惑之后，还可以分享"如何阅读经典""如何撰写学术文章"等心得。

实践教学实现教师主导性和学生主体性相统一，还需把握以下几个问题：

首先，要避免纯粹实践而没有教学。无论是课内案例教学还是校内外实践调研，教师都应该全程参与并监督，从选题、研讨、形成报告、课堂展示，教师都应该给予学生相应的指导。

其次，在实践理论指导方面，安排有社会调查经验的专家教授，针对实践主题有关情况作专题设计和调研方法的培训，让学生有一定的社会调查专业知识积累，为后续调研过程中深度访谈、问卷设计、实践报告撰写等环节的开展奠定理论基础。

最后，要避免课堂专题教学和实践教学的分离。实践教学帮助学生了解和洞察社会，体察社会现实，更能唤起学生的参与热情，但根本目的还是要帮助学生深化专题理论学习，坚定道路自信、理论自信、制度自信、文化自信。

总之，通过理论分析和多年的教学实践不难发现，教师主导性与学生主体性的辩证统一在思政课专题教学模式改革创新中至关重要。厦门大学通过采纳案例教学、问题导向教学、小组研讨教学和社会实践教学等多元化教学策略，在实际教学中取得了显著成效。未来，我们将持续优化和完善这些教学模式，以确保它们更加契合现代教育理念，进一步提升思政课专题教学的效果。

基于问题导向的"三'上'三'下'"混合式教学在高校思政课的探索实践*

——以参加第三届全国高校思想政治理论课教学展示为例

王亚群　王怡丹**

摘要：PBL 即"problem based learning"，又称作"基于项目式学习"的教学方法或"基于问题"的教学方法，通过混合式教学设计，将线上理论学习、线下课堂讨论、PBL 项目式小组调研及汇报展示、小学期"体验式教学"等各个环节全过程、场景式地将 PBL 教学法与思政课线上线下混合式教学进行融合，构建高校思政课 PBL 教学法线上线下混合式教学的模式与实施路径。通过 PBL 项目式小组完成相关的问题调研，实现学习、讨论、发现问题、解决问题的闭环，实现了教学法的创新，这也是与传统翻转课堂最大的区别所在。该方法的实践探索形成了学习从线上到线下、从理论到实践的混合式教学改革的闭环，打通教学环节的"最后一公里"，取得了较好的教学效果。

关键词：PBL 教学法；问题导向；高校思政课；线上线下；混合式教学

本文以"习近平新时代中国特色社会主义思想概论"课程中的第七章"社会主义现代化建设的教育、科技、人才战略"为例，以专题"实施科教兴国战略 加快建设教育强国"参加第三届全国高校思想政治理论课教学展示。通过梳理专题教学的基本情况、相应地开展学情调研和分析，着重围绕解决方法，阐述教学设计理念及基本思路，将基于问题导向的"三'上'三'下'"混合式教学应用在实际教学中，提出教学改革实践的具体步骤。

一、专题基本情况

1. 课程所属章节

本次选取的教学专题"实施科教兴国战略 加快建设教育强国"，所属课程为"习近平新时代中国特色社会主义思想概论"中第七章"社会主义现代化建设的教育、科技、人才战略"第一节"全面建设社会主义现代化国家的基础性、战略性支撑"、第二节"加快建设教育强国"。这部分内容是 2023 版教材新加入的教学篇章，也是基于党的二十大报告中单独将教育、科技人才排篇布局后的重要调整。

* 基金项目：福建省社科规划项目"基于 PBL 教学法的高校思政课线上线下混合式教学改革研究"（项目编号：FJ2020B009）；厦门大学教学改革研究项目（思政类专项）"思政课线上线下混合式教学模式的探索和研究——以'形势与政策'课'模块化＋PBL'教学模式探索为例"（项目号：2021MJY04）。

** 王亚群，女，山西太原人，厦门大学马克思主义学院副教授。王怡丹，女，福建泉州人，厦门大学马克思主义学院 2023 级硕士研究生。

2. 课程目标

通过深入学习习近平总书记关于教育的重要论述、贯彻党的二十大精神、科教兴国战略,了解并掌握建设教育强国的必要性及具体战略安排,在理论学习的基础上,感悟习近平总书记浓浓的教育情怀,坚持以人民为中心的立场,最终达到如下目标——培养学生运用马克思主义立场观点和方法,认识问题和分析问题的能力,努力学习掌握科学知识,锤炼过硬本领,在奋斗中成就精彩人生。让学生体悟新时代青年在实施科教兴国战略、建设教育强国中的责任和担当,将所学知识转化成实现科教兴国战略目标的具体行动。

二、学情分析

通过课前调研,共收集问卷 150 份,包含经济、管理、人文、外文、新闻等相关专业学生。调研结果显示,学生对"教育强国"相关问题的关注度呈现出明显的倾向性(见图 1)。

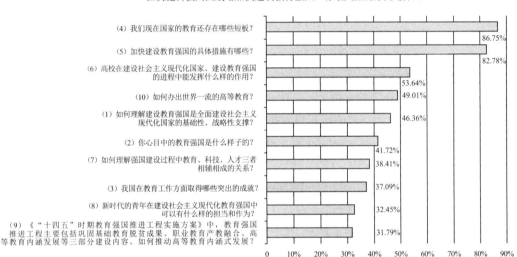

图 1 学情调研分析学生关注点

具体来说,问题(4)、(5)、(6)、(10)和(1)位居前列,受到了学生的广泛关注。深入分析,其原因如下:第一,对于科教兴国战略的重要意义尚缺乏深入的认识和理解,"建设教育强国是全面建设社会主义现代化国家的基础性、战略性支撑""教育、科技、人才要一体推进"这些知识点需要明确。第二,到底建设什么样的教育强国,这个概念和图景尚不够明确,也需要在授课中予以明确。因此要补充相关最新的理论和最新的权威会议文件精神融入课堂之中。第三,对科教兴国战略中关于教育强国的战略部署的认识尚待加强和深化,因此在授课中,要着重加强"怎样建设教育强国"这个理论知识点,重点结合习近平总书记在二十届中共中央政治局第五次集体学习时的重要讲话精神展开讲授。第四,如何建设"双一流"高校,必然会关注高校在教育强国建设中发挥的实际作用,因此在授课中,可以结合相关案例,组织分析讨论,让学生讨论如何办出世界一流的高等教育。

针对如上调研结果,这几个问题基本上可以归纳总结为三类问题:第一,科教兴国战略的重要意义,即为什么要建设教育强国? 第二,我们离教育强国目标还有多大差距,即建设什么样的教育强国? 第三,推进教育强国的具体措施以及高校在其中发挥的重要作用,即怎样建设教育强国? 因此,针对学生关注点、结合教材重难点我们围绕以上三个方面展开课程设计。

三、教学设计理念及基本思路

(一)教学设计理念

课程将问题导向的 PBL 教学法与思政课线上线下混合式教学进行融合展开,在教学设计中,将 PBL 教学法与线上线下混合式教学有机融合,可以实现线上与线下、理论与实践的结合,构建高校思政课 PBL 教学法线上线下混合式教学的模式与实施路径。通过"三'上'三'下'"混合式教学设计(见图2),通过线上理论学习、线下课堂讨论、PBL 项目式小组调研及汇报展示、小学期"体验式教学"等各个环节全过程、场景式地将 PBL 教学法与思政课线上线下混合式教学进行融合,形成了学习从线上到线下、理论到实践的混合式教学改革的闭环,打通教学环节的"最后一公里"。①

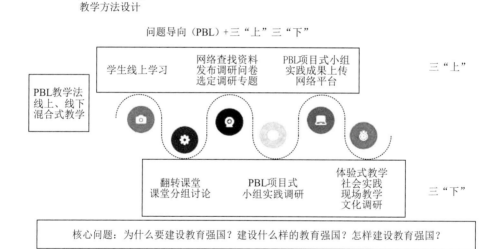

图 2 PBL 教学法与线上线下混合式教学的思路框架

(二)教学设计基本思路

1. 教学内容的设计

合理地将教材体系向教学体系转换,是教学设计中首要考量。设计教学内容时,需要具体结合最新会议精神,将第一、二节的知识脉络重新梳理,对教材体系内容进行扩充,将教材内容的各个章节有机融入以下三个方面的理论学习:第一,习近平总书记关于教育的

---

① 王亚群、王家贝:《高校思政课 PBL 教学法线上线下混合式教学改革实践——以"习近平新时代中国特色社会主义思想概论"专题"建设社会主义文化强国"为例》,厦门大学教务处编:《2023高等教育教学实践探索:厦门大学解决方案》,厦门大学出版社 2023 年版,第36~40 页。

重要论述;第二,党的二十大报告中的科教兴国战略;第三,扎实推动教育强国建设——中共中央政治局第五次集体学习。

2. 教学方法的设计

如何引导学生将所学理论转化为实际行动,本专题授课采用将 PBL 教学法贯穿于线上线下混合式教学融合展开。PBL 教学法强调问题导向,通过前期的学情分析,选取教育强国建设的三个关键问题——为什么、是什么及怎么做,采用三"上"三"下"混合式教学展开课程设计。

将 PBL 教学法贯穿于线上线下混合式教学分为三"上"三"下"的三次翻转,与传统翻转课堂的一"上"一"下"的翻转最大的不同在于,将 PBL 项目式小组调研及汇报展示融入课程授课环节,这也是将 PBL 教学法与思政课线上线下混合式教学改革相结合的关键一步。通过线上知识的学习,线下课堂进行针对性的讨论,学生在讨论中获得思想上的碰撞、进行观点的交锋,也会因此发现很多值得去深入探讨和调研的问题。通过 PBL 项目式小组完成相关的问题调研,实现学习、讨论、发现问题、解决问题的闭环,实现了教学法的创新。

四、基于问题导向的"三'上'三'下'"混合式教学过程

三"上"三"下"的具体教学过程如下:

(一)第一次翻转

1. 环节一:一"上"——学生线上学习

本专题线上学习《习近平与大学生朋友们》、观看《躬耕教坛、强国有我》、学习 2023 年全国教书育人楷模的故事、观看各个高校老师录制的系列视频《习近平与福建教育故事》、观看新闻联播专题节目《爱国奉献挺膺担当 奋斗实干成就未来》等。

PBL 教学法以问题为导向,秉持学生主体的原则,因此,问题的精准选择是关键步骤。教师应当通过提前召开学生座谈会了解学生思想动态,就习近平总书记关于教育的重要论述的相关问题,选取学生关注的问题,结合思政课教材内容体系,抓住若干个关键问题来设计专题。对青年成才的关心,是坚持把立德树人作为教育的根本任务,因此选取了《习近平与大学生朋友们》的案例;2023 年,第 39 个教师节之际,习近平致信全国优秀教师代表强调大力弘扬教育家精神,为强国建设民族复兴伟业作出新的更大贡献,请同学们观看《躬耕教坛、强国有我》、学习 2023 年全国教书育人楷模的故事;请学生观看各个高校老师录制的系列视频《习近平与福建教育故事》,感悟习近平总书记浓浓的教育情怀;观看新闻联播相关栏目,体悟新时代青年在实施科教兴国战略、建设教育强国中的责任和担当。

2. 环节二:一"下"——翻转课堂,课堂分组专题讨论

结合网络平台资源,从案例分析入手进行课程导入,由教师介绍专题相关背景,引导学生进入学习情境。随后,进行理论授课,并巧妙地引出核心问题。在此基础上,以学生为中心,鼓励其积极展开小组专题讨论,以促进深入探究与知识构建。围绕线上学习视频内容,学情调研学生关注点和理论授课内容,设计几个相关主题进行小组讨论。该环节是课程设计中线下授课的重要部分,分为案例分析、课程导入、理论授课、分组讨论、教师总结几个部分。

(1)案例分析

通过案例分析进行课程导入,回顾近十年来习近平总书记高校考察足迹,重点回顾哈

尔滨工程大学、中国人民大学、清华大学三所高校的考察情况。

请同学们思考如下问题：习近平总书记为什么这么关注高校的发展建设，高校在教育强国建设中可以发挥什么样的作用？

接着回顾习近平总书记给高校、学生及相关群体的回信，体悟习近平总书记的殷殷嘱托。

请同学们思考：高校学生在教育强国建设中可以做什么贡献？

（2）课程导入

党的二十大报告将教育、科技、人才独立成篇，强调加快建设教育强国的紧迫性。教育作为民族振兴、社会进步的基石，具有基础性、先导性、全局性作用，对人才涌现和科技发展至关重要。教育支撑人才，人才推动创新，进而服务于国家经济建设和综合国力提升。实现民族复兴，教育地位不可或缺。建设教育强国是现代化建设的战略先导，是科技自立自强的重要支撑，也是促进共同富裕的有效途径。在教育、科技、人才中，教育起决定性作用，因此必须优先发展教育事业，将其作为推动党和国家事业发展的先手棋。

接着通过介绍建设教育强国的探索之路、新时代教育工作取得的历史性成就，明确中国特色社会主义教育强国根本保证、任务、目标、使命、路径和核心功能。

党的十八大以来，党中央深入实施科教兴国、人才强国和创新驱动发展三大战略，推动教育、科技、人才事业取得历史性成就和结构性变革。我国教育强国指数已提升至全球第23位，较2012年上升26位，进步显著。现已构建庞大的教育体系，教育普及实现历史性飞跃。至2022年，全国学校总数达到51.85万所，学历教育在校生规模近2.93亿人。学前教育毛入园率提升至89.7％，九年义务教育巩固率达到95.5％，高中阶段毛入学率攀升至91.6％，高等教育毛入学率超过59.6％，标志着高等教育进入普及化阶段。国家财政性教育经费投入占国内生产总值的比重始终维持在4％以上，为支持这一庞大的教育体系提供了坚实保障。[①]

分析面临的形势和需要解决的问题得出结论：我国还面临基础研究重大原创性成果缺乏、顶尖人才和团队匮乏、新型科技领域的机构平台前瞻性布局不足、基础设施的保障能力和开放共享水平还需提高等不少困难和问题。面对新时代的挑战，我国亟须加速构建教育强国，全面提升人才自主培养的质量，重点培养杰出创新人才，广聚英才，以实现高水平科技自主创新的快速突破。

尤其要结合面临的形势，新一轮科技革命和产业变革深入发展，中国实现从教育大国向教育强国的跨越依然任重道远。

请同学们思考：我国在建设教育强国上存在的差距、短板和弱项有哪些？

（3）理论授课

理论授课环节中，需要将教材体系向教学体系转换，具体结合最新会议精神，将知识脉络重新梳理，对教材体系内容进行扩充，设置三个方面的理论学习：第一，习近平总书记关于教育的重要论述；第二，党的二十大报告中的科教兴国战略；第三，扎实推动教育强国建设——二十届中共中央政治局第五次集体学习。

---

① 《2022年全国教育事业发展统计公报》，http://www.moe.gov.cn/jyb_sjzl/sjzl_fztjgb/202307/t20230705_1067278.html，访问日期：2023年7月5日。

第一部分是习近平总书记关于教育的重要论述,授课中结合 2018 年全国教育大会召开的情况,就时代背景、科学内涵、重要意义进行知识点的阐述。重点阐述其科学内涵,即"九个坚持"。讲解完毕后请思考:我们的教育是为谁而办? 什么样的教育才是人民满意的教育? 接着就两个方面阐述其重大意义。

第二部分学习党的二十大报告当中的科教兴国战略。党的二十大报告第一次将教育、科技、人才整合到一起进行系统谋划,这是立足当前、着眼长远作出的重大战略抉择。请同学们思考:为什么要坚持教育、科技、人才一体推进? 接下来从历史经验、时代需要和现代化的必然选择三个方面论述三者一体推进的原因。学习新时代科教兴国的使命任务和总体战略部署,进一步阐述教育、科技、人才战略三者的内在逻辑及其发挥的重要作用。从上述阐述中得出结论:教育是对中华民族伟大复兴具有决定性意义的事业,建设教育强国是中华民族伟大复兴的基础工程。

第三部分学习 2023 年 5 月习近平总书记在二十届中央政治局第五次集体学习时的讲话——扎实推动教育强国建设。中央政治局的这次学习,目的是贯彻落实党的二十大部署,总结我国建设教育强国的进展和成就,分析面临的形势和需要解决的问题,探究我国建设什么样的教育强国、怎样建设教育强国这一重大课题,扎实推动教育强国建设。讲话中,习近平总书记共提到六个方面:第一,培养担当民族复兴大任的时代新人;第二,加快建设高质量教育体系;第三,全面提升教育服务高质量发展的能力;第四,在深化改革创新中激发教育发展活力;第五,增强我国教育的国际影响力;第六,培养高素质教师队伍。① 授课中分别就六个方面展开阐述。

请同学思考:我们应该通过哪些努力推进教育强国建设? 高校及大学生在强国建设中可以发挥什么样的作用?

之后布置 PBL 项目式小组实践调研任务:从这六个方面中选取一个作为调研主题,作为第二轮翻转中的线下活动开展实践调研。

(4)分组讨论

接下来进入小组讨论和发言环节,班级分成若干小组,结合理论授课老师提出的问题,围绕教育强国为什么、是什么、怎么做的三组问题展开讨论,并请组长发言。

第一组:我们在教育强国建设上取得了哪些成就? 我国在建设教育强国上存在的差距、短板和弱项分别是什么? 第二组:我们的教育是为谁而办? 什么样的教育才是人民满意的教育? 第三组:我们应该通过哪些努力推进教育强国建设? 高校及大学生在强国建设中可以发挥什么样的作用?

(5)教师总结

教师总结是明确教学重点和难点的关键环节,在本次专题授课中,应当紧紧围绕我国建设什么样的教育强国、怎样建设教育强国这一重大课题,在学生的讨论中得出结论。

第一,再次重申构建教育强国的战略意义。将中国从教育大国提升为教育强国,不仅是实现社会主义现代化强国目标的先行之举,更是迫切需要完成的一次系统性跨越和质

---

① 习近平:《在中共中央政治局第五次集体学习时强调 加快建设教育强国 为中华民族伟大复兴提供有力支撑》,《旗帜》2023 年第 6 期。

变。构建让人民满意的高质量教育体系。

第二,如何办好人民满意的教育?具体包括大力促进教育公平、加快建设高质量教育体系、提升教育服务经济社会发展能力、坚持深化教育改革创新。同时,高校在强国建设中扮演着重要角色,需引导高校学子体悟新时代青年在实施科教兴国战略、建设教育强国中的责任和担当,增强科研创新意识,推动科研成果转化,服务国家战略需求和区域经济社会发展,将所学知识转化为推动教育强国战略的实际行动。

第三,总结推动教育强国建设的有效举措与战略路径。首要之务是服务于国家高质量发展大局,着力构建高质量的教育体系。在这一过程中,需坚持以人民为中心的教育发展导向,将 2035 年实现基本公共服务均等化作为重要目标,形成政府主导、城乡覆盖、持久稳定的公共教育服务新格局。提升科研创新能力和人才培养水平。教师是教育事业的核心力量,因此,完善中国特色教师教育体系、营造尊师重教的良好社会氛围、加强师德师风建设、构建全方位的教师发展支持体系,对于培养高素质教师队伍具有重要意义。

(二)第二次翻转

1. 环节三:二"上"

第二次翻转中,选取理论授课中《扎实推动教育强国建设》中六个方面意见,通过查找资料、发布问卷、小组讨论来确定调研专题。

2. 环节四:二"下"

就本专题而言,各小组从以下几个角度切入,进行 PBL 项目式小组调研,深入学校、社区、周边进行课题式的调研访谈。以下是围绕《扎实推动教育强国建设》中六个方面意见中针对性的 PBL 项目式小组调研主题:第一,培养担当民族复兴大任的时代新人——"大中小学思政课一体化制度建设、实践机制、实施方案";第二,加快建设高质量教育体系——"振兴乡村教育,促进城乡教育公平——从长赤现象谈起";第三,全面提升教育服务高质量发展的能力——"省级创新实验室的建设落实情况调研";第四,在深化改革创新中激发教育发展活力——"'双减'政策下的中学生教育问题";第五,增强我国教育的国际影响力——"'双一流'高校中外合作办学内涵特征及高质量发展路径";第六,培养高素质教师队伍——"打造高素质专业化教师队伍——以教育部'优师计划'""国家优秀中小学教师培养计划""'国培计划'为例"。

(三)第三次翻转

1. 环节五:三"上"——将 PBL 项目实践调研成果上传至网络

结合课堂内的深入讨论和 PBL 小组实地调研的丰硕成果,各小组以多元形式,如报告会、展览会和无领导小组讨论等,生动而详尽地展示项目进展。完成汇报后,各小组进行自评、互评及老师的专业点评。在此基础上,师生共同回顾并总结整个项目的实施过程与成果。最终,将 PBL 项目调研成果上传至网络,供师生学习。

2. 环节六:三"下"——体验式教学

作为线下课堂的延伸,在寒暑假和小学期开展如社会实践、现场教学、文化调研等丰富的体验式教学,理论联系实际。以小组为单位完成一次追寻习近平总书记的足迹,习近平关心教育事业发展的社会实践或者调研,如重走习近平总书记教育调研足迹,形成一份完整的调研报告等。

五、教学总结

(一)育人启示

第一,通过讲述习近平总书记关心中国教育事业发展的故事,学习习近平总书记高校考察足迹、书信精神,领会习近平总书记关于教育的重要论述的深刻内涵,感受家国情怀、坚守人民立场、掌握科学方法、领悟成才之道;同学们通过学习《习近平与大学生朋友们》中习近平总书记与厦大校友张宏樑的故事,勉励年轻人要"自找苦吃",同学们分享实践队去梁家河开展实践调研的感受:当同学们亲眼看到习近平同志在梁家河插队时艰苦的场景,听到当地村民口中传颂他为民造福的故事,了解到青年时的他真的是做过那些最脏最累的活,对"自找苦吃"内涵理解得更加透彻。正是在"自找苦吃"激励下,厦大支教团二十几年如一日,扎根"西海固",接力"山海情",我们看到一代代的厦大人,自找苦吃,接力奋斗,立志"为吾国放一异彩"。

第二,大学生既是受教育者,也是教育、科技、人才队伍的后备军,年青一代成为奋力拼搏、振兴中华的一代,实现第二个百年奋斗目标就充满希望。当前,美西方部分国家针对潜在威胁其战略优势地位的国家,采取了一系列打压措施,特别是在遏制和封杀中国高科技发展方面无所不用其极。同学们通过课堂讨论和线下实践调研,纷纷表示,既要做国家发展的见证者、受益者,更要做强国建设的参与者、贡献者,要急国家之所急,想国家之所想,发奋图强,勇攀高峰,科技报国,为民族复兴作出切实行动。努力在推进强国建设、民族复兴伟业中确立一生奋斗的目标方向,努力绽放青春光彩。

(二)教学反思

第一,本次专题课程将 PBL 教学法与高校思政课线上线下混合式教学改革相结合,经过前期的探索与实践,逐渐积累形成了一系列基于 PBL 教学法的课程设计大纲及实践教学成果,在实际课程教学中予以应用。在未来的教学实践中,将致力于进一步梳理并升华实践探索中积累的经验,构建一套系统化的 PBL 教学法在高校思政课线上线下混合式教学中的应用框架。同时,我们也将努力推动这一框架的制度化、体系化进程,确保其科学性和可操作性得到有效提升,从而扩大其推广应用的范围和效果,为高校思政课的教学改革贡献更多的力量。①

第二,在 PBL 教学法与高校思政课线上线下混合式教学改革的融合应用过程中,必须明确讲好故事仅是达成教学目标的辅助手段。因此,在采用案例教学时,应避免将理论课程简化为单纯的讲故事展示。相反,应通过线上线下混合式教学改革的深入推进关注线下课堂讨论与实践调研环节的有效实施。教师在点评过程中,应系统梳理并呈现案例中蕴含的学理性理论知识点,真正做到把道理讲深、讲透、讲活,从而实现教学的深度与活力。

---

① 王亚群、王家贝:《高校思政课 PBL 教学法线上线下混合式教学改革实践——以"习近平新时代中国特色社会主义体系概论"专题"建设社会主义文化强国"为例》,厦门大学教务处编:《2023 高等教育教学实践探索:厦门大学解决方案》,厦门大学出版社 2023 年版,第 36~40 页。

导论课程思政建设与实践

——以心理学导论课程为例

叶玉婷[*]

摘要：导论课着重于概览性的介绍，让学生了解该学科的基本框架和主要议题，旨在帮助学生对该学科建立整体认识，为日后深入学习奠定基础。本文以教育部《高等学校课程思政建设指导纲要》为指导，以心理学导论课程为例，结合导论课程特点，简述挖掘导论课程思政元素，将其有机融入课程教学的一些思考和实践。主要包括五点：梳理学科历史脉络，培养探索未知追求真理的责任感；强调研究方法，注重科学思维方法训练；提供多元化观点，提高比较和分析的能力；培养跨学科思维，激发创造创新活力；引入中外研究新趋势，激发科技报国的使命担当。

关键词：导论课程；思政建设；学科历史脉络；多元观点；跨学科思维

作为一门介绍性的课程，导论课旨在为学生提供某一学科领域的历史、基本概念、主要理论、研究方法等内容，从而帮助学生建立对该学科的整体认识，为日后深入学习奠定基础。与一般专业课不同，导论课程不涉及太多深入的细节和专业知识，而是着重于概览性的介绍，让学生了解该学科的基本框架和主要议题，对该领域有一个全局性的认识和了解。导论课程一般安排在通识课中或者各个子领域专业课程之前（如心理学导论可作为通识校选课，也可作为心理学专业本科生的大一课程）。如何将课程思政融入导论课堂教学全过程，是每个专业课程设计和建设中无法规避的重要问题。本文以教育部《高等学校课程思政建设指导纲要》为指导，以心理学导论为例，结合课程特点、思维方法和价值理念，简述挖掘导论课程思政元素，将其有机融入课程教学的一些思考。

心理学导论作为心理学专业的介绍性课程，一直以来受到处于成年初显期的大学本科生的欢迎。根据心理学家阿内特（Jeffrey Jensen Arnett）提出的观点，处于这个时期的个体已经度过青春期，在所有领域都进行探索和实验。[①] 他们不断地实验着不同的角色身份，完善着自我的同一性。心理学作为一门研究个体心智过程与行为的学科，为成年初显期个体探索自我和他人提供了一种有力的思考方式。类似于其他导论课程，心理学导论课程通常涵盖心理学科的历史发展、研究方法、不同流派以及各个领域的内容。通过学习心理学导论，学生可以建立起对心理学基础知识的全面认识，了解心理学在解释个体行为和

　　[*] 叶玉婷，厦门大学公共事务学院心理学研究所助理教授，主要研究领域为社会认知加工和感知觉加工。

　　[①] 杰弗里·阿内特：《长大成人：你所要经历的成人初显期》，中国轻工业出版社 2007 年版。

心理过程中的应用，培养批判性思维和问题解决能力，为进一步学习和研究心理学奠定基础。

一、梳理学科历史脉络，培养探索未知追求真理的责任感

如心理学家艾宾浩斯（Hermann Ebbinghaus）所言，"心理学有一个漫长的过去，但只有一个短暂的历史"。心理学的历史可以追溯到古希腊哲学家，同时亚洲非洲等各个地区的文化中也发现了对于心智的起源和原理的思辨，早期都归属于哲学的范畴。直到1879年德国生理学家冯特（Wilhelm Wundt）在莱比锡大学建立了第一个心理实验室，标志着现代心理学的开端。[①] 尽管在漫长的时间里，心理学科关注的核心问题（个体心智过程与行为）得到了往来不绝的关注，但直到实验性研究方法的确立，才使其脱离哲学而成为一门独立的学科。在学科发展的历史过程中，对于同一个问题，不同时期的个体思辨和实验得到了不同的答案。例如，对个体心智过程的物质基础是心脏还是大脑的争论，在不同文化中都延续了很长一段时间。根据直观性思维，即心脏节律和个体情绪活动之间的相关性，很多文化中的观点认为心智活动的物质基础是心脏。然而希波克拉底、盖伦等一系列临床和实验经验显示，大脑与个体的行为和心智互动更为相关，支持大脑才是心智过程的物质基础的观点。

在今天的科学和技术条件下看心脑之争，已经有了明确的结论。但导论性课程不是单纯对现有信息的呈现和组织。对学科历史脉络，学科中重要概念的发展和探索的展示，能够鼓舞学生探索未知追求真理的信心。每一个概念、每一个知识结构都是在历史的辗转中被不断推翻、重建、完善。对这些迂回的复杂的学科历史的呈现，而非简单地直达终点，有助于学生了解人类面对未知时追求真理的困难和时代的局限性，以及在此基础上不懈地努力和探索。对一个"完美概念世界"的呈现并非导论课程的主旨，丰富学生增长见识之外，"培养什么人、怎样培养人、为谁培养人"才是教育的根本问题。而对学科发展中幽暗曲折历程的完整呈现，对学生主动思考、辩证思考、勇于探索未知有着不可取代的重要作用。

二、强调研究方法，注重科学思维方法训练

如上所述，心理学独立于哲学成为独立学科的历史重要节点是冯特心理实验室的建立。导论课程中重要的一部分就是介绍本学科特有的研究方法，为学生深入理解学科知识框架提供必要的铺垫，也为学生今后在本学科的实践打好基础。研究方法部分课程内容，经常在课程设计中/教材设计中，被排列在绪论之后，各种概念框架部分之前。例如心理学导论中，在介绍完心理学概念后经常紧随着对心理学研究方法的介绍，而后才紧随诸如人类发展、意识、情绪、记忆、社会心理学等内容。[②] 这样的设计能够让学生在课程学习中，带着方法论视角，掌握特定的概念和知识框架。这使得教学过程中教师能够有的放矢，教授给学生特定知识点的过程，而非简单的知识点的灌输。以心理学导论课程为例，对科学方法的介绍（提出假设、收集客观数据、分析结果、发表评论并重复实验结果），有助于学生区

① 彭聃龄：《普通心理学》，北京师范大学出版社2012年版。
② 理查德·格里格、菲利普·津巴多：《心理学与生活》，人民邮电出版社2016年版。

分心理学中的伪科学和科学研究。由于其主题的相关性,当前没有可靠依据的"心理学测试"、"心理学科普"层出不穷,研究方法的介绍将有助于提升学生查阅相关资料时的分辨力,学会像心理学家一样思考,为后续学习过程做好必要的准备。

课程设计中,除了专门的研究方法介绍部分,后续课程内容的学习也离不开研究方法。在实践过程中我们也发现仅仅依赖概念的阐述和讲解,学生对概念的掌握情况远不如结合对特定实验过程的介绍。例如在讲解"接触安慰"的概念中,对哈洛(Harry F. Harlow)一系列幼猴实验的介绍将有助于个体理解"接触安慰"和食物一样,是幼年个体的基本需求之一。组内实验发现幼猴对"接触安慰"的偏好,组间实验发现缺乏"接触安慰"的个体社会性发展受累。而人类中对早产儿抚触的研究也证实了"接触安慰"的重要性,"接触安慰"的概念为婴幼儿产品中柔软的毛绒玩具设计提供了实证支持。一系列从动物到人类的实证研究,结合生活场景中的应用,为学生学习此概念提供了丰富的素材,使得概念理解更丰满而深刻,对后续的迁移和应用至关重要。

三、提供多元化观点,提高比较和分析的能力

在每一个学科发展的过程中,来自不同历史背景、不同文化背景的学者为特定概念、问题提供了不同的视角。以心理学为例,现代心理学主要由六个视角构成,即生物视角、认知视角、行为视角、全人视角、发展视角和社会文化视角。[①] 每一个视角都发展出了有关心智和行为的全新概念。其中生物学视角关注个体心智行为的生理机制,认知视角关注内在心理过程,行为视角关注可测量的行为,全人视角强调整体性,发展视角强调我们如何改变,社会文化视角则关注人类之间互相的影响。同时在每个视角下,不同的理论流派,也为同样的主题提出了不同视角的思考(例如,生物视角下,对特定行为的神经机制解释可以分为大脑活动视角、神经内分泌视角等)。

人类行为是非常复杂的,很少出现单一视角就能充分解释行为的情况。在几乎所有情况下,理解一个行为都需要多个视角的协同和结合。心理学科的这个特点为学生对多元化观点的思考、比较和分析提供了模型,这种思维训练的重要性并不逊于对知识点掌握本身。在心理学导论课程中,为学生提供多元视角的比较,需要课程设计不仅以观点为导向(发展章节、行为章节分开讲解),也要以问题为导向("为什么有的人比其他人更乐于助人")。以特定问题组织课程内容,将有助于学生充分分析问题的能力,而不是割裂地采取某个偏好的视角。以恐惧反应为例,它对人类的进化有意义(使我们能够规避有害的刺激),涉及大脑中杏仁核区域的特异性激活,可能来自联结学习,会受到社会文化的约束。当对特定客体恐惧反应过度激烈,失去适应性时,可能会导致恐惧症(phobia),可以通过暴露/脱敏疗法或者认知疗法进行缓解。对特定问题充分地讨论,不仅有助于学生更好地理解各个视角本身,还能培育他们思维的广度和深度。

四、培养跨学科思维,激发创造创新活力

习近平总书记多次指出,"厚实学科基础,培育新兴交叉学科生长点","要下大气力组

---

① 菲利普·津巴多、罗伯特·约翰逊、薇薇安·麦卡恩:《津巴多普通心理学》,人民邮电出版社2022年版。

建交叉学科群"，"鼓励具备条件的高校积极设置基础研究、交叉学科相关学科专业"，"用好学科交叉融合的'催化剂'"。① 2020年，按照中共中央、国务院关于深化高等教育学科专业体系改革部署，教育部设置了交叉学科门类。② 同年11月，时隔11年，国家自然科学基金委员会成立新学部，即第九大学部交叉科学部。③ 学科交叉融合是当前科学技术发展的重大特征，是新学科产生的重要源泉，是培养复合型创新人才的有效路径，是经济社会发展的内在需求。培养学生跨学科思维，对激发其创造创新活力，适应并推动社会发展至关重要。导论课程作为特定学科介绍性课程，涵盖了学科衍生和发展内容，具有其他课程所不具备的广度，为培养跨学科思维提供了有效的途径。

心理学作为一种枢纽学科，兼具自然科学、社会科学和人文科学的三重属性。④ 它天然地具有跨学科特性：在招生时文理兼招（部分院校只招收理科生）、在基金申报时同时属于自然科学基金和人文社会科学基金、在投稿时既可以投 SCI 刊物也可以投 SSCI 刊物。学生在学习心理学的过程中需要兼顾自然科学和人文社会科学的研究方法，从而掌握自然科学和人文社会科学的研究特性。心理学的很多创新性研究和突破性进展，都来自跨学科思维的结果。经典性条件反射的发现者，是生理学家巴甫洛夫（Ivan Petrovich Pavlov）；发展心理学中文化历史理论的提出者心理学家维戈茨基（Lev Vygotsky），接受的是法学和文学的大学教育。特别是，作为认知科学和神经科学交叉结合而产生的新兴学科，20世纪70年代后期诞生的认知神经科学，融合了心理学、认知科学、计算机科学和神经科学等领域的研究，在宏观和微观领域都取得了突破性进展，深刻影响了传统心理学的研究范式。心理学导论作为面向全校本科生开放的通识教育校选课，容纳了各个专业的本科生。对心理学科跨学科特性的介绍，不拘泥于心理学范式，而是积极拓展其他学科与其内容和范式的相关性，有助于学生除了课程内容所提供的知识框架外，从自己专业视角知识结构理解特定知识。例如外文学院的同学可以从语言学视角理解个体的言语发展和思维发展之间的关系、社会学专业的同学可以从社会学群体视角理解个体行为等。这些跨领域知识结构、思维逻辑、理论框架、方法体系的融合与重建，为学生日后潜在的跨学科视角甚至研究的发展提供必要的基础。

五、引入中外研究新趋势，激发科技报国的使命担当

与很多其他自然科学一样，心理学科的发展在很长一段时间都是西方研究者主导的。通用的国内外教材也基本以西方一系列经典研究为准。近几十年来，中国的心理学科在不

---

① 《国务院学位委员会办公室负责人就〈交叉学科设置与管理办法（试行）〉答记者问》，http://www.moe.gov.cn/jyb_xwfb/s271/202112/t20211206_584975.html，访问日期：2024年4月22日。

② 《国务院学位委员会 教育部关于设置"交叉学科"门类、"集成电路科学与工程"和"国家安全学"一级学科的通知》，http://www.moe.gov.cn/srcsite/A22/yjss_xwgl/xwgl_xwsy/202101/t20210113_509633.html，访问日期：2024年4月22日。

③ 《交叉科学部简介》，https://www.nsfc.gov.cn/publish/portal0/tab1333/，访问日期：2024年4月22日。

④ 吕小康：《发展服务中国之治的社会心理学》，https://www.cssn.cn/skgz/bwyc/202308/t20230809_5677946.shtml，访问日期：2024年4月22日。

断发展壮大，学科体系日益完善，科研水平不断提升。中国心理学研究者在心理学研究多个领域取得了许多重要成果，在国际学术期刊上发表的高水平研究论文数量逐渐增加，相关研究被国际同行认可。爱思唯尔（Elsevier）"中国高被引学者"榜单，心理学科中国研究者的人数逐渐上涨，从 2018 年的 11 人上涨到了 2023 年的 27 人。导论课程内容设计中，除了西方心理学研究成果的引入，对中国研究者的成果的介绍将有助于提升学生对本土研究的认识和信心，激发学生对于科技报国的使命担当。例如对于意识的研究领域，我国的何生研究员团队、蒲慕明研究员团队都在近几年分别利用人类和猴子为对象，为意识的神经机制、自我意识的生发做出显著的贡献。对这些重要而有趣的工作的介绍，不仅对于课程内容而言不可或缺，对于激发学生的使命担当也十分重要。

综上所述，导论课程特殊的广度、对学科历史和方法的介绍、对不同角度观点的阐述等特点，都为高等教育专业课程思政建设提供了有利的途径。以心理学导论课程为例，在实践过程中，对学科历史脉络的梳理，对研究方法的强调，提供多元化观点，培养跨学科思维，对中外研究新进展的介绍，将有助于培养学生探索未知追求真理的责任感和科学思维方法，提高其提高比较和分析的能力，激发创造创新活力和科技报国的使命担当。在结课时，除了让学生留下对该学科知识点和体系的记忆之外，还能够使其成为一个更有逻辑、更有能力、更有担当的个体。

习近平生态文明思想融入"环境科学导论"课程思政

陈　荣*

摘要：课程思政已经成为高等教育的核心任务之一。"环境科学导论"类课程通常是环境类专业的核心课程，其课程思政建设对环境类人才培养有重要意义。厦门大学"环境科学导论"课程的课程思政中，尤其注重推动习近平生态文明思想进教材进课堂进头脑。采用自编教材，专节介绍习近平生态文明思想的形成过程和思想内核六项原则；在课堂教学中，围绕这六项原则，以"一对多""多对一"的方式将习近平生态文明思想内核与专业知识有机融合；引导学生通过主动学习自觉吸收和拓展生态文明理念，将习近平生态文明思想内化于心，同时通过校园调查、现场教学、小组实践等实践性活动，将习近平生态文明思想外化于行。

关键词：习近平生态文明思想；环境科学导论；课程思政

在 2016 年全国高校思想政治工作会议上，习近平总书记指出，要用好课堂教学这个主渠道，将思政教育作为价值导向，课程教学作为载体，使各类课程与思想政治理论课同向同行，形成协同效应。此后，课程思政在全国高校得到普遍推行，其内涵外延和实践途径有不少学者做了深入探讨。[①] 关于课程思政的任务和地位，有学者指出"课程思政"是高校在新时代构建全员、全过程、全方位育人格局，系统落实立德树人根本任务，将思想政治工作体系贯通人才培养体系，全面提高人才培养能力，推进中国特色社会主义一流大学建设的根本举措。[②] 2020 年 5 月，教育部印发《高等学校课程思政建设指导纲要》明确指出"课程思政建设是全面提高人才培养质量的重要任务"，"全面推进课程思政建设，就是要寓价值观引导于知识传授和能力培养之中，帮助学生塑造正确的世界观、人生观、价值观，这是人才培养的应有之义，更是必备内容"。[③] 可见，课程思政已经成为高等教育的核心任务之一。

厦门大学的"环境科学导论"课程是环境科学和生态学专业本科生的专业必修课。课程内容以环境问题为导向，全面分析介绍全球性环境问题如全球变暖、中国主要环境问题

---

* 陈荣，男，厦门大学环境与生态学院副教授，主要研究方向为海洋生态毒理学。

① 邱伟光：《课程思政的价值意蕴与生成路径》，《思想理论教育》2017 年第 7 期。王海威、王伯承：《论高校课程思政的核心要义与实践路径》，《学校党建与思想教育》2018 年第 7 期。王学俭、石岩：《新时代课程思政的内涵、特点、难点及应对策略》，《新疆师范大学学报（哲学社会科学版）》2020 年第 2 期。

② 沙军：《"课程思政"的版本升级与系统化思考》，《毛泽东邓小平理论研究》2018 年第 10 期。

③ 《教育部关于印发〈高等学校课程思政建设指导纲要〉的通知》，https://www.gov.cn/zhengce/zhengceku/2020-06/06/content_5517606.htm，访问日期：2024 年 3 月 26 日。

以及人口问题、生物安全、粮食安全、食品安全、环保法规体系等相关问题的起因和现状,讨论解决方案。类似的课程如"环境科学概论""环境学""环境学基础"等,都是全国各高校环境科学类专业普遍开设的专业核心课程。这些课程通常都是环境科学专业本科生第一门专业课,不仅有助于新生提升专业认同感,也为后续的专业课程学习打下基础。因此"环境科学导论"类课程的教学效果普遍受到重视,也有一些高校开展了此类课程的课程思政工作,如曹芮等(2020)介绍了课程团队对"环境科学概论"课程中思政元素融入的整体设计思路和具体教学设计;[①]刘一鸣等(2020)分析了"环境学"蕴含的德育素材,提出实施课程思政改革的路径和措施;[②]郭胜娟等(2022)设计了基于建构主义教学原理的教学方案,将课程思政教育融入高职院校"环境科学概论"课程教学中。[③]"环境科学导论"作为厦门大学首批"课程思政"示范课程,近年来也积极开展课程思政的教学改革工作。

一、习近平生态文明思想融入课程思政的教学设计思路

2013 年党的十八届三中全会后,我国的环境保护事业进入生态文明战略阶段。2018年 5 月召开的全国第八次生态环境保护大会上,正式确立了习近平生态文明思想,这是我国生态环境保护历史上具有里程碑意义的重大理论成果。生态文明代表着人类文明发展的新方向,是人类实现可持续发展的重要前提。环境科学专业旨在培养美丽中国的建设者和守护者,习近平生态文明思想应当成为人才培养的核心指导思想。

"环境科学导论"课程的教学目标:学生能掌握环境科学的基础知识和基本理论,了解中国的主要环境问题和全球性环境问题及其对策;具备较好的科学素养,能运用科学思维方法独立分析环境问题;树立环境友好的价值观和道德观;感受生态文明建设中的中国智慧,加深家国情怀和民族自豪感。围绕教学目标,本课程从树理想、厚理念、强理性三个维度深入挖掘思政元素,开展课程思政工作。其中,将习近平生态文明思想有机融入课程教学是课程思政的重点内容。在此方面,也有一些高校进行探索。北京师范大学环境学院徐琳瑜等(2022)从教材重修、课程设计与实效分析三个维度,构建完整的环境专业课程思政实践体系,实现环境专业知识与生态文明理念的有机融合。[④] 南京师范大学温恬钰等(2023)认为"环境科学概论"课程与习近平生态文明思想联系紧密,生态文明应当贯穿于课程的全部内容。[⑤] 厦门大学的"环境科学导论"课程从 2019 年开始课程思政建设,在习近平生态文明思想有机融入课程思政方面已经有了较系统的实施方案。

---

① 曹芮、杨红、王雪梅等:《基于课程思政的〈环境科学概论〉课程设计研究》,《决策探索》2020 年第 11 期。

② 刘一鸣、樊晓盼、施煜等:《基于课程思政理念的〈环境学〉教学探讨》,《教育理论研究》2020 年第 4 期。

③ 郭胜娟、杨春松、杨梅:《高职院校"环境科学概论"课程思政的教学设计》,《湖北理工学院学报》2022 年第 4 期。

④ 徐琳瑜、董一鸣、戴雨岐:《"环境科学概论"的多元化课程思政探索》,《环境教育》2022 年第 12 期。

⑤ 温恬钰、张明礼:《高校"环境科学概论"课程思政教学体系构建研究》,《南京师大学报(自然科学版)》2023 年第 S1 期。

二、习近平生态文明思想融入课程思政的实施途径

(一)习近平生态文明思想进教材

2021 年 7 月,国家教材委员会印发《习近平新时代中国特色社会主义思想进课程教材指南》的通知,指出"习近平新时代中国特色社会主义思想进课程教材要依据不同学科特点,结合各学科独特优势和资源,实现有机融入"。[①] 习近平生态文明思想是习近平新时代中国特色社会主义思想的重要组成部分,因此将习近平生态文明思想纳入环境类课程教材是应有之义。

"环境科学导论"课程选用的教材为自编教材——卢昌义主编的《现代环境科学概论》。在第三版修订时,就有第一章专节介绍"我国环境保护发展历程和习近平生态文明思想的形成",着重阐述了习近平生态文明思想的产生过程、生态文明建设的六大原则等内容。即将出版的《现代环境科学概论》(第四版),已被列为厦门大学首批"十四五"精品教材立项,该修订版进一步融入习近平新时代中国特色社会主义思想和党的二十大精神。

(二)习近平生态文明思想进课堂

习近平生态文明思想的理论内核包括人与自然和谐共生的科学自然观、绿水青山就是金山银山的绿色发展观、良好生态环境是最普惠的民生福祉的基本民生观、山水林田湖草系统治理的整体系统观、最严格制度最严密法治保护生态环境的严密法治观和世界携手共谋全球生态文明的共赢全球观。这六项原则相互联系、相互促进、辩证统一,形成一个完整系统、科学严密的逻辑体系,是新时代推进生态文明建设的主要内容和根本遵循。在课堂教学中,围绕这六项原则,以"一对多""多对一"的方式将习近平生态文明思想内核与专业知识有机融合。"一对多",即在一个知识点或案例教学中体现习近平生态文明思想内核的多项原则;"多对一",即在不同知识点或案例教学中从不同角度解释习近平生态文明思想内核其中一项原则。在第一堂课,先系统介绍习近平生态文明思想的历史形成过程,从1975 年习近平在陕西梁家河村建造陕西省第一个沼气池说起,到 2005 年"两山论"的提出,总结分析习近平同志在不同地区不同时期提出的有关生态文明建设的观点和理念,将抽象的原则与具体事例相结合,图文并茂,生动形象,取得良好的课堂效果。在后续的课堂讲授中,进一步将习近平生态文明思想内核的各项原则与专业知识进行融合,具体内容见表 1。

表 1　习近平生态文明思想内核与课程内容的映射融合

课程内容	融合点	习近平生态文明思想内核
现代环境问题的出现和发展	八大公害事件、《寂静的春天》、第一次人类环境会议	科学自然观、整体系统观、共赢全球观
中国环境保护事业的发展历程	官厅水库治理案例、第一次全国环境保护会议、可持续发展战略	基本民生观、整体系统观、严密法治观、共赢全球观

---

① 《国家教材委员会关于印发〈习近平新时代中国特色社会主义思想进课程教材指南〉的通知》,https://www.gov.cn/zhengce/zhengceku/2021-08/25/content_5633152.htm,访问日期:2024 年 3 月 26 日。

续表

课程内容	融合点	习近平生态文明思想内核
温室效应的加剧	全球变暖的危害、京都议定书、巴黎协定、"双碳"目标	科学自然观、整体系统观、共赢全球观
臭氧层的破坏	臭氧层空洞形成机制、蒙特利尔协议、中国履约行动	科学自然观、整体系统观、共赢全球观
污染物质的迁移	持久性有机污染物、斯德哥尔摩协议、中国履约行动	科学自然观、整体系统观、共赢全球观
海洋污染	海洋酸化、赤潮、富营养化、塑料垃圾、微塑料	科学自然观、整体系统观、基本民生观、共赢全球观
土壤污染	全国土壤污染状况调查、镉米事件、常州毒地案、植物修复	科学自然观、整体系统观、基本民生观、严密法治观
固废污染	垃圾分类、中外垃圾集中处理的对比、禁塑令、禁止"洋垃圾"进口、《巴塞尔公约》、"无废城市"	科学自然观、整体系统观、基本民生观、共赢全球观
生物多样性保护	生物多样性定义、保护生物多样性的必要性、《中国的生物多样性保护》白皮书、以大熊猫保护为例介绍中国方案和成就	科学自然观、绿色发展观、基本民生观、整体系统观、严密法治观、共赢全球观
自然保护区的建设和进展	自然保护地体系、国家公园、自然保护区	科学自然观、整体系统观、基本民生观、严密法治观
生态恢复	以生态恢复、塞罕坝机械林场为例介绍生态修复的中国方案、"地球卫士奖"	科学自然观、整体系统观、基本民生观、严密法治观
维护国家生态安全和生态保护红线	生态安全的定义、生态保护红线、生态补偿、生态足迹、地球超载日	科学自然观、基本民生观、整体系统观、共赢全球观
生物安全与外来生物入侵	生物安全定义、结合新冠疫情分析生物安全的重要性、转基因生物与转基因技术、外来生物与入侵生物	科学自然观、基本民生观、整体系统观、共赢全球观
能源与环境	能源安全、世界与中国的能源现状、新能源	科学自然观、基本民生观、共赢全球观
粮食安全	世界粮食安全现状、《中国粮食安全》白皮书、大食物观、藏粮于地、藏粮于技	科学自然观、基本民生观、严密法治观、共赢全球观
环境法规与可持续发展	我国环境保护法体系、最新版环境保护法的亮点与特点	基本民生观、严密法治观

在课堂教学过程中，注重结合真实案例来介绍知识点并加以分析，不仅可以全景式地了解环境问题的前因后果，而且易于结合专业知识开展课程思政。如在讲解生态修复时，选取塞罕坝机械林场作为典型案例进行分析。首先通过塞罕坝国家森林公园现在与 60 年

前的照片对比,学生直观感受生态修复的巨大作用。然后围绕"艰苦创业,科学求实,无私奉献,开拓创新,爱岗敬业"的塞罕坝精神,深入介绍第一代林场工人如何在艰苦的自然条件和生活条件下,坚持不懈无怨无悔,如何秉持科学精神,创新育苗植树方法,通过实践检验获得成功,造林成功后,如何依据生态学原理,进行林相改造,逐步形成生物多样性丰富的稳定生态系统,创造巨大经济价值和生态价值。这一典型案例的介绍分析,不仅可以展示正确的价值观和人生观,同时也将习近平生态文明思想重要内核和科学精神同步输出,让学生得到一次精神洗礼。

（三）习近平生态文明思想进头脑

课程思政不应当只是教师的单向灌输,还要引导学生主动学习,自觉接受。因此,本课程采取多元化的课堂教学方式,引导学生主动参与。如按三人一组组成若干个学习小组,每组共同完成一个学习主题,以课堂汇报、课堂辩论、调研报告等形式提交学习成果,要求学生结合习近平生态文明思想的核心内容进行分析,通过主动学习加深对习近平生态文明思想的理解。设计开放性课后作业,如要求学生自行收集一个生态修复的案例,分析其生态学原理和处理措施的利弊,并提出个人的解决方案。学生的作业中,有的学生结合家乡的生态修复案例,通过对比治理前后的生态环境变化,自觉感受到生态文明建设给群众带来的幸福感和获得感。主动式学习,有利于学生在自主学习过程中将习近平生态文明思想内化于心,同时实现了师生之间课程思政的双向交流,教师也能从中获得更多课程思政的灵感。

课程思政应该是集育人理念和育人实践活动于一体的综合性概念。育人理念贯穿于育人实践活动中,用于指导育人实践活动的开展。[①] 而环境科学本身就是一门实践性很强的学科,因此有必要将课程思政从"第一课堂"(课堂教学)延伸到"第二课堂"(校园文化活动)、"第三课堂"(校外实践活动)。为此,本课程设计了现场教学环节,如统一安排学生参观环保公司,了解环保产业的发展现状。同时组织学生成立课外实践小组利用课余时间开展实践活动,自主选题、设计方案、分工合作,通过问卷调查、现场考察、人员走访等方式,对校园快递包装处理、校园外来生物入侵、周边农村农药使用、厦门市红树林保护现状等生态文明建设相关内容进行调研分析,完成考察报告。从学生的实践报告中可以看出,在现场考察和人员走访的过程中,他们能真切观察到近年来厦门市在生态保护、环境改善、新农村建设等方面的成就,感受到广大群众环保意识的增强和对美好生活的向往。这些体验不仅让学生对生态文明建设有了切身体会,而且强化了学生对专业知识的理解运用,进一步提升专业认同感和自豪感。同时,也能自觉思考个人的选择和行为对生态环境造成的影响,更好地将生态文明理念内化于心。

三、结语

"环境科学导论"课程通过多元化教学方式,将习近平生态文明思想与专业知识有机融合进行多维度的课程思政工作,以"加盐于水""润物无声"的形式实现课程思政,受到学生

---

① 陈冲、汪海涵:《我国高校推进"课程思政"的着力点研究——兼论美国高校隐性政治教育的启示》,《当代教育科学》2019 年第 9 期。

的普遍欢迎。尤其注重引导学生主动参与课程思政，实现课程思政实践的双向交流，拓宽课堂思政路径，从第一课堂延伸到第二课堂、第三课堂。这些举措有效提升了非思政类专业课程的育人功能，助力课程思政的协同育人生态形成。

　　本课程开展课程思政的经验已经以专题报道的形式在学院和厦门大学官网上宣传。该报道和课程思政的教学小视频也出现在厦门大学的"学习强国"号上，成为展示厦门大学课程思政经验的一个窗口。"环境科学导论"课程 2020 年获批福建省线下一流本科课程。2023 年，"生物多样性保护"教学设计入选福建省高校课程思政教育联盟首批课程思政优秀教学案例。今后本课程还将继续完善课程思政工作，进一步挖掘习近平生态文明思想与专业知识的切入点，探索利用"互联网＋"引导学生主动参与课程思政，更加有效推进校外实践活动中实现课程思政。

以习近平生态文明思想为指引的
生态学专业课程思政体系构建[*]

卢豪良　吴晓倩　黄凌风^{**}

摘要:课程思政是实现立德树人根本任务目标的重要教学举措。厦门大学生态学专业以习近平生态文明思想为指引,针对生态学科特点与厦门大学生态学办学特色优势进行挖掘,构建了专业课程思政体系。依托专业核心价值引领,在教学全过程中融入习近平生态文明思想教育,充分利用新时代教育数字化手段,积极探索 AI 技术融入教育教学的改革与创新,将习近平生态文明思想宣传教育贯穿于生态学本科专业的核心课程,构建了适应新时代要求的一流生态学专业课程思政体系,营造浓厚的思政育人氛围,实现专业教育和思想政治教育的一体化发展。

关键词:专业思政;生态学;课程体系;知识图谱

生态良好是中国式现代化的显著特征。党的二十大报告明确指出"中国式现代化是人与自然和谐共生的现代化"。环境就是民生,进入新时代,在追求可持续发展,全面建设社会主义现代化国家的内在要求必须尊重自然、顺应自然、保护自然。生态学专业人才培养服务于国家战略,牢固树立和践行绿水青山就是金山银山的理念,为建设人与自然和谐共生的现代化提供人才储备。

当前我国生态学人才培养面临百年未有之大变局的国内外形势和更加复杂严峻的生态环境形势,生态文明和美丽中国建设、实现碳达峰碳中和等目标任务对生态学人才培养工作提出了更高要求。在实现中华民族伟大复兴的征程中,为党育人,为国育才,生态学人才培养需要使学生在德、智、体、美等方面得到全面发展,全面地掌握生态学和相关学科的基础知识、基本理论和基本技能。与此同时,立德树人是一项复杂的社会工程,在国内高校中,尚未见从顶层设计生态学课程思政体系。生态学专业人才培养强化以习近平新时代中国特色社会主义思想凝心铸魂,引导学生更加自觉坚定中国特色社会主义道路自信、理论自信、制度自信、文化自信,坚持用习近平生态文明思想武装头脑、筑牢新时代青年人才理想信念。勇担新时代生态文明建设使命,将自身行动融入实现中华民族伟大复兴的奋斗征程中。

* 基金项目:福建省本科高校教育教学研究项目"以习近平生态文明思想为指引的生态学专业课程思政体系构建"(项目编号:FBJG20220152)、福建省本科高校教育教学改革研究项目"以国家野外科学观测研究站为依托的生态学'双一流'学科特色专业课程实践体系建设"(项目编号:FBJY20230243)。

** 卢豪良,男,福建寿宁人,厦门大学环境与生态学院教授。吴晓倩,女,福建福清人,厦门大学环境与生态学院本科教学秘书。黄凌风,男,福建晋江人,厦门大学环境与生态学院教授。

一、生态学课程思政体系构建

为贯彻落实教育部《高等学校课程思政建设指导纲要》和福建省教育厅《关于深入推进全省高等学校课程思政建设的实施意见》文件精神，厦门大学生态学专业全面推进思想政治教育贯穿于生态学专业高水平人才培养体系，发挥课程思政立德树人的主渠道育人特色，深化课程思政建设，提升人才培养质量。在福建省本科高校教育教学研究项目"以习近平生态文明思想为引领的生态学专业课程思政体系构建"（项目编号：FBJG20220152）和"以国家野外科学观测研究站为依托的生态学'双一流'学科特色专业课程实践体系建设"（项目编号：FBJY20230243）的资助下，厦门大学生态学专业以习近平新时代中国特色社会主义思想为引领，将习近平生态文明思想教育贯穿生态学专业核心课程，构建适应新时代要求的一流生态学专业课程思政体系（见图1）。该课程思政体系建立，把我国生态文明建设取得历史性成就案例融入其中，使学生深刻认识"生态兴则文明兴，生态衰则文明衰"，"绿水青山就是金山银山"，"发展经济是为了民生，保护生态环境同样也是为了民生"，"山水林田湖草沙是生命共同体"，"用最严格制度最严密法治保护生态环境"，"共谋全球生态文明建设，深度参与全球环境治理"等重大科学论断。① 理解习近平生态文明思想成为全党全国全社会建设生态文明的认识论、方法论和实践论，有力推动经济社会发展全面绿色转型，有力推动和促进人类命运共同体建设。② 构建厦门大学生态学专业课程全覆盖、层次逐步深入递进、思政类型丰富交融、思政知识相互支撑的课程思政体系，有利于开创富含学科特色、确保习近平生态文明思想落地生根的良好局面，形成可推广可复制的生态学课程思政教育教学改革典型经验和特色做法。

根据生态学学科特点，从研究层次、生物类群、生境类型、研究性质、与其他学科的相关性，选择"海洋生态学""可持续发展与生态文明""基础生态学""动物生态学""植物生态学""分子生态学""湿地与红树林生态学""污染生态学""恢复生态学""生态之美""生产实习"等11门骨干课程，这些课程包含了现代生态学的主要研究领域，不仅能够满足生态学基础理论问题的研究需要，而且为生态文明建设和社会经济的可持续发展提供理论基础。这些课程内容涵盖了广泛的生态学理论和实践应用，使学生能够深入了解生态系统的结构与功能、物种多样性与保护、环境污染与修复、可持续发展等方面的知识。课程设置有助于培养学生的创新思维、问题解决能力和环境意识，使他们能够在美丽中国建设中做出积极贡献。将习近平生态文明思想核心要义体现为"八个坚持"，深入融入上述课程汇总，通过课程思政体系建设，明白为什么建设生态文明是关乎民族长远大计、新时代下建设生态文明应该如何遵循、坚持以人民为中心推进生态文明建设等深刻内涵。

---

① 张齐发：《坚持人与自然和谐共生 建设生态文明》，《决策探索（下）》2018 年第 1 期。
② 李恒远：《坚持中国特色社会主义 建设社会主义生态文明》，《环境保护》2008 年第 1 期。

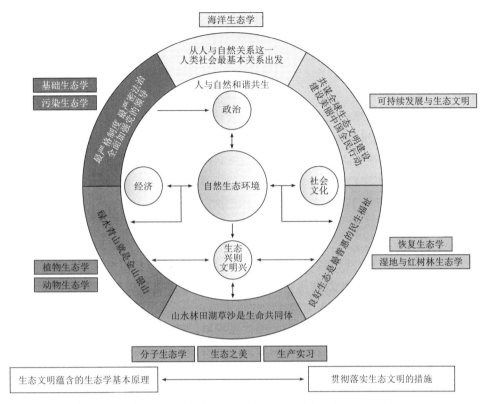

图1 以习近平生态文明思想为指引的生态学专业课程体系构建图

"海洋生态学""可持续发展与生态文明""基础生态学"从习近平生态文明思想的系统整体性、逻辑结构性、哲学突破性入手。从科学概念体系,完整理论框架如历史使命、行动方式、全球治理等方面进行思政设计,重点在系统学习习近平生态文明思想关于发展与保护的辩证关系,做到顺应自然,保护自然,实现高质量发展。通过案例阐释习近平生态文明思想的标志性观点和代表性论断"两山论",结合我国新时代发展,学生明白要坚定地树立绿水青山就是金山银山的理念,意味着我们应该深刻认识到保护环境与经济发展的密切关系。生态本身就是经济,这是因为一个良好的生态环境对于经济的可持续发展具有重要的支撑作用。只有保护好生态环境,才能够为经济的发展提供持续的资源和良好的生产条件。

上述课程通过从个体生态学、种群生态学、群落生态学、生态系统生态学到可持续生态学层层深入,让学生领会"两山论"的科学内涵和鲜明特色,彻底改变对生态环境价值的传统看法,理解新时代治国理政理念和方式的深刻变革,把握保护环境和发展新质生产力之间的关系,掌握应对发展与保护难题、实现人与自然和谐共生的现代化方法。

人与自然和谐共生是中国式现代化的重要特色,促进人与自然和谐共生是中国式现代化的本质要求。[①] 建设美丽中国,必须尊重自然,牢固树立绿水青山就是金山银山的理念,实现人与自然和谐共生。生态学专业培养学生认识上述重要理论时,在不同专业课程中融

① 孙金龙、黄润秋:《全面推进美丽中国建设加快推进人与自然和谐共生的现代化》,《中国生态文明》2024年第1期。

入习近平生态文明思想,通过不同角度领悟具有中国特色的生态文明建设的伟大实践,把握本质要求和重大原则,从理论与实践中深刻理解国家在生态文明建设中的战略布局。"动物生态学""植物生态学""分子生态学""湿地与红树林生态学"从微观到宏观,以发展演进思政呈现思政教学,领悟人与自然是生命共同体,形成知识点和思政点结合。例如结合生态文明战略中实现生物多样性保护与发展的平衡,引导学生理解生态学原理的同时,建立生态文明价值观,强化历史思维,深刻认识我国生物多样性宝贵资源及在实现高质量发展过程中如何维护生物与环境之间的关系。结合国内外经济社会发展过程经历的人与环境矛盾,引导学生认识"人—环境—社会经济发展"之间的关系,通过人类发展过程对环境影响的案例,以及新时代我国生态文明建设中的中国实践经验,通过建设国家公园保护中国独有的物种,领悟中华民族伟大复兴征程上建设生态文明的必要性,坚定"四个自信",引导学生明确自身是美丽中国建设者的中坚力量,激发学生树立绿色发展,推动形成人与自然和谐共生的理念。

"污染生态学""恢复生态学""生态之美""生产实习"结合课程的实践特色,从习近平生态文明思想鲜明的理论特征,如继承与创新、理论与实践、人民与价值等方面实现专业知识与思政元素的有机融合,从实践贯通性、拓展性满足学生个性化培养要求,在课堂教学和实践教学中将习近平生态文明思想中蕴含的生态学原理与实践结合进行系统的思政教育,通过野外调研,实验实践教学中阐释环境与民生关系,传统的生态保护与修复已不能满足新时代美丽中国建设的需求,中国生态文明建设的实践方案也为加强全球环境治理贡献了中国智慧,为应对全球气候变化,实现人类可持续发展,展示中国参与全球环境治理,切实保护好人类赖以生存的地球家园,以实际行动构建人类命运共同体而不懈努力。在应对全球气候变化中,我国将碳达峰、碳中和纳入生态文明建设整体布局,思政案例中,我们结合厦门大学生态学涉海特色,展现中国科学家在海洋碳中和、滨海蓝碳、生态系统可持续发展的研究理论与实践,体会过去十多年来中国生态文明建设实践的成就,引导学生体会中国应对全球变化,共同构建人与自然生命共同体的坚定决心。通过展示美丽中国建设的厦门实践方案,实地参访等进一步理解生态文明建设仍处于负重前行,仍需要把握发展经济与维护环境健康的关系。在中国众多实践经验和方案中理解生态文明建设需要通过高水平保护推动高质量发展,实现经济发展,资源节约,认识新质生产力就是绿色生产力,生态环境在民生改善中的重要地位,从而领悟习近平生态文明思想是建设人与自然和谐共生美丽中国的根本遵循。

人与自然和谐共生绘就生态文明新画卷,生态美学也是精神文明建设的重要组成部分。"生态之美"课程展现中国生态文明之美,通过生态系统特性展现在习近平生态文明思想指引下我国生态文明建设取得的历史性成就,引导学生探讨审美价值与生态价值的关系,让"绿水青山"理念润物无声,通过人与自然之间的审美互动,以生态健康作为生态审美的一个重要参照,进而更深入理解人与自然和谐共生是构建生态美学的根本。坚持以习近平新时代中国特色社会主义思想特别是习近平生态文明思想为指导的美丽中国建设为全球生态治理贡献中国智慧和中国方案,"生态之美"课程使学生认识到国家战略、国家实践,形成思想红、大格局、生态绿的思政教育案例。生态学专业课程思政通过强化顶层设计,构建长效育人机制,厚植习近平生态文明思想,传递价值导向,凝练课程特色,提升育人能力,思政课程体系建设对其他学科亦有交叉示范作用。

二、生态学专业课程思政知识图谱模式建设探索

人工智能作为引领技术发展的核心动力随着新一轮科技革命和产业变革正在重构知识获取途径。在"人工智能＋教育"的时代背景下,思政教育工作也必须紧跟时代发展步伐。为此,生态学专业课程思政体系充分利用新时代教育信息化手段,通过智慧树在线网络教育平台,积极探索 AI 技术融入教育教学的改革与创新,以可视化的知识地图及图谱画像直观地呈现生态学专业课程思政体系的知识结构以及各知识点之间的联系(见图 2)。围绕生态学专业课程开展专业知识图谱建设,通过专业知识体系的梳理,重构专业、课程、知识的关联,形成可视化的高水平"专业画像"(见图 3)。学生通过知识点完整画像,充分理解掌握知识点。发挥生态学专业优势,先学一步、学深一步、学透一步。

图 2　生态学专业知识图谱 AI 构建示意图

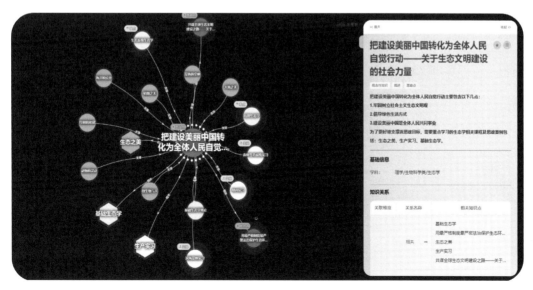

图 3　生态学专业知识图谱结构化图像

通过"人工智能＋教育"形式,借助于线下至线上、课内至课外的扩展教学环境以及理论到实践、基础到深入的丰富教学资源,结合信息技术融合,采用情境创设、课堂示范、小组研讨和案例教学等多元教学方法,本课程培养学生的参与意识、实践能力和表达技巧。

在生态学专业课程思政教学中,如何对学生的学习效果进行客观评价既是重点也是难点,利用人工智能可快速构建从过程和结果两方面进行。在教学评价体系中合理融入思政目标和要求,重视对思维过程的评价,即改变传统的量化评价指标和体系,注重考核和评价的过程化,以增强学生平时学习的自主性与全员全过程参与性。搭建线上线下结合的网络课程教学平台,设置学生思政实践成果展示专区,展示课程教学过程中学生的作业、调研、实践中涉及习近平生态文明思想的有关成果报告和学习状态等,创造相互学习和沟通的良好环境,给予学生充分的学习成就感,使学生协同前行。

人工智能不仅为生态学专业课程思政注入了新的活力,同时也为深入学习习近平生态文明思想提供了更多资源与途径。通过知识图谱的构建,能够实现个性化的学习路径和内容定制,更好地满足学生个性化学习需求。首先,人工智能可以根据不同课程章节学习内容,智能推荐与生态学专业课程相得益彰的习近平生态文明思想内容,使学生在专业学习的同时,获得更多的思想启迪和社会责任感。其次,利用大数据分析学生的学习行为和行动反馈,任课教师可以及时调整教学策略和更新知识,补充案例,提高生态学专业课程与习近平生态文明思想融合的效果。例如,通过智能辅导系统,学生可以得到更具针对性的学习建议和指导,同时也能够接受关于生态伦理、生态审美、社会责任等方面的思想引导。以习近平生态文明思想为指引的知识图谱的构建为生态学专业课程思政提供新的学习视角和实践途径,形成各门课程协同发力,全方位育人的格局。

关于生态系统生态学课程思政教学的思考

杨盛昌[*]

摘要：将课程思政融入专业课学习中是实现立德树人根本任务的重要方式之一。以生态系统生态学课程教学为例，从优化课程知识体系、多元化教学模式、多维化评价体系三个方面分析课程思政教学探索与实践，为课程教学改革、提高教学质量提供借鉴和参考。

关键词：生态系统生态学；课程思政；教学质量

立德树人的成效是检验学校一切工作的根本标准。2020年5月，教育部印发的《高等学校课程思政建设指导纲要》明确了课程思政要在所有高校、所有学科专业全面推进。[①]"培养什么人、怎样培养人、为谁培养人"是高校教师必须严肃、认真对待的问题。如何将高校专业课程和思政教育有效结合，实现"教书"与"育人"协同发展成为课程思政工作的重点。[②]

环境生态工程学专业是厦门大学环境与生态学院新近开设的专业，以"立德树人"为目标，结合国家"新工科"工程教育改革思路，从学科交叉、科学思维、学术创新意识和应用能力等多维度、多角度，培养具备高度社会责任感和可持续发展理念、具有终身学习和适应发展能力的生态文明工程师，充分体现"通识基础、专业素质、创新思维、实践能力、全球视野、社会责任"综合特质，成为面向中国高质量发展和中国特色社会主义现代化建设所需的、能解决复杂生态环境问题的有用人才。

作为环境生态工程学专业必修课程之一，生态系统生态学主要研究生态系统相关的原理、规律及其人类在生产、区域管理方面的应用，既有很强的理论性，也有很强的实践性，与当今社会发展休戚相关，联系紧密。在"新工科"工程教育背景下，课程重视理论与实践的结合，要求面向社会，培养适应国家高质量发展需要的优秀人才。为了实现课程教学目标，近年来，本着"以人为本"的教学理念，积极探索课程思政，力求创新人才培养模式，从课程内容、教学方式、评价体系等方面融入思政元素，坚持立德树人，强化政治引领，实现"三全育人"。

---

* 杨盛昌，男，山东泰安人，厦门大学环境与生态学院副教授，研究方向为生态修复与生态保育。

① 《教育部关于印发〈高等学校课程思政建设指导纲要〉的通知》，https://www.gov.cn/zhengce/zhengceku/2020-06/06/content_5517606.htm，访问日期：2024年3月26日。

② 彭荔红、王小俊、陈静静、郁昂、蔡群飞：《"双碳"目标下产业生态学课程思政融入途径与实践研究》，《高教学刊》2023年第13期。

一、优化课程知识体系,融入课程思政

课程授课对象是环境生态工程专业二年级的本科生,32课时。目前国内正式出版的生态系统生态学教材较少,尤其缺少针对工科专业本科生学习的教材。生态系统生态学研究内容非常宽泛,涵盖面广,以蔡晓明编著的《生态系统生态学》[①]为例,计有20章的教学内容,分别为绪论、生态系统的结构、原理及重要特征、生态系统服务、全球变化、生物多样性保护、地球自我调节理论、生态系统的物种流动、生态系统的能量流动、生态系统的物质循环、生态系统的信息流动、生态系统的价值流动、生态系统的物质生产、生态系统中资源的分解作用、森林生态系统、草原生态系统、荒原和苔原生态系统、湿地生态系统、水域生态系统、生态系统的发育和进化、生态系统健康和管理,较为完整地概括了生态系统生态学的全貌。但受课时限制,课堂上无法面面俱到、涵盖所有内容。同时,考虑到二年级学生前期已完成通识课程"基础生态学"的学习,具备一定的知识储备,因此我们将授课内容及课时数进行了针对性的调整,如将生态系统的物质生产与生态系统中资源的分解作用两章加以合并;介绍不同生态系统类型时,压缩了课时,重点突出具有地域特色的湿地生态系统,并适当增加人工生态系统的教学内容。生态系统生态学的发展日新月异,得益于新方法、新技术的大量创新及应用[②],课程也补充了相关的教学内容。为了凸显新工科教育背景,强调生态系统生态学的实践性,满足生态文明建设所需,专门增加了生态修复工程一章,以强化课程学习的重要性及其实践意义,培养学生学以致用、解决问题的意识及能力。

另外,课程内容设计需紧密围绕领域研究前沿,不断更新授课内容,充分反映生态系统生态学发展的新思想、新理论,并积极探索课程思政融入专业知识的学习,优化课程知识体系。基本思路是:兼顾基础的理论知识和实践应用,以习近平生态文明思想为指导,以生态系统生态学与社会发展的关系为桥梁,通过生态系统基本特征与流域治理的关系、生态系统物质循环与国家碳达峰碳中和战略的关系、生态系统服务与绿水青山就是金山银山理论的关系、生态系统管理与社会可持续发展的关系等方面的学习,认识人与自然和谐共生的重要性,更好地完成专业知识的学习。课程强调专业知识与思政元素的深度融合,正确引领学生的"三观",为培养出具有科学精神、社会责任感和爱国主义情感的新型卓越工程复合型人才——生态文明工程师打下良好的基础。生态系统生态学课程思政的具体案例见表1。

---

① 蔡晓明:《生态系统生态学》,科学出版社2000年版。
② 方精云、刘玲莉:《生态系统生态学——回顾与展望》,高等教育出版社2021年版。

表 1　生态系统生态学课程思政的案例

知识点	方法	目标	思政案例简述
生态系统生态学的发展史	讲授	加深对生态系统生态学发展的认识,明确生态系统生态学研究的内容及其重要性	中国于 1972 年参加《人与生物圈》国际合作计划并当选为理事国,1978 年成立了中华人民共和国人与生物圈国家委员会。截至 2021 年 2 月,中国加入人与生物圈保护网的有 34 个自然保护区。积极践行"尊重自然、顺应自然、保护自然、与自然和谐共生"的生态文明思想
生态系统的整体性、开放性特征	讲授	掌握生态系统整体性、开放性的基本概念及其在中国社会发展中的实践应用	习近平总书记在黄河流域生态保护和高质量发展座谈会上的讲话,强调"治理黄河,重在保护,要在治理。要坚持山水林田湖草综合治理、系统治理、源头治理,统筹推进各项工作,加强协同配合,推动黄河流域高质量发展"。充分体现了生态系统整体性、开放性的特征,为管理部门进行流域治理、幸福河流建设提供了指导思路和途径
水的社会循环	翻转课堂	掌握水循环的概念、类型、基本特征及其实践价值	厦门市埭头溪的黑臭水体治理工程。埭头溪"五全"治理经验入选全国河湖长制典型案例
生态系统服务	讲授及课堂讨论	理解并掌握生态系统服务的概念、内涵、重要性及其研究意义	通过介绍"绿水青山就是金山银山"理论,引出生态系统服务的概念,并以中国生态系统服务的价值评估为例,阐明"绿水青山就是金山银山"理论的科学内涵
全球气候变化	讲授	理解并掌握全球气候变化的原因、危害及应对措施	2020 年 9 月,习近平主席在第七十五届联合国大会上郑重宣布:中国将提高国家自主贡献力度,采取更加有力的政策和措施,二氧化碳排放力争于 2030 年前达到峰值,努力争取 2060 年前实现碳中和。碳达峰碳中和战略符合国家安全和可持续发展战略,体现了中国的责任和担当
可持续发展	讲授	掌握可持续发展的内涵、目标及重要性	2021 年 2 月 25 日,习近平总书记在全国脱贫攻坚总结表彰大会上的讲话中指出,我国脱贫攻坚战取得了全面胜利,现行标准下 9899 万农村贫困人口全部脱贫,832 个贫困县全部摘帽,12.8 万个贫困村全部出列,区域性整体贫困得到解决,完成了消除绝对贫困的艰巨任务。
生态系统管理	讲授	掌握生态系统管理的基本概念、遵循原则及重要性	中国科学家在红壤丘陵区生态恢复与生态系统优化管理技术示范方面提出农林复合的"千烟洲模式",实现了生态恢复与经济协同发展,为中国南方红壤丘陵区资源综合开发和生态经济可持续发展探索出一条成功之路,被联合国推荐为全球生态修复"百佳"之一
生态修复工程	讲授及课堂讨论	掌握生态工程的基本原理及其实践意义	三北防护林工程,世界最大的生态工程之一。其中,中国塞罕坝林场建设者获得 2017 年联合国环保最高荣誉——"地球卫士奖",是退化荒丘生态修复的最佳案例之一,也是弘扬爱国主义精神、培养学生民族自豪感的实例之一
湿地生态系统	野外考察	掌握主要生态系统的基本特征、重要性	厦门市下潭尾红树林公园是以红树林湿地为主体、水系连通、植被自然缓冲带与亲水空间交错融合的海岸带生态空间体系,改善海岸带生态环境,为积极推进滨海红树林资源的可持续利用,实现人与自然的和谐发展提供示范。入选国际海岸带保护修复典型案例

二、重视多元化、复合型的教学模式

积极转变课程教学模式,以基本理论为基础、应用案例为导向,使学生有效地掌握专业知识,把社会可持续发展理念融入教学中,以人为本,以学生为中心,将"授人以鱼"转变为"授人以渔"。

1. 重视知识点的案例分析

知识点是课程体系中重要的构成元素。在编写教案时,应统筹一节课中需要传授的知识点,并针对性地安排每个知识点的教学方法。将知识点讲清楚、讲明白、讲透彻,直接关系到课程教学的整体效果。生态系统生态学课程内容广泛,实践性较强,针对这一特点,课程从学生的实际情况出发,重新梳理了课程结构,重视知识点的案例分析,并且深入挖掘思政元素,融入课程知识点的学习中。

以可持续发展知识点为例,联合国可持续发展首要目标就是解决贫困问题,而中国在2021 年就已完成了消除绝对贫困的艰巨任务。现行标准下 9899 万农村贫困人口全部脱贫,832 个贫困县全部摘帽,12.8 万个贫困村全部出列,区域性整体贫困得到解决①,这项举世瞩目的伟大成就是无数中国人在党和国家领导下砥砺拼搏、齐心协力完成的,凝聚着无数中国人的心血和汗水,充分反映了举国体制集中办大事的优越性。思政元素的有机融合,有助于对可持续发展知识点的学习,同时也为弘扬爱国主义精神,培养学生家国情怀、社会责任感和勇于担当的精神提供了契机。

2. 重视教学方法的活用

除传统的课堂讲授方式外,还借鉴、采用了其他一些教学方法,如翻转课堂教学方式和情景教学方式等,其中翻转课堂教学方式是指通过分组学习、课前查阅相关资料,课堂展示汇报和讨论,授课教师现场引导和点评,总结汇报内容的优点及需要完善的地方,加强知识点的学习效果,完成知识点的教学任务,也锻炼了学生的合作意识、组织能力、表达能力和自学能力。在生态系统物质循环、自然生态系统类型等章节的学习中,采用翻转课堂教学方式,收到良好的教学效果。

情景教学方式则是利用多媒体技术,将课程理论知识以声情并茂的形式呈现出来,有助于学生理解和掌握所讲授的内容,提高教师课堂授课效率。以生态系统信息流章节的教学为例,播放一段 5 分钟的专业教学视频,将学生置于设计的情景中,然后让学生分析生态系统中信息源及信息流的作用方式,不但吸引了学生的注意力,调动了学生的学习积极性,增加了学生的课程参与感,更有助于加深他们对信息流知识点的理解,极大地锻炼了学生的观察能力和分析解决问题的能力。

3. 重视现场和实践教学

生态系统生态学的基本原理或知识体系在社会发展的多个领域具有理论指导、实践应用的特点,针对部分教学知识点,专门安排学生们进行现场教学,极大激发学生的学习热情,提高学习主动性和能动性。以湿地生态系统知识点为例,组织学生在厦门市下潭尾红

---

① 人民日报评论员:《中国特色减贫道路 脱贫攻坚理论结晶——论学习贯彻习近平总书记在全国脱贫攻坚总结表彰大会上重要讲话》,《人民日报》2021 年 2 月 27 日第 2 版。

树林湿地进行现场教学。厦门市下潭尾红树林湿地是面积达 85 公顷的重构红树林生态系统,是金砖国家领导人厦门会晤碳中和林的示范基地,在生态系统结构组成、生物多样性、生态效益和生态系统服务等方面有较好的展示性。同时,下潭尾红树林也是厦门市蓝色海湾整治项目之一,为改善海岸带生态环境,积极推进滨海红树林资源的可持续利用,实现人与自然的和谐发展提供示范。2023 年入选国际海岸带保护修复典型案例,因此,现场教学也为其他知识点的学习,如碳达峰碳中和、生态修复工程、生态系统管理等提供了素材。为避免学习的盲目性,采用课前布置思考题的方式,主动引导学生针对性地完成课程知识点的学习,同时通过所见所悟,让学生切实地感受到生态系统生态学在社会发展中的重要性,加深了解我国在生态文明建设过程中的伟大实践,不仅完成教学目标,也将思政元素潜移默化地融入课程学习之中。

三、构建多维度、全过程的综合评价体系

重视课程学习的过程评价,构建多维度评价体系,完善考核评价机制,客观、全面地评价教学效果。

考试或考核是课程教学的重要环节之一,也是检验课程学习和教师教学效果的重要手段和形式之一。在本课程的教学过程中,授课教师减掉了期中考试,仍然保留了期末考试,但将期末考试在综合评价中的占比从 60% 降低至 40%,取而代之的是加强了过程评价,主要体现在学生参与课程学习的全过程,如出勤情况、课堂表现、作业完成情况等。

重视出勤率。坚持课堂点名,加强对学生日常上课的管理。3 次无故缺勤者,取消其考试资格。出勤情况在综合评价中的占比为 10%。

重视课堂表现。重视学生在课堂上与任课教师的互动,及时发现教学过程中存在的问题并调整教学方式或策略。课堂表现在综合评价中的占比为 10%。

重视课后作业。每一章授课结束后,适当布置一定数量的课后作业,有助于学生复习所学知识点,加深对所学内容的认识和掌握。课后作业在综合评价中的占比为 30%。

重视学生的自我评价。在讨论课或反转课堂上,组织学生进行自我评价及对其他同学的评价,确保全员学习、相互促进,形成良好的学习氛围,提高教学质量。学生的自我评价是客观、全面地评价教学效果的一种有益尝试,在综合评价中的占比为 10%。

期末考试主要是理论知识考核(闭卷)。除针对教学目标要求的知识点之外,本课程还增加了思政教育案例内容,目的是持续强化思政教育效果、融思政教育于课程教学全过程。例如,设置考题"从生态系统服务角度,阐述绿水青山就是金山银山理论的科学内涵",不仅可以了解学生对生态系统服务概念和内涵的掌握,也让学生融会贯通了对绿水青山就是金山银山理论的认识,同时,锻炼了学生独立思考、分析问题、解决问题的能力,达到一举多得的教学效果。

总之,在新工科背景下,生态系统生态学课程综合评价体系主要是从思政、能力和知识三方面进行考核,据此制定评价体系、优化评价方案,做到"以评促教、以评促学",达到不断提升课程教学质量的目标,注重培养学生的生态学综合素养。

四、结语

根据《高等学校课程思政建设指导纲要》要求,理工学类专业课程要在课程教学中把马

克思主义立场观点方法的教育与科学精神的培养结合起来,提高学生正确认识问题、分析问题和解决问题的能力。在新工科教育背景下,专业课程既要注重科学思维方法的训练和科学伦理的教育,培养学生探索未知、追求真理、勇攀科学高峰的责任感和使命感,还要注重强化学生工程伦理教育,培养学生精益求精的大国工匠精神,激发学生科技报国的家国情怀和使命担当。

在中国知网以"生态系统生态学"和"课程思政"两个关键词进行联合检索,截至目前,未能筛选到相关论文。因此,积极探索生态系统生态学课程思政,力求创新人才培养模式,是一项必须重视的教学研究工作。

生态系统生态学蕴含着丰富的思政元素,有助于学生塑造正确的三观,理解生态文明建设的科学内涵,激发学生科技报国的家国情怀和使命担当。开展课程思政时,应注重专业知识与思政元素的有机融合,潜移默化至课程教学的全过程,润物无声地实现教书育人协同效应。通过不断完善教学内容,建立多元化、复合型的教学模式,构筑多维度、全过程的综合评价体系,促进学生更加全面地发展,回答好"培养什么人、怎样培养人、为谁培养人"这个问题,实现具有宽阔视野、家国情怀、创新意识、专业素养的人才培养目标。

"发展经济学"一流课程建设与课程思政[*]

朱　炯[**]

摘要:"发展经济学"一流课程建设与课程思政的融合旨在更好培养社会担当的经济学人才。在全球化的时代背景下,经济学不仅是理论研究的堆积,而且是对社会经济发展和人类生活方式变迁的深刻思考。本文梳理了发展经济学的起源和发展及其现实意义,讨论了"发展经济学"一流课程建设的思路,分析了学生主动接受课程思政的重要性,提出了通过激发学生对课程内容的兴趣和认识,促使他们自发地参与学习和思考的方法。本文也从不同的方面展现了"发展经济学"课程思政的内容和模式,可以更好地理解如何将课程思政融入"发展经济学"课程教学,更好服务于教学育人的最终目标。

关键词:"发展经济学";一流课程;课程思政

一、引言

在当今飞速发展的社会背景下,经济学作为一门关键的学科,不仅是理论的积累,更是对全球经济现象和人类社会变革的深刻思考。在这个全球化的时代,贫困、发展与经济增长问题成为世界各国共同面对的挑战。在这样的背景下,"发展经济学"课程的建设显得尤为重要。[①] 本课程不仅探讨了贫困国家如何实现工业化和现代化的挑战,更致力于培养学生对于全球经济发展的理解和应对能力。

然而,一流课程的建设不仅是知识的传递,更是对学生思想政治教育的渗透和引导。随着时代的变迁,我们必须意识到"发展经济学"课程不仅为了传授知识,而且为了培养具有社会责任感和国际视野的未来领导者。[②] 因此,将课程思政与"发展经济学"课程建设相结合,不仅可以提高学生的综合素质,更能培养学生的社会责任感和使命感,从而为他们未

---

* 基金项目:2023年厦门大学课程思政教学研究项目"全英文《经济史》课程思政教学策略、模式与实施路径研究"。

** 朱炯,厦门大学经济学院经济研究所与王亚南经济研究院副教授、博士研究生导师。

① 杨玉文:《课程思政与混合式教学的融合设计——以"发展经济学"课程为例》,《大连民族大学学报》2021年第5期。杨振兵、朱红根、陆敏苹:《"课程思政"理念下〈发展经济学〉课程改革与教学探索》,《产业与科技论坛》2023年第12期。

② 杨清、刘佳伟、牛亚琼:《经管类学生对课程思政认知的调查分析——以〈发展经济学〉为例》,《甘肃科技》2021年第20期。杨清、陈钰:《"发展经济学"课程思政的内容设计及实现路径》,《天津中德应用技术大学学报》2021年第6期。

来的职业发展和社会贡献打下坚实的基础。[①]本文将探讨如何在"发展经济学"课程建设中融入课程思政，以培养具有国际竞争力和社会担当的经济学人才。

二、发展经济学理论的起源

发展经济学是一门研究发展中国家经济增长、贫困、社会变迁以及政策干预的学科，其起源可以追溯到二战后，特别是 20 世纪 50 年代末 60 年代初期。二战后，许多发展中国家面临着经济、社会和政治方面的挑战。国际货币基金组织（IMF）和世界银行等国际组织成立，开始提供贷款和技术援助来支持这些国家的经济发展，这一时期也见证了经济规划和发展战略的兴起。

发展经济学是一门研究发展中国家如何实现现代化的学科。其发展经历了四个主要阶段，从结构主义到新古典发展经济学，再到多理论融合与微观发展经济学。在这漫长的历程中，学者从不同的角度探讨了发展问题，从关注经济结构到强调市场效率，再到非经济因素的内生分析和经济自由化的思潮。这些思想碰撞和理论进步，丰富了发展经济学的理论体系，为解决发展中国家面临的各种挑战提供了重要思路和政策建议。进入 21 世纪，微观发展经济学的兴起进一步提升了学科的科学性和研究深度，通过微观调查数据和实地实验，深入研究了教育、健康、信贷、社会保险和减贫等问题，为制定更加有效的发展政策提供了重要支持。随着时间的推移，发展经济学在理论与实践上不断发展，不断为全球贫困国家的发展道路提供新的启示和方向。

三、发展经济学理论的现实意义

发展经济学在服务国家和地方经济发展中具有重要作用，最直接的作用是理解经济发展的机制和影响因素，制定有效的政策和措施，可以帮助各个地区实现经济增长。同时，发展经济学关注社会不平等和不公正现象，致力于找到解决这些问题的途径。改善资源分配、提高教育和健康水平、增加就业机会等方式，可以减少社会不平等，实现更加包容和可持续的经济增长。研究资源利用效率、环境保护、气候变化等问题，制定可持续发展战略和政策，实现经济、社会和环境的协调发展。此外，发展经济学也关注全球性挑战，如贸易不平衡、金融危机、气候变化等。研究国际经济关系、全球化影响、国际合作等问题，为应对这些挑战提供政策建议和解决方案。制定有效的产业政策、技术创新、人才培养等措施，可以提升国家在全球经济中的地位和影响力。

四、"发展经济学"一流课程建设

我们将从理论和现实两方面，建设"发展经济学"一流课程。建设一流的"发展经济学"课程需要综合考虑学科特点、学生需求和社会需求，在"发展经济学"的课程内容设置上，需要包括经济增长理论、贫困理论、土地市场、信贷市场、劳动力市场、社会不平等、产业发展、区域经济发展等核心理论课程。同时，"发展经济学"方法的教学将包括大数据处理方法，

---

① 陈东景：《基于生态文明建设的硕士研究生课程教学模式改革实践——以可持续发展经济学为例》，《科教文汇》2022 年第 13 期。

使用软件 stata、python、matlab 等,以及实证政策评估的因果推断、随机控制实验、实验室实验等实证研究方法,培养学生分析和解决实际问题的能力。本课程还通过案例研究等定性分析方法,让学生了解国内外经验和案例,分析各种政策工具在发展过程中的应用和效果,培养学生的政策制定和评估能力。

因为"发展经济学"的教学和实践内容同现实社会贴合度较高,所以在教学中需要采用多样的方法和手段,尤其在实践教学环节,需要相应的创新,才能真正达到一流课程的标准。传统的教学中,学生需要阅读大量的背景材料,但是,发展经济学本身就是在不断发展中的,发展经济学的知识也不是死板的,因此教学方法采用案例教学、小组讨论、实地考察、研讨会等多元化教学方法,激发学生的学习兴趣和参与度。"发展经济学"所学内容,也需要学生亲眼所见,感同身受,才会更有说服力,因此教学中组织学生进行实地考察和调研,深入了解现实的经济、社会和环境现状。即使退一步说,也需要把现实案例带进课堂,例如通过视频、图片等生动多彩的方法和途径让学生有身临其境的感受,培养他们的实践能力、综合素质和分析真实问题的能力。

五、"发展经济学"课程思政

随着大数据时代的到来和微观计量方法的快速发展,发展经济学研究人员利用高质量数据对土地、粮食安全、技术采用、劳动力转移、信贷、教育和医疗、资源环境等问题展开研究。尤其是近些年来,中国实施了一系列伟大的改革,成为教学和研究人员具有原创意义的"试验田",并且具备融入课程思政的良好条件。

我们知道,课程思政不是死板的,而是鲜活的案例和思想的结晶,这里需要激发学生对课程思政的主动接受度。通过"发展经济学"的课程内容设计,学生感受到经济发展和个体成长整体知识脉络的魅力,使他们认识到发展经济学的重要性并自发地投入学习。只要学生有主动学习的动力,就会积极提问、思考,在老师和学生交流的过程中,课程思政内容不再是老师单方面传授给学生的东西。老师需要有针对性地解答学生的疑问,同时具备引导学生政治思想的能力,从而形成学生自发提问、主动接受课程思政的良好机制。我们可以在轻松愉快的氛围中,让学生掌握"发展经济学"的教学内容,并通过学生喜闻乐见的方式引入、解释、融合思政内容。

在教学内容中融入课程思政,主要从两个方面展开,即分别从农村与区域发展,以及城市发展的角度展开对课程思政的引入和融合。第一,农村的发展。本课程通过梳理和农村发展相关的理论和现实问题,让学生知道在中国共产党的领导下,农村与区域发生了翻天覆地的变化,只有坚持党和国家的乡村振兴政策,区域协调发展政策,才能更好实现生活水平的提高,才能实现经济的发展。例如,首先使用具体的例子,一个具有代表性的例子是基于过去 10 年中国推行的最大的农村改革,即农村土地的确权登记颁证改革,这个改革是在城乡融合进一步加快的背景下实现的,近些年农村劳动力流动已由青壮年劳动力单向流动为主转向青壮年劳动力进城、老弱劳动力返乡的代际流动新格局,这样的模式必然会影响农村土地利用和农业生产模式。现有"发展经济学"研究虽对城乡和区域问题给予了充分关注,却在一定程度上忽略了农业—非农部门的人力资本资源配置问题。土地确权可将受困于农业部门的优质劳动力解放出来,减少人力资本的错配,却会导致农业因高质量生产者流失而导致生产效率降低。在政策应用上该研究挖掘了城乡人力资本配置与供需不平衡对经济绩效的影响，从多个方面提出了可行的政策干预方案，对于当前的土地政策制度和未来城乡与区域政策的改革实施具有针对性较强的政策启示。

课堂教学需要从解决现实问题的角度出发，指出现实中仍然存在哪些问题，并从破题的思路更好把课程思政的内容引入进来。具体而言，发展经济学的现实研究就土地、劳动力、灌溉水资源、教育医疗、信贷、环境等进行了深入研究，这些研究很大程度上和资源配置优化紧密相连。从农村内部来看，土地以及其他一些生态资源由于一系列的制度性约束依然得不到充分开发利用，三产融合依然存在制度性障碍以及指标分配等问题，资源保护和持续利用的内在动力不足。而一系列涉农优惠政策因无法解决与大量小农户打交道的交易成本只能以项目制运行，大多存在资源分配过程中注重效率而轻视公平的问题。以土地问题为例，中国自古以来便以农立国，农业的根本在土地，保护土地，实现土地的可持续利用，无疑是体现习近平生态文明思想的重要内容。马克思主义基本原理同中国生态文明建设实践相结合、同中华优秀传统生态文化相结合，这种结合为建设人与自然和谐共生的现代化提供了根本遵循和行动指南。在这一理论框架下，中国坚持生态文明建设，致力于实现经济社会发展与生态环境保护的有机统一。这不仅体现了中国在环保领域的积极探索和创新，更彰显了中国特色社会主义道路的独特优势和可持续发展的理念。这里通过土地利用的例子，向学生说明存在规模经济效应的背景下不同规模农户对于土地利用动机上显著的异质性，产权制度对于土地质量影响的多种作用机制，产权供给对于土地质量具有积极的作用。从政策应用价值的角度看，通过对土地市场中的不同主体采用不同激励机制的干预模式，有助于制定更有效的规划、资源利用和产业政策，从而在促进农业发展的同时确保耕地利用的可持续性。

农村的发展，也是一个区域发展范畴下的问题，区域发展自然就能够和中国伟大的历史、制度、文化相结合，其中有大量可以和课程思政结合的点。作为亚欧大陆主要国家的中国，其原住民人口的行为模式以及由地理位置和地理禀赋形成的文化多样性，以及巨大的区域差异，使得中国绵延数千年的历史发展在当前的发展进程中具有独特的历史意义。其中和课程思政可以结合的地方在于中华民族的传统美德，中国人民的重视储蓄习惯，奠定了中国依靠内部积累实现资本深化路径的基础。1979—2012 年，中国平均储蓄率高达40.6%，比同期中等收入经济体的平均储蓄率高出 10.7 个百分点。这种以内部储蓄为主要手段实现资本积累的模式，不仅有效地维护了中国的发展主权，避免了沦为依附型经济体或高债务国家的风险，而且在应对外部危机冲击时，赋予了中国充分的政策自主性和较大的政策发力空间。这种依靠内生动力实现资本积累的经济模式，为中国的长期稳定发展提供了可靠保障，彰显了中国经济的韧性和活力。此外，中国人民勤劳勇敢，这源于中国传统的农耕文化，人们依靠辛勤劳作获取收益，坚信勤劳致富的文化认同。与西方福利国家相比，中国劳动者工作时间较长，通过创造并积累自己的财富，拥有更强大的应对风险的能力。

第二，城市发展。中国的经济发展是自身对发展道路不断探索的结果，其独立自主地探索发展之路，并未与西方国家和国际援助组织密切联系。自改革开放以来，中国在积极参与国际贸易、引进外资并与国际机构合作的同时，始终保持独立思考的态度。中国不盲目照搬既有模式或共识,而是坚持以发展生产力、提高国力和改善民生为根本目标,持续进行渐进式改革,秉持改革、发展和分享的理念。中国的发展历程展示了一种独特的逻辑,这种逻辑指引着寻求赶超的国家应该采取的必要步骤,创造必要的发展条件。在这一过程中,中国不断探索符合本国国情的发展路径,坚持自主创新,为世界各国提供了一种值得借鉴的发展范例。把中国发展的历程讲给学生,学生自然能够感受到一个伟大的征程以及发展成果的来之不易,进而能够产生为国效力报效祖国的思想。

就城市发展问题而言,这里和课程思政相结合的地方在于通过详细的案例,从数字化、科学技术的角度,让学生感受身边先进的技术和现代化的生产,及其背后长期以来的探索和发展路径。这里用一个当前贴近现实的数字经济问题的案例,让学生产生感性认识。我们知道,制造企业的智能化应用,必须依托大量多源异构数据资产,这些数据将成为企业发展的重要支撑。以厦门某某股份公司为例,从其现实中运行中存在的问题入手,通过一定的发展经济学和课程思政结合的分析,为其发展和转型做出启示。该公司为国有特大型高科技央企控股子公司,专注于机器人系统集成及智能生产线的研发和制造。涉及机器人弧焊、点焊、切割、搬运、激光、浇注、装配等应用领域。该公司针对核心设备之一,数控加工中心的维护问题,目前依赖于标准参数和工人经验,存在过度维护、成本浪费和增加潜在风险等情况。这里通过智能化转型,即引入加工中心健康管理系统,基于数据驱动的生产过程核心设备进行诊断与优化,前瞻性开展维修计划、备件库存准备等工作,实现智能决策,推进企业智能化转型。加工中心健康管理系统的开发过程主要分为需求分析、系统分析、系统设计和系统实施等阶段。在需求分析阶段,需要进行需求调研和可行性分析,以全面深入地了解企业的现状和业务需求,进行经济、技术、管理和计划等多方面的可行性分析。在系统分析阶段,需要进行业务流程分析和数据流程分析,对企业的业务流程和数据流程进行全面分析,以明确优化方案。通过这些分析,学生得出能够使得企业优化流程、实现效率提升的方法。

最后,通过未来的展望,把课程思政的内容与学生对未来美好的憧憬联系起来,让课程思政走进生活,实现课程思政内容的深化。随着互联网、大数据、云计算和人工智能等新技术的不断涌现,以信息技术革命为代表的新一轮工业变革正深刻地改变着人类的生产和生活方式。在这场变革中,相较于欧洲各国的相对沉闷,中国在中国共产党和政府的领导下,有望成为引领者。随着数字经济的蓬勃发展,数据已成为关键的生产要素。在现实世界的客观要求下,中国的大数据为实证研究提供了丰富的研究材料。与此同时,大数据也正在改变着经济学与人文社会科学的研究范式和方法论。这种变革将为中国经济学与社会科学领域的发展带来新的机遇和挑战,推动学科研究不断向前迈进。因此,在这个快速变化的时代,探讨新的特点、新的经济形态以及新的经济运行规律至关重要,这些问题也构成了构建中国发展经济学的关键议题。

六、总结

当前,发展经济学的知识体系变得更加包容,内容也更加丰富多样,为课程思政的融入提供了良好的环境。随着知识不断更新,通过更新内容实现一流课程建设,有望实现理想的教学效果和育人效果。本文分析了"发展经济学"教学与课程思政融合的可能的模式及其产生的教学效果。其中通过案例分析，为中国特色"发展经济学"教学提供了一定的经验，强调了要让学生乐于接受课程思政的内容，甚至通过一定的设计，让学生主动接受课程思政的内容。从而更好地塑造学生良好的思想道德品质，提升综合素质，树立正确的人生观和价值观，培养社会责任感和使命感，把"发展经济学"一流课程教学中的课程思政这一部分做好、做实。

高校"统计学"课程思政建设实践路径探索*

王奇琦 辛 怡 文 娟**

摘要：推进高校"统计学"课程思政建设是培养德才兼备人才的关键举措，必须结合"统计学"课程的特点，深入挖掘"统计学"课程中的思政元素。当前在进行"统计学"课程思政建设过程中仍存在部分问题，为此，需不断加强"统计学"课程师资队伍建设、挖掘课程思政资源、拓展育人途径，以期更好地实现"立德树人"的教育目标。

关键词：统计学；课程思政；实践探索

2020 年 5 月 28 日，教育部印发《高等学校课程思政建设指导纲要》，对七种不同类别的学科专业如何建设课程思政提出了指导意见，并指出："经济学类专业课程要在课程教学中坚持以马克思主义为指导，加快构建中国特色哲学社会科学学科体系、学术体系、话语体系。要帮助学生了解相关专业的和行业领域的国家战略、法律法规和相关政策，引导学生深入社会实践、关注现实问题，培育学生经世济民、诚信服务、德法兼修的职业素养。"①在经济学类专业课程中，"统计学"课程是最重要的主干课程，涵盖了数据的搜集、处理和分析过程以及相对应的统计方法。同时，该门课程还承担了价值观育人的作用。例如，如何理解国民经济统计体系在国家经济发展中承担的价值与功能，如何通过统计数据来理解并把握相关专业和行业领域的变化与动向，如何借助国民统计历史的变迁来认识我国社会与历史。

"00 后"大学生对新事物具有较高的接受度和包容度，极易受良莠不齐的互联网信息的影响。除此之外，多元文化思潮也在不断冲击着大学生的思想，如不加引导，大学生也容易出现价值观偏差。课程思政建设的目的就是实现知识性与价值性的统一，"统计学"作为经济管理类的主干课程，挖掘其中的思政元素，是推进课程思政建设的题中应有之义。

一、课程思政的内涵

深入了解课程思政的内涵，更有助于推动高校"统计学"课程思政建设。在实际应用过

---

* 基金项目：厦门大学 2021 年"课程思政"示范课程建设项目"统计学原理"。

** 王奇琦，女，湖南益阳人，厦门大学马克思主义学院副教授，主要研究方向为思想政治教育、当代知识论。辛怡，女，河南济源人，厦门大学马克思主义学院硕士研究生。文娟，女，湖南冷水江人，厦门大学经济学院助理教授，主要研究方向为国民经济核算、统计理论方法和数据挖掘。

① 《高等学校课程思政建设指导纲要》，https://www.gov.cn/zhengce/zhengceku/2020-06/06/content_5517606.htm? eqid=bc931ac200040d0b000000036461a10f，访问日期：2024 年 5 月 28 日。

程中,部分教师可能会混淆思政课程和课程思政的关系,从而产生将专业课程思政化,或者只以课程思政为主、忽略思政课程主导作用的错误认识。因此,必须明晰课程思政的内涵。具体而言,何谓课程思政? 从理念上看,课程思政的实质是将高校思想政治教育融入课程教学和改革的各环节、各方面,实现立德树人润物无声。① 从定位上看,课程思政不仅定位在"大德育"(包括思想教育、政治教育、道德教育等内容)的育人体系,而且具有明确的政治要求和战略意义。② 从内容上看,课程思政是指通过显性课程(包括思想政治教育理论课程和各学科课程)和隐性课程(包括物质层面的、精神层面的、行为层面的、制度层面的隐性课程)对学生予以全方位、全过程的思想政治教育的活动。③

　　理明课程思政的内涵才能够更进一步促进具体的课程思政建设。根据课程思政的内涵,高校"统计学"的课程思政的主旨在于充分挖掘"统计学"课程里的思想政治教育的资源,并将这些资源融入"统计学"课程的教育实践中。因此,"统计学"的课程思政不是变"统计学"课程为显性的思政课,而是在"统计学"课程中进行隐性的思想政治教育。

二、高校"统计学"课程思政建设的现实难点

　　目前高校"统计学"课程思政仍面临着一些问题与挑战,主要表现为教师在认识上存在偏差、尚未充分挖掘"统计学"课程中的思政元素、"统计学"课程思政育人的方式方法有限等现实难点,这些难点制约着"统计学"课程思政的建设水平。

　　(一)教师认识偏差影响课程思政的效果

　　在认识层面,高校"统计学"课程的专业教师对课程思政的价值及意义仍存在一些偏差。第一,教师对课程思政的主体存在认知偏差。部分专业课程的教师认为,课程思政与自己无关,思想政治教育是思政课教师的责任,专业课的教师仅需要讲好专业课知识即可。这部分教师没有认识到自身是课程思政的重要主体,进而在态度上表现为怠慢、不重视。第二,对课程思政的本身内涵的理解出现偏差,存在将思政元素强行融入专业知识学习的现象,如部分教师在开始上课时,为同学们播放与课程无关的时政新闻,或在课后作业中布置思政的作业,或将课堂的多数时间用来讲价值观,这些教师以为如此便是完成了课程思政,殊不知这种"简单化""形式化"的行为可能会加重学生的负担,引起学生的反感。第三,对自身的教育教学能力认识存在偏差。高校"统计学"课程思政建设,对专业教师提出了更高的能力要求,教师需要精通统计学的专业知识,还需要对马克思主义基本原理、党史学习教育、伦理道德等思想政治教育知识进行掌握,并将其与"统计学"课程知识相结合。部分教师正确把握了课程思政的内涵,但由于主观上认为自己能力不足,主动放弃学习尝试。

　　(二)"统计学"课程思政元素挖掘不足

　　"统计学"课程思政元素的挖掘,非一日之功可成。思想政治教育的内容体系十分庞大,涵盖了政治、道德、法律、党史等等内容,目前其融入"统计学"课程的内容有限,且"统计

　　① 高德毅、宗爱东:《课程思政:有效发挥课堂育人主渠道作用的必然选择》,《思想理论教育导刊》2017 年第 1 期。

　　② 石书臣:《正确把握"课程思政"与思政课程的关系》,《思想理论教育》2018 年第 11 期。

　　③ 何玉海:《关于"课程思政"的本质内涵与实现路径的探索》,《思想理论教育导刊》2019 年第 10 期。

学"课程本身思政元素的挖掘也略显不足,影响其课程思政的广度。因此,"统计学"课程思政元素的挖掘还仍需从这两方面齐发力。此外,"统计学"课程思政共享不足制约课程思政建设的深度。目前,缺乏平台提供"统计学"课程思政的优秀案例,以供"统计学"专业教师学习。各个高校之间的资源也尚未做到共建共享。

（三）"统计学"课程思政的育人方式方法有待更新

"统计学"课程思政建设要高质量推进,必须改变原有的育人方式方法。部分"统计学"课程教师主要以传统的课堂灌输的方式,忽视了学生的主观能动性,因此,也无法充分激发学生的学习兴趣。此外,"统计学"课程的考核评价体系也有待更新,在以往课程考核评价中,只注重学生学习结果,对学生的学习过程的评价有所忽视。事实上,学生平时的课堂表现、学习态度、处事方法等都表现在学习过程中,是课程考核评价中不可轻视的一部分。如果将考核集中在期末笔试环节,可能会出现部分学生仅仅为考试而学,考前突击,这样做既不利于学生学习能力的提高,也不利于学生品德的培育。

三、高校"统计学"课程思政实践路径探索

（一）加强教师素质

1. 教师要不断提升对课程思政的认知

推动"统计学"课程思政建设,关键在于教师,而教师首先需要对课程思政树立正确的认知。一方面,"统计学"课程的授课教师自身要形成对课程思政的正确认识。"统计学"课程的授课教师既要认识到自身是课程思政的重要主体,肩负课程思政的重要责任,也要认识到"统计学"进行课程思政建设不仅不会影响专业课提升,还有助于学生更好地学习专业课知识,提升学生对专业课的态度与情感。在课堂上加入思政元素也可以提升课堂的趣味性,让课程更受学生喜爱,进而更好地提升教学效果。但与此同时也应该把握好度,"统计学"并不是一门轻松的课程,不能过多强硬融入思政元素,如牵强附会,极大可能会引起学生反感。[①] 另一方面,"统计学"专业教师要不断加强思政知识学习,提升将思政元素融入"统计学"课程的能力。"统计学"课程的教师可以通过书籍、互联网等途径进行自学,也可以主动跟马克思主义学院的老师加强交流与学习。

2. 加强教师自身政治素质

亲其师,信其道。教师的思想观念和政治素质会潜移默化地影响学生的思想。"统计学"课程的教师应该明确培养什么人、怎样培养人、为谁培养人。教师有政治信仰,并身体力行地践行,学生才能信任教师,追随教师。"统计学"课程思政建设,必须增强教授"统计学"课程的教师的政治素质。要加强教师对马克思主义基本原理、习近平新时代中国特色社会主义思想的学习,使其具有较高的理论素养,在理论上清醒,从而在具体的教学工作中能够排除各种干扰、消除各种困惑,具备较高的政治定力。在教师的言传身教下,学生也会受到教师的正面影响。

3. 增强教师道德素质

教师的道德修养对学生三观的形成至关重要。"统计学"课程的教师要明确其教育目

---

① 董小刚、郭志元、袁晓惠等:《〈多元统计分析〉的课程思政教学模式改革探索》,《教育现代化》2019年第85期。

标,即培育能堪当民族复兴大任的时代新人。一方面,"统计学"课程的教师自身应该主动提升其道德修养,在思想行动上做到不违背师德;另一方面,学院要加强教师师德师风建设,使教师不想不能也不敢违背师德。第一,通过定期组织教师参加职业道德教育和培训,如组织教师观看《觉醒年代》《追风者》等优秀影视剧,以榜样的力量感召广大教师,提高教师对职业道德重要性的认识,鼓励教师进行自我反思,不断审视自己的教学行为和师德表现,主动寻求改进,使教师在思想上主动作为,在内心深处遵从教师职业道德,不想违背师德。第二,学校应建立和完善师德考核机制,将师德表现作为教师评价和晋升的重要依据,从而使教师不能违背师德。第三,严格规范教师道德行为,对于有严重道德行为示范的教师应予以处分,使教师不敢违反师德师风。

（二）丰富育人内容

1. 深挖学科素材

第一,从学科历史的纵向角度来看,可以梳理统计学史,在历史事件和历史人物中挖掘素材。在教授"统计学"课程时可以从统计史的发展开始,例如教师可以从中国的统计学史中进行挖掘。在过去的几十年里,一批热衷于国家事务、勤勉努力的统计专业人士在我国崭露头角。1957年,徐前、戴世光、于涛等专业人士编著的《经济统计学讲话》,成为1949年后首部国民经济统计学的教科书。佟哲晖教授,东北财经大学的一位资深教授,于1978年末带领众多财经学府的老师出版撰写《工业统计学》,这本书对全国产生了深远的影响。陈应中于1980年出版的《社会主义经济统计学》一书,涵盖了关于国民收入的相关知识,考虑到当时的历史背景,该书具备许多可供赞赏的地方。[①] 教师可以充分挖掘学科历史,提取其中的思政元素,培养学生的历史文化素养和爱国精神。

第二,从横向来看,"统计学"课程思政可以从以下几个角度进行。一是教师可以从马克思主义的认识论与实践论的角度分析统计学。统计学作为方法论科学,每一种统计分析方法都是客观辩证法和认识过程辩证法的认识与运用,统计分析方法让学生感受到其"拨云见日"的强大能量,看到统计数据背后的规律、经济现象,也能让学生感知到认知世界需要"透过现象看本质",了解到统计数据背后蕴含的经济关系。二是教师可以从伦理的角度进行课程思政建设,教育学生认识到统计工作中的伦理问题,如数据隐私保护、避免数据滥用等,培养学生的伦理意识。三是教师从法律的角度,在教学中融入法律法规教育,让学生了解统计工作中的法律规范,培养遵法守法的职业素养。四是教师从道德的角度,强调统计数据的准确性和真实性,培养学生的诚信意识,确保在数据收集、处理和分析过程中的诚信服务,这也正与社会主义核心价值观中的"诚信"相一致。

2. 开发本地资源

各高校可以利用本地资源优势丰富育人内容。如厦门的高校可以利用经济特区的地理优势进行内容开发,厦门大学可以利用自身的校本资源进行课程教学。如20世纪80年代初期,为了适应改革开放的需要,我国开始改革和发展国民经济核算体系。其改革思路是按照MPS进行国民经济统计核算与分析,同时逐步引进SNA的理论、方法与指标。厦

---

① 王筠:《统计学"课程思政"教学改革研究——以市场调查与数据分析实践课程为例》,《华东纸业》2021年第6期。

门大学经济学院钱伯海教授曾担任"国务院全国国民经济统一核算标准领导小组"的总体规划组组长,为转轨工作作出了巨大贡献。[①] 他创立国民经济核算平衡原则(钱氏定理),实现国民经济核算中国化,不同于"三方等价原则",它不仅解决了两大核算体系的核算范围、核算内容、核算方法等方面存在的差异,有力支撑了我国国民经济核算理论、方法和制度的发展,也在经济核算中发挥着至关重要的作用。无论是宏观层面的国民经济核算还是微观层面的企业经济核算,都离不开统计学的方法和工具。钱伯海教授引领当时的核算发展,是厦门大学创新的又一张名片,是厦门大学爱国精神、科学精神的体现,我国的国民经济核算体系不是照搬照抄,蕴含了我国对国情的研究和发展战略。这些身边的思政元素更能够感染厦大学子,使其将榜样的力量转化为实践行动,坚定文化自信。因此,"统计学"课程思政建设要充分挖掘本地资源,发挥本地资源优势。

3. 挖掘时政素材

统计学是关于数据的科学,起初的目的是调查国情,国家通过收集和处理各个行业的数据,或者将不同年代的数据放在一起对比,能够使我们更加直观地感受到国家的变化。统计学本身关注的就是民生问题,充分挖掘学生感兴趣或者与学生切身利益相关的热点问题,可以培养学生的社会责任感。在人工智能时代,运用统计学的研究方式和研究思维,借助云计算、大数据等计算机技术,我们能够重新发现和认识社会生活现象。例如,多数学生会对国家统计局所发布的信息进行关注。如年轻人的就业率、失业率统计,面对年轻人失业率增加的现实,部分大学生可能会选择"躺平",部分大学生可能陷入"内卷"产生焦虑与内耗。此时教师就可以关注学生的困难与需求,抓住学生在思想上的困惑,因势利导,帮助大学生用平和的心态看待失业率的统计,并鼓励学生不断增强自身本领,提高自身的竞争力。除此之外,在国家公布的部分贪污腐败的官员中,有不少无德官员弄虚作假,通过伪造数据获取非法权力与金钱,这些官员也可以成为教师教学过程中的重要素材,教师可以通过案例分析,培养学生求真务实的职业道德。

(三)拓展育人途径

1. 增加课外实践活动

知识的学习不应仅仅局限于课堂,高校"统计学"课程思政建设也需要丰富的课外实践活动。例如厦门大学经管类的学生可以通过美育第二课堂的形式潜移默化地接受思想政治教育。厦门大学原创剧目《遥望海天月》讲述经济学家王亚南的故事,厦大校园内部还建设了王亚南纪念馆,经管类专业的学生可以通过在王亚南纪念馆做志愿讲解员更深一步了解自己本专业的知识,从而增强对本专业的认同感、自信心。同时王亚南身上所代表的爱国、科学等精神,也能够通过这种形式潜移默化地影响学生。除此之外,厦门大学文博中心举办的"展馆走透透"活动,吸引同学们走进革命史展览馆、陈嘉庚展览馆、王亚南纪念馆、鲁迅纪念馆等厦大校内展馆,感受厦大的历史与文化,增强自己的精神力量。同时,厦门大学展览馆的设计与氛围,也具有很高的美育价值,对学生来说也是一场美的享受。高校"统计学"可以借鉴厦大的经验,结合地方特色,不断丰富学生的课外实践。

[①] 朱启贵:《中国国民经济核算体系改革发展三十年回顾与展望》,《商业经济与管理》2009 年第 1 期。

2. 实施多维度的考核评价体系

高校"统计学"课程考核评价体系应当充分考虑课程思政元素。在考核时，既要重视对学生学习结果的评价，也要兼顾学生的学习态度和学习过程的评价，不可顾此失彼。在以往的课程考核评价体系中，对学生学习过程的评价稍显不足，因此，在考核过程中应该加大体现学生学习过程项目的占比，例如，课堂参与度、课后作业完成度、案例分析和实践操作等。在这些环节，教师可以直接与学生交流互动，从而可以对学生的学习能力、学习态度、思想品德有较多的考查，因此可以在课程考核评价体系中为其设置一定比例。"统计学"课程应着重学生兴趣的培育、统计学思维和能力的训练以及价值观的引导，例如通过学生在案例分析和实践操作的表现，及时给予其肯定，增强其学习的信心。

四、结语

"统计学"课程是经济管理类专业的基础核心课程之一，在培养学生的知识能力、科学思维等方面发挥着重要作用，也是塑造学生价值观不可忽视的重要课程。本文指出，"统计学"课程要深入统计学所蕴含的思想政治教育元素与资源，精准把握思想政治理论课对统计学的重要意义，从而实现知识传授、能力培养和价值塑造的统一。

新工科背景下的课程思政教学实践研究*

王洁松　张尧立　孙　犁　肖　盈**

摘要：新工科和课程思政是当前我国高等教育领域的两个重要主题。然而,目前的教学过程尚不能完全满足新工科和课程思政的要求。因此,高校教师应对教学过程进行改革和探索。本文以厦门大学能源学院的专业课程反应堆工程为例,通过专业教师与思政教师的合作,明确了在新工科背景下开展课程思政教学实践的重要意义,剖析了反应堆工程课程在课程思政视角下所存在的问题,分析了问题产生的原因和可能的解决方案,并探索了开展工科课程思政的实施路径。

关键词：新工科;课程思政;教学实践;实施路径;核能

新工科建设与课程思政的教育目标都是要培养既有良好专业素养,又有坚定社会主义建设理念的工程技术人才。[①] 因此,普通高等学校培养工科人才的过程中,可以通过良好的顶层设计,将新工科建设与课程思政建设融合进课堂,从而实现更好地为党育人、为国育才的作用。本文以厦门大学能源学院核能方向的专业课"反应堆工程"为例,探讨在新工科背景下,如何顺应课程思政的要求培育核技术人才。通过专业教师与思政教师的合作,明确课程思政的重要意义,剖析课程目前存在的问题,分析问题产生的原因和可能的解决方案,并尝试探索开展工程类学科课程思政的实施路径。

一、核能方向专业课强调课程思政的重要意义

为主动应对新一轮科技革命和产业变革,加快培养新兴领域工程科技人才,改造升级传统工科专业,主动布局未来战略必争领域人才培养,教育部对"新工科"建设进行了探索

---

　*　基金项目:厦门大学 2022 年课程思政项目(项目编号:Y03102)、教育部人文社会科学研究"金课建设目标下高校外语教师信息化教学能力的构建研究"项目(项目批准号:21YJC740047)、福建省教育厅中青年教师教育科研项目(高校外语教改专项)(项目编号:JSZW20002)。

　**　王洁松,厦门大学能源学院党委书记,主要研究方向为马克思主义中国化、思想政治教育。张尧立,厦门大学能源学院副教授,主要研究方向为核科学与技术。孙犁,厦门大学外文学院副教授,主要研究方向为语言教育。肖盈,厦门大学马克思主义学院副教授,主要研究方向为中国特色社会主义理论体系、大学生思想政治教育。

　①　《教育部关于印发〈高等学校课程思政建设指导纲要〉的通知》,https://www.gov.cn/zhengce/zhengceku/2020-06/06/content_5517606.htm,访问日期:2024 年 3 月 26 日。

和实践。[①] 核技术是"新工科"建设的重点方向之一。我国核工业正从适度发展迈向积极有序发展，未来对于核技术类人才将会有更大的需求。

人才培养体系涉及学科体系、教学体系、教材体系、管理体系等，贯通其中的是思想政治工作体系。[②] 课程思政就是通过高等学校课程建设和课堂来对大学生进行思想政治教育。[③] 习近平总书记在 2016 年 12 月的全国高校思想政治工作会议上作了"把思想政治工作贯穿教育教学全过程，开创我国高等教育事业发展新局面"的讲话，提出为落实"各类课程应与思想政治理论课同向同行，形成协同效应，实现全程育人、全方位育人"。[④] 2020 年 5 月 28 日，教育部印发《高等学校课程思政建设指导纲要》的通知指出：课程思政建设是全面提高人才培养质量的重要任务。在"新工科"建设背景下，培养什么样的工科人才、怎样培养工科人才、为谁培养工科人才是高校工科教育必须解答的根本问题。

二、"反应堆工程"课程存在的不足

"反应堆工程"是厦门大学能源学院核能方向的专业基础课。课程面向高年级本科生开设，其前置课程为微积分、流体力学与传热学。课程学分为 2 学分，32 学时。在以往的授课过程中，存在着如下不足。

1. 较为单一的科学知识工具论

核能类课程具有较高的门槛和一定的难度，因此不少同学对课程抱有一种功利心态，重知识点而轻思想。对于核能科学的发展历程与技术变革并不重视。

2. 课程内的中国实践融入不够丰富

反应堆工程技术始于 20 世纪中叶，是由西方科学家建立和发展起来的，这是历史事实。不过，近年来我国的反应堆工程技术有了长足的进步。然而，目前"反应堆工程"授课过程中，过于突出西方世界的核能技术，关于我国核能发展的内容还不够丰富。

3. 机械式灌输思政理念

在以往的教学过程中，课程思政往往停留在纸面上。思政内容不够丰富，形式不够活泼，课程思政未能达到"润物细无声"的境界。如果人为地将知识传授和课程思政进行割裂，那么，在执行时往往存在机械式灌输思政理念的情况。

4. 授课方式未能紧跟时代步伐，对本课程线上教学、线上线下混合式教学等多元模式的探索不足

当前信息技术飞速发展，诸如中国大学生 MOOC 网等各类平台上有着丰富的学习资源。国内外许多著名高校也都设置了开放课程。如何充分利用网络资源和信息技术，这是"反应堆工程"课程面临的重要挑战。

三、"反应堆工程"课程思政的紧迫性

在新工科的大背景下，充分发挥课程思政的作用，建设"反应堆工程"课程是十分必要

---

① 黄泽文：《"新工科"课程思政的时代蕴涵与发展路径》，《西南大学学报（社会科学版）》2021 年第 3 期。

② 习近平：《在北京大学师生座谈会上的讲话》，《人民日报》2018 年 5 月 3 日第 2 版。

③ 刘建军：《课程思政：内涵、特点与路径》，《教育研究》2020 年第 9 期。

④ 《习近平在全国高校思想政治工作会议上讲话》，《人民日报》2016 年 12 月 9 日第 1 版。

且迫切的。

首先，核能是实现"双碳"目标的重要能源。为了实现 2030 年前碳达峰、2060 年前碳中和，必须大力发展绿色、低碳、清洁的能源。而核能是目前唯一可大规模替代火电作为基荷电力的低碳能源。我国在实现"双碳"目标的征程上，核能必将发挥十分重要的作用。通过"反应堆工程"课程培养产业人才，正是高校支持"双碳"目标的重要实践内容之一。

其次，核能是大国重器。核能具有各种潜在应用，比如用于发电、产生动力、探索太空和深海等。中国作为世界上拥有重要影响力的国家，必须掌握尖端的核能技术。"反应堆工程"课程的主要目的就在于将核能技术传承给下一代年轻人，为核能的发展和创新奠定人才基础。

最后，掌握核能技术的人才必须具备过硬的素质。核能是人类目前为止接触到的能量密度最高的能源。尊重自然界的规律合理地利用核能，将能够造福人类。而如果应用不当，则有可能带来巨大的灾难——美国的"三哩岛"、苏联的"切尔诺贝利"和日本的"福岛"等核事故，既有客观因素，又有人为原因。因此，掌握核能技术的人才必须拥有健全的人格和丰富的知识。

四、"反应堆工程"课程思政的实践路径

厦门大学的课程思政示范课程项目为专业授课教师与马克思主义学院的思政教师搭建了合作的桥梁。通过专业教师与思政教师的密切合作，共同对专业课程进行顶层设计，并在具体执行层面探索合适的方法。

（一）课程思政育人目标

"反应堆工程"课程在建设过程中，在往年课程专业目标的基础上，额外制定了四个思政育人目标。

1. 践行科技自立自强的时代要求，坚定理想信念

实施创新驱动是我国的发展战略，科技自立自强是国家发展的战略支撑。核电是一个国家工业实力的象征之一。本课程着眼于培养未来的核能工程师，为我国的核能发展提供后备力量，为我国掌握高精尖技术提供人才储备。通过课程学习，学生在真正践行"科技自立自强"的时代要求过程中坚定理想信念。

2. 认识核电对于实现我国"3060'双碳'目标"的重要作用，担当时代使命

实现"3060'双碳'目标"是我国的庄严承诺，推进绿色发展我国生态文明建设的必然要求。核电作为清洁、高效的能源，必将在我国实现"3060'双碳'目标"的过程中发挥重要作用。通过本课程的学习，学生能够更加深刻地认识核电，并能够回答：为什么核电是清洁高效的，为什么核电能够为实现"3060'双碳'目标"发挥重要作用。从而激发学生担当起推动能源技术创新、保障能源安全的时代使命。

3. 结合"四史"学习核电发展进程，坚定"四个自信"

通过对核电发展进程的梳理，学生看到中国的核电人才从学习国外先进技术，到开发国际先进的"华龙一号"核电站，到完成高温气冷堆示范电站，几十年的艰苦奋斗，让中国的核电站在了世界先进核电技术的顶峰。这正是党和人民百年奋斗的一个缩影，通过对核电的发展进程了解，学生的民族自豪感被激发出来，坚定"四个自信"。

4. 了解地区特色，融入地区发展

福建省是我国核电第二大省，宁德、福清核电站已并网发电，漳州、霞浦核电正在建设中。核电相关产业也在蓬勃发展。厦门大学的许多学生就来自宁德、福清、漳州、霞浦等地区。在厦门大学能源学院开设本课程，能够让学生了解本地核电发展的现状，让学生能够根据地区的发展要求，积极融入福建的发展，投身家乡建设。

（二）课程思政的实施路径

在明确了课程思政的育人目标之后，需要制定在课堂上可供实际操作的实践指南。"反应堆工程"课程思政的总体实施路径将包括以下四个方面。

1. 实事求是，让事实来说话

做科学工作，最重要的就是实事求是。中国的核电人通过自己的努力，让中国核电从零起点开始，最终站在了世界前列。我们在课堂上设置专门的案例教学，向大家介绍中国核电的发展历程。经典案例、榜样人物的案例教学，激发学生的自豪感。

2. 重视思辨，在讨论中成长

核能的和平利用、核电的安全性，以及核电的清洁性是备受争议的问题。正反双方都有非常充分的理由。"真理越辩越明"，带有争议性的话题其实是最好的大学教育的选题。在课堂上，老师除了讲授知识之外，还将引导学生开展小组讨论。除了鼓励学生对问题进行自我探索之外，结合课程思政的内容，老师将会在课堂上引导学生从不同的角度思考：中国的核电站在发生危险时，是优先保护广大人民群众的生命安全，还是为了保护核电站而反其道行之？"橘生淮南则为橘，生于淮北则为枳。"核能除了其技术特性之外，与国情、政策等诸多方面密切相关，适合学生在掌握了知识之后，开展更为深入的讨论，从而对问题产生更为深刻的认识。

3. 团队协作，在实践中收获

本课程除了平时授课和课后习题之外，还安排了课程大作业。学生需要组成2～3人的小组，利用6～8周左右的时间共同完成一个较难的问题。作为奖励，课程大作业优秀且期中考试获得优秀的同学将获得期末免试的机会。大作业的题目每年都有所不同，但有一点是相同的：在6～8周的时间内，学生必须利用互联网资源查阅大量的资料，通过团队协作进行合理分工、制订可行的计划并严格执行，最终争取在大作业中获得良好的分数。通过大作业，学生不但巩固了知识，习得了新技能，并且在协作中理解了团队、协同与纪律的重要性。

4. 发挥地区优势，教学与实践相结合

厦门距离福建省内的福清、宁德、漳州、霞浦核电站的距离很近，乘坐高铁或搭乘汽车，在4个小时以内就能够到达上述核电站。厦门大学能源学院与省内的各个核电站均建立了良好的合作关系，每年的寒暑假均会安排学生前往核电站参观实习。一方面，这种交流有利于学生感受我国的高科技，亲眼见证核能发电的清洁、安全和高效。另一方面，与核电站工作人员的交流能够让学生知道，在课堂上单纯的书本学习是远远不够的，必须理论结合实际，在工作中学习，才能获得真正的、全面的知识。此外，有不少学生家就在核电站的附近，通过本课程的学习，以及与核电站工作人员的交流，最终促成了不少学生前往核电站工作。

五、结语

在新工科的背景下,培养"又红又专"的人才是中国特色社会主义大学最重要的任务。[1] 要全面提升"反应堆工程"课程践行课程思政理念的效果绝不是一蹴而就的,而是一个"润物细无声"的过程。本文明确了"反应堆工程"开展课程思政的重要意义,剖析了课程目前存在的问题,制定了课程思政的育人目标,探讨了课程思政的实施方案,对于提升"反应堆工程"课程的教学效果将起到重要作用。

此外,课程思政是工科课程的一个必选项,但不是改变课程的性质。"反应堆工程"课程的基本功能仍然是培养合格的核科学与技术类人才。但是,通过将课程思政结合专业课程,我们在力争实现完成课程既定教学目标的同时,将课程思政教育人的目标最大化。

---

① 陈华栋等:《课程思政:从理念到实践》,上海交通大学出版社 2020 年版。

碳中和背景下的大学通识教育

——"海洋植物学"课程的教学与思考[*]

陈长平 陈鹭真[**]

摘要：中国是首个在国际社会提出国家层面碳中和目标的发展中国家，"碳达峰、碳中和"战略的部署将对我国国民经济和社会发展带来巨大影响。高等学校具有科学研究、人才培养、社会服务等多重职能，碳达峰碳中和专业人才的培养离不开高校碳中和通识课程的开展。"海洋植物学"课程是一门以海洋植物为主体的学科类方向性课程，"双碳"目标背景下，课程将以"2030 年前碳达峰行动方案"的重点任务中"碳汇能力巩固提升行动"为发力点，着重突出"坚持系统观念，推进海洋植物生态系统一体化保护和修复，提高生态系统质量和稳定性，提升生态系统碳汇增量"的碳达峰碳中和理念，构建"巩固生态系统固碳作用，提升生态系统碳汇能力，加强生态系统碳汇基础支撑"多层次的碳达峰碳中和理论，积极引导大学生掌握碳达峰碳中和实践技能。

关键词：碳达峰；碳中和；海洋植物；红树林；海草；藻类

全球气候异常对人类生活产生了深远影响，已成为全球共同关注和亟待解决的重大挑战。气候异常主要表现为长时间的极端高温、干旱、洪涝、虫灾和地质灾害等。过去 100 多年来，工业化进程和人类活动导致的全球温室气体持续增加，以及由此引发的气候变暖，被认为是导致这一现象的主要原因。[①] "应对气候变化《巴黎协定》代表了全球绿色低碳转型的大方向，是保护地球家园需要采取的最低限度行动，各国必须迈出决定性步伐。中国将提高国家自主贡献力度，采取更加有力的政策和措施，二氧化碳排放力争于 2030 年前达到峰值，努力争取 2060 年前实现碳中和。"[②]这是中国的行动，更是大国的担当。

立德树人是教育的根本任务，而大学通识教育的目的在于培养当代大学生全面发展的能力和素质。通过通识教育的实施，大学生可以获得更全面的知识体系，提升自身的综合

* 基金项目：2022 年本科高校教育教学研究项目"以习近平生态文明思想为指引的生态学专业课程思政体系构建"。

** 陈长平，男，福建泉州人，博士，厦门大学生命科学学院副教授，硕士研究生导师，研究方向为海洋生态学、水生生物学。陈鹭真，女，福建宁德人，博士，厦门大学环境与生态学院教授，博士研究生导师，研究方向为生态学。

① IPCC. Climate Change 2021：the Physical Science Basis. Contribution of Working Group Ⅰ to the Sixth Assessment Report of the Intergovernmental Panel on Climate Change，Cambridge，UK，Cambridge Press，2021.

② 习近平：《在第七十五届联合国大会一般性辩论上的讲话》，《人民日报》2020 年 9 月 23 日第 3 版。

素质,从而更好地适应社会需求。① 通识教育的核心价值在于拓宽学生的知识视野,激发学生的创新思维,培养学生的社会责任感和实践能力。② 高等学校在碳达峰碳中和专业人才培养方面责任重大。碳达峰碳中和专业人才的培养离不开碳中和通识课程的开展。"海洋植物学"是一门以海洋植物为主体的学科类方向性课程,通过对海洋植物的生活和海洋环境的描述,论述海洋植物的重要性、基本类群和经济意义。自 2021 年起,"海洋植物学"教学内容增加了课程思政内容,目标包括了解海洋植物与蓝碳之间的关系,普及碳达峰碳中和概念,力求学生理解和实践国家战略,认识海洋植物在碳达峰碳中和国家战略中的作用。课程还强调了"人与自然和谐共生"的目标,传授海洋环境变化对藻类多样性的影响及其造成的影响,主动积极参与到海洋植物的保护和海洋环境的保护。在不断的教学改革和方法探索中,形成以下鲜明的特征。

一、将"海洋植物学"通识教育作为大学生了解"双碳"目标的纽带

"双碳"目标的实施将对我国国民经济和社会发展产生深远影响。我国政府《关于完整准确全面贯彻新发展理念做好碳达峰碳中和工作的意见》《2030 年前碳达峰行动方案的通知》,提出把碳达峰、碳中和纳入经济社会发展全局,坚持"全国统筹、节约优先、双轮驱动、内外畅通、防范风险"的总方针,有力有序有效做好碳达峰工作,明确各地区、各领域、各行业目标任务,加快实现生产生活方式绿色变革,推动经济社会发展建立在资源高效利用和绿色低碳发展的基础之上,确保如期实现 2030 年前碳达峰目标。教育部于 2021 年发布《高等学校碳中和科技创新行动计划》,提出学校应全面开展碳中和通识教育,促进大学生碳中和理念的树立以及碳中和理论、实践技能的掌握,构建完善的人才培养体系。2022 年发布《加强碳达峰碳中和高等教育人才培养体系建设工作方案》,以高等教育高质量发展服务国家碳达峰碳中和专业人才培养需求。

海洋高等植物是近海重要的碳中和主体,保护并进行生态修复显得尤为必要。基于海洋植物的特殊性,从大学生碳达峰碳中和理念的树立以及碳达峰碳中和理论、实践技能的掌握等角度出发,课程的设置将以"2030 年前碳达峰行动方案"的重点任务中"碳汇能力巩固提升行动"为发力点,着重突出"坚持系统观念,推进海洋植物生态系统一体化保护和修复,提高生态系统质量和稳定性,提升生态系统碳汇增量"的碳达峰碳中和理念,构建"巩固生态系统固碳作用,提升生态系统碳汇能力,加强生态系统碳汇基础支撑"多层次的碳达峰碳中和理论,积极引导大学生掌握碳达峰碳中和实践技能。

大学通识教育在培养学生的综合素质方面具有重要意义。因此,在"海洋植物学"通识教育中,将碳中和理念、全球变化和海洋碳汇等理念有机结合,将成为大学生了解"双碳"目标的纽带。

---

① 王如志、崔素萍、聂祚仁:《"双碳"目标视角下"四位一体"本科教育模式创新》,《中国大学教学》2022 年第 4 期。

② 刘丽娜、漆新华、孙妍等:《新工科与"双碳"背景下生物质能源转化与利用技术课程教学改革》,《高教学刊》2021 年第 S1 期。

二、以厦门大学三大"双一流"专业为基础支撑，倡导海洋碳理念的通识教育

厦门大学的生物学、生态学和海洋学有共同的缘起，均源自 1922 年厦门大学办校之初的植物学和动物学专业。100 多年来，随着学科的不断发展和拓展，三门学科形成了各自典型的专业特色。"海洋植物学"课程是从海洋生物和环境的关系入手，聚焦海洋植物的种类特征和海洋生态系统的结构功能，是厦门大学生物学、生态学和海洋学等三个"双一流"学科的专业特色体现和有效融合。

在碳中和的大背景下，海洋生物将发挥显著的固碳增汇作用，也是全球正在积极探索的基于自然的解决方案。海洋碳汇又称"蓝碳"，是指利用海洋活动及海洋生物吸收大气中的二氧化碳，并将其固定、储存在海洋中的过程、活动和机制。2009 年，联合国环境规划署、粮农组织和教科文组织政府间海洋学委员会发布了《蓝碳：健康海洋对碳的固定作用——快速反应评估报告》，正式提出了蓝碳的概念。报告指出，在世界上每年捕获的碳，即光合作用捕获的碳中，一半以上（55％）由海洋生物捕获。红树林、盐沼和海草床是最具固碳速率的三大生态系统，又称为"滨海蓝碳"，也是海洋植物的重要组成部分。而这三大滨海蓝碳生态系统的物种组成，正是三种极为重要的"海洋高等植物"。虽然这三类生态系统的覆盖面积不到海床的 0.5％，植物生物量只占陆地植物生物量的 0.05％，但其碳储量却超过海洋碳储量的 50％，甚至可能高达 71％。

因此，"海洋植物学"通识课程依托厦门大学这三大"双一流"学科而开设，搭建生态文明教育和高校碳中和科技创新的学习平台，每年吸引全校不同专业背景的学生共同学习，认知海洋植物在海洋固碳中的贡献，为高等教育高质量发展服务国家碳达峰碳中和专业人才培养需求奠定基础。

三、聚焦传统研究优势，拓展海洋植物在"双碳"目标中的作用

2023 年 4 月 10 日，习近平总书记在广东考察时指出："这片红树林是'国宝'，要像爱护眼睛一样守护好，加强海洋生态文明建设，是生态文明建设的重要组成部分。"巩固生态系统固碳作用，是碳达峰工作的基础。在海洋蓝碳中，目前全球认知最为全面的是红树林生态系统。红树林是分布在热带和亚热带海岸潮间带的高等植物群落。[①] 厦门大学林鹏院士是我国"红树林之父"。自 2004 年开课以来，"海洋植物学"课程内容一直突出红树林自然保护地的重要性。林鹏院士提出，中国红树林具有高生产力、高归还率、高分解率的"三高"特点，证明了红树林在固碳储碳方面的优势，同时，红树林支撑着近海复杂的生物多样性，成为地球上生态服务功能最高的自然生态系统之一。[②] 我国的红树林资源丰富，海南东寨港自然保护区是我国建立的第一个红树林类型的湿地自然保护区，并列入国际重要湿地名录。至今，我国已经建立各级红树林保护地 52 个（不包括港澳台），包括自然保护区、湿地公园和海洋特别保护区等类型，其中含国家级自然保护区 6 个，国家级湿地公园 6

---

① 林鹏、傅勤：《中国红树林环境生态及经济利用》，高等教育出版社 1995 年版。
② 林鹏：《中国红树林生态系》，科学出版社 1997 年版。

个。其中 6 个红树林湿地被列入国际重要湿地名录,彰显了中国红树林湿地在全世界濒危生物保存和发展的重要地位。

相较于红树林,海草对大多数人来说较为陌生。教学中将明晰海草与海藻之间的区别,突出海草作为高等植物的特点,具有根茎叶的分化,能够开花结果。海草具有有性繁殖和无性繁殖两种繁殖方式,绝大多数可以在海水中完成授粉,经过开花、结果,种子可以原地生长或者通过海水传播,完成生活史。同时指出一些具有藻名称的种类,如泰来藻、大叶藻,其实就是海草。在此基础上,课程将重点讲述海草的固碳能力,作为生长在海平面下面的植物,海草并不为大家所熟知,但其固碳能力超过森林几十倍,是名副其实的固碳生力军。我国海草包含 4 科 10 属 22 个物种,占全球海草总物种数约 30%。目前海草保护区仅有 2 个:广东湛江的雷州海草县级自然保护区以及海南陵水的新村港与黎安港海草特别保护区。自 1980 年以来,全球海草快速消失,减少率约为 110 平方千米/年。我国的海草床情况也不容乐观,近岸海草生态系统处于严重的衰退状态。海草生态系统的破坏行为与人类活动息息相关,包括近海的渔业捕捞、海草床就地的贝类等底栖生物挖掘采捕、与海草床相邻的海上养殖排污、海上工程的实施与开发、旅游活动、近海固体废弃物污染等。增加设立新的海草床生态系统保护区迫在眉睫,是保证海草生境延续和连续的生态价值的最好策略。同时针对我国海草床严峻的退化形势,迫切需要开展专项行动计划,指导和推进其相关的修复工作,最大程度地发挥海草固碳生力军的积极作用。[①]

海洋藻类是海洋植物的主要类群,分布广泛,种类繁多。通常情况下海洋生产力指的是海洋微藻的生产力,其中以硅藻为主,可以占全球初级生产力的 20%,海洋的 40%,其次是海洋蓝藻。硅藻是水域生态系统的初级生产者,具有种类多、分布广、数量高等特点,几乎可以在任何有水的地方发现硅藻。海洋是硅藻分布的主要区域,特别在近海海域,硅藻是主要的浮游植物类群之一,而大洋由于营养盐缺乏,浮游植物生物量低,硅藻也比较少。硅藻可分为两大生态类群:一类是在水中随波逐流的浮游硅藻(Planktonic diatoms),另一类是水底生活的底栖硅藻(Benthic diatoms)。根据生活底质的不同,底栖硅藻又可分为淤泥生硅藻、沙表生硅藻、动表生硅藻、植表生硅藻、石表生硅藻等类群。还有些硅藻生活在特殊的区域,如生活在热泉中的硅藻、与有孔虫共生的硅藻等。

显而易见,海洋微藻的固碳方面具有重要作用。但是,从固碳增汇角度看,海洋微藻存在较大的不确定性。例如,海洋生态学上著名的铁施肥实验,可以大幅增加海洋微藻的生物量,提高光合作用效率,但是能够稳定保存的有机碳却很有限。一般认为,沉降到深海的有机碳可以保存 1000 年以上,海洋的一些惰性碳同样难以重新进入全球碳循环,类似这种方式存在的碳被认为是有效的碳保存。大型海藻具有明显的季节性,研究发现一些大型海藻的碎屑会进入深海,成为有效的碳保存。然而,海洋微藻和大型海藻在沉降的过程中,经常面临高比例的有机碳矿化,降低碳保存效率。提升生态系统碳汇能力,是实现碳中和的关键。

---

① 邱广龙、权佳惠、苏治南等:《海草土壤种子库:特征、影响因素、研究方法及其在受损海草场恢复中的作用》,《应用海洋学学报》2022 年第 2 期。

四、丰富的教学手段，助力学生在蓝碳知识体系的知行合一

厦门作为典型的滨海城市，具有开展"走进自然，了解自然"教育的天然优势。课程充分利用有限的教学时间，多年组织学生自愿前往省级红树林自然保护区"九龙江红树林自然保护区"，开展野外实践教学。后因经费等客观原因，野外实践教学改为课程展示野外保护区视频、图片等资料，力图让学生身临其境般感受红树林，了解红树林，进而自觉、身体力行地保护红树林。鼓励学生在本科期间，跟随导师参与课题，了解碳达峰碳中和的最新动态。

在课程教学期间，通过课程互动方式，了解学生在蓝碳方面的知识背景。对于学生自主选题，介绍海洋植物研究的内容时，发现与碳达峰碳中和相关的内容偏少，显示出碳达峰碳中和专业知识教育的迫切性。以后的教学内容中，将实施通过问卷调查的方式，广泛收集学生的建设性意见，为实践教学的多元化、立体化创新探索提供数据支撑，有利于制订创新的教学方案。

五、学科交叉，重视多元化"碳中和"人才培养

"海洋植物学"涉及的生态系统多样，包括海洋生态系统、红树林生态系统、海水养殖系统以及退塘还湿项目区。因此，维持并科学管理海洋保护区可以为稳定、巩固生态系统碳汇功能提供坚强保障。然而，在实际生产生活中，海洋保护区也面临违规养殖问题。如泉州市政府违规批准在泉州湾河口湿地自然保护区核心区（红树林等）开展海水养殖，养殖面积 88 公顷。漳州市漳江口红树林国家级自然保护区核心区和缓冲区也存在海水养殖，且 2013 年以来养殖面积仍在扩大。宁德环三都澳湿地水禽红树林自然保护区列入国家重要湿地名录，2011 年以来，围海养殖造成保护区湿地面积减少近 170 公顷，局部生态系统遭受破坏。

作为蓝碳的主要贡献者，海洋植物在固碳增汇方面具有巨大的潜力。课程教学中将突出三个方面，分别从红树林的生态修复、海草固碳生力军的积极作用和海洋藻类固碳增汇的不确定性进行教学。中国于 2020 年 8 月出台《红树林保护修复专项行动计划（2020—2025 年）》，计划修复和营造 18800 公顷红树林。该计划的完成将显著提高我国红树林的碳汇能力，助力实现碳中和的战略目标。近年来，尽管人为影响和破坏正逐渐减少，互花米草、鱼藤、害虫等成了近年来红树林保护面临的新难题，正严重威胁着各地红树林，其中以外来生物互花米草的入侵为甚。课程将着重介绍外来物种的相关概念，如引入种、外来种、入侵种及生物入侵，突出入侵生物的危害及其治理难度。介绍目前互花米草除治、修复、提升及后期管护等情况，如国家发展改革委和自然资源部联合印发了《全国重要生态系统保护和修复重大工程总体规划（2021—2035）》，将"加强互花米草等外来入侵物种灾害防治"列入海岸带生态保护和修复重大工程，多部门联合印发《互花米草防治专项行动计划（2022—2025 年）》，山东、天津、江苏、福建、广西等地明确公布了互花米草治理的量化目标。互花米草治理的后期管护尤为重要，如何防止互花米草复发，重新占领滩涂，是一项艰苦（可能需要人工下滩涂巡查）、细致的工作，需要科学的认知和专业的指导。

加强生态系统碳汇基础支撑，体现"双碳"目标的中国智慧。这一部分的内容是全新的

内容,在以往的"海洋植物学"课程教学中很少涉及。以往的研究可能有包含一些局部或者区域性的碳汇本底调查、碳储量评估、潜力分析。建立海洋植物生态系统碳汇监测核算体系,实施海洋生态保护修复碳汇成效监测评估则是边摸索边实践的过程,通过一些已有案例的讲解,从取得的成果和存在的问题两个方面进行教学。突出加强海洋生态系统碳汇基础理论、基础方法、前沿颠覆性技术研究的重要性,使得完成的碳汇项目能够参与全国碳排放权交易,并进一步实现全球各国认可、国际通用的蓝碳交易体系。

自 2006 年起,"海洋植物学"课程作为选修课,开放为全校不同专业学生选修课程,选修学生的专业包括生物学、环境科学、海洋科学、化学、材料学、经济学、法学、管理科学、艺术、新闻传播学等不同学科,涉及学生范围广,人数多。近年来,"海洋植物学"选修学生来自厦门大学生命科学学院、医学院、环境与生态学院、海洋与地球学院、药学院、信息学院、航空航天学院、能源学院、国际学院等,几乎涵盖了厦门大学翔安校区的所有学院,有利于多元化"碳中和"的人才培养。

在新形势下,如何将课程讲授与碳中和有机结合,又能同时吸引学生学习的兴趣是其中的重点和难点。课程中将学生在日常生活中的感受与碳中和联系起来,近几年,在中国乃至世界范围内,高温的威胁日益严重,已经影响到了每个人的日常生活,课程将邀请学生谈谈他们在夏天对高温的感受,以及为什么会有与以前不同的高温天气,从而将高温与全球变暖、二氧化碳排放联系起来,使学生自觉知道减少二氧化碳排放与高温天气之间的关系,从而促使他们在工作生活中自觉减少碳的排放。另外,在自然界,高温引发的森林大火也时常有报道,邀请学生讲述近几年全球范围内的有重要影响的森林大火,请他们谈谈森林大火的不利影响。促使学生明白,全球变暖也在很大程度上影响了自然界,也影响了居住在森林周边的居民的生活。在日常教学中,邀请学生查阅近一年来发生的与碳达峰碳中和峰相关的新闻报道,了解新闻报道的来龙去脉,挖掘其中的科学问题和解决问题的方法。总之,通过上述丰富的教学手段,以及前文提到的教学方法,吸引学生自觉参与碳达峰碳中和的行动中。

综上所述,在中国碳达峰、碳中和目标背景下,"海洋植物学"通过课程教育,普及中国拥有红树林、海草、盐沼等海岸带生态系统,领海包括渤海、黄海、东海和南海四个海域等碳中和基础知识,展示蓝碳发展空间广阔,通过介绍一系列蓝碳增汇技术措施,大力恢复海岸带蓝碳面积,逐渐提升海岸带蓝碳增汇潜力,力求学生理解和实践国家战略,认识海洋植物在碳达峰碳中和国家战略中的作用,积极引导大学生掌握碳达峰碳中和实践技能。

立德树人视域下高校气排球课程思政教学设计研究*

林顺英　秦　勤**

摘要:高校课程思政建设是落实"立德树人"根本任务的战略性举措。本文从阐述中国女排精神和厦大排球发展历程入手,结合气排球运动特点,采用"五进"策略即思政进理念、思政进目标、思政进教法、思政进内容、思政进评价对高校公共体育气排球课程思政教学设计进行全程研究,并对其实施提出若干建议,以提升体育课程教学质量和效率,为推进高校公共体育课程教学与思政教育深度融合提供方向性的参考与借鉴。

关键词:气排球;课程思政;"五进"策略;教学设计;立德树人;高校公体

2020 年 5 月 28 日,教育部印发《高等学校课程思政建设指导纲要》,指出:"落实立德树人根本任务,必须将价值塑造、知识传授和能力培养三者融为一体、不可分割。打造一批有特色的体育、美育类课程,帮助学生在体育锻炼中享受乐趣、增强体质、健全人格、锤炼意志……"[①]学生在大学期间接受良好的思想政治教育,对其身心发展、人格完善以及构建正确世界观、价值观具有重要意义。一直以来,体育课堂教学与课外锻炼过程均蕴含着丰富多彩的精神文化内容,在体育教学设计中深入挖掘并充分渗透与体验是当下教学改革研究中需要关注的重点问题之一。气排球是我国自创的一项排球衍生项目,风靡全国。它是集竞技、健身、休闲、娱乐、交友为一体的老少皆宜的运动项目。这项运动自 1984 年创设至今,参与活动的群体由最初的离退休人员发展到现在的老中青三代人,而且也早已成为高校公共体育课程开设的重点项目之一。[②] 其在全国各个领域迅速开展起来的主要原因在于气排球本身具有的球体轻便、简单易学、技术全面、打法独特、观赏性高、娱乐性强、亲和力好、健身价值高等特点,满足人们对运动的追求和热爱。厦门大学自 2012 年 9 月开设气排球课程以来,该课程深受学生的青睐,每学年开设班级平均不少于 25 个,在篮排足三大球中开设班级数量是最多的,学生受众面也是最广的。为此,本文从阐述中国女排精神和厦大排球发展历程入手,结合气排球运动特点,采用"五进"策略即思政进理念、思政进目

　　* 基金项目:福建省高等教育研究院高等教育改革与研究一般项目("五育并举"视域下高校公共体育教学改革现状与对策研究 FGJG202317)、2021 年厦门大学本科课程思政教学研究项目。

　　** 林顺英,福建龙海人,厦门大学体育教学部副教授,主要研究方向为体育教育训练学。秦勤,江苏江阴人,厦门大学体育教学部讲师,主要研究方向为体育教育训练学。

　　① 《高等学校课程思政建设指导纲要》,https://www.gov.cn/zhengce/zhengceku/2020-06/06/content_5517606.htm? eqid=82a550300000cb5c00000003645b050e,访问日期:2024 年 1 月 15 日。

　　② 计国君:《高等教育教学实践探索:厦门大学解决方案》,厦门大学出版社 2020 年版,第 421 页。

标、思政进教法、思政进内容、思政进评价对高校公共体育气排球课程思政教学设计进行研究，并对其实施提出若干意见，以提升体育课堂教学质量，为推进高校公共体育课程教学和思政教育深度融合提供方向性参考与借鉴。

一、中国女排精神与厦大排球发展历程

中国女排在世界排球赛中，凭着团结战斗、顽强拼搏、勇攀高峰的精神五次蝉联世界冠军，为国争光，为人民建功。2021年9月，党中央批准了中央宣传部梳理的第一批46个纳入中国共产党人精神谱系的伟大精神，女排精神列入其中。2021年9月30日，习近平总书记在会见女排代表时说："实现体育强国目标，要大力弘扬新时代的女排精神，把体育健身同人民健康结合起来，把弘扬中华体育精神同坚定文化自信结合起来……"[①]女排精神定义为"祖国至上、团结协作、顽强拼搏、永不言败"。女排精神极大地激发了中国人的自豪、自尊、自强、自信，也给大学生在学习、生活的奋进道路上提供强大的精神力量。

一直以来，厦门大学具有浓厚的排球运动底蕴。厦大排球队的辉煌战绩，振奋人心，鼓舞士气。根据《厦门大学体育百年发展史》[②]记载，20世纪60年代初厦大男女排球队队伍建设就已经开始，球队在省高校比赛中获得女排冠军、男排亚军的好成绩。改革开放以后，厦门大学排球队进入了新的发展时期，不仅在球队建设发展上突出，而且在排球精神传承上也紧跟时代发展，表现为以下方面：一是在20世纪80—90年代女排精神影响下，厦门大学校体委、团委会、工会和学生会积极为学生创造并提供近距离接触女排的机会，经常邀请在漳州国家排球基地集训的中国女子排球队来校做报告或进行精彩表演比赛。如1982年3月22日，中国女子排球队员来校为师生员工做报告，会上周鹿敏、张洁云、朱玲生动地介绍了中国女排在日本参加第三届世界杯排球赛的情况和事迹；1985年3月7日，中国女排第一代老队员、中国排球协会秘书长公元第应邀来厦大做了"中国女排拼搏史"的报告；1994年3月12—13日，郎平率领八佰伴超级明星队来厦门大学参加八佰伴多国籍明星女排邀请赛。这些活动不仅鼓励了厦大学子学习中国女排的顽强战斗、勇敢拼搏的精神，而且有力地促进了学校排球运动的深入开展。二是2004年9月23日在厦门大学2004级新生开学典礼上，前中国女排主教练陈忠和应邀参加，在典礼上厦门大学校长为他颁发了厦门大学兼职教授聘书，这为厦大群体活动排球项目的开展提供了更好的发展平台。三是1987—2004年排球为厦大高水平运动项目，20世纪80年代是厦大排球发展最迅猛的时期，男排队伍球艺高超，敢拼敢打，创下了许多辉煌战绩，为校增光添彩，并作为厦大体育代表队第一次访问香港，意义非常重大。从2005年开始，厦大排球项目作为其他校级体育代表队。2017年5月，在第四届中国大学生阳光排球锦标赛比赛中，厦大男子排球队一举夺得冠军，创造了厦门大学排球在全国赛场上的最好成绩。厦大排球队一直秉承着勤学苦练、顽强拼搏、无所畏惧、勇攀高峰、为校争光的精神，球队的口号是"球不落地，永不放弃""爱拼才会赢"。

---

① 《习近平会见中国女排代表》，《人民日报》2019年10月1日第1版。

② 陈志伟：《厦门大学百年体育发展史》，厦门大学出版社2021年版，第217~219、232~233、247~248页。

二、立德树人视域下气排球课程思政"五进"策略教学设计

（一）教学理念：同心协力，做有热度的气排球课程思政建设

1. 来自女排精神和厦大排球发展的热度

紧扣课程大纲要求，引入女排精神，全方位展开课程思政。传递正能量：中国女排运动员在国际赛场上为国争光的事迹，厦大排球队在不同时期为校争光的辉煌时刻，可培养学生的政治认同、国家意识，激发爱国、爱校精神和奉献社会热情。

2. 来自课程的热度

重点突出，目标明确，呈现课程思政设计的体系化。增加气排球"教、学、练、赛"四位一体的系统化课程组织方式，理论与实践、显性与隐性相结合。通过多媒体手段播放气排球比赛视频，并根据视频与学生探讨比赛中技战术运用情况。通过比赛调动学生参与运动的积极性与主动性，巩固提高学生所掌握的技术水平，同时锤炼意志、塑造人格。

3. 来自教材的热度

在校本教材建设中，一是体育课程思政元素点、党的二十大精神进教材。二是打造优质的可视化教材，突出学生的主体地位，打破传统纯纸质教材，教材建设由单一走向多元，动静结合课提升学习的灵活性与自主性。

4. 来自校园体育文化的热度

为提升校园体育文化氛围，厦大体育教学部借鉴世界一流高校的普遍做法，设计厦大体育 LOGO 和吉祥物，于 2019 年 8 月 6 日，校长办公会最终审批通过并送交国家知识产权局进行商标注册。厦大体育 LOGO 将"厦大"与"体育"元素融合其中；厦大体育吉祥物原型为海洋游泳速度最快的鱼类——旗鱼。① LOGO 和吉祥物旗鱼散落在校园内田径场和运动场馆的各个角落，渲染着"爱厦大，爱体育"的校园体育文化氛围，引导学生动起来、乐起来。

（二）教学目标："四位一体"目标为培养德智体美劳全面发展人才服务

2020 年《高等学校课程思政建设指导纲要》中指出："体育类课程要树立健康第一的教育理念，注重爱国主义教育和传统文化教育，培养学生顽强拼搏、奋斗有我的信念，激发学生提升全民族身体素质的责任感。"② 在课程思政教学设计中，"知识—技能—能力—价值"四位一体的教学目标不仅培养学生运用所学知识与战术积极参与并加入气排球运动，而且培养学生的体育核心素养、顽强拼搏、团结协作、勤奋刻苦、勇于挑战精神，在运动中"享受乐趣、增强体质、健全人格、锤炼意志"，激发学生拥有健康身体报效祖国的家国情怀和使命担当（见图 1）。

1. 知识传授

让学生掌握气排球运动的基本知识、竞赛规则、健身知识和气排球运动专项训练方法等。

2. 技能掌握

让学生掌握气排球运动的基本技术和基本战术，参加一些简易的教学比赛，懂得简单

---

① 陈志伟：《厦门大学百年体育发展史》，厦门大学出版社 2021 年版，第 228～229 页。

② 《高等学校课程思政建设指导纲要》，https://www.gov.cn/zhengce/zhengceku/2020-06/06/content_5517606.htm？eqid=82a550300000cb5c00000003645b050e，访问日期：2024 年 1 月 15 日。

的比赛规则并能组织简易赛事,并能掌握一些身体素质和专项素质训练方法。

3. 能力培养

培养学生组织、执裁比赛的能力,具有规则意识;培养自主锻炼和提升体质健康水平的能力;懂得接纳输赢,养成公平竞赛品质和顽强拼搏、永不放弃的拼搏精神,形成正确的胜负观;培养团结战斗、同甘共苦的运动品质,养成积极乐观的生活态度,提高社会适应能力。

4. 价值塑造

气排球比赛是一项分工明确、技术打法灵活、趣味性浓的集体性项目,培养学生的判断、反应能力和创新精神;倡导公正、公平的价值观;强化体育文化自信和民族自豪感;引导学生尊重对手、尊重裁判,学习和践行人人平等的社会主义核心价值观。

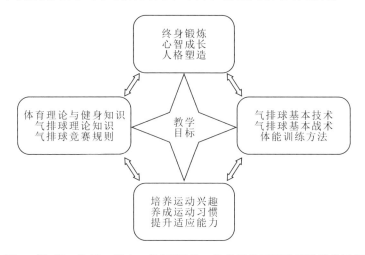

图1 "知识—技能—能力—价值"四位一体的气排球课程思政教学目标

(三)教学组织形式:"四位一体"课程思政教学组织设计

在课程教学组织形式上,运用多媒体教学手段组织学生观看女排比赛和气排球比赛视频,直观教学。在技术教学阶段,除教师语言讲解、动作示范外,积极利用多媒体教学手段,在视频慢动作欣赏中引导学生仔细观看运动员的技术动作与临场应对战术,在观看、讨论中引导学生钻研、探索,自主学习。生生互动、师生互动不仅有利于发挥学生的课堂主体地位,提高学生的学习兴趣,而且有利于开发学生思维,较快较好地了解认识气排球运动。"教—学—练—赛"四位一体的教学组织设计有助于在教学中把气排球的显性知识与隐性价值体现出来。首先是"教",思政进课内教学,把知识、技术、战术、竞赛规则、身体素质、女排精神串联起来,把思政教育内容渗透在整个气排球课堂教学中,思政教育与气排球课程教学融为一体。其次是"学",利用多媒体技术与现场实操把眼睛看、脑子转、身体动三者结合起来,德智体美劳五育全部调动起来,让运动学习变得更为轻松,学习兴趣点更高,课堂效率提升。再次是"练",课内技术学习、素质锻炼与课外锻炼相融合,保证学了能赛、赛了能战、战了能胜,增强体质、增进健康的同时培养勤奋刻苦、顽强拼搏、坚持不懈的精神品质。复次是"赛",课内教学比赛与课外社团群体比赛相结合,保证练赛结合、学以致用,能比赛、懂规则、会组织、学交往,培养团结战斗、永不言弃、敢拼才会赢的体育精神,提升社会适应能力。总之,在气排球课程思政教学中把"价值塑造、知识传授、技能提升、能力培养"

四者有机地融合在学生课内课外学习训练与比赛中(见图2)。

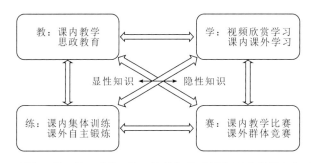

图2 "教—学—练—赛"四位一体的气排球课程思政教学组织形式

（四）教学内容："一体两翼"课程思政教学内容设计

"一体两翼"的气排球课程思政教学内容，即以健身气功、气排球的知识与技战术、气排球竞赛规则、一般身体素质和专项身体素质训练方法、赛事组织等为教学内容主体，以赛事赏析和赛事组织、宣传、参与为两翼来推进和完善气排球主体教学，把立德树人根本任务真正落到实处(见图3)。从表1中可以看出，气排球课程教学内容主要包括理论知识、气排球基本技术和基本战术、身体素质、科普性知识等部分。其中理论知识包括气排球运动起源与发展历程、现状与发展趋势、气排球竞赛规程、赛事组织与管理、气排球赛事赏析、新时代女排精神及厦大排球发展及其辉煌；气排球运动的步法、发球、防守击球、传击球、扣球、拦网等基本技术和个人战术与集体战术、四人制、五人制等基本战术；身体素质与阳光长跑等等。总之，气排球课堂教学中让学生最大限度发挥身体与环境的双向协同效应，在气排球每一部分教学内容中，多关注学生的身体体验，让课程蕴含中的思政元素真正入心入脑，促使高校气排球课程教学有机融合价值引领、知识传授、技能掌握和能力培养，把思政教育全员全程全方位渗透融入气排球教学、练习、比赛的每一个环节。

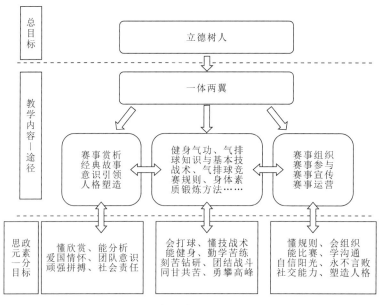

图3 "一体两翼"气排球课程思政教学内容设计

表 1　气排球课程教学内容及思政设计

教学内容		思政元素融入思路
理论知识	①气排球运动的起源与发展历程、现状与发展趋势 ②气排球竞赛规程、赛事组织与管理 ③气排球赛事赏析 ④新时代女排精神 ⑤厦大排球发展及其辉煌成绩	①通过气排球运动知识的了解、学习和掌握，学生了解气排球运动发展动态，培育学生辩证唯物主义的世界观和方法论 ②对气排球运动竞赛规程、赛事组织与管理的学习，学生了解遵守规则的重要性，提升沟通组织能力，培养公平、公正、诚信的品质精神 ③通过观赏与分析比赛，培养学生欣赏体育赛事的能力，提升审美素养、陶冶情操，激发创新创造活力，同时学生了解到当下气排球运动的蓬勃发展，受众面广，影响力大，健身性高 ④通过新时代女排精神和厦大排球发展历程的学习，学生感受到排球精神的力量，培养学生的家国情怀，帮助学生树立为中华民族伟大复兴、为人类文明和社会进步而努力锻炼身体以及学习知识的责任感和使命感
基本技术[a]	①准备姿势与移动：并步、滑步、交叉步、跨步、跑步等 ②发球：下手发球包括正面下手发球和侧面下手发球；上手发球包括上手发飘球、上手大力发球、侧面勾手发球等 ③防守击球：正面双手垫球、双手插托击球、抱球、捧球、背向双手垫球等 ④传击球：正面双手传击球、背面双手传击球、单手传击球等 ⑤扣球：正面扣球、单脚起跳扣球、原地扣球或搓球等 ⑥拦网：单人拦网、集体拦网包括双人或三人	①通过基本技战术的练习与掌握，帮助学生掌握气排球运动的步法、击球方式和战术配合，学生认识、喜欢、爱上气排球，培育学生辩证唯物主义的世界观和方法论 ②通过气排球学习与训练，培养学生勤学苦练、团结协作、顽强拼搏、同甘共苦、无所畏惧、永不言弃的精神品质 ③通过教学比赛，引导学生对待输赢保持乐观、积极、向上的态度，敢拼就会赢，树立正确的人生观、世界观和价值观 ④通过赛事观赏，学生认识到文明、公正、诚信、敬业、友善的重要性，引导学生深刻理解和践行社会主义核心价值观
基本战术	①四人制战术："三一"配备和"二二"配备 ②五人制战术："四一"配备和"三二"配备 ③气排球个人战术：发球、一传、二传、扣球、拦网等个人战术 ④气排球集体战术：防守战术包括接发球、接扣球等战术；进攻战术包括前中二传、边二传、插二传等进攻阵形。 ⑤赛事观赏	⑤通过小组团队教学，学生在团结合作过程中引导学生认识到团队意识的力量，培养学生开朗、积极的人生观，树立爱岗敬业、忠于职守、严谨细致和吃苦耐劳的工作态度 ⑥气排球比赛引导学生将"小我"融入"大我"，树立集体利益高于个人利益的无私奉献精神
身体素质	①50米、立定跳远、坐位体前屈、引体向上（男）/仰卧起坐（女）、耐力项目 ②阳光长跑（女生 1.6 千米，男生 2 千米） ③身体素质训练方法	通过速度、力量、柔韧、耐力、灵敏等身体素质的训练与测试，培养学生吃苦耐劳、顽强拼搏、挑战自我、坚持不懈、永不言败的体育精神

注：a. 陈志伟、林致诚、林顺英：《大学体育与健康教程》，厦门大学出版社 2021 年版，第 95～108 页。

（五）课程考核：定性与定量相结合的课程思政教学考评

2020 年《高等学校课程思政建设指导纲要》中指出：建立健全多维度的课程思政建设成效考核评价体系和监督检查机制，在各类考核评估评价工作和深化高校教育教学改革中落细落实。[①] 课程采用思政定性与运动技能、能力定量相结合、课内外一体化综合考核机制，全面测评学生运动技能掌握情况和参与锻炼的全过程。从表 2 中可以看出，定性（占20%）以课堂表现和小组团队组织与建设为主，通过课堂提问、分享交流、行为观察等方式评价课堂教学效果。定量（占80%）中课内对身体素质、气排球运动专项和考勤与着装三项进行测试，主要考评学生的气排球知识、基本技术与教学比赛和体质健康水平状况；课外以阳光长跑活动、定速定距跑和群体竞赛为主，通过长跑锻炼打卡，提升自锻炼能力和自身身体素质，养成终身锻炼习惯；通过参与群体竞赛活动来巩固和提升课内所传授的气排球运动理论知识和技术与战术。

表 2 "定性与定量相结合"的气排球课程思政教学考评情况表

形式		考评内容	所占比例/%
定量	课内	身体素质	75
		气排球专项技术考核	
		考勤、着装	
	课外	阳光长跑、定速定距跑	5
		群体竞赛参与情况等	
定性	课内	课堂表现	20
		教学中小组团队组织与建设	

三、立德树人视域下高校公共体育气排球课程教学设计总结

1. 在高校公共体育气排球课程思政教学设计中采用"五进"策略，即思政进教学理念、思政进教学目标、思政进教学组织形式、思政进教学内容、思政进课程考核。

2. 在气排球课程思政教学理念上，同心协力，做有热度的课程思政建设，表现为以下方面：第一，用"女排精神"的故事点燃学习激情。紧扣气排球课程大纲要求，注重"女排精神"的传承和厦大排球发展历程，传递正能量，增强使命感和责任感。第二，用系统化的课程思政设计点燃参与激情。理论与实践、显性与隐性相结合。第三，用信息化教材点燃求知激情。校本教材打造动静结合的可视化、信息化教材，提升学习的灵活性与自主性。第四，利用厦门大学体育标识和吉祥物点燃"爱厦大、爱体育"激情。校园内的体育标志和吉祥物旗鱼渲染了浓厚的校园体育文化氛围，丰富了学生课余体育文化生活。

3. 在气排球课程思政教学目标上，设计"知识—技能—能力—价值"四位一体的目标体系。气排球课程教学中不仅是运动知识、技能、战术的传授，更是能力培养和人格塑造，

---

① 《高等学校课程思政建设指导纲要》，https://www.gov.cn/zhengce/zhengceku/2020-06/06/content_5517606.htm？eqid=82a550300000cb5c00000003645b050e，访问日期：2024 年 1 月 15 日。

培养爱国爱校、团结战斗、顽强拼搏、勤奋刻苦、永不言弃的体育精神与品质,激发学生拥有健康身体报效祖国的家国情怀和使命担当的目的。

4. 在气排球课程思政教学组织形式上,设计"教—学—练—赛"四位一体的教学组织,把气排球的显性知识与隐性价值相融合。"教"把思政教育与气排球课程教学内容融为一体;"学"把技战术学习掌握与益智发展提升融为一体;"练"把增强体质、增进健康的目标和勤奋刻苦、坚持不懈的品质融为一体;"赛"把技战术的实践与团结战斗、永不放弃的精神融为一体。

5. 在气排球课程思政教学内容上,设计"一体两翼",即以气排球的知识与技能、技战术、竞赛规则和身体素质为教学内容主体,以女排精神、赛事欣赏、赛事组织、宣传为两翼来推进和完善气排球主体教学。气排球运动作为一门实践性较强的公共体育课程,课堂教学中我们要让学生最大限度发挥身体与环境的双向协同效应,每一部分教学内容多关注学生在运动训练中的身体体验,使气排球课程中蕴含的思政元素真正入心入脑,促使高校公共体育气排球课程教学有机融合价值引领、知识传授、技能掌握和能力培养,把落实立德树人根本任务真正落到实处。

6. 在气排球课程思政教学上采用思政定量与运动技能、能力定性相结合、课内课外一体化的综合考评机制,评价模式从单一向多元转变,全面测评学生运动技能掌握情况和自主参与锻炼的全过程,实现全员全程全方位评价。

7. 在高校体育气排球课程思政教学设计实施过程中,首先,体育教师是全面推进体育课程思政建设的关键。高校体育教师需要不断增强课程思政育人意识,努力提升课程思政教学能力,真正实现体育课程"健体铸魂"的育人目标。其次,学生的思想道德品质的养成是一个漫长的、系统的个体自身进行的、同化的、内化的过程,虽然体育可以培养品质,但需要二者找准结合点,才能让思政教育在体育教学中发光发热,才能真正落实立德树人根本任务。最后,环境是体育课程思政建设的重要媒介之一,运动场馆、场地器材、校园体育文化、多媒体设备等相关环境对体育课程思政建设与发展起到积极的推动作用。

基于内涵式发展背景下高校公共体育"舞龙运动"课程思政的教学模式研究

莫　菲*

摘要:内涵式发展是新时代高校教育教学身高质量发展的必然要求,本文在内涵式发展背景下积极探索公共体育舞龙运动课程与思想政治教育的融合点,构建课程思政教学模式。从课程教学目标、内容、教学形式以及评价方式四个方面进行设计研究,更好地发挥舞龙运动在课程思政方面的积极作用,助推高校体育课程内涵发展,打造高质量的公共体育课程思政,为国家现代化建设培养全面发展的优秀人才。

关键词:公共体育;舞龙;课程思政;教学模式

一、研究背景

教育是立国之本,党的二十大报告强调"教育、科技、人才是全面建设社会主义现代化国家的基础性、战略性支撑",提出"加快建设教育强国、科技强国、人才强国"战略部署,体现了新时期党和国家对教育工作的新要求,同时赋予高校在现代化建设中新的使命。建设教育强国必须有高质量的高等教育,要推进世界一流大学和一流学科建设。"一流的学科是建设一流大学的基础,一流的课程是一流学科的重要支撑。"①一流的课程不仅在于知识传授和能力的培养,更重要的是正确价值观念的引导。在公共体育教学过程中普遍存在重运动技能传授轻价值观念引导,重运动知识讲解轻思想政治教育等问题,难以完全发挥体育的育人作用。为此,在把握高校课程思政建设高质量发展方向,推动高校体育课程思政建设内涵式发展背景下,打造高质量的体育"课程思政"教学模式,为国家现代化建设培养全面发展的优秀人才。

二、高校公共体育课程思政在促进高等教育内涵式发展上的重要作用

习近平总书记在全国高校思想政治工作会议上指出:"思想政治理论课要坚持在改进中加强,提升思想政治教育亲和力和针对性,满足学生成长发展需求和期待,其他各门课都要守好一段渠、种好责任田,使各类课程与思想政治理论课同向同行,形成协同效应。"②体

---

　*　莫菲,厦门大学体育教学部讲师,研究方向为体育社会学。

　①　王秀阁:《关于"课程思政"的几个基本问题——基于体育"课程思政"的思考》,《天津体育学院学报》2019 年第 3 期。

　②　习近平:《在全国高校思想政治工作会议上讲话》,《人民日报》2016 年 12 月 9 日第 1 版。

育是高校教育教学的重要组成部分,是实施"五育并举",构建德、智、体、美、劳全面发展的教育体系中的重要一环。公共体育课程的开展不仅能够增强学生身体素质,强健学生的体魄,而且在促进学生的心理健康发展、塑造正确价值观方面也发挥着积极的作用。因此,重视发挥公共体育课程的思政教育作用,使其在育人问题上与思想政治理论课同向同行,协同呼应。

身体锻炼和体育技能学习是体育课程与其他课程的根本区别,其遵循运动技能形成的规律、人体机能适应性规律,在体育教学过程中运动技术与方法的传授让学生掌握体育运动知识与技能,增进学生体质,享受运动乐趣。在此基础上,通过发挥体育对身体的规训作用,精神引领以及体育教学的教育功能,真正做到"以体育人"和"以体育德"。"文明其精神,野蛮其体魄",深入挖掘高校公共体育课程中蕴含的丰富思想政治教育元素,是高等教育内涵式发展的具体实践,也是高质量发展在高校思政教学改革过程的集中体现。

三、高校公共体育"舞龙运动"课程思政的内容

舞龙运动是我国一项优秀的民族传统体育项目,在其传承与演变的过程中融入了多种社会价值功能,既具有现代体育的竞技、健身、娱乐、观赏等一般显性价值,还具有历史性、民族性、时代性等隐性价值。舞龙运动中所蕴含的文化教育、团结协作、竞赛规训、礼仪待人、积极进取等多种德育元素,为课程思政提供了丰富的教育资源。

(一)以强健身体、享受乐趣、技能学习为主的显性思政内容

学校体育教学的主要目标是增强学生体质,提升学生健康水平,通过科学的锻炼,养成良好的锻炼习惯是实现目标的主要途径。舞龙运动是通过舞龙者肢体的不同变化、身体位移以及不同人员之间的相互配合来完成技术动作,以展示"龙"的各种形态,"整个运动过程对舞龙者的速度、耐力、力量、肢体协调及审美等综合素质有着较高的要求"[①]。高校公共体育舞龙运动课程的实施是有计划、有组织地向学生传授专项技能的过程,其中还融入科学的运动知识学习和健身指导方案,让学生懂得怎么锻炼以及避免常见运动损伤。在授课过程中根据授课内容、学情情况设计合理的课堂运动负荷,达到运动健身增强体质的目的。相关研究证实:一次持续 9.8 分钟的舞龙表演对运动者的心理应激较大,令其心率(HR)和主观疲劳感觉值(RPE)显著升高,使外周血白细胞(WBC)总数增加但对其分类计数影响不大,这将有助于暂时提高机体的抵抗力。16 周规律的舞龙训练,使运动者的血清免疫球蛋白 G(IgG)水平显著升高,外周血 WBC 总数显著升高并以中性粒细胞(PMNs)增多为主,有利于提升机体免疫功能,有着良好的健身作用。[②]

在舞龙运动过程中,舞龙者之间相互配合,彼此沟通,形成良好的默契,在各个把位的协作、穿插、跑动及位置变化中完成不同的动态动作和静态造型。这种练习能够给参与者创造一个很好的交流平台,使大家在不同的位置上形成一种协作关系,充分展示自己的个性,提升参与感,同时也增进了彼此的友谊,享受运动带来的乐趣。

(二)以价值观念提升为主的隐形思政内容

"体育'课程思政'应是将思政元素自然地、顺理成章地融入体育专业知识之中,使学生

---

① 雷军蓉:《中国舞龙运动的社会特性和价值功能》,《北京体育大学学报》2004 年第 10 期。
② 范锦勤:《舞龙对男大学生免疫球蛋白和白细胞的影响》,《广州体育学院学报》2010 年第 6 期。

在学到知识的同时受到思想教育,提升思想境界。"①而不是生硬地把思想政治内容嵌套到课程教学过程中,把"课程思政"变成"思政课程"。舞龙运动课程中一些隐性思政内容,需要充分发挥教师的主导作用,在教学过程中根据教学内容随机展开使其潜移默化式地渗透体育课程中。这些内容具体包括:(1)弘扬传统文化,增进民族认同,了解民族文化,维系民族情感。(2)坚定文化自信,推进传统文化的繁荣和复兴,培养文化的传播者和输出者。(3)学会分工协作,增强团队意识,培养团结合作的精神。(4)通过教学比赛、技术考核学会尊重规则,尊重对手,正确面对输赢。(5)借助技术学习,进行审美教育,培养欣赏美、感受美的能力。(6)贯彻以"学、练、赛"课程教育模式培养大学生追求卓越、吃苦耐劳的意志力,以及果敢刚毅、百折不挠的优良心理品质。在舞龙运动课程中将"健全人格、锤炼意志"思政目标有效合理融入课程之中,让课程内容学习和思政元素相适应,既能满足学生对专业技术学习的需要,又能达到"润物无声"的课程思政效果。

(三)培养创新意识,为课程思政提质增效

"创新教育是促进学生的素质发展,提高学生的创新素质水平,注重创新精神和创新能力培养的教育活动。"②将培养创新意识与育人、育才有机统一,挖掘其中蕴含的科学精神、工匠精神、创新使命等课程思政元素,提升学生探索真理、勇往直前的责任担当,拓展课程思政的广度和深度。舞龙运动是将若干动作或动作组合按一定的规律编排而成的套路动作,有起势和收势,并遵循程式化的演练要求。在舞龙运动教学过程中,合理安排教学内容,以教授学生动作、动作组合及套路编排的基本规律为主,利用启发式教学方法调动学生的创新性思维,在学习原有技术动作的基础上,让学生通过分工协作,大胆创新动作及动作组合的方式、难度。此外,在套路编排上能打破原有的程式化演练模式,创新套路动作形式,增加层次感,提升情节化的内容,使整个套路展示更加生动。不同的教学内容与形式安排,引导学生积极思考,进而提高学生的创新素质水平和创新能力。

四、高校舞龙运动课程思政教学模式的构建

(一)教学模式构建思路

以舞龙运动的技术动作学习为主要抓手,在学习过程中将正确的价值观念寓于技术动作的传授。一是在技术教学中培养学生正确的健康观,使他们明白身体锻炼的重要性,养成科学锻炼的习惯。并且将舞龙的文化知识,动作技术形成原理,科学锻炼的方法等一些显性元素融入技术教学之中。二是挖掘学生在学习过程中的一些思想意识问题、及时进行价值观教育,将知识的传授和价值观念的引导有机统一。三是在"学、练、赛、评"各个环节设置一些具有可操作性和比较容易实现的思政要求,例如学生在学习、生活、社会交往中经常遇到的一些问题和困惑,尤其是当下学生们欠缺的一些个性品质,使他们在实践中能够认识到问题所在,并积极进行思考,从而产生正向的影响。四是制定合理的考核评价办法,既强调结果评价也重视过程评价,使思政教育与技能考核相互融合,全方位对学生在学习

① 王秀阁:《关于"课程思政"的几个基本问题——基于体育"课程思政"的思考》,《天津体育学院学报》2019 年第 3 期。

② 杨海庆:《以创新能力为导向的高职学生素质教育模式研究》,《山东纺织经济》2021 年第 11 期。

过程中的表现做出反馈。

（二）教学目标

"高校体育教学的目标是对高校体育活动结果进行预期,是高校体育教学工作的出发点与归宿,是高校体育课程开展的主要问题,引导高校培养学生的价值走向。"[①]在舞龙运动教学中,改变单纯的知识传授为主要目标的教学模式,把课程内容中的显性元素和隐性元素有机结合,使教学目标更加具体化,让技能培养、健康达标、心理认知、社会适应等与思政内容有机融合,使课程的教学目标与思政教学目标同向而行(见表1)。

表 1　高校公共体育舞龙运动课程教学目标

教学目标	具体目标	思政目标
运动技能目标	掌握基本的舞龙运动知识和技能,学会科学锻炼身体的方式方法,并能够熟练运用所学知识从事健身活动的实践	了解民族文化,坚定文化自信,培养大学生追求卓越、吃苦耐劳的意志品质
生理健康目标	通过舞龙运动课程的训练和学习实践,增强心肺功能,提高速度、力量、耐力、灵敏、柔韧等身体素质指标,改善生理健康状况	促进学生身心的协调发展,培养良好的社会适应能力
心理健康目标	培养团结互助、勇于拼搏的进取精神,增强学生的自信心	尊重他人、包容他人、正确对待输赢
社会适应目标	培养学生团队精神,学会在相互协助中共同进步	摆正心态,融入团队,做好自己

（三）教学内容

教学内容是教学目标的具体化。在高校公共体育舞龙运动课中,根据舞龙运动技术的特点,将舞龙运动分为理论部分和实践部分。理论部分包括:(1)舞龙运动文化介绍;(2)舞龙运动的审美与赏析;(3)竞技舞龙规则。实践部分包括:(1)舞龙运动基本动作;(2)舞龙运动常用组合动作;(3)舞龙运动套路编排;(4)舞龙套路动作展示与考核。深入挖掘每部分专业知识和技能中蕴含的精神、品质等课程思政映射与融入点,将课程知识和思政元素有机结合(见表2)。

表 2　高校公共体育舞龙运动课程教学内容与课程思政映射与融入点

章	教学内容	课程思政映射与融入点
1	舞龙文化介绍,现代竞技舞龙规则	了解中华优秀传统体育文化及舞龙运动技术形成规律,懂得遵守规则
2	舞龙运动审美与赏析	学会欣赏舞龙运动,培养审美意识
3	舞龙运动基本动作	团结协作,拼搏进取,懂得坚持,学会正确的锻炼方法,提高身体运动能力
4	舞龙运动中常用组合动作	培养团队精神,能够尊重他人、包容他人,确立自己在团队中的位置并积极发挥自己的作用

---

① 赵富学、黄桂昇等:《"立德树人"视域下体育课程思政建设的学理释析及践行诉求》,《体育学研究》2020 年第 5 期。

续表

章	教学内容	课程思政映射与融入点
5	舞龙运动套路编排	培养创新意识
6	舞龙套路动作展示与考核	敢于面对挑战,正视不足,懂得正确对待输赢

（四）教学形式

传统的高校体育教学一般采用班级授课制,以教师为主导,按照固定的模式进行,重视学习内容的标准化,其形式单一刻板,缺乏趣味性,学生在学习过程中十分被动,单纯成为知识的灌输对象,很难调动学生学习的积极性,也限制了学生的创造力与想象力。为此,要提升教学质量就要打破原有传统的教学形式,为学生创造一种灵活多样、宽松愉悦的教学氛围。具体包括：其一,更新教学理念,合理运用数字化教学形式如:微课教学、多媒体授课等形式。在课前将授课内容以视频或图片形式提前发送给学生,让学生对所学内容有一个大致的了解;课中针对教学的重点、难点利用多媒体启发学生,让学生学会自己解决问题;课后提供相关素材激发学生的创造力,促进学生学习兴趣。通过数字化手段来拓展教学途径和教学范围,课前—课中—课后有机联系在一起。其二,积极发挥教师的引导作用,促进师生之间的有效沟通。教学过程不再是灌输式、填鸭式教学,重视启发学生思考问题、解决问题的能力。逐步实现以教师为中心向以学生为中心转变,从以教为中心向以学为中心转变,从统一模式培养向个性需求转变,从课内为主向课内外相结合转变。其三,在舞龙运动课程中合理运用翻转课堂方法,突出学生自我学习的主体地位,实现课内有机结合,让学生们在学习过程中能确立自己在团队中的位置,懂得处理与其他人之间的关系,重视团队协作。

（五）教学评价

在舞龙运动的课程评价中将考核内容和思政教育一体化,变以往身体素质和技术项目成绩作为唯一评价标准的办法,增加过程评价比重,体现教学评价中学生的主体地位,更好评价学生在上课过程中思政教育效果。情况考核内容包括:学生课堂学习表现;基本知识技术掌握情况;身体素质状况及课外体育锻炼情况。根据考核内容从思政教育的角度合理地评价学生学习的全过程,将过程评价与终结性评价相结合,定量评价与定性分析相结合,关注学生学习的过程,重视学生的个性化发展(见表3)。

表 3　高校公共体育舞龙运动课程教学评价

评价指标	评价方式	评价依据	占比/%	评价阶段	思政映射与融入点
课堂表现	课堂评价	课堂考勤	10	过程评价	学习态度
课外锻炼	线上	线上打卡情况	10	过程评价	坚持不懈、习惯养成
身体素质	考核	国家体质健康标准	30	结果评价	努力突破、拼搏进取
舞龙套路动作质量	考核	动作完成情况	20	结果评价	团队协作、认真负责
舞龙套路编排	考核	动作的运用、变化、层次、情景	20	过程评价	审美意识、团队协作
舞龙套路动作创新	考核	课堂教学以外的创新	10	结果评价	创新能力

五、结论

课程思政是推进高校教育高质量发展的重要部分,本文在内涵式发展视域下,从舞龙运动课程思政的教学目标、内容、教学形式以及评价方式四个方面,探索高校公共体育舞龙运动课程思政的教学模式。研究表明,舞龙运动不但发挥着育体功能,也蕴含着丰富的育人价值,在构建高校公共体育课程思政育人体系中起到积极作用,舞龙课程思政教学模式研究是对高校课程思政建设的有益补充,为优秀民族体育运动在高校的开展贡献力量。

"一带一路"国家文化通识课的思政建设研究[*]

——以"阿拉伯历史与社会文化"课程为例

程诗婷^{**}

摘要：课程思政建设是落实立德树人根本任务的战略举措。本文以厦门大学通识课程"阿拉伯历史与社会文化"为例，探讨"一带一路"国家文化通识课的思政融入策略、典型案例和改进路线，通过思考与实践推进课程思政走实走深，助力新时代高校一流课程建设。

关键词：课程思政；通识课；阿拉伯；思政案例

习近平文化思想是新时代党领导文化建设实践经验的理论总结。2016 年 12 月，习近平总书记在全国高校思想政治工作会议上指出："各门课都要守好一段渠、种好责任田，使各类课程与思想政治理论课同向同行，形成协同效应。"2020 年，教育部印发了《高等学校课程思政建设指导纲要》，其中要求："要把思想政治教育贯穿人才培养体系，全面推进高校课程思政建设，发挥好每门课程的育人作用，提高高校人才培养质量。"这为高校课程思政指明了方向，表明课程思政是新时代的要求，是落实立德树人根本任务的关键举措。

通识课程能够实现学生知识体系的广博性、全面性，促进学科交叉，在开阔学生国际视野、提高综合思辨能力、塑造正确三观方面发挥重要作用。2021 年，厦门大学成立美育与通识教育中心，旨在整合全校优势资源，培育学生的人文底蕴、艺术气质和科学素养，拓展学生看待世界、人生的眼界和格局。该中心每学期开设 270 余门课程，分为知识进阶、通用技能和素质拓展三大系列。"一带一路"国家文化类课程能够培养具有中国文化自信、通晓世界文化、具备国际视野的高质量人才，推进中国与相关国家高质量共建"一带一路"，属于素质拓展系列下设的"了解世界"板块。本文讨论的"阿拉伯历史与社会文化"课程即属于此板块。

一、课程思政设计策略

课程思政是一种依托于课程本身的思想教育活动。鉴于通识课程内容的广博性，教师在设计思政内容时，需考虑到课程本身的特点、学生情况、课程设置等，做到精心安排，自然融入。

"阿拉伯历史与社会文化"课程共 32 课时，2 学分，全校各专业年级本科生均可选修。阿拉伯国家与中国长期保持友好关系。阿拉伯国家位处连通欧、亚、非大陆的重要地理位置，靠近红海、地中海、印度洋、波斯湾、苏伊士运河等航海要道，是古代丝绸之路的重要节点。中华人民共和国成立以来，阿拉伯国家与中国延续一直以来的友好关系，双方在核心

---

  * 基金项目：国家社科基金重大专项(21VGQ1013)。

  ** 程诗婷，女，陕西榆林人，厦门大学外文学院讲师，文学博士，主要研究方向为阿拉伯历史文化、阿拉伯语教学。

问题上坚定地互相支持。我国提出"一带一路"倡议后,阿拉伯国家积极响应。阿拉伯国家是我国天然的合作伙伴,中阿关系很好地阐述了人类命运共同体的时代内涵。根据课程内容、考虑到中阿友好合作关系,教师在设计思政融入时,主要遵循以下三个策略:

(一)以马克思主义历史唯物观与中国特色社会主义为思想引领

课堂始终以马克思主义、中国特色社会主义为思想价值引领。在讲授历史事件、历史人物和史家的时候,全程以马克思主义历史唯物主义史观为指导,引导学生理性思考阿拉伯历史发展、社会进步的核心动力。在讨论中阿近代史、当代中阿社会发展的同时,突出我国的中国特色社会主义特色。以全程的理论思想引领,使思政要素潜移默化地浸润整个教学过程,达到价值引领、知识传授和能力培养的共同目标。

(二)挖掘课程特色案例,突出思政底色

课程注重知识点与思政的有机结合,从教学内容中挖掘具有历史价值和当代意义的思想政治教育典型案例,师生对此集中讨论。以特色案例为课程教学和思政内容的有效结合体,思政内容能有机地、特色鲜明地融入课程教学,课程教学亦能有效承载思政内容,二者形成良性互动,共同助力构建新时代一流课程思政课堂。

(三)产出导向,交互式课堂加强思政深度

课程倡导学生围绕相关学术话题进行自由探索,启发学生寻找课堂内容中的思政亮点。学生通过随堂问答、小组讨论、课后阅读的方式多方面汲取灵感,提炼想法,进而以小组汇报、阅读报告、学术写作的形式完善观点,最后形成具有原创性的学术成果。对于其中优秀的报告和论文,鼓励学生以团队形式申报大学生创新创业训练计划(下文简称"大创"),教师全程给予指导。一系列的输出型任务,使学生充分参与课堂,成为课堂的主人,锻炼学生自主学习、辩证思考的能力。这样一方面考查了学生对知识点的把握,加深了其对思政意义的领悟,使思政入脑、入心,使社会主义核心价值观落地生根。另一方面,以学生成果交互式推动课堂进步,进而继续完善教学设计,能不断改进思政效果。具体设计路线如图1所示。

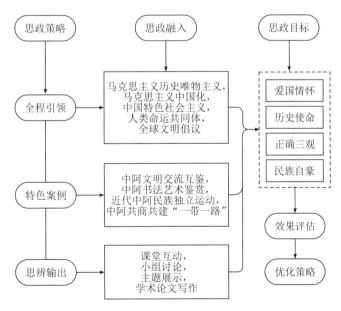

图1 "阿拉伯历史与社会文化"课程思政设计路线

二、课程思政案例

思政内容与知识点之间不是生硬的叠加、突兀的拼凑，而是"润物细无声"地相互融入。本课程每章节都以典型案例为载体，有机结合思政内容和知识点，使思政贯穿整个课堂。此处试举三则案例，介绍"阿拉伯历史与社会文化"课程思政融入的具体情况。

1. 通过学习中阿文明互动，理解中国式文明观

中阿文明是世界文明交流、文明互鉴、文明共存的典范。本课程古代史部分涵盖的阿拉伯文明之源起、发展，历史上的中阿友好往来，是马克思主义唯物史观和文明观的良好论证。当前，在某些西方学者、媒体宣扬"文明终结论""冲突论""文明优越论"的背景下，我国秉承中国式文明观，倡导尊重世界文明多样性、弘扬人类共同价值观。党的二十大报告明确提出"要尊重世界文明多样性、以文明交流超越文明隔阂、文明互鉴超越文明冲突、文明共存超越文明优越"。[①] 中阿文明都是拥有悠久历史、具有广泛影响力的东方文明，位居季羡林先生提出的"世界四大文明圈"之列。教师将在课堂上引导学生了解中阿两大文明的共性与特性，思考其文明特征。从文明的属性来看，中阿文明都是内容丰富、各成体系、多元共生的互鉴文明。中东地区是世界文明的发祥地之一。古埃及文明、两河文明、古波斯文明是极具代表性的上古文明。苏美尔人、阿卡德人、巴比伦人、腓尼基人、奈伯特人在两河流域、地中海东岸大叙利亚地区兴起了具有特色的地方文明。这里是世界文明汇聚、碰撞和融通之地，形成了人类最早的文字、城市和国家。阿拉伯人在此基础上，虚心地吸收了周边几大民族的思想精粹，于 7 世纪建立了阿拉伯帝国，此后逐渐形成以阿拉伯语为表达用语的多民族共生阿拉伯文明圈。同样，中华文明是具有五千年历史的悠久文明，崇尚和平、平等、对话、包容的价值观。张骞出使西域，凿通了中国与中亚、西亚的物质、精神往来之路。郑和七下西洋，将中国和平友好的外交讯息带至亚非世界。来自印度的佛教思想在中国生根壮大，与本土的儒家思想结合，形成了独具中国特色的儒释道价值观。中华文明博大精深、丰富多元、历久弥新。中阿文明各自的形成过程都吸收了其他文明的养分并保留了自身特点，是中国式文明观的良好印证。

从历史文本到文明观理论，通过对此案例的探讨，学生能够深刻理解中国式文明观的内涵，以及中国式文明观所具有的推动全球多元文化繁荣发展、促进人类文明进步的重要意义。同时，认识到中国式文明观是马克思文明观中国化的成果，全球文明倡议是习近平新时代中国特色社会主义思想的重要组成部分。由此帮助学生树立正确、健康的世界文明观，坚定中国文化自信，在跨文化交往中知己知彼地向世界讲述中国文明观，携手共同推进全球文明倡议。

2. 了解阿拉伯国家国情，助力中阿共建"一带一路"

在介绍当代阿拉伯世界的情况时，教师将阐述阿拉伯世界既是古代丝绸之路的参与者，也是当代"一带一路"的共建者。截至 2023 年年底，全部 22 个阿拉伯国家和阿盟均已加入"一带一路"建设。习近平主席高屋建瓴地指出，中国和阿拉伯国家是共建"一带一路"

---

① 习近平：《高举中国特色社会主义伟大旗帜 为全面建设社会主义现代化国家而团结奋斗——在中国共产党第二十次全国代表大会上的报告》，http://cpc.people.com.cn/20th/gb/n1/2022/1025/c448334-32551580.html，访问日期：2024 年 3 月 13 日。

的天然合作伙伴。① 目前,中国的原油进口有一半来自阿拉伯国家,双方是互惠互利、长期友好的能源战略合作伙伴。中阿合作论坛是中阿之间有效的合作机制,为双边、多边的产能合作、技术合作和人才往来提供了顶层设计。阿拉伯国家提出的发展计划,如沙特"2030愿景"、埃及"2030愿景",和中国的"一带一路"倡议形成有效契合。近年来,已有多个中国工业园区、产业项目落地阿拉伯国家,例如中埃·泰达苏伊士经贸合作区、中国—海湾阿拉伯国家合作委员会自由贸易区、埃及新首都 CBD 项目。中方在输出优质产能的同时带动阿方本地经济发展,为阿拉伯国家自主探索符合本国国情的现代化道路提供了宝贵的中国经验。

课上,师生将充分讨论中国优质产能输出与阿拉伯国家基建发展之间的契合点。课下,学生通过查找资料,调查中国海外项目在阿拉伯国家的落地情况,中国制造在阿拉伯国家的受欢迎程度,思考共同富裕、互利互惠的中国发展观,进一步理解中国式现代化是团结合作、共同发展、有利于全球繁荣的现代化模式。通过对此案例的探讨,坚定当代大学生的民族自信,增强其坚定不移地建设祖国、复兴中华民族的历史使命感,使学生自觉弘扬社会主义先进文化。

3. 响应全球安全倡议,中阿携手构建人类命运共同体

在世界百年未有之大变局下,国际局势变乱交织,中阿始终坚定地发展双边友好关系,坚持捍卫彼此核心利益,为维护世界和平付出不懈努力。基于此背景,课堂将聚焦地区国际事务,充分阐释习近平主席提出的全球安全倡议之久远意义。

2022 年 4 月 21 日,习近平主席在博鳌亚洲论坛年会开幕式上首次提出全球安全倡议。② 该倡议为维护世界和平、防止战争冲突贡献了具有大国担当的中国智慧,是中国特色外交理念在安全领域的体现。在中东地区的重要政治问题上,例如巴以问题、叙利亚问题、也门问题、苏丹问题、沙特伊朗关系,中国一直作为一个负责任的大国,严格遵守联合国宪章,尊重各国主权、领土完整,坚持秉承公平正义原则,重视各国安全关切,推动对话协商沟通解决政治分歧。2023 年,在中国的外交斡旋下,沙特与伊朗两国在断交多年后实现外交关系正常化,达成"北京和解"。中、沙、伊三国发表三方联合声明,沙特和伊朗宣布两国正式恢复外交关系。③ 这是中国多年来在中东地区促和劝谈的一项瞩目外交成果,是中国推动地区与世界和平的又一重要成就。

同样,课程将讨论阿拉伯国家在中国的核心利益和重大关切问题上的一贯立场。中阿双方在反对帝国主义、维护民族独立的道路上肝胆相照。1955 年,周恩来总理率领中华人民共和国代表团出席有 29 个亚非国家和地区代表参加的万隆会议,其间与各国代表团广泛接触,提出了著名的"求同存异"方针。次年,埃及与中华人民共和国建交,掀起了阿拉伯国家、非洲国家与中华人民共和国建交的第一个高潮。1971 年,阿尔及利亚和阿尔巴尼亚

---

① 习近平:《习近平在中阿合作论坛第六届部长级会议开幕式上的讲话》,https://www.rmzxb.com.cn/c/2014-06-05/335278.shtml,访问日期:2024 年 3 月 25 日。

② 习近平:《携手迎接挑战,合作开创未来》,http://politics.people.com.cn/n1/2022/0422/c1024-32405432.html,访问日期:2024 年 3 月 24 日。

③ 中华人民共和国外交部:《王毅主持沙特和伊朗北京对话闭幕式》,https://www.mfa.gov.cn/web/wjdt_674879/gjldrhd_674881/202303/t20230310_11039120.shtml,访问日期:2024 年 2 月 25 日。

等 23 个国家提出的"两阿提案"在联合国获得了压倒性多数票通过,包括 13 个阿拉伯国家在内的 76 个国家投了赞成票,恢复了中华人民共和国在联合国的合法席位。新时期,中国和阿拉伯国家面临相似的历史机遇和挑战,双方秉承一直以来的政治互信,在国际社会互相支持、携手前行。阿拉伯国家始终坚持不动摇地支持中国,坚定支持中国维护主权和领土完整,反对干涉中国内政。例如,2022 年初,在某些国家叫嚣"抵制"北京冬奥会时,阿拉伯多国领导人欣然出席开幕式,站在正义的一边,坚决支持中国。2022 年 8 月,美国国会众议长佩洛西窜访中国台湾地区,22 个阿拉伯国家全部重申一个中国原则。

课程通过讲授中阿关系的历史与当下,使学生充分理解全球安全倡议的时代内涵,帮助学生塑造正确的三观、增强学生的爱国主义情怀。

三、教学片段展示

在具体的教学实践中,教师遵循导入主题(提出问题)→展开论述(研究问题)→深入研讨(解决问题)→巩固→总结→课后实践的逻辑线路展开课堂教学。在此过程中,恰当、自然地融入思政要素,达到思政育人目标。此处试举教学片段"中世纪阿拉伯百年翻译运动"为例(见表 1)。

表 1 "中世纪阿拉伯百年翻译运动"教学设计

教学环节及时间分配	教学内容及教学方法	设计意图
导入主题(4 分钟)	简要回顾上节课程,提问学生: 1. 为什么"chemistry""algebra""cipher""未知数 X"等大量科技词汇源于阿拉伯语? 2. 古希腊哲学、科学著作如何被传到文艺复兴前的欧洲? 通过问答引入话题阐述。	问题式引导启发学生主动思考,回顾上节内容并快速融入课堂气氛。
展开论述(15 分钟)	中世纪阿拉伯翻译运动的内容、影响: 1. 哈里发麦蒙兴建智慧宫; 2. 理性主义的兴起; 3. 翻译运动的动机、人员、规模; 4. 翻译与相关研究在哲学、数学、化学、天文学、医学、文学多学科的成就; 5. 阿拉伯翻译运动对世界文明的贡献。	全面了解该翻译运动,融入文明互鉴、中国式文明观的思政介绍。
深入研讨(13 分钟)	1. 中国造纸术的西传对翻译运动的推动; 2. 阿拉伯翻译运动对欧洲文艺复兴的启迪。	了解世界文明互鉴、中阿文明往来对世界文明的贡献,深入理解新时代中国式文明观。
巩固(10 分钟)	提出思考问题: 1. 阿拉伯"李约瑟之问":为什么科技革命没有发生在阿拉伯地区? 2. 为什么当时中国雕版印刷术没有像造纸术一样在阿拉伯地区得到广泛传播? 师生展开讨论。	巩固当堂知识点,引出进一步思考和讨论。
总结(3 分钟)	总结本节内容,推荐课后学习材料,分配课后任务。	引导课后自主学术探索。

续表

教学环节及时间分配	教学内容及教学方法	设计意图
课后课程延伸 学习资源	课后阅读： 1. 劳伦斯·普林西比：《炼金术的秘密》，张卜天译，商务印书馆2018年版。 2. 吉姆·哈利利：《寻路者：阿拉伯科学的黄金时代》，李果译，中国画报出版社2020年版。	
思政目标	本节课程通过探讨中世纪阿拉伯翻译运动使学生了解中阿文明的历史互动、与其他文明的往来，认识到不同文明之间的交流是人类文明发展的原动力，进一步理解中国式文明观。	

四、成效与思考

　　总的来说，课程通过"知识＋思政"融合讲授，希望在培养学生方面达到既定目标，通过课堂教学潜移默化地对学生的价值观、品格塑造产生正面影响。本课程的培养目标主要体现在四个层面。(1)价值层面，拓宽学生的国际视野，提高其人文素养，引导学生塑造正确的人生观、价值观、世界观，增强学生的爱国主义情怀，以及在百年未有之大变局下中国青年所肩负的中华民族伟大复兴之历史使命、责任感。(2)知识层面，要求学生对阿拉伯历史发展、社会状况有一个全面的认识。(3)认知层面，要求学生理解中华民族和阿拉伯民族两大东方民族的文化共性与差异，在跨文化交际的过程中避免文化误读，做到知晓"阿拉伯故事"，讲好"中国故事"。(4)能力层面，培养学生的辩证思维能力、自主学习能力、团队协作能力、跨文化交际能力和学术创新能力。

　　具体来说，希望学生通过修读本课程能够做到以下方面：

　　第一，知行合一，发出中国声音。学生能充分了解阿拉伯地区文化，"走进"阿拉伯，消除文化误读和刻板印象，继而"走出阿拉伯"——跳出区域限制，从更广阔的全球角度思考，理性辩证地看待百年变局大背景下错综复杂的国际事务。通过双边的直接、正确认知，促进民心相通。在面对涉及中国利益的国际事务时，能够抽丝剥茧，寻找其本质关系，从中国的立场出发，在国际话语体系中发出中国声音，塑造真实、积极、正面的中国国际形象。

　　第二，以古鉴今，输出学术成果。在课堂学习、小组汇报和学术论文写作的基础上，教师指导学生选择具有历史价值和现实意义的课题申报大创项目，进一步加深课堂思考，引导学生从书本走向田野，再从田野回归书本，达到知识与实践的统一。例如，教师指导学生团队的大创项目《"一带一路"视域下中国影视在阿拉伯国家的传播效果研究——以埃及为例》获得国家级立项，《海上丝绸之路视域下泉州与阿拉伯的古今联系》《"一带一路"沿线国家来华留学生跨文化适应性研究——以厦门大学为例》获得省级立项。以上选题均来自平时的课堂内容、课后阅读和师生讨论。通过此类学术实践，课程能够锻炼学生的科研能力、学术思维，为构建中国学术话语体系贡献中国大学生的力量。

　　展望未来，一方面，教师将对照新时代课程要求，根据学生反馈，不断完善教学设计，更新教学内容，创新教学形态，改进教学方法。另一方面，对学生优秀品格、健康人格、远大理想和家国情怀的培养，需要多门课程协调统筹。教师将合理利用已经搭建的思政平台，多方面协作，共同培养，致力于将思政教育贯穿于教学的全过程、全方面。

五、结语

　　课程思政是一种依托于课程本身的思想教育活动，即通过日常的教学活动引导学生追求真善美，为国家、人民、社会而读书，以此实现立德树人的目标。厦门大学通识选修课程"阿拉伯历史与社会文化"的课堂教学和课后拓展都多方面融入了思政内容。课程通过知识点与思政内容的有机结合，坚定当代大学生的文化自信，培养其广阔的世界观、正确的价值观，引导学生成为朝气蓬勃未来无限可能的中国青年学子。本文在实践的基础上总结课程思政融入的策略、方法，提炼思考，并提出改进设想，希冀与同类型课程思政进行探讨交流，并不断敦促改进课程本身，打造新时代一流课程。

大学英语教学思政元素融入途径研究[*]

——以厦大管院英语5级—"全球化"课程为例

范小玫^{**}

摘要:本文从课程思政教学设计、实施、评价和研究反思四方面,探讨大学英语教学中融入思政元素的方法与途径。其中最重要的是教学设计,它是课程思政有效实施的前提和基础,具体主要围绕教学目标、内容、方法和评价四个方面展开。大学英语教学改革能否有效融入思政元素,关键在于教师。首先,教师的教学理念要更新。其次,教师的专业素养要提高。只有充分发挥教师的主动性、能动性和创造性,与时俱进,大学英语教学改革才能适应新时代的要求,为国家培养具有较高政治素养的高层次人才。

关键词:大学英语教学改革;课程思政;思政元素;管院英语5级;"全球化"

厦门大学的大学英语教学一直在进行改革,从分级教学到"2+2"教学模式,再到管院英语教改模式,不断探索创新,在改革中努力提高大学英语教学水平,为国家培养高层次人才。管院大学英语教学改革始于2019年,从教材、教学模式、课堂活动及考核方式都有很多的创新之举。不同于传统的大学英语,管院大学英语分为6个级别,每个级别的教学围绕一个不同的主题进行。我们根据教育部颁发的《大学英语教学指南》(2020)和《高等学校课程思政建设指导纲要》(2020),制定了"以育人为根本,以思政为核心,以能力为目标,以应用为导向;以翻转为模式,以混合为手段,以学生为中心"的原则,积极探索新时代要求下的大学英语教学改革之路径。

《高等学校课程思政建设指导纲要》指出,高校课程思政是实现立德树人的重要方法与途径,把价值塑造、知识传授和能力培养三者有机结合,寓价值观引领于日常英语教学之中,帮助学生树立正确的世界观、人生观。^① "这是人才培养的应有之义,更是必备内容。"^②厦门大学非常重视课程思政建设,出台很多政策和措施,要求教师积极参与,并鼓励教师申报课程思政相关项目。管院大学英语教学改革团队也意识到,大学英语教改不能只局限于传统教学模式的创新,必须重视思政元素的融入。管院英语多个级别获得厦门大学的思政项目。其中管院英语5级—"全球化"获得厦门大学2022年"课程思政"教学研究项目。本文将以管院英语5级为例,从课程思政教学设计、实施、评价和研究反思四方面探讨大学英

---

* 基金项目:2022年厦门大学课程思政教学研究项目"大学英语教学改革如何融入思政元素"。

** 范小玫,女,江西万载人,厦门大学外文学院副教授,文学博士,主要研究方向为英美文学。

① 《教育部关于印发〈高等学校课程思政建设指导纲要〉的通知》,https://www.gov.cn/zhengce/zhengceku/2020-06/06/content_5517606.htm,访问日期:2024年3月26日。

② 严文庆:《大学英语课程思政教学指南》,华东师范大学出版社2021年版,第1页。

语教学改革如何融入思政元素。

一、课程思政教学设计

大学英语课程思政元素设计是"联结大学英语课程、教材和教学实践的关键环节"[①]，使学生在规定的学时内，不仅能掌握尽可能多的语言知识，提升语言技能，而且能大幅度提高学生的综合素质和修养，从而让学生获得较为全面发展。实施途径是分别从教学目标、内容、方法和评价等四方面融入课程思政元素。

以思政元素融入为目标，我们为大学英语5级设置了如下方法与途径：①培养学生独立思考能力和批判思维能力。在文化全球化的时代，具有独立思考能力和批判思维能力，对于当代大学生来说尤为重要，不至于在意识形态斗争中，思维混乱，丧失立场。②课程通过BP辩论的形式，培养学生的团队精神、协作能力和责任感。③依据各单元内容，加强爱国主义精神和坚定"四个自信"理念的培育。④对于全球治理议题，强调中国方案，如"一带一路"倡议、构建人类命运共同体。

通过上述方法与途径，本课程充分实现大学英语5级教学的知识传授、技能与素养培育目标，即全球化知识、语言技能、思辨能力、人文素养（家国情怀、国际视野），并且与课程思政目标相向而行，实现立德树人的根本任务。

结合厦门大学管院专业人才培养方案与目标，突出全球化课程的国际视野，聚焦人类发展历史，深入挖掘合作、共赢、发展的人类"命运共同体"思政元素，并有机融入课程教学，最大化实现思政元素挖掘与融合的协同效应。根据管院英语教改的教学要求和教学目的，我们摒弃了传统的大学英语教材，使用的教材是我们大学外语部老师经过精心选取、由团队合作编写而成。在编写大学英语5级教材时，我们选取原汁原味的英语材料，语言优美，篇章结构严谨，可以作为学生学习写作的范文。同时，教材是课程教学的主要载体和依据，也是实现思政育人的重要纽带与环节。所以，在教材内容筛选时，我们剔除那些带有敏感的内容。

《大学英语5级——全球化》的课本共有8个单元，我们依托该教材，深挖各章节所蕴含的相关思政元素，将立德树人任务渗透到课程的知识传授与能力训练中。以Unit 6为例，我们教学小组是这样挖掘教材中的思政元素。Unit 6的主题是生态的全球化。教学过程中，挖掘教材中的思政元素，如运用中国智慧解决生态问题。教材中提到："Cultural values greatly influence how people view their natural environment. For example, cultures steeped in Taoist, Buddhist, and various animist religions tend to emphasize the interdependence of all living beings—a perspective that calls for a delicate balance between human wants and ecological needs."[②]事实上，中华民族五千年文化传承中蕴含了很多大智慧，并教会我们与自然和谐相处之道。

在此基础上，拓展教材中的思政元素。教材中精心选取了用中国智慧解决生态问题素

---

① 向明友：《基于〈大学外语课程思政教学指南〉的大学英语课程思政教学设计》，《外语界》2022年第3期。

② M. B. Steger. *Globalization：a very Short Introduction*，Oxford University Press，2023，p. 96.

材。在拓展时重点介绍了习近平生态文明思想，其中为大家所熟悉的是"绿水青山就是金山银山"；认真履行《巴黎协定》义务，中国承诺带头落实温室气体减排，表明我们秉持"人类命运共同体"理念，积极参与全球环境治理，为全球可持续发展贡献了"中国智慧"和"中国方案"。以此引导学生树立合作共赢发展和可持续发展理念。

在确定思政教学目标和教学内容后，还需要准确选择和运用教学方法，把从教材中挖掘出来的思政元素有机地融入具体的教学活动中，通过润物无声的方式，把学生培养成为"具有全球视野，立足本土"，爱党、爱国、文化自信，具有较高英语能力的优秀人才。首先，坚持以学生为中心，有效地通过讲授、展示、讨论、辩论等多种方式，充分发挥教师主导和学生主体作用。其次，教学过程中，坚持以"四结合"为原则，即"教学方法需做到显性与隐性相结合、讲授与渗透相结合、现实与历史相结合、理论与实践相结合等多元结合"[①]。最后，教学方法与时俱进，通过科技赋能，不断创新教学方法，使知识传授与价值引领有机结合，更好地实现思政目标。

思政教学效果评价方法和途径。大学英语课程思政教学效果评价应该涵盖教学各环节，包括教学素材选取、教学内容设计、教学实践过程等。评价内容包括：学生相关意识与能力培养的方法和成效、学生对课程思政的认同和学习效果，注重过程性评价特别是课堂实践评价。课堂实践评价大多采用多样性评价方式：教研小组内教师间互评、教师评价学生、师生互评和学生的互评。评价也可以采用参考终结性评价结果方式。

二、课程思政教学实施

（一）教材准备

大学英语5级所使用的教材是我们管院英语—全球化小组共同准备、共同编写的。因为是作为英语教材，所以我们选择的是英美作者写的书，但是我们在编写的时候，会对内容进行严格政治把关审核。后来我们也添加了一些中文参考书，让学生也了解中国学者的观点。通过比较不同的观点，在教师的引导下学生学会如何去分析问题和认识世界，从而提高思辨能力。本学期我们还把《习近平谈治国理政》英文版的部分章节作为阅读材料布置给学生，让学生了解习近平总书记的治国理念，特别是构建人类命运共同体、"一带一路"倡议和全球治理的思想。我们老师要认真备课，从教材中挖掘出合适的思政元素，并把这些思政元素有机地融入课堂教学中。

（二）课堂教学：以第二单元为例

挖掘出了教材中的思政元素后，教师如何将这些思政元素融入课堂教学中？我们主要通过以下教学活动：教师讲课、学生讨论、辩论、演讲和写作，将思政元素融入课堂教学中。

管院的大学英语采用线上线下、大班小班相结合的课堂教学模式。线上课为大班课（196人），每两周一次，老师在线上课，学生在教室听课。线下课为小班课，每班20~25人。线上课老师主讲为主，线下课以学生为中心，以操练口语为主。接下来将以"第二单元：全球化的历史维度"的课堂教学为例，展示我们是如何将思政元素融入课堂教学中。

---

① 向明友：《基于〈大学外语课程思政教学指南〉的大学英语课程思政教学设计》，《外语界》2022年第3期。

大班上课教师主讲，学生译、写为辅。课本认为全球化是个古老的过程，经历了五个历史时期：史前、前近代、近代、现代和当代。在大班课上，老师梳理全球化历史的时候，把讲前近代时期（公元前3500年至公元1500年）的段落作为精读，引导学生关注中国在全球化历史中的地位与贡献。秦朝的先进技术、丝绸之路、郑和下西洋，说明古代中国的强大和中国在全球化发展历史中的重要作用。技术创新是驱动全球化的一个很重要的因素，人类的每次重大科技革命，都能把全球化的发展推向新高度。这个时期的中国科技先进，国力强盛，引领着全球化的发展。老师在分析课文、讲授语言点的时候，通过强化和引导的方式，使学生在学习英语的同时，还了解了中国在全球化历史中的地位和贡献，增强了我们中国人的文化自信。

大班课虽然以教师主讲为主，但也不是满堂灌。我们会留30分钟让学生做翻译或者写作。本单元要求学生在30分钟完成一篇五段式、大约300词的作文，探讨What is the major factor that has influenced the non-linear history of globalization，现场提交，由助教帮忙在教室收取后交给老师批改。写作时可以参考课本，但是必须注明出处，不可以抄袭，也不能借助AI。要让学生从写作练习中有较大收获，首先，写作前老师一定要精心指导写作技巧，比如怎么写thesis statement，如何正确引用以避免被指责为剽窃。其次，批改的时候要认真指出问题，在课堂上对主要问题进行点评，课后可以一对一讨论。写作练习，不仅让学生学会了五段式议论文写作，而且让他们学会从历史与现实中寻找案例支持自己的观点，让自己的观点能站立得住。看待问题时，不仅要有世界的眼光，更为重要的是，要有中国的视角。同时，通过写作还培养了学生的学术诚信。

小班上课以学生操练为主，教师点评和总结为辅，因为我们相信这样的理念：Learning by doing。主要的教学活动是辩论和演讲。大学英语5级的培养目标之一是运用所学的有关全球化的知识和BP debate（英国议会制辩论）技巧，能就全球化议题进行全英文辩论。我们利用翻转课堂，把BP辩论知识和技巧的讲解做成PPT和微课，通过QQ和微信公众号，推送给学生，让学生提前学习，学完后在小班课堂上进行操练，这样能提高课堂效率，让我们的学生在课堂有时间进行辩论和演讲，真正实现"从做中学"。

本单元我们设计了以下辩题：Globalization has made territorial separation meaningless in today's world，学生可以查资料，提前准备。首先把班上的学生分成A、B、C 3个组，A组为正方，B组为反方，C组点评，辩论由学生主持，老师最后总结。正反方各有4个辩位。正方同学认为territorial separation是不同国家或地区地理的分割，不涉及国家主权或政治纠纷，并从经济、文化和环保三方面论证全球化使得territorial separation在当今世界变得不重要了。正方同学对于辩题的解释受到反方同学的质疑，反方认为territorial separation和国家主权密切相关，全球化有关政治。辩论双方就对方的观点、例子和论证逻辑进行反驳，你来我往，非常热烈。我在最后总结的时候，对辩手的表现进行了点评。我特别表扬了正方四辩和反方一辩。正方四辩指出，当今世界面临很多全球性的挑战，需要国际社会共同应对，辩题所蕴含的观点符合习近平总书记构建人类命运共同体的理念。笔者点评说，该辩手的这番总结陈词提升了正方辩论的高度。反方一辩从逻辑、举例和语言的流利方面来说做得很好。反方一辩认为，territorial separation不仅是地理上的分割，而且还是the space foundation for the survival and development of modern state，因此 closely related to the expression and operation of state power,并从文化、政治和经济角度三方面,用丰富的例子对正方一辩的观点进行了有力反驳。反方一辩认为,领土分割确保了国家的存在,国家在全球治理中发挥了非常重要的作用。中国积极参与到全球治理中,提出了中国的治理方案,比如"一带一路"倡议和"构建人类命运共同体"等。点评的时候我表扬反方一辩,不仅逻辑清晰,还善于关注中国现实,讲中国故事。

以"task-based learning"为课程线索,用辩论的形式,要求学生不仅要把学到的全球化知识用到辩论中,还要把习近平外交思想以及国际国内热点事件作为理论和事实论据,引导学生了解世情、国情、党情和民情,增强对党的创新理论的政治认同、思想认同、情感认同,坚定中国特色社会主义道路自信、理论自信、制度自信、文化自信。通过辩论这一活动,我们把思政元素渗透到了大学英语教学中。

小班课除了辩论,还有团队展示(team presentation)。团队展示和辩论一样,强调合作精神。一个团队 5 个人,每人大约 2 分钟。本单元 presentation 的题目是马克思主义的全球化和中国化。这个团队展示要求学生以马克思主义在全球的传播和在中国的实践为例,说明什么是全球化和地方化。马克思主义的中国化,体现了中国人的文化自信。设计这个活动的目的之一是学习如何用英语讲好中国故事。Team presentation 包含以下四个部分:(1)全球化和地方化的定义;(2)马克思主义在全球的传播;(3)马克思主义进入中国;(4)马克思主义在中国的地方化,即中国化。全球化和地方化是大学英语 5 级—"全球化"的 2 个重要概念,第 2—4 部分是大学思政课程的内容,大二的学生都学过的。由此可见,课程思政与思政课程能有效衔接,相互促进,有助于实现高校立德树人的根本目标。

三、课程思政教学评价

课程思政教学评价是推进课程思政建设和落实全方位育人的关键,但是课程思政教育效果具有长期性和隐匿性特点,这使得课程思政教学评价的操作难度加大了。大学英语 5 级的课程思政教学评价分为两个方面:以教师发展为核心和学生发展为核心。前者主要聚焦评价教师的思政教学能力,后者考核学生的学习成效。

有学者认为,教师的课程思政教学能力可以理解为"教师高质量实施课程思政教学时应具有的主观认识、专业知识和客观行为"[1]。对于高校外语教师来说,"主观认识"是指教师对课程思政必要性的态度和认识,"专业知识"是指教师学习和积累的课程思政相关知识,"客观行为"是指教师在教学设计、实施、反思评价和教学研究等课程思政教学全过程中展示出来的技能。怎样较为准确地评价教师课程思政教学能力呢?以大学英语 5 级课程组为例,我们组内教师通过课前试讲、大课互听和组会总结的方式,了解教师从备课开始到上课再到课程结束以及课后反思等各个环节如何有效融入思政元素,从而对教师的思政教学能力进行直观的评价。此外,我们还在期末设计问卷在问卷星上让学生对教师的思政教学进行评价,目的是以评促教。

课堂活动和测试是课程思政教学效果最有效的评价方式。大学英语 5 级的教学目标

① 张文霞、赵华敏、胡杰辉:《大学外语教师课程思政教学能力现状及发展需求研究》,《外语界》2022年第 3 期。

之一是培养学生的辩论能力和思辨思维。我们在设计辩题和期末考试的题目时，要求融入思政元素。教师的点评和考试的结果是学生课程学习的指挥棒。比如，大学英语 5 级的一个期末考试写作题，我们从习近平主席 2017 年在联合国日内瓦总部发表的演讲《共同构建人类命运共同体》(英文版)选了一段话，要求学生针对这段话，运用所学的全球化知识和写作知识写一篇 500 字五段式的作文。这不仅考查了学生的书本知识运用能力、写作能力、思辨能力，还有思政学习能力，从多方面进行评价，以检验大学英语 5 级的教学效果。为了观察思政学习效果，我们把期末写作设计为二选一的题目，除了上面这段话，还加了《国家地理》杂志定义全球化的一段话。改卷发现，98％的学生选择评论习近平主席的讲话。从写作的成绩看，本课程的思政效果是令人惊喜的。

四、课程思政研究反思

厦门大学的大学英语教学改革已经持续了多年，其中要数管院英语的改革力度最大，从教材、教学目标、教学模式到教学理念，都在尝试改变。建课的时候，我们偏重语言教学方面的改革，近两年来我们的教学理念再次进行了调整，我们已经把思政融入课程教学改革实践中。本课题主要以管院的大学英语 5 级为例，对大学英语教学改革如何融入思政元素进行了粗浅的研究。研究发现，教学改革是否能有成效关键是教师。

首先，教师的教学理念要更新。有些大学英语教师认为，大学英语只是语言教学，教学目的主要是英语知识的传授和英语语言能力的培养，不重视课程思政教学，认为思政是政治课的内容。主观认识不足，导致教学中思政内容缺失。课程思政不是增开一门课，也不是增设一项活动，而是"将高校思想政治融入课程教学与改革的各环节、各方面，实现立德树人，润物无声"①，通过教师的言传身教，将社会主义核心价值观融入英语课堂教学。

其次，教师的专业素养要提高。大学英语教学改革要求教师具备较高的专业素养。可是有的教师不愿意上新课，愿意一直使用旧教材，导致知识老化和水课，出现了语言教育和思政教育"两张皮"问题。教师要不断学习，要善于学习，努力丰富自己的专业知识，提升自己的专业素养。比如大学英语 5 级—"全球化"，它是一门全新的课程，而且是跨学科的课程，涉及多领域的知识。为了建这门课，我们阅读了很多相关的书籍和文章，下载了很多视频来看，听了很多讲座，恶补了有关全球化和 BP 辩论的知识。此外，教师要系统学习思政理论知识，认真研习习近平主席的中英文著作，特别是关于构建人类命运共同体和"一带一路"的重要讲话，领悟其精神内核，用习近平新时代中国特色社会主义思想铸魂育人。故此，系统的思想政治理论学习为课程思政有机融入大学英语教学奠定了扎实基础，真正实现"价值塑造、知识传授与能力培养的融会贯通"。

五、结论

大学英语教学改革中如何融入思政元素？本文认为，课程思政教学设计是课程思政有效实施的前提和基础，具体主要围绕教学目标、教学内容、教学方法和教学评价等四方面展

---

① 高德毅、宗爱东：《课程思政：有效发挥课堂育人主渠道作用的必然选择》，《思想理论教育导刊》2017 年第 1 期。

开。本研究发现,大学英语教学改革能否有效融入思政元素,关键在于教师。首先是教师的教学理念要更新。其次是教师的专业素养要提高。只有充分发挥教师的主动性、能动性和创造性,大学英语教学改革才能适应时代的要求,为国家培养具有较高政治素养的高层次人才。

管院大学英语教改是一个试点项目,为厦门大学的大学英语教改提供了示范作用。2024年春季学期一门全新的大学英语课程——"科技发展史英文研讨"——开课了,它同样面临如何融入思政元素的问题,希望本研究可为进一步推进厦门大学大学英语课程思政建设提供参考和思路。

基于话语观的公共外语课程思政教学模式建构及实践研究[*]

许庆欣[**]

摘要：本文响应国家加快构建多层次话语体系的战略需求，聚焦于探讨宏观层面的"话语"如何在微观的高校外语课堂具体呈现，以及公共外语类课程如何有效为国家话语体系的建设培养人才。针对该类课程思政教学缺乏系统性的问题，本文强调话语在公共外语"大思政"课程中的载体作用，以后现代主义话语观为理论基础，探索性地提出以话语为导向的公共外语课程思政教学理论模型。本文以厦门大学"大学英语（四）——有效沟通101"课程为例，展示如何将抽象的"话语"概念在高校外语课堂中具象化。该模型可提升思政教学实施路径的学术性，对外语教学思政具有重要理论指导意义。

关键词：高校外语教学；课程思政；话语

一、引言

习近平总书记曾明确指示，大思政教育应将小课堂与社会大课堂相融合，于现实问题中精讲授政理，在国内外宏观格局中善用政言传道[①]。在此双重格局内，公共外语类课程因其受众广泛、学分权重高、教学周期长等特点，在高等教育话语体系构建中扮演着关键角色。

自 2017 年起，外语教育领域针对公共外语课程如何有效实施思政教育的探索，从宏观设计至微观实践渐次第进阶。在顶层架构上，学者如徐锦芬提倡"以学生发展为中心，以学科特性为导向，以学校特色为依托"的思政教育原则。[②] 文秋芳则细化了外语课程思政的三维实施框架（范围、任务、策略）与四维链条（内容、管理、评价、教师言行）。[③] 向明友进一

---

　*　基金项目：厦门大学课程思政教学研究项目"话语观视角下的公共外语课程思政教学实施路径研究"（JG20230808）、厦门大学教学改革研究项目（教材研究专项）"新形态大学英语说理教材的结构性短缺与自主原创性资源填补策略研究"（JG20240901）。

　**　许庆欣，厦门大学外文学院副教授，博士研究生，主要研究方向为话语分析、系统功能语言学、数字人文。

①　习近平：《思政课是落实立德树人根本任务的关键课程》，《求是》2020 年第 17 期。

②　徐锦芬：《高校英语课程教学素材的思政内容建设研究》，《外语界》2021 年第 2 期。

③　文秋芳：《"一体化"思政育人体系构建与实践应用——以培养"英法双语＋专业"国际治理人才为例》，《外语界》2021 年第 2 期。

步指出了大学英语课程思政设计的关键要点与发展方向。[1] 至于实施路径层面,研究如王守仁对《新时代明德大学英语》教材编制原则的分析,以及刘重霄和林田针对商务英语课程构建的以教师为引导、以学生为主体、以内容为主线的课程思政实施框架,均为具体案例。[2]

尽管已有研究深入探讨了公共外语课程的思政教育原则与实施策略,但课程体系性欠缺依然明显。具体表现为教育策略不够系统化,常沿袭传统语言技能训练,仅在有限课时或材料中点缀些许中国传统文化内容,导致思政教学内容缺乏连贯性,课堂教学缺乏时代感,呈现"硬融入""表面化"现象。[3] 习近平总书记强调,思政课需兼备术、学与道。[4] 本文认为,问题核心在于当前公共外语课程思政教学策略系统性缺失,教育者应意识到"大思政"理念并非简单地替换西方题材课文为中华传统文化内容,或是在课堂中插入几个爱国主义故事,而应遵循某种学术主线,从根本上革新教学理念与思路。

此外,公共外语课程思政教学还面临响应国家话语体系构建战略的挑战。近年来,国家提出加快构建多层次话语体系,涵盖"中国话语体系"、"中国叙事体系"及"对外话语体系",旨在提升"中国国际话语权"和"国家话语能力"。然而,这些宏观层面的"话语"如何在微观层面的高校外语课堂中具体呈现,以及公共外语课程如何为构建国家话语体系培育人才,学术界对此尚未进行深入探讨。

综上,如何加强公共外语课程在思政教学的系统性,如何将国家战略中抽象的"话语"概念具体化于高校外语课堂,是高校外语类课程思政教学面临的重要课题。本文探索性地以"话语"为思政教学的主线,以后现代主义话语观为理论基石,提出一套以话语为导向的公共外语课程思政教学理论模型,结合具体课程案例展示实施路径,以期为高校外语类课程思政教学提供参考。

二、理论基础:后现代主义话语观

在本研究中,"话语"指在特定社会、文化、历史和权力关系背景下,人们通过符号(包括口头的、书面的、非言语的、图像的等多种模态)进行的交流互动和表达。它不仅关注语言本身,还强调多模态符号资源如何被使用、为何如此使用、在何种情境下使用,以及其背后所蕴含的社会文化、政治、权力、意识形态、身份和意义的构建等深层结构。以哲学家福柯为代表的后现代主义话语观认为,万事皆可归结为权力与话语二者。话语被视为具体的历史性社会实践,与权力及其运作密不可分,权力通过话语得以运作。这一理论框架为公共外语课程中思想政治教育的理论基础与实践策略提供了坚实的理论支撑。

---

① 向明友:《基于〈大学外语课程思政教学指南〉的大学英语课程思政教学设计》,《外语界》2022 年第 3 期。

② 王守仁:《论"明明德"于外语课程——兼谈〈新时代明德大学英语〉教材编写》,《中国外语》2021 年第 2 期。刘重霄、林田:《〈商务英语〉课程思政教学模式建构及实践研究》,《外语电化教学》2021 年第 4 期。

③ 秦丽莉、赵迎旭、高洋、王永亮:《社会文化理论指导的大学英语课程思政教学有效性研究路径》,《解放军外国语学院学报》2023 年第 1 期。王骞、邓志勇:《论当前高校课程思政建设策略》,《江苏高教》2021 年第 5 期。《全面推进"大思政课"建设》,http://www.moe.gov.cn/jyb_xwfb/s5147/202208/t20220822_654478.html 访问日期:2024 年 3 月 26 日。

④ 习近平:《思政课是落实立德树人根本任务的关键课程》,《求是》2020 年第 17 期。

（一）话语的特质

1. 话语的建构性

从后现代主义视角审视,话语并非对客观世界的被动描述,而是积极参与现实的建构过程。福柯主张人类一切认知活动都发生在话语中,意义和有意义的实践均在话语中被构建。① 这意味着我们所认知世界的构建依赖于一系列话语实践活动,而非直接映射外部客观实在。

2. 权力的内在性

后现代主义话语观特别聚焦于语言与社会权力结构的互动,以及话语在构建现实与身份中的角色。话语并非简单的信息传递工具,而是社会关系与权力运作的场所,其中充斥着意识形态与权力的动态交织。话语中潜藏权力关系,谁有发言权、说什么话,以及这些话语如何被接收和理解,无不与社会权力结构紧密相关。通过话语,权力得以合法化、维持和再生产,不同的社会群体通过话语争夺对现实定义的话语权。

3. 话语的符号性

话语由一系列符号构成,这些符号的排列组合及赋予的意义构成了话语的实体。话语不仅是语言概念,更是关于语言与实践的统一体,是符号在社会文化语境中的实际运用,构成了社会秩序在符号层面的体系。话语的符号性赋予文本多重含义和解构的可能性。因此,文本的意义开放且多维,取决于读者的解读情境与文化背景。解构阅读可以揭示出文本背后隐藏的权力网络与多种解读路径。

4. 话语的实践性

话语不仅是关乎内容或表象的符号集合,更是构成和形塑话语对象的复杂社会实践。② 在个体与国家意识层面,后现代主义话语观意味着个体的身份与自我意识并非固定实体,而是由社会话语持续协商与构建的结果。同样,国家意识也通过集体记忆、历史叙述、法律文件、教育体制等话语机制来构建与维护。

（二）话语与外语课程思政教学的关联

后现代主义话语观与马克思主义意识形态理论在本质上有所共鸣。马克思主义重视物质实践的基础作用,而福柯的话语观则通过语言分析揭示了隐形的权力与知识之间的共生共谋关系。③ 在思政教学的语境下,后现代主义话语观强调掌握话语权对于塑造公众意识和巩固权力的重要性,提示我们可以通过揭露和改变话语操控机制,重新配置权力关系,推动社会正义的实现。

对高校公共外语课程思政教育而言,后现代主义话语观具有深远的理论指导价值。在教学过程中,话语既是学习内容,又是教育媒介。此类课程涵盖多元话语的交织,包括如何构建关于西方与他国社会文化的表述,如何描绘中国传统与现代社会的图景,如何将课堂内教学话语延伸至现实生活中的社会话语,以及如何培养学生在世界百年未有之大变局中

---

① 米歇尔·福柯:《规训与惩罚》,刘北成、杨远婴译,生活·读书·新知三联书店 2019 年版。米歇尔·福柯:《知识考古学》,董树宝译,生活·读书·新知三联书店 2021 年版。

② 周宪:《福柯话语理论批判》,《文艺理论研究》2013 年第 1 期。

③ 周宪:《审美论回归之路》,《文艺研究》2016 年第 1 期。

坚守理想信念。依托师生间的言语交际,外语课程可以通过润物细无声的方式引导学生树立积极的文化价值观。① 教师在设计外语课程时,可从话语的多重特质出发,关注权力在话语中的运作,构建富有导向性的课程话语体系,既强化学生的独立思考与批判性思维,又促使他们坚持社会主义核心价值观,形成健全的国家观念和公民责任感。

三、基于话语观的公共外语课程思政理论模型

本文在借鉴后现代主义话语观对"话语"特质的梳理与中国构建多层次话语体系的战略导向基础上,构建了基于话语观的公共外语课程思政理论模型(见图1)。该模型从话语的社会性、思政性、历史性、符号性、实践性五个维度探讨如何构建公共外语课程的话语体系。

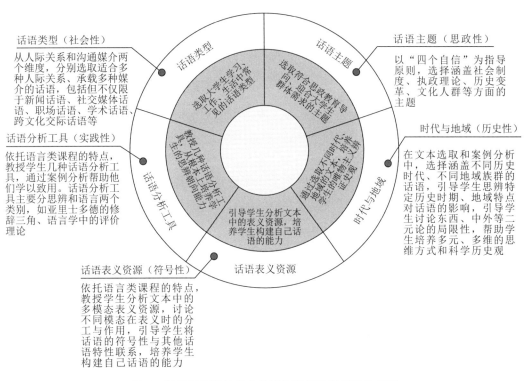

图 1　基于话语观的公共外语课程思政教学理论模型

(一)社会性

公共外语课程应系统、有原则地选取符合大学生群体特性的多元话语类型。选取原则可兼顾人际关系与沟通媒介两个层面,优先选择适应大学生多种人际关系、覆盖多种媒介手段的话语类型,如新闻话语、社交媒体话语、职场话语、学术话语等。

(二)思政性

公共外语课程思政的难点在于如何通过话语主题的选择将具有中国特色的思政教育自然融入公共外语课程。习近平总书记对教育目标的阐述强调:"要善于从五千年中华传

---

① 段荣娟、梁婷:《课程思政背景下外语教学话语体系构建研究》,《教育理论与实践》2022 年第 21 期。

统文化中汲取优秀的东西,同时也不摒弃西方文明成果,真正把青少年培养成为拥有'四个自信'的孩子。"①因此,选择课程话语主题时,可从道路自信、理论自信、制度自信、文化自信四个维度分别考量,侧重选择涉及社会制度、执政理念、历史变迁、文化群体等多元领域的文本主题。

（三）符号性

公共外语类课程思政教学应充分利用外语课程的语言文化教学优势,将话语的表意资源拓展至多模态的社会符号系统。包括语言在内的社会符号是所有话语的载体,唯有培养学生对各类符号的感知、分析与运用能力,方能从根本上提升他们驾驭各类话语的能力。

（四）实践性

外语课程思政教学在实践层面可注重教授话语分析工具,提高学生的文本解构能力和思辨能力。尤其在当今信息爆炸、社会关系错综复杂的环境下,青少年正处于世界观、人生观形成的关键期,面对各种意识形态、社会思潮的冲击,高校成为思想碰撞的前沿阵地。因此,公共外语课堂应充分发挥其教学主阵地优势与话语体系构建的作用,努力提升学生的思辨能力,从根本上增强其应对复杂局面、解决复杂问题的能力。

（五）历史性

公共外语课程教学可通过丰富课程话语的时间与空间维度,培养学生的马克思主义唯物史观。马克思主义史观作为一种历史哲学,运用历史唯物主义方法对社会进行考察,坚持从实际出发,历史地审视问题、分析问题。本维度旨在探讨如何在课程话语选择时全面涵盖不同时代、不同地域人类社群的话语,充分展现话语的历史脉络。

本理论模型的五个维度并非孤立存在,而是相互关联、相辅相成,共同构建了公共外语课程思政的理论框架,为教师在课程中实现思政与专业教学在顶层设计层面的深度融合提供了指引。

四、案例："有效沟通"课程思政实施路径

本节以"有效沟通"课程为例,展示该理论模型在公共外语课程中的实际应用。该课程是厦门大学本科生一门必修公共基础课,共计 16 周,64 课时,计 2 学分。

（一）教学目标设定

课程采用内容型教学法,涉及公众演讲、商务写作、社交媒体等多元沟通媒介,囊括人际、跨文化、小组及团队等多样沟通情景,学生在全英文环境下系统学习沟通学基础知识。本课程内容涵盖跨文化场景中的多元沟通议题与策略,课程设计巧妙融合西方文化与中华文化,旨在提升学生英文沟通能力同时培养学生的跨文化思辨能力,提升新时代大学生的文化自信、道德修养,进而深化其对社会主义核心价值观的理解与认同。

（二）课程的话语体系构建

课程内容分为四大模块:沟通基本知识、演讲沟通、书面沟通、逻辑沟通。这四大模块分别聚焦不同沟通目的,彼此互补,共同构建一个完整的体系,几乎覆盖了大学生在校学

---

① 《真正把青少年培养成为拥有"四个自信"的孩子》,http://www.moe.gov.cn/jyb_xwfb/s5147/202303/t20230317_1051349.html,访问日期:2024 年 3 月 26 日。

习、未来工作及日常生活中的全部沟通需求。为有效提升学生的思政素养与批判性思维，每个模块均融入不同的话语类型和话语分析工具，充分展现上述理论模型中"话语"的五个维度(见表1)。

表1　课程总体设计

模块	课时	社会性	实践性	思政性	历史性	符号性	语篇示例
沟通基本知识	12	日常交际话语	沟通五要素；听众设计	理解语言与权力的关系；剖析任何沟通场景中的权力动态	时代与价值观对沟通策略的影响；沟通双方社会关系如何影响策略选择	跨文化场景中言语与非言语符号资源的运用	跨文化团队中信任问题的处理；与外籍导师商讨工作细节；中英文相同场景下沟通策略比较
演讲沟通	20	学术话语	演讲的目的；亚里士多德修辞三角	提升学生在国际学术场合进行说明性或说服性演讲的能力	宏观历史社会背景对演讲风格的塑造；依据微观演讲情境听众设计的策略	从信誉证明、情感证明与逻辑证明三维度进行语篇分析与构建能力；针对不同沟通渠道选择演讲策略	说明性演讲的可信度构建；说服性演讲的逻辑证明与情感共鸣；宣传片的说服策略；中英文历史重要演讲对比；新冠疫情前后TED演讲实例
书面沟通	20	职场话语	评价话语分析	在跨文化沟通中选择恰当语言风格；在书面表达中展现文化自信	新闻语篇中作者身份与潜在读者构建；国别文化对邮件内容与语言风格的影响	辨识书面语篇风格差异；掌握不同语言资源塑造语篇风格的功能	名校奖学金申请信撰写；中英文相似内容书面语篇风格对比
逻辑沟通	12	媒体话语	传统逻辑三段论、图尔敏论证模型	运用逻辑推理工具解析国内外主流媒体与社交媒体上的论证结构，培养识别主流意识形态传播话语的能力	历时和共时角度审视社交媒体对人际沟通的影响；重大社会事件沟通逻辑的剖析	理解多种模态资源(如文本、图像、视频、动画)在意义构建中的协同作用，提升多模态思维意识	中国前驻英大使与BBC主持人的唇枪舌剑；社交媒体热点事件讨论帖；TikTok在美国沟通策略的演变

(三)教学方法设计

后现代主义强调话语的建构性，视知识与真理为话语实践中生成的产物。在高校思政教学中，教师应意识到所传授的思政内容同样是社会历史条件下的产物，而非绝对真理。因此，"有效沟通"课程的思政教学强调与时俱进，根据时代变迁与社会实际更新教学内容，尤其是在应对后现代思潮带来的多元化、相对主义挑战时，积极借助对话与讨论，引导学生辨识复杂思潮，坚持与发展马克思主义的指导地位。下文借近期课程中涉及的一个时事案例，展示课程主要教学方法。

该案例为中国前驻英大使与 BBC 主持人的访谈实录，运用图尔敏论证模型作为话语分析工具，涉及的话语特质详列于表 2。

表 2　课堂输入话语

	社会性	实践性	思政性	历史性	符号性
话语特质	大众媒体（电视）；对话；访谈	图尔敏论证模型（论点、事实与证据、隐含假定、限定、反驳、对隐含限定的支撑）	西方主流媒体中对中国偏见与刻板印象的呈现；中国外交官（及中国人）如何在西方媒体中理性塑造中国形象	当代、新冠疫情	文本、视频、音频
输入语篇	中国前驻英国大使刘晓明接受英国广播公司(BBC)《尖锐对话》栏目资深主持人斯蒂芬·萨克在线专访，就中国抗击新冠肺炎疫情阐明立场，澄清事实，激浊扬清。课堂的输入语篇为该访谈视频片段(1分—3分47秒)。访谈全文见中华人民共和国驻大不列颠及北爱尔兰联合王国大使馆官网（http://gb.china-embassy.gov.cn/eng/ambassador/dsjhjcf/2020dashijianghuaeng/202004/t20200430_10434695.htm）。 该视频片段转写： Sackur：Ambassador Liu Xiaoming，welcome to Hardtalk. Ambassador：Thank you. Good to be with you again. Sackur：We are delighted to have you on our program in this difficult time. Let me start actually with a very simple direct question：Do you accept that Covid-19 has its origins in China? Ambassador：It was first discovered in Wuhan，but I can't say it's originated from Wuhan. According to many reports，including BBC，it can be anywhere. It can be found on aircraft carriers. It can even be found in the submarine. It is found in some countries which have very little connection with China and also can be found in groups of people who have never been to China. So we cannot say it's originated from China. Sackur：I'm a little confused by that answer. Clearly，it is a new virus. It originated somewhere. It seems，according to all of the immunologists and virologists，they crossed from animals to humans. And there was a first case and then it spread. There is no doubt that the first case was in China. I'm wondering why you are telling me that it spread all over the world and people who caught it had never been to China. That is clear because it's become a pandemic. But the question that matters so much is：Where did it start? Ambassador：I think this question is still up for scientists to decide. I read the report that the first case in China was reported on the 27th December by Dr. Zhang Jixian to Chinese local health authorities. But I also read reports that some of the cases were found to be much earlier than that. We read even the report by your newspapers yesterday that your scientists，medical advisers，even warned your government that there might be a virus unknown to us，much earlier，last year. So all I can say is that the first reported case in China was on 27th of December in Wuhan.

首先，教师通过简单案例演示如何运用图尔敏模型进行文本论证结构分析。

其次，引导学生运用该模型自主分析访谈中中方大使与 BBC 主持人话语中的主张、证据、假设等，识别双方冲突的关键点。从学生汇报成果看（见图 2），他们能够运用此工具系统分析访谈双方论证结构中的各部分，评估其内在一致性、逻辑严谨性与有效性，从而更准确地评判论证质量。

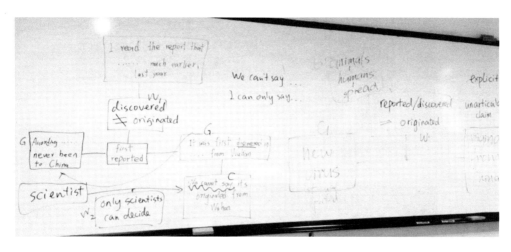

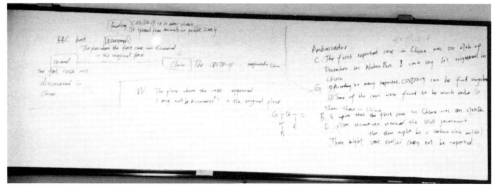

图 2　课上学生输出话语

　　再次，教师对案例进行课堂总结（见图 3），启发学生讨论西方主流媒体如何向观众加固对中国的刻板印象，以及中国外交官如何在公开场合有理有节地维护祖国形象。

　　最后，根据话语分析结果，教师引导学生思考，如何在现实生活中理性分析各类社会思潮，学会独立判断与解决问题，从而在多元思潮中保持清醒，坚定中国特色社会主义的理想信念。

AMBASSADOR VS SACKUR

- Four turns, three rounds
- Turn 1: Sackur — Round 1
- Turn 2: Ambassador
- Turn 3: Sackur — Round 2
- Turn 4: Ambassador — Round 3

ROUND 2

Sackur counters Ambassador's claim and grounds.

	Ambassador	Sackur
Claim	Covid-19 is not originated from China.	(Covid-19 is originated from China.)
Grounds	1. It was first discovered in Wuhan. 2. According to many reports including BBC, it can be anywhere.	The first case was in China. It spread all over the world and people who caught it had never been to China. Thar is clear because it's become a pandemic.
Warrant	(Where the virus was discovered does not mean where it was originated.)	(Where the virus was discovered is where it was originated.)
Backing		(Covid-19 is a new virus originated from somewhere.) According to all of the immunologists and virologists, it crossed from animals to humans.

Warrant — discovered ≠ originated

Grounds	Qualifier	Claim
1. It was first discovered in Wuhan. 2. According to many reports including BBC, it can be anywhere.	I can't say	Covid-19 is not originated from China.

ROUND 3

Ambassador counters Sackur's claim by providing new grounds.

	Sackur	Ambassador
Claim	(Covid-19 is originated from China.)	
Grounds	The first case was in China.	The first case in China was reported on the 27th December. But some cases/ unknown virus were reported to be found to be much earlier than that.
Warrant	(Where the virus was discovered is where it was originated.)	
Backing	Covid-19 is a new virus, (according to all of the immunologists and virologists) which crossed from animals to humans.	

图 3　课上教师总结

课后，教师鼓励学生自行选取时事案例，运用课堂所学的传统逻辑三段论或图尔敏论证模型分析案例中的论证结构。同时，教师提供一个社交媒体真实案例（课后自主学习中的输入话语见表3），让学生自主分析（学生输出话语见图4）。

表 3 课后自主学习中的输入话语

话语特质	社会性	实践性	思政性	历史性	符号性
	社交媒体（某学术团体的群发电子邮件）	传统逻辑三段论、图尔敏论证模型	对某学术名人个人行为的讨论；如何辨别社交媒体言论	当代、性侵害、取消文化	文本、电邮、半口语半书面

输入语篇	Case：How should we treat a person's professional contribution and private life? Background： Dell Hathaway Hymes（June 7，1927—November 13，2009）was a linguist，sociolinguist，anthropologist，and folklorist who established disciplinary foundations for the comparative，ethnographic study of language use. His research focused upon the languages of the Pacific Northwest. He was one of the first to call the fourth subfield of anthropology "linguistic anthropology" instead of "anthropological linguistics". In 1972，Hymes founded the journal Language in Society and served as its editor for 22 years.（Source：Wikipedia） In November 2018，the Graduate School of Education at the University of Pennsylvania removed a portrait of former GSE Dean Dell Hymes from its building after students put posters next to the picture detailing Hymes' history of alleged sexual harassment and discrimination during his tenure as dean of the school from 1975 to 1987.（Source：The Daily Pennsylvanian） A linguistic mail list discussed this news in October 2021，where one member asked if she should remove Dell Hymes from her linguistic course reading list. List members shared their thoughts concerning this issue. One of the comments is as follows（You are expected to analyze the reasoning structure of this comment）： I think it's hard to exclude knowledge that has developed，but as teachers we have a responsibility to model behaviour and attitudes for our students. I think at least the material should be introduced with a prefacing clause stating that while the person's behaviour and personal conduct are in no way supported，the ideas that have been developed cannot be ignored and are worthy of engagement. The fact that Dell Hymes was apparently an unpleasant man doesn't itself mean that what he wrote as an academic needs to be discounted. All sorts of unpleasant people have done unpleasant things，but what they produced either in the arts or the sciences should not therefore be discounted. My two cents worth. <div align="right">Best Maria</div>

Toulmin's model of argument

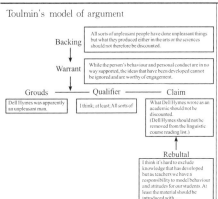

Grounds：Dell Hymes was apparently an unpleasant man.

Claim：What Dell Hymes wrote as an academic should not be discounted.(＝Dell Hymes should not be removed from the linguistic course reading list.)

Warrant：While the person's behaviour and personal conduct are in no way supported，the ideas that have been developed cannot be ignored and are worthy of engagement.

Backing：All sorts of unpleasant people have done unpleasant things，but what they produced either in the arts or the sciences should not therefore be discounted.

Qualifier：The writer has qualifier both in the claim，warrant（"I think"），backing（"All sorts of"）and rebuttal（"I think"，"at least"）.

Rebuttal：(*I think it's hard to exclude knowledge that has developed*) but as teachers we have a responsibility to model behaviour and attitudes for our students. At least the material should be introduced with...

Valid or not：I think it is valid.

The key reason is that the warrant and backing，which serve as the bridge between grounds and the claim，are acceptable points of view and accord with common sense.

The rebuttal rectifies the claim effectively by offering a feasible method to make a balance between introducing academic knowledge and avoiding the scholar's moral stain to have bad influence. The modified view conveys the substance that treating a person's professional contribution and private life objectively and rationally.

Syllogism

The comment can be interpreted as comprising two arguments.

Argument 1：

The first argument is categorical syllogism（particularly a deductive reasoning）.

Major premise：All sorts of unpleasant people have done unpleasant things but what they produced either in the arts or the sciences should not therefore be discounted.

Minor premise（unstated）：Dell Hymes belongs to "people".

Conclusion：Dell Hymes was apparently an unpleasant man but what he wrote as an academic should not be discounted.（＝ The material about Dell Hymes should be remained though his personal conduct is in no way supported.）

Valid or not：This is a valid deductive reasoning.

Both the second sentence of the first paragraph and the second sentence of the second paragraph express similar meaning and form the major premise，which is a reasonable view.

The case of Dell Hymes serves as minor premise and its details accord with the major premise.

The conclusion which can be seen as a response to the questioner is valid.

Argument 2：（use the conclusion in Argument 1 as the minor premise）

Major premise：It's hard to exclude knowledge that has developed but as teachers we have a responsibility to model behaviour and attitudes for our students.

The sentence can be paraphrased as：If the teaching inevitably includes knowledge put forward by people with moral blemishes，as teachers we have a responsibility to guide students to set up correct values.

A＝ The teaching inevitably include knowledge put forward by people with moral blemishes.

B＝ As teachers we have a responsibility to guide students to set up correct values.

If A，then B，so if A is present，then B is present.

Minor premise：The material about Dell Hymes should be remained though his personal conduct is in no way supported.（＝A is present.）

Conclusion：At least the material should be introduced with a prefacing clause stating that while the person's behaviour and personal conduct are in no way supported，the ideas that have been developed cannot be ignored and are worthy of engagement.（＝B is present.）

Valid or not：It is valid.

The major premise is reasonable and can be translated into a viewpoint with conditional syllogism.

The minor premise is the conclusion of Argument 1 and accords with Condition A of Argument 2.

The conclusion is a feasible approach to satisfy Condition B.

The whole reasoning structure is shown below：

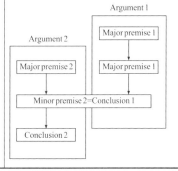

图 4　课后自主学习中学生输出话语

学生课后自主学习成果显示，多数学生能有效运用课堂所学话语分析工具对案例进行论证结构分析，并就如何鉴别社交媒体言论的论辩质量展开讨论，从个体层面推动社交媒体乃至整个互联网的健康生态。

五、结语

本研究以"话语"为切入点，探讨如何构建公共外语课程的话语体系，以及培养国家话语体系建设人才的具体路径，对从"建什么"到"如何建"进行了详细规划，在外语类课程思政的理论、内容、功能三个层面都有重要创新。在理论创新层面，研究构建的外语课程话语体系理论模型将哲学话语观、语言学话语分析理论与外语教学法深度融合，模型的各模块充分体现了话语的多维度属性，能够巧妙结合课程思政的共性与外语教育的个性。在模型内容层面，该模型突破了以往外语类课程仅关注课堂话语、师生互动话语等教学话语载体的传统划分，转而从话语本体出发，多维度思考外语课程应涵盖的语篇类型、主题选择及所需培养学生的话语能力。在模型功能层面，该理论模型能够指导教师进行课程设计、教学内容筛选、课堂活动安排，同时为课程管理人员制定教学质量评估、学生能力测评标准提供参考。

简言之，在高校公共外语课程中，话语是承载与传播国家意识的有效载体。本文提出的以话语为手段进行公共外语课程思政教学的理论模型，可弥补当前公共外语课程思政教育研究中学术性不足、跨学科融合度低的短板，显著提升外语课程思政教育实施路径的学术性，对外语教学领域具有重要的理论指导意义。

"恒星物理"课程思政教学探索

薛　力　刘　彤*

摘要：新时代国家对高校教师教书育人的能力提出了新的要求，在全面推进课程思政建设构建"三全育人"的大格局下，如何做好具体的思政融入专业课程，特别是理科专业课程，是一个值得深入探索的重大议题。我们以"恒星物理"这门典型的理科专业课多年的教学实践为基础，通过具体展现和分析五个典型教学片段来探讨这一议题。

关键词：理科；课程思政；案例

一、引言

2019 年 3 月，习近平总书记在学校思想政治理论课教师座谈会上指出，推动思想政治理论课的改革创新，要坚持"八个统一"。① 2020 年 5 月，教育部印发《高等学校课程思政建设指导纲要》，要求全国所有高校、所有学科专业全面推进课程思政建设，建立健全协同推进课程思政建设的体制机制，构建全员全程全方位育人大格局。② 这是对所有高校教师的要求，是高校思想政治课程之外开展思政教育工作的关键一环。自从教育部纲要发布以来，全国各高校的教师已经动员起来，广泛开展了各式各样的课程思政探索并取得了不少成果。这些兄弟院校的已有成果是我们进一步深化课程思政建设的重要参考，也是在这些成果的启发下笔者开始有意识地梳理并总结天文学本科专业课程中的各种思政元素。

笔者前期通过知网论文搜索对全国各兄弟院校现有课程思政成果进行了简单的调研，发现现有课程思政成果中，理科课程思政的探索研究成果极少。这是由于理科课程往往含有较多的数学抽象思维，需要大量公式推导，技巧性要求高，计算量大，使得教师难教，学生难学。③ 这导致教师的教学重心大多集中在课程本身的知识体系上，而对课程中各种可能的思政元素的探索与应用的关注度不足。直面这一难题，为了改变这一现状，丰富理科课

---

　*　薛力，男，博士，厦门大学物理科学与技术学院天文学系副教授，副系主任，主要从事天体物理数值模拟以及黑洞吸积盘理论研究。刘彤，男，博士，厦门大学物理科学与技术学院天文学系教授，系主任，主要从事黑洞吸积与时域天文研究。

　①　习近平：《思政课是落实立德树人根本任务的关键课程》，《求是》2020 年第 17 期。

　②　《教育部关于印发〈高等学校课程思政建设指导纲要〉的通知》，http://www.moe.gov.cn/srcsite/A08/s7056/202006/t20200603_462437.html，访问日期：2024 年 3 月 26 日。

　③　秦丽溶、赵建伟、冉扬强、常俊丽：《物理学专业教学中课程思政的实践路径研究——以数学物理方法课程为例》，《高教学刊》2024 年第 8 期。

程思政建设的实践探索,本文将以天文学专业理论基础课程"恒星物理"为例,从笔者多年的教学实践经验出发,对课程中的各种已有思政元素进行一个系统性梳理和分析,对新思政元素的融入和整合经验进行总结与分享。

二、具体教学片段分析

高校思想政治课的目的是进行社会主义核心价值观教育、帮助大学生树立正确的世界观、人生观、价值观。① 课程思政是思政课程之外将思想政治教育自然地融入各门专业课程中的重要渠道,这种融入必须讲究方式方法,由各专业课程的具体情况决定内容,为相应课程"提色增香"服务。

"恒星物理"课程从2016年开始在厦门大学天文学专业中开设,以已故中国科学院院士、中国著名天体物理学家黄润乾先生所著《恒星物理》②为教材。讲授内容围绕着恒星结构与演化模型展开,分别详细介绍辐射转移、对流理论、恒星物态、不透明度、热核反应五大理论。这五大理论不仅是恒星物理学的基础理论,而且是天体物理学各个分支领域的基石,是学生未来从事天文研究工作的重要基础知识。讲授过程中涉及大量数学物理知识的运用,包含较多复杂公式的理论推导,属于典型的理科课程。大量而复杂的理论公式推导,很容易使学生对所学课程产生厌烦与畏难情绪,这是几乎所有理科课程授课阶段都要面对的难题。笔者也如同许多前辈教师一样,多年主讲过程中都主动地在课程内容的背景中去找寻各种历史、人文、哲学素材来充实因大量复杂公式而显得单调乏味的课程。这些素材与课程内容高度相关,联系历史与当下,科学与哲学,能够自然地出现在各种理论介绍的前言、重要基本公式的推导过程和重要模型计算结果的讲解中。这些刚好契合了现阶段对课程思政建设的基本要求——"将思政之盐融入课程大餐"③。因此,我们觉得有必要把"恒星物理"课程中的这些思政元素整理总结出来以利于在全国高校思政建设的大潮中与其他优秀思政教师们开展相互学习与探讨。

下面我们将以逐个片段罗列的方式将"恒星物理"课程中的各思政点呈现出来并加以分析。

1. 片段一:从近期火爆的科幻影视题材谈起。最近火爆的《三体》《流浪地球》两部中国科幻的力作中出现了一些不为人熟知的恒星物理知识。其中《三体》故事的发端来自太阳可作为人类向广袤宇宙发射无线电波的放大器的科学背景设置。但这完全是一个伪科学命题,因为太阳是一个巨大的黑体,它只会吞噬一切照射到它表面的无线电波,而不会起到任何放大作用。《流浪地球》开篇的太阳危机也是整个故事的科学背景,但这也不会在我们现在的太阳上出现,因为那是太阳几十亿年后的演化历程。在"恒星物理"课程的第一讲

① 《中央宣传部 教育部关于印发〈普通高校思想政治理论课建设体系创新计划〉的通知》,http://www. moe. gov. cn/srcsite/A13/moe_772/201508/t20150811_199379. html,访问日期:2024年3月26日。郑宏、汪婉霞:《从思政课程到课程思政:回归与创新》,《内蒙古师范大学学报(教育科学版)》2022年第3期。

② 黄润乾:《恒星物理》,中国科学技术出版社2006年版。

③ 万玉凤:《教育部出台〈纲要〉对高校课程思政建设作出整体设计和全面部署——如何将思政之盐融入课程大餐》,《中国教育报》2020年6月10日第1版。

我们就从这两个当下最流行的话题开始，抓住学生们的好奇心、求知欲，激发他们的学习动力。同时，这样的时兴议题讨论也帮助学生正确认识科幻世界与现实世界的区别，消除因缺乏知识而产生的不必要恐惧，引导学生正确赏析这些作品里的正能量精神世界，并以此说明相信科学自觉建立起辩证唯物主义世界观的重要性。

2. 片段二：恒星物理发展史及国内发展现状介绍。人类对满天繁星的着迷从远古时代开始，直到近代随着科学技术的进步对于恒星的科学研究才真正开始。19 世纪末，哈佛大学天文台对恒星进行了大规模摄影光谱观测，获得了数十万颗恒星的光谱，并加以分类。在此基础上，1910 年代恒星的光谱和光度的关系被赫茨普龙（Hertzsprung）和罗素（Russell）所关注，诞生了恒星物理研究的重要工具——赫-罗图。1930 年代贝蒂（Bethe）提出恒星通过核聚变产生能量的理论，钱德拉塞卡（Chandrasekhar）发表了《恒星结构研究导论》。1960 年代经过天文学家的努力，较为完整而系统的恒星结构与演化理论形成。虽然中国天文学起步晚、基础薄弱，但是在 1990 年代以王绶琯、苏定强院士为首的研究集体针对国内外现状和发展机遇，提出并推动了 LAMOST 望远镜的建造，使得中国大规模恒星光谱观测研究成为可能。直到进入新世纪的今天，随着天文观测和数据处理分析技术的进步，大量新的天文现象被发现，也带来了对现有恒星理论的冲击，有力地激励着新恒星物理理论的发展。可以说恒星物理的近现代发展历程印证了辩证唯物主义的认识论关于"物质决定意识，意识是物质的反映"的论断。为学生介绍这样一段发展简史，特别是介绍当代中国天文学的发展，不仅增加了学生的学习兴致，也为他们树立起努力学习献身中国天文学事业的远大理想提供了楷模。

3. 片段三：认识恒星的重要工具，赫-罗图的介绍。在赫-罗图上通过恒星演化模拟器生成太阳的演化轨迹和 1000 颗不同质量的恒星集体演化轨迹，并制作成视频动画播放讲解。这可以展示出不同质量的恒星寿命长短，及其最终死亡后可能演变成白矮星、中子星和黑洞这些致密天体的演化规律。指出我们的银河系是一个拥有数量达到 1000 亿颗恒星的巨大星系，那些"短命"的大质量恒星通过死亡时的超新星爆炸影响着其他恒星的演化，包括如同我们的太阳那样的第二代恒星。这可以让学生们明白宇宙万物包括我们人类在内的普遍的相互联系性，使得学生对整个物质世界和我们每个人的生命之间有了一种全新的恒星物理视角的认识。这也是对唯物主义世界观关于世界是普遍联系着的论断加以鲜活的注释。

4. 片段四：恒星能源的重要核聚变反应——p-p 链反应讲解。这一反应是恒星 90% 以上生命周期中的主要能源机制。反应链中形成的氦三在最后阶段聚变形成氦四的反应过程中没有高能中子产生。联系到受控核聚变反应研究的中子辐射不受约束腐蚀容器的难题，使用氦三作为受控核聚变的燃料将使中子难题迎刃而解。进一步联系到中国开展的探月工程对月球氦三探测，使学生了解到了当前的科研热点与人类能源发展的未来前景。这既增加了课程内容的丰富性，又展现了当代中国科学技术日新月异的新气象，为学生确立自己的未来人生奋斗目标指明了方向，起到了应有的思政教育协同引导作用。

5. 片段五：恒星的核合成作用介绍。恒星是一个巨大的重元素合成炉，对于生命极其重要的碳、氮、氧、钙、铁等元素就起源于恒星演化过程中的核聚变反应。恒星特别是大质量恒星演化的晚期会触发剧烈爆炸过程，将恒星核聚变合成的大量重元素抛洒到宇宙空间中。这些弥散在宇宙空间中的重元素最终通过星云的凝聚作用形成了我们的太阳系，作为太阳系八大行星中的一员，地球上丰富的重元素是整个地球自然生态系统和人类文明的基石。在课程的最后，完成了大量严谨的理论推导与相应的重要恒星演化结果的课程讲授任务之后，为学生们点明这一恒星物理研究结果的重要意义，更能让学生感受到天文学基础研究的重要性，让学生对于人与自然的关系获得更加深刻的认识，为学生的正确人生观和世界观的形成提供科学依据，是天文学课程与思政课程协同配合的应有之义。

三、结语

天文学是一门研究宇宙的基础科学，其发展历程反映着人类的宇宙观的演进过程，是天生就与世界观联系在一起的基础学科。从新时代高校思政教育的需求出发，占高校绝大部分的专业课[①]有着与思想政治课协同、为思政教育提供丰富实例的重要任务。天文学系所有课程，包括通识课程与专业课程都对这一新时代赋予的任务责无旁贷。但是天文学专业课也如其他理科专业课一样含有大量专业的理论分析与复杂的数学推导，因此认真回应国家对高校教师的新要求，履行好一个新时代合格教师的教书育人责任，需要我们细致认真地从课程本身的实际特点出发不断探索实施课程思政的新途径。从本文对"恒星物理"课程中的五个典型教学片段的分析总结中可以看出，理科教师不仅要有扎实的理论功底，还要有超越课本的丰富知识储备，才能通过有温度有情怀的课程讲授得到学生的赞赏与支持，才能增强教师自身在学生面前的模范引领作用。这些片段是我们以前为增加课程吸引力而自发引入的一些"题外话"，重新以新的课程思政视角审视，有意识地按照课程思政要求去更加自然而有效地融入课程，是我们对理科专业落实课程思政具体方法的一个有益探索，希望我们的"砖"能够引出更多更好的课程思政之"玉"。

---

① 卡尔·雅斯贝尔斯：《大学之理念》，邱立波译，上海人民出版社 2007 年版。

校史校情原创话剧对高校人才培养的作用

——以厦门大学为例的分析

李仕耘　黄艳萍*

摘要：在立德树人的教育背景下，校史校情原创话剧作为一种具有独特创意和艺术价值的戏剧表达，已成为高校人才培养的重要平台。话剧内容紧密结合高校历史积淀与特色文化，由校内师生担任演职人员，不仅增强了话剧的亲和力，而且加深了学生对高校的认同感和归属感。本文以厦门大学为例，从深化思想政治教育、弘扬优良校风传统、深度浸润美育教育、厚植学科文化根基以及强化中华民族共同体意识等五个层面讨论校史校情原创话剧对高校人才培养的独特价值和重要作用，为高校文化建设与人才培养提供了新的思路和方法。

关键词：校史校情；原创话剧；高校；人才培养；厦门大学

一、引言

自党的十八大以来，习近平总书记在多个重要场合，如 2018 年全国教育工作会议和 2022 年党的二十大，强调高校必须落实立德树人的根本任务，致力于培养德智体美劳全面发展的社会主义建设者和接班人。在这一宏观教育背景下，校史校情原创话剧作为一种匠心独具的戏剧形式，其魅力在于深入挖掘并提炼高校校史和校情中的宝贵素材，将那些曾在历史长河中激起波澜的典型人物和重大事件以戏剧的方式生动呈现于舞台之上。校史校情原创话剧的内容直接取材于高校自身的历史与文化，演职人员均为校园内的师生，且主要观众群体也集中于师生，这使得话剧更直接地触及学生的生活实际，从而更容易引发观众的共鸣。通过这种润物细无声的方式，校史校情原创话剧在多个层面实现了显著的育人成效，为高校人才培养工作注入了新的活力。

二、校史校情原创话剧与人才培养的关系

校史校情原创话剧是一种富有教育意义和艺术价值的活动，在高校人才培养中发挥着重要的作用。施畅在《当代中国校园话剧对高校人才培养的作用》提出，校园话剧具有艺术审美的显性特征，也具有提升大学生责任与使命意识、对生命的敬畏感、与人为善的德行、

---

* 李仕耘，男，汉族，安徽临泉人，厦门大学美育与通识教育中心秘书，博士，主要研究方向为马来西亚华文教育、通识教育与中华美育。黄艳萍，女，汉族，福建厦门人，厦门大学美育与通识教育中心副主任、教务处副处长，主要研究方向为高教管理。

高雅的审美情趣、直面现实的实践品格等隐性作用;①李然在《大学校史剧的育人效能刍议》提出,大学校史剧有着独特的育人价值和效能,是高校育人工作的重要载体;②李逊在《高校共青团培育校园精神文化策略研究——以广西师范大学校园话剧探索实践为例》提出,校园话剧是推动校园文化建设的重要形式之一,但尚未得到足够重视;③马丽娇《红色话剧在高校思想政治教育中的育人功能研究》认为,红色话剧是校园话剧的重要内容,不但发挥话剧育人的传统功能,而且赋予话剧更深的思政教育内涵;④朱先前《浅析校园原创话剧的育人价值——以话剧〈王阳明〉为例》认为,原创话剧是高校原创文化的典型样式,是高校推进文化育人、加强文化建设、深化文化创新、增强大学生文化自觉和认同的重要手段。⑤

　　近年来,校史校情原创话剧在高校人才培养中的作用确实日益凸显,这也引发了相关研究的逐渐增加。目前,这些研究主要集中在思政教育和文化熏陶的功用上,探讨了如何通过校史校情原创话剧来增强学生的思想政治教育和文化素养。然而,对于大学精神和文化传承、学科文化培育、美育浸润以及中华民族共同体意识塑造等方面的研究相对较少,而这些方面实际上是可以深入挖掘和拓展的重要领域。

三、厦门大学校史校情原创话剧的发展

　　习近平总书记在给厦门大学建校 100 周年的贺信中指出,厦门大学形成了"爱国、革命、自强、科学"的优良校风。近年来,学校进一步加强对校史的梳理、总结和提炼,深入挖掘校训、校歌、校史所蕴含的文化积淀与文化追求。结合"爱校荣校、改革创新、团结合作、包容共享"校园价值理念,以厦大"四种精神"的代表人物为原型,积极锤炼融历史底蕴与时代特征于一体的校园文化品牌,创作了《嘉庚颂》《哥德巴赫猜想》《遥望海天月》《长汀往事》《南强红笺》等系列原创精品校史剧目(见表1),以"师生演校友、师弟演学长""老师带学生、学长带学弟"的模式常演常新、代代传承。学生在"演"与"观"中重返历史现场,在艺术实践和熏陶中产生深刻情感共鸣,凝聚向上、向善、向美的精神力量。

表 1　厦门大学部分校史校情原创话剧列表(截至 2024 年 6 月)

序号	剧目名称	精神内核	依托学院	课程	展馆	首演年份	演出场次	获奖情况
1	《哥德巴赫猜想》	以陈景润为代表的科学精神	数学科学学院	益智游戏与数学	益智玩具博物馆	2014	47	入选"共和国的脊梁"项目
2	《遥望海天月》	以王亚南为代表的科学精神	经济学院	了解《资本论》	王亚南纪念馆	2020	12	第四届福建省大学生戏剧节获奖 5 项

---

　　①　施畅:《当代中国校园话剧对高校人才培养的作用》,《艺术百家》2014 年第 5 期。

　　②　李然:《大学校史剧的育人效能刍议》,《戏剧之家》2021 年第 8 期。

　　③　李逊:《高校共青团培育校园精神文化策略研究——以广西师范大学校园话剧探索实践为例》,《现代交际》2017 年第 6 期。

　　④　马丽娇:《红色话剧在高校思想政治教育中的育人功能研究》,《高校辅导员》2019 年第 6 期。

　　⑤　朱先前:《浅析校园原创话剧的育人价值——以话剧〈王阳明〉为例》,《新西部》2023 年第 7 期。

续表

序号	剧目名称	精神内核	依托学院	课程	展馆	首演年份	演出场次	获奖情况
3	《长汀往事》	以萨本栋为代表的自强精神	航空航天学院	/	长汀县萨本栋故居/校内萨本栋墓	2020	10	第五届福建省大学生戏剧节获奖3项
4	《嘉庚颂》	以陈嘉庚为代表的爱国精神	国际关系学院	陈嘉庚精神与华侨华人史	陈嘉庚纪念馆	2015	14	/
5	《南强红笺》	以罗扬才等为代表的革命精神	马克思主义学院	思政大课堂	革命史展览馆	2021	2	/

2023年,《哥德巴赫猜想》《遥望海天月》《长汀往事》校内外演出12场,参与学生384人次,来自29个学院,校内外现场观众约1.1万人次。《哥德巴赫猜想》受邀前往国家大剧院作为第十六届"春华秋实"艺术院校舞台艺术精品展演的特别呈现,为"科学家故事戏剧节"专项演出首开序幕,也是厦门大学校史剧首次在国家大剧院演出,此次演出入选厦门大学2023年十大新闻。2023年3月作为中国科协"共和国的脊梁——科学大师名校宣传工程"广西巡演首演剧目连演3场,演出现场人潮涌动,成为广西大学现象级的演出活动。《长汀往事》完成迎新季校内展演,获第五届福建省大学生戏剧节综合奖1项剧目奖一等奖(非专业组),荣获3项单项奖(导演奖1项、表演奖2项)。《遥望海天月》相继完成校庆季校内展演和福州汇报演出。

学校美育工作引起社会广泛关注并报道。新华每日电讯发表题为"一场戏,万人空巷,一堂课,一抢而空"的文章,剖析"厦大美育通识课为什么这么火",央广网发表题为"'共和国的脊梁——科学大师名校宣传工程'剧目《哥德巴赫猜想》成功上演",中新网报道"厦门大学原创话剧《遥望海天月》福州上演",人民网报道"厦大学子倾情演绎'中国经济学'首倡者的故事首登榕城话剧舞台"等。①

四、校史校情原创剧目对厦大人才培养的作用

校史校情原创剧目对厦大人才培养的作用主要体现在深化思想政治教育、弘扬优良校风传统、深度浸润美育教育、厚植学科文化根基以及强化中华民族共同体意识等五个层面。

1. 深化思想政治教育

思想政治教育作为高校人才培养体系的核心环节,其目的在于引导学生构建正确的世界观、人生观及价值观。然而,传统的思政教育方法常偏重理论知识的单向灌输与道德说教,忽视了教育过程的生动性与趣味性,从而难以激发学生的内在兴趣与情感共鸣。相比之下,校史校情原创话剧则以其特有的艺术形式与鲜活的叙事结构,为思政教育赋予了新

---

① 《厦门大学2023年艺术教育发展报告》,https://jwc.xmu.edu.cn/info/3111/64041.htm,访问日期:2024年4月3日。

的生命力与丰富内涵。

这类话剧以真实的历史人物与事件为基础,通过艺术化的手法细腻地展现了历史人物的精神风貌与高尚情操,进而深刻地传递了爱国主义、集体主义、社会主义等核心价值观的精髓。在这种教育模式下,思政教育不再是抽象空洞的理论阐述,而是转化为具体可感的历史故事与人物传奇。观众在观赏话剧的过程中,不仅能够领略到艺术的独特魅力,更能在无形中接受这些价值观的深刻熏陶与思想洗礼。这种教育方式显著增强了历史的真实感与可信度,同时更有效地触发了观众的情感共鸣与思考动力,相较于传统的课堂教学方式,其更具生动性与吸引力,更易于被学生所接纳与内化。

以《长汀往事》一剧为例,该剧以厦门大学在抗日战争时期内迁长汀的史实为创作背景,生动地再现了师生们在艰苦卓绝的环境下坚守教育阵地、致力于国家与民族人才培养的感人事迹。学生通过观看此剧,能够更深入地理解那一特定历史时期的精神风貌,深刻感受到先辈们为了国家与民族的利益所展现出的无私奉献与崇高精神。这种体验对于增强学生的历史责任感与使命感具有显著作用,同时更能有效激发他们的爱国情怀与民族自豪感。[①]

2. 弘扬优良校风传统

通过创作和演出以学校历史人物和事件为原型的原创话剧,师生们可以更加深入地了解学校的历史和文化,感受那些为学校发展做出巨大贡献的先辈们的崇高精神和人格魅力。这种了解和感受,不仅增强了师生对学校的认同感和归属感,更激发了他们传承并弘扬厦大优良传统的自觉性和积极性。

诗文朗诵音乐会《嘉庚颂》弘扬的是以校主嘉庚先生为代表的爱国精神,而《哥德巴赫猜想》和《遥望海天月》,弘扬的是以著名数学家陈景润和经济学家王亚南为代表的科学精神,《长汀往事》弘扬的是以萨本栋校长为代表的自强精神,《南强红笺》弘扬的是以罗扬才烈士为代表的革命精神。这些话剧以不同的历史人物和事件为原型,通过艺术的形式再现了厦门大学的辉煌历程和优良传统。

这些话剧的排练和演出,不仅让师生更加深入地了解了学校的历史和文化,更激发了他们对学校的热爱之情和归属感。在这种热爱和归属感的驱使下,师生们会更加自觉地传承并弘扬厦大的优良传统和校风,为学校的未来发展贡献自己的力量。

3. 深度浸润美育教育

美育在高校人才培养体系中占据举足轻重的地位,其核心目的在于培育学生的审美情趣与艺术修养,进而提升其文化及人文素养。而校史校情原创话剧,作为一种多元融合的艺术展现形式,已然成为实施美育的重要渠道。

该类话剧艺术地融合了文学、戏剧、音乐及舞蹈等元素,借助鲜活的角色刻画、悦耳的音乐旋律及精致的舞台布景,为观众奉献了一场场视觉与听觉的艺术盛宴。观赏此类话剧,不仅能够领略到艺术的深邃魅力,更能在无形中陶冶观众的审美情趣,提升其艺术修养。同时,话剧的创排过程本身就是一种美的创造与体验,学生在参与中能够锤炼艺术技

---

① 《交响史诗〈长汀往事〉献演 纪念厦大内迁长汀艰苦办学 85 载》,https://www.chinanews.com/cul/2022/10-04/9866656.shtml,访问日期:2024 年 4 月 3 日。

能，培养审美情趣，并激发创新思维。此外，这些剧目所蕴含的深厚人文与文化内涵，有效地传递了中华优秀传统文化的精髓，使观众在欣赏过程中深刻感受到民族文化的博大精深。

以《嘉庚颂》诗文诵读音乐会为例，该演出通过多样化的艺术表现形式，如诗文朗诵、独唱、大合唱、舞蹈及情景表演等，结合多媒体影像资料，生动地再现了陈嘉庚先生南洋创业、兴办教育、领导华侨支持抗战及参政议政的历史画卷，深刻地诠释了嘉庚精神的核心价值。

此外，校史校情原创话剧的排演已被纳入学校美育精品课程体系。每年剧目启动后，学校均会组织专业的导演团队为学生开设戏剧理论基础讲座，涵盖表演技巧、灯光设计、舞台美术赏析及导演学基础等多个方面。全程参与的学生在演出结束后提交排演感悟，便有机会获得美育学分，这一举措有效地促进了美育与戏剧艺术的深度融合。

4. 厚植学科文化根基

学科文化是高校人才培养的重要基础之一，它旨在通过系统的学科知识和专业技能的学习与实践，培养学生的专业素养和创新能力。而校史校情原创话剧作为一种跨学科的艺术形式，对于厚植学科文化具有重要意义。

"学校搭台、学院唱戏、师生共创"的排演模式，确实已成为厦门大学校史校情原创话剧的一大亮点。这一模式不仅体现了学校在文化建设上的高瞻远瞩，更彰显了各学院在学科文化传承与创新中的积极担当。在这种模式下，根据校史人物的学科背景进行划分，巧妙地将校园文化、美育与学科建设融合在一起，数学科学学院与《哥德巴赫猜想》、经济学院与《遥望海天月》、航空航天学院与《长汀往事》以及马克思主义学院与《南强红笺》等结对互助。这种"结对"方式，不仅使得各学院能够依托自身学科特色，深入挖掘和展现与校史相关的故事及其精神，更让师生在共创过程中，亲身感受到学校历史的厚重和学科文化的魅力。①

通过这种模式，厦门大学成功地将传承优良校风的接力棒交到了青年学生手中。学生们在参与话剧的创作和演出过程中，不仅提升了自身的艺术素养和综合能力，更深刻地理解和认同了学校的办学理念和文化传统。这种认同感和归属感将激励他们在未来的学习和生活中，继续发扬和传承厦门大学的优良校风，为实现学校的长远发展和人才培养目标贡献自己的力量。同时，这一模式也进一步推进了学校的文化品牌建设，提升了学校的知名度和影响力。每一部成功的校史校情原创话剧，都是对学校文化品牌的一次有力宣传和推广，都是向外界展示厦门大学独特办学特色和深厚文化底蕴的一个窗口。

5. 强化中华民族共同体意识

强化中华民族共同体意识，促进民族团结是国家繁荣稳定的重要保障之一，也是高校人才培养的重要任务。而校史校情原创话剧作为一种具有广泛参与性和影响力的校园文化活动，对于塑造中华民族共同体意识具有重要意义。2023 年《哥德巴赫猜想》国家大剧院演出剧组 52 名演职人员分别来自 10 个民族，其中汉族 42 人、满族 2 人、藏族 1 人、俄罗斯族 1 人、哈萨克族 1 人、回族 1 人、土家族 1 人、维吾尔族 1 人、瑶族 1 人、壮族 1 人，特别指出的是来自台湾地区 2 人、香港特区 2 人。2024 年校庆季演出剧组演职人员来自 7 个民族，其中汉族 72 人、蒙古族 3 人、回族 1 人、藏族 1 人、满族 1 人、朝鲜族 1 人、布依族 1

---

① 王志鹏：《解码厦大校园文化基因》，https://news.xmu.edu.cn/info/1002/63478.htm，访问日期：2024 年 4 月 3 日。

人,特别指出的是来自台湾地区 2 人、香港特区 2 人、澳门特区 1 人。剧组的人员沟通具有民族多样性和覆盖台湾、香港、澳门的特点,在共同创作和演出的过程中,他们相互学习、相互尊重、相互帮助,不仅提高了自己的艺术修养和表演能力,更增进了彼此之间的了解和友谊。

这种跨民族、跨区域的交流与合作有助于打破民族隔阂和偏见,不仅有助于促进民族团结和校园和谐,而且有助于培养学生的国际视野和跨文化交流能力。此外,校史校情原创话剧往往以学校的历史文化和民族精神为创作背景和内容。通过展现学校的历史文化和民族精神,可以激发学生的民族自豪感和归属感,增强他们的民族认同感和民族自信心。这种民族自豪感和自信心是促进民族团结、塑造中华民族共同体意识的重要基础。

五、结语

校史校情原创话剧在厦门大学的人才培养体系中发挥了积极的作用,它通过艺术的手法,不仅传承和弘扬了厦门大学的优良校风,还深化了思政教育、浸润了美育、厚植了学科文化,更在促进民族团结方面发挥了积极作用。这些影响深远的教育成果,不仅提升了学生的知识、技能和素质,更在塑造学生的情感、态度和价值观方面起到了关键作用。

展望未来,学校有必要继续推进校史校情原创话剧的创作与演出工作,使其成为培养优秀人才的重要载体。然而,在当前的校内外排演工作中,我们也面临一些挑战和问题,其中演出经费的筹措以及演出队伍的建设与管理尤为突出。就演出经费而言,目前主要依赖学校大型活动经费和校外邀请方的资金支持,但这些资金来源并不稳定。为了确保话剧演出的持续性和高质量,我们需要建立更加稳定的资金保障机制,并积极探索校外资金赞助的可能性。在演出队伍建设与管理方面,当前的管理模式仍需改进。剧组学生来自不同校区和专业,日常排练由导演组负责,这在一定程度上增加了管理的难度。为了更有效地介入剧组学生管理,提升排练和演出的效率,我们需要进一步完善管理机制,确保所有成员能够高效、有序地参与到话剧的创作和演出中来。

综上所述,校史校情原创话剧是厦门大学人才培养的综合性载体。为了充分发挥其教育功能,我们需要不断解决在发展过程中遇到的问题,为话剧的持续发展注入新的活力,从而为培养更多优秀人才做出更大的贡献。

第二篇

课程建设与改革

"材料制备与加工实验"课程中融入
创新元素的教学设计探究

陈 洲 [*]

摘要:"材料制备与加工实验"是材料科学与工程专业一门重要的基础实验课程,以培养学生创新意识和主动思考能力为目标导向。借助于"材料制备与加工实验"课程的实施过程,强化学生专业实践技能和运用理论知识解决实际问题的综合能力,对进一步培养高质量本科生人才具有重要意义。在课程设计中融入创新性教学理念,采用授课、课题调研、总结报告、自主设计实验等主动和互动相结合的教学方法;在课外有机融合开放实验课题和大学生竞赛项目等课外专业实验技能拓展方法,紧跟学科前沿发展方向,把握前沿材料制备与加工技术动态,体现教学过程的先进性,并通过正面反馈激发学生专业热情和专业自豪感,为培养高质量的人才积极落实实践工作。

关键词:材料制备与加工;基础实验;创新教学;第二课堂;科教融合

一、引言

"新工科"背景下落实推进高等教育教学方法创新和改革,积极推动学科建设、专业建设和人才培养具有重要的意义。[①] 习近平总书记在全国高校思想政治工作会议上指出:"我们对高等教育的需要比以往任何时候都更加迫切,对科学知识和卓越人才的渴求比以往任何时候都更加强烈。"人才培养是高校工作的核心部分,培养高质量新型人才需要在教育教学环节中注重学生创新力的培养,塑造面向当前和未来科学技术创新的复合型人才,这对教师教学技能与时俱进的改革创新提出了更高的要求。因此,笔者积极推进基础理论教学、实验课教学模式创新改革,探索兼具个性化和多元化的工科人才教育培养模式,为全面推进新工科建设和发展,布局未来新兴工科专业发展,积极探索有效的本科生人才培养模式。

材料制备与加工实验课程是理论课的配套实验教学课程,教学内容涵盖了多种类型材料合成的基本原理、材料的制备加工与应用实践等,实验课开展过程包含了理论性实验、创新性实验和兼具趣味性的应用型实验,课程综合性强。在对材料、化学相关理论和实验课

　＊　陈洲,理学博士,厦门大学材料学院助理教授,硕士生导师,主要研究领域包括二氧化碳光/电催化转化、纳米材料合成等。

　①　刘吉臻、翟亚军、荀振芳:《新工科和新工科建设的内涵解析——兼论行业特色型大学的新工科建设》,《高等工程教育研究》2019 年第 3 期。

的学习锻炼后,大三学生基本掌握了相对充分的理论和实践经验来学习这门课,因此,在教学实施过程中,笔者尝试积极融入创新性教学元素,着重培养学生重细节的科研品质和独立思考的逻辑思维能力,以及独立操作和动手的能力,通过理论和实践的互补结合,打造一门自主探索和创新型的实验课程,旨在提高学生的专业技能水平,提升业务本领,为培养高质量复合型工科人才奠定良好基础。本课程的教学形式多元化,有教师主导的教学,也有学生自主设计的创新实验,包括了纳米材料的合成、加工、企业实践、企业见习等环节。在各单元的授课过程中也积极融入创新元素,重视创新性实验的开展,鼓励学生自主学习和思考,积极探索科教融合育人新模式(见图1)。

图1 "材料制备与加工实验"课程创新实践

二、课程设计理念与教学展示

1. 加强安全教育,重视实验细节

实验安全无小事,潜在的安全隐患也不容忽视。在实验安全和6S管理的授课过程中,针对仪器清点、药品领取、实验准备和实验规范操作等重要环节,结合各高校实验室安全事故案例,具体分析发生事故的原因,让学生充分认识到实验过程中存在安全隐患的严重性,与学生讨论如何才能避免这些事故,提高学生在实验过程中的警惕性,加强实验室安全规范和管理。同时,在案例讨论过程中,注重强调"严谨"实验的重要性,严格规范实验过程的实验数据记录和现象分析,实验过程的细节决定实验的重现性,对一些"意外"的实验结果要保持批判思维态度,积极思考"为什么我做的实验结果会这样呢""这里面存在的科学原理是什么""新现象能够有什么新的用途"等。这个发现的过程往往是更加有趣的,会为科学的探索带来更多的可能。因此,在实验过程中,注重强调实验现象和实验细节的重要性,引导学生积极思考,把握一些"特殊"的实验现象和结果可能会带来新的启发。另外,实验报告是展示实验研究成果的重要方式,正确和规范的写作会带来更好的展示效果。结合英文文献和硕博士论文案例讲述中英文规范书写的相关要点,与学生分享近些年硕博士论文、中英文文章初稿中不规范的写作案例,加深学生对写作规范的认识,培养学生重视写作的细节,养成良好学风。此外,结合国内外因论文质量而影响学位获取的反面案例提醒同学们培养细致、严谨、认真的科学态度,提高学生毕业设计论文的选题、设计和撰写质量。

2. 重构课程内容,提高教学成效

在实验的安排上,需要不断巩固理论知识,锻炼学生的实际实验操作技能,因此在教学安排中会有机融合材料理论课上的基本测试分析方法(如XRD和SEM等)以及一些仪器原理介绍和使用(如酶标仪、一体化激光器和红外热成像仪等),巩固学生对基础实验仪器的操作。同时,开展材料合成与加工实验,让学生初步了解工业产品的制造过程。在这些相关实验课的实施过程中,笔者有机融合了一些带有浓厚生活气息的实验课程,如前往相

关企业开展除醛果冻制备实验,结合现代化工产品的设计理念,将材料制备与高值化产品的实际生成过程相结合,学生可以在掌握的理论原理基础上,开展相关材料的加工合成、固化、分装等过程,并能在实际生活中验证所合成产品的有效性,增添了实验过程的趣味性,充分调动了同学的主动性,也激发了学生的学习热情,强化了对知识的掌握和运用,提高了教学效果。

3. 创新教学实践,转变学生角色

把基础研究问题融入实验设计中,让学生以小组合作进行综述调研,选定一些选题,引导学生学会运用知网和 Web of Science 等独立搜索前沿文献咨询,并总结归纳课题的研究进展和发展动态。调动学生积极性和主动性,通过对学生自主的资料查找、阅读、整理、归纳、分析和总结,实际上是开拓了学生对"材料制备与加工实验"的理论和实践的探索能力,梳理和强化了课程的重要理论知识的实践。结合学生主导的课程教学过程,把课堂还给学生,让学生充当主导者角色,通过学生的独立汇报,培养学生学术报告分享的语言交流能力;指导教师通过进一步结合学生论述进行点评和补充,针对学生自主设计的实验方案进行评价并给出完善建议。在这个过程中,学生加深了对重要理论知识点的认识,也锻炼了学生的归纳总结和独立思考能力,特别是如何凝练前沿研究课题创新点,为今后毕业设计选题打下良好基础。

三、第二课堂在授课实践中的应用

推进理论知识转换,锤炼系统科研本领。课堂的时间相对固定,能够提供给学生独立思考的时间也有限。为此,可积极探索第二课堂的教学模式(如利用学生课余时间,在学校相关部门管理下开放实验室),积极营造轻松和谐、平等互爱的学习氛围。将课堂上有限时间完成不了的探索性研究实验放在课后进行,课上则更注重基础理论知识的运用。相比于课堂上的严肃,开展开放性实验室,为本科生同学提供了一种更加放松的学习环境,以此充分激发学生自由探索、敢于质疑的潜能。依托开放实验室课题项目,对本科生开放科研课题项目和实验室仪器设备,本科生利用课余时间参与团队科研项目的研究中,进一步拓展了本科生在创新性实验的实践水平。在开放实验室项目的实施过程中,充分培养和锻炼本科生综合技能,参与开放课题研究的学生不仅收获了关于纳米材料合成与制备的基础理论知识,同时将所设计合成的纳米材料应用于各类反应体系,丰富了材料制备与加工的实际用途;同时在实践过程中,深入了解相关实验设备的操作方法,提升了实际动手操作能力,在团队合作、语言交流等方面也得到了充分的锻炼,拓展了本科生成员理论联系实验的综合能力。学生在一起学习、研究、探讨问题,一起克服实验过程未知结果带来的困难,在实践中不断提高自己的科研素养和创新能力。因此,在材料制备与加工实验教学的后续培养中,可以继续深化结合开放课题的培养模式,继续拓展课堂外的本科生创新培养方案,不断提高本科生的综合学习能力和专业素养,培养知识丰富、本领过硬的高素质专门人才。

如笔者指导的开放实验室项目,围绕纳米催化材料研制和应用中,创新性组建起本科生团队,鼓励本科生走进实验室学习。在理论知识学习方面,课外实验直观地提升了本科生对"材料科学基础""物理化学"等课程的理解,深入领会活化能、反应速控步骤、氧化还原电位等概念;在实践技能提升方面,参与项目的本科生成员动手实验能力直接得到提升,课后文献阅读能力得到充分锻炼；在团队协作方面，项目实施过程中成员分工明确，并定期向指导老师汇报实验进展，通过不断交流总结，也提高成员的团队协作意识。

四、本科生竞赛项目与教学相结合

1. 大学生创新创业训练计划

《国家中长期教育改革和发展规划纲要》在提高人才质量方面明确指出"支持学生参与科学研究，强化实践教学环节"[①]。笔者积极吸纳有科研兴趣的学生参与大学生创新创业训练计划项目，探索升级以学生为中心的课堂教学，通过与学生进一步交流互动，激发他们浓厚的科研兴趣，引导他们向自主思考的角色转变，领会科学研究内涵。在具体实施过程中充分引导学生自主选题，鼓励学生个性化发展；针对选题共同商讨制定研究内容、研究方案、实施路线等，锻炼学生的科研思考和解决复杂科学问题的能力；结合项目的实际进展，定期进行数据分析与处理、中期/结题报告撰写、成果交流汇报等，与学生分享前沿科研成果，拓展学生的科研视野，提高学生的科研交流和学术能力。

2. 兴趣驱动创新实践，夯实专业技能

笔者积极组织学生参加国内各类赛事，如全国大学生创新创业年会、全国大学生可再生能源优秀科技作品竞赛等。通过与各类竞赛相结合的实践教学方式，激发学生的学习兴趣，兴趣驱动下的学生开启"主动式"学习模式，兴趣驱动下的学习动力强，可不断提高学生综合素质和专业技能。在组织安排上，根据学生的兴趣和特长爱好，有选择性地在项目竞赛等活动中分配学生的角色，充分发挥学生特点，激发个人的兴趣，展现每个人的价值。通过竞赛不断检验学生的学习成果和理论水平，而且在竞赛的过程中，不断提高学生实验技能、数据处理、绘图、文本撰写、团队协作的能力。在这种培养模式下也取得了初步的成效，例如，近些年在本科生团队的共同努力下，成果累计以第一（含共同）作者在 *Chinese Chemical Letters*、*Nanoscale* 和 *Energy Technology* 期刊上发表高水平研究论文。[②] 将兴趣爱好融合到科研创新实践中，本科生团队成员热情高涨，精神饱满，他们也独立借助于 c4d、blender 和 PS 等软件绘制出 *Nanoscale* 期刊论文的封面图（见图 2）。在整个研究工作的完成过程中，不同年级、不同方向的同学互相间的交流，也传递出了一种正面情绪并产生激励作用，不断鼓励学生更热情地投入材料学科专业知识的学习和实践中，提高学生专业业务能力。

---

① 《国家中长期教育改革和发展规划纲要（2010—2020 年）》，http://www.moe.gov.cn/srcsite/A01/s7048/201007/t20100729_171904.html，访问日期：2024 年 4 月 22 日。

② Zongyi Huang，Cheng Guo，Quanxing Zheng，Hongliang Lu，Pengfei Ma，Zhengzhong Fang，Pengfei Sun，Xiaodong Yi，Zhou Chen，Efficient Photocatalytic Biomass-Alcohol Conversion with Simultaneous Hydrogen Evolution over Ultrathin 2D NiS/Ni-CdS Photocatalyst，*Chinese Chemical Letters*，2024，35，109580. Cheng Guo，Zongyi Huang，Xinrui Long，Yuchen Sun，Pengfei Ma，Quanxing Zheng，Hongliang Lu，Xiaodong Yi，Zhou Chen，Interfacial Electric Field Construction of Hollow PdS QDs/$Zn_{1-x}Cd_xS$ Solid Solution with Enhanced Photocatalytic Hydrogen Evolution，*Nanoscale*，2024，16：1147. Jingya Huang，Zongyi Huang，Shuang Xu，Tingting Fan，Xiaodong Yi，Zhou Chen，Photocatalytic Oxidative Coupling of Benzylamine to Schiff Base over 0D/2D CdS/$CdIn_2S_4$ Heterojunction，*Energy Technology*，2022，10：2200362.

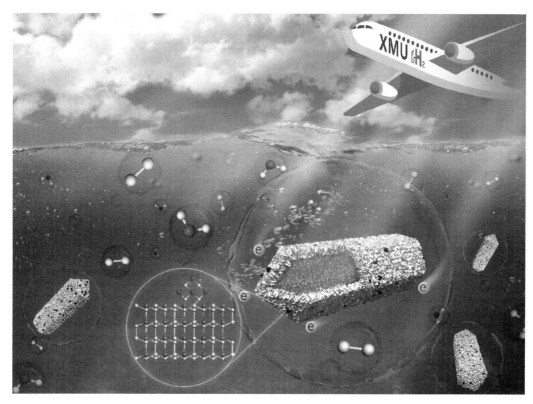

图 2　2024 年本科生绘制的 *Nanoscale* 封面

资料来源：Cheng Guo，Zongyi Huang，Xinrui Long，Yuchen Sun，Pengfei Ma，Quanxing Zheng，Hongliang Lu，Xiaodong Yi，Zhou Chen，Interfacial Electric Field Construction of Hollow PdS QDs/Zn_{1-x} Cd_xS Solid Solution with Enhanced Photocatalytic Hydrogen Evolution，*Nanoscale*，2024，16：1147.

五、结语

　　随着纳米科学技术的迅速发展，材料制备与加工技术的发展也日新月异。新时代高质量本科生人才的培养需要与时俱进，及时了解前沿材料科学与制备加工技术的发展动态，有机融合前沿基础和理论知识体系，扩展本科生的科研视野，为更高质量人才培养奠定知识基础。因此，在实验教学实践过程中，课程体系和教学模式需要持续优化并有机融合前沿的知识和技术，包括新型材料设计、材料制备技术、材料合成原理、材料加工工艺等，积极打造更加高质量的授课模式。在实践教学过程中，应当不断培养和训练学生独立自主的学习思考能力，帮助学生提升解决实际复杂情况的思辨能力，更好地培养本领过硬的专门人才和拔尖创新人才。

大学生美育与通识课程"科学饮食与健康"
教学改革探析与实践*

李 蕾 李宇晴 苏艳华 彭中芮**

摘要:大学生处于青春期后期,生长发育和繁重的学习使他们对各种营养素的需要量较高,科学的膳食指导对促进大学生的健康成长具有重要的作用。本文阐述了向大学生开设"科学饮食与健康"课程的重要意义,分析了目前教学中存在的问题,并根据以往的教学实践,在教学内容、教学方式、测评方式等方面探索"科学饮食与健康"的教学改革,提高课堂教学的实用性和趣味性,激发学生的学习积极性,为美育与通识课程的建设与改革提供参考。

关键词:科学饮食与健康;大学生;美育与通识课程;教学改革

近年来,随着经济的发展,人们生活水平的明显提高,食物资源的丰富性和可及性有了显著改善。人们的膳食模式也悄然发生改变,由传统的以植物性食物为主的东方膳食模式,逐渐向以动物性食物为主的西方膳食模式转变。在疾病谱方面,蛋白质一热能营养不良,营养素缺乏等疾病的发病率显著降低,而超重肥胖、糖尿病、心血管疾病等慢性非传染性疾病的发病率不断提高。[①] 大量流行病学研究发现,膳食结构不合理导致的营养失衡与慢性非传染性疾病的发生发展密切相关,全球约五分之一的死亡与不良饮食有关。[②] 因此通过科学饮食、合理营养来预防慢性非传染性疾病,增强机体健康具有重要的现实意义。"科学饮食与健康"是公共卫生学院针对非预防医学专业学生开设的一门全校性美育与通识课程,旨在向学生普及营养学基础知识,引导学生逐步建立科学饮食的理念,学会合理安排自己的一日三餐,达到促进大学生身体健康、预防疾病的目的。本课程自 2017 年开设以来,受到许多学生的欢迎,新闻学、经济学、政治学与行政学等各个专业的学生都对本课程表现出浓厚的兴趣。我们课程组在八年的教学实践中,以构建高效、有趣、实用的营养课堂

* 基金项目:高等教育人才培养质量和教学改革项目(JG202401)。

** 李蕾,女,山东泰安人,厦门大学公共卫生学院副教授,硕士生导师,医学博士。李宇晴,女,山东泰安人,悉尼大学经济学硕士。苏艳华,女,河南开封人,厦门大学公共卫生学院助理教授,医学博士。彭中芮,女,四川广元人,厦门大学公共卫生学院医学硕士。

① 赵振军、江祖德、姚志广:《我国居民膳食结构与慢性非传染性疾病发生的关系研究》,《食品安全导刊》2015 年第 9 期。郑森、毛学韫、朱飞云等:《中国 65 岁及以上老年人植物性饮食与死亡的关系》,《中华疾病控制杂志》2023 年第 6 期。

② 姚文庆、逯晓波、杨亚斌等:《世界 37 国主要癌标化死亡率与主要饮食物摄入量的相关研究》,《中国公共卫生》1994 年第 6 期。

为目的,积极开展教学改革,建立并完善了课程的教学体系,努力提升美育与通识课程的教学质量,从而达到提高学生科学素养和健康素养的目的。

一、大学生开设"科学饮食与健康"课程的必要性

"民以食为天","安谷则昌,绝谷则危"。自古以来,饮食不仅可以提供人体生命活动所必需的营养物质,也关系到种族的延续和人类文明的发展。食物可以为机体供给蛋白质、脂类、碳水化合物、维生素和矿物质等多种营养素。《黄帝内经·素问》中指出:"五谷为养,五果为助,五畜为益,五菜为充,气味合而服之,以补精益气。"提出了以谷养、果助、畜益、菜充的膳食原则,是人类营养史上最早的膳食指南,与现代营养学中膳食宝塔的基本原则是相同的。同时古人也提出了"饮食有时"的理论。养生专著《养病庸言》中提到"早餐必在寅卯之间,中餐必在午前,晚餐必在戌前,此精其时也",明确指出了一日三餐的最佳时间。同时《吕氏春秋》中提到"食能以时,身必无灾,凡食之道,无饥无饱,是为五藏之葆"。《灵枢·五味》曰:"故谷不入,半日则气衰,一日则气少矣。"说明饮食要定量而有所节制,不可过饱过饥。

大学生作为社会人群中的特殊群体,处于青春期后期,生长发育、繁重的学习和体育锻炼使他们对各种营养素的需要量较高,因此充足的宏量营养、维生素和矿物质是维持大学生正常身体活动和高效学习的重要基础。但是许多大学生存在营养知识知晓率低、生活方式不健康、饮食结构不合理等问题。[①] 我们前期对厦门大学 178 名大学生进行了营养知识知晓率的问卷调查,结果发现调查对象营养知信行的平均得分为 106.3±11.0 分(总分160 分),其中营养知识平均得分仅为 35.4±7.1 分(总分 60 分),营养态度和膳食行为平均得分为 37.2±4.4 和 33.8±3.9 分(总分均为 50 分),说明大学生营养知识普遍匮乏,不注重科学饮食。我们另一项对 210 名厦门大学在校大学生的调查发现仅 34.3% 的大学生每天吃早餐,11% 的大学生从来不吃早餐。在食用早餐的人群中,63.8% 的大学生早餐质量较差。此外,集体生活使大学生不断接触新的饮食文化,再加上远离父母的监督,大学生对食物选择的自主性增加,仅靠学校食堂难以满足大学生多元化的饮食需求,手机订餐也成为大学生主要的就餐途径之一。我们对厦门市 4 所高校 2145 名大学生进行问卷调查发现,在校大学生每月手机订餐使用率达 90.8%,订餐学生的食物多样化达成率仅为30.9%。随着订餐频率增加,膳食中能量和脂肪的摄入量增加,蛋白质和碳水化合物的摄入量下降,说明高频率的手机订餐可能会降低学生的膳食质量,增加学生超重肥胖发生的风险。在我们指导本科生开展的一项"营养教育对厦门大学学生营养知信行的影响作用"的创新训练项目中发现,对大学生进行营养教育之后,学生的营养知识、营养态度、膳食行为及总分显著升高,且营养知识得分涨幅最为显著,说明营养教育具有促进学生营养知信行的作用,尤其对于营养知识的传播教育具有极大的促进作用。因此,在大学生中开设"科学饮食与健康"的通识与美育课程,有助于学生了解营养与健康的基础知识,掌握科学饮食的基本原则和实施方法,认识到合理营养在疾病防治方面的重要角色,对提高大学生的生活质量、促进其肌体健康具有重要的现实意义。

---

① 开桂青、黄程浩、彭惠:《大学生营养与健康公选课教学改革与实践》,《高教学刊》2022 年第 27 期。

二、美育与通识课程进行教学改革的重要意义

为了拓宽学生的知识面,全面提高学生的素质,厦门大学开设了多种美育与通识课程,主要有知识进阶系列,包括人文与艺术、社会科学、自然科学、工程技术、医学与生命科学、地球科学与技术六大类别;通用技能系列(通用技能)和素质拓展系列,包含认识中国、认识世界、艺术与审美、科学与创新、自我与社会、生命与健康等。这些课程涉及的领域广泛,有利于学生打破原有专业壁垒,实现不同学科间的交叉与渗透,有效提高学生的人文素养和科学创新精神,显著增强人才的综合素质和竞争力。但美育与通识课程通常是学生在专业必修课之外选修的课程,无论从学时还是从考核方法方面都与必修课存在明显差别,导致美育与通识课程在教学过程中会出现一些问题。首先,学生对课程的重视程度不够。学生最初是根据个人兴趣和学分需要来选择这些课程,大部分学生在开课之初,上课积极性比较高,但由于专业课作业多、考核严,而美育与通识课程考核机制相对宽松,慢慢课堂上就会出现部分学生做专业课的作业甚至请假去参加专业实训等现象,而且经常会出现一些"怪象":第一次课和最后一次课,学生的出勤率和上课状态通常是最好的,第一次课学生来听听课程的具体考核方法,最后一次课获取考核论文或者作业提交的具体时间节点和方法,中间就应付了事,充分体现了部分学生为了"混学分"而选课的心态。其次,美育与通识课程的考核机制较为宽松。尽管学校已经完善了美育与通识课程的考核机制,在具体教学实施过程中仍存在一些问题。目前美育与通识课程期中考核题目较为简单,流于形式,而期末考核通常是一篇论文或者开卷考试。学生考核无压力,就会出现"人在曹营心在汉"的现象,听课效率较差,只关注与作业和考核有关的知识点,期末考查的论文在网上查阅资料拼凑而成。最后,美育与通识课程缺乏合适的教材。美育与通识课程的深度介于专业课和科普知识之间,知识的更新速度快,时效性强,而且每门课程的侧重点不同,使用教材的人数不固定。所以目前市面上很难找到适配度比较高的教材。没有教材,单纯依靠课堂上老师提纲挈领的课件,学生很难全面掌握课程中的重点和难点,进而会影响教学效果。

三、"科学饮食与健康"教学改革的探索与实践

1. 凝练教学内容,激发学习兴趣

"科学饮食与健康"的授课内容以人体必需的七大营养素为主线开展。在学生掌握了基础营养知识的前提下,教师逐步引导学生将这些知识应用于日常饮食的搭配与评价,同时理解科学的饮食搭配可提高机体免疫力,促进身体健康,而不合理的膳食安排轻则会导致营养不良,重则会增加疾病的患病风险。考虑到本门课程选修学生大部分为文科专业,教师在授课过程中,偏重知识的日常应用和实践。课堂上所学的知识在现实生活中看得见,摸得着,学生对课堂知识的关注点就会增加。

在课程开始时,结合 2009 年所谓"中国食疗第一人"张悟本写的《把吃出来的病吃回去》这本书,讨论饮食与健康的关系。同时强调掌握科学的营养知识可以帮助我们识破生活中形形色色的养生骗局,认清保健品的"神奇"功效,保护自己,同时免交养生"智商税"。然后引入"科学饮食与健康"。这门课程可以教会我们三方面的知识:第一,吃什么? 机体每天需要哪些营养素,这些营养素的食物来源是什么? 第二,吃多少? 机体对这些必需营

养素的需求量是多少,大概摄入多少食物可以满足身体的需要? 第三,怎么吃? 食物如何搭配才能获得充足的营养素供给,食物如何烹调才能最大限度地提高营养素的利用率?

在讲授基础营养知识时,教师要围绕学生关心的问题开展,将营养素的相关知识与生活中实际问题相结合。如在讲授蛋白质部分时,以癌症术后病人的膳食建议,引出优质蛋白质对人体抵抗力的影响作用。同时对日常生活中营养知识的盲点和误区进行分析。如鸡肉鸡汤哪个更有营养? 一口鲍鱼一口金对吗? 白皮鸡蛋、红皮鸡蛋和土鸡蛋哪个更胜一筹? 蛋白粉可以替代肉鱼蛋奶,补充我们身体需要的蛋白质吗? 在碳水化合物的学习过程中,教师讲解碳水化合物是人体能量的主要来源,占总能量摄入的 50％～65％,延伸至目前比较流行的"低碳水""戒碳水"等错误理念对身体的危害。食物中蛋白质、脂类和碳水化合物均可以产生能量。在减肥过程中,要实现能量的负平衡,需要适当减少能量营养素的摄入,而不能盲目不吃主食。分析市面上售卖的"低糖电饭煲"的原理,饮料和甜食中代糖的种类。同时介绍不同食物的血糖生成指数,以及糖尿病病人的食物选择原则。有些学生家里老人患有糖尿病,在食物的选择和搭配方面存在较多疑问,通过课堂学习,学生从原理到实际应用方面的内容都能透彻理解,还能将这些知识传播给家长,发挥了良好的营养宣教作用。

分析新闻事件中的营养与食品安全问题,激发学生的兴趣,提高学生透过现象看本质的能力。如比较"饥饿的苏丹"和安徽阜阳奶粉事件中"大头娃娃"的图片,介绍蛋白质—热能营养不良的种类。分析三聚氰胺奶粉事件,讲解食物中蛋白质的含量以及测定方法。评价电影《热辣滚烫》中贾玲的减肥过程,分析饮食搭配在控制能量摄入、减轻体重方面的重要作用和具体实施方法。同时,分析大家在商品广告中经常听到的益生元、DHA、EPA 以及鱼油的成分及其功效,引导学生正确认识保健食品的本质和作用。

2. 实现教学方式多样化,活跃课堂氛围

"科学饮食与健康"是一门应用性较强的学科,与生活实践密切相关。这门课程目前主要在厦门大学思明校区开设,选修学生多为文科专业,生物医学知识背景较弱,这就要求教师打破传统的授课模式,摸索出适合文科学生的教学方式,激发学生的学习兴趣,调动他们的学习积极性。首先,授课内容要"接地气",以应用型内容为主,略去作用机制以及生化代谢等纯理论的知识,在授课过程中用通俗易懂的语言讲解知识点,尽量避免生涩难懂的专业术语。教学目的以学生能够运用营养知识合理搭配饮食为主,不要求学生死记硬背知识点,减轻学习压力,学生因为"感兴趣"或者"需要这方面的知识"而听课。其次,充分利用多媒体教学,生动、高效地将营养知识传授给学生。在多媒体课件中,将营养知识与食物图片、语音以及影像等巧妙整合,在视觉、听觉等多方面刺激学生,让学生多角度理解知识,同时给学生营造轻松、有趣的课堂氛围,达到快乐学习的目的。[①] 如介绍不同食物中蛋白质含量时,将肉鱼蛋奶、米饭、馒头、蔬菜、水果等食物以图片的形式呈现给学生;学习反式脂肪酸时,播放科普视频,介绍反式脂肪酸的形成过程,对人体健康的影响作用,以及富含反式脂肪酸的食物;讲解能量平衡时,展示奥巴马、博尔特、布拉迪等名人的 BMI,阐述蛋白

① 蒋晓岚、严伟才、王东旭等:《MOOC 理念下高校公选课教学改革研究——以茶叶营养与保健课程为例》,《安徽农业科学》2019 年第 16 期。

质、脂类和碳水化合物三大能量营养素对体重的影响作用。最后,将食物和模具带入课堂,增强学生感性认识的同时,提高学生的实践能力。例如,将不同糖类带入课堂,让学生品尝其甜度,介绍其血糖生成指数,了解不同糖类对人体血糖的影响作用;在课堂上展示中国居民膳食宝塔的模具,了解平衡膳食的基本原则以及食物交换的方法。最后,开展课堂—网络—社区的综合教学方式。教学始于课堂,但并不只局限于课堂。引导学生以课堂知识为基础,积极利用网络资源,对所学的知识进行"复盘"和拓展。① 例如,学习各类食物的营养价值后,让学生对挑选自己家乡的一种美食,结合课堂上所学的知识,上网查阅文献资料,对家乡美食进行营养价值的分析和评价。带领学生参与校区与社区的营养宣传活动,了解大学生及社区群众的营养需求,为他们答疑解惑,同时在社区中开展小规模的膳食调查和营养状况评价,将课堂知识应用于实际生活中,既巩固了课堂知识,还可以提高学生对知识的实际运用能力。同时还可以增强学生的社会责任感,实现思政教育与专业学习的融合。

3. 采用多元化的测评方式,提升教学质量

考核不但可以检验学生对知识的掌握程度,还可以提高学生的学习积极性。我们在"科学饮食与健康"的课程考核方面进行了探索和改革,采用多元化的测评模式取代传统的期末开卷考试。② 平时成绩和期末考查成绩各占50%,平时成绩包括考勤、作业和期中考核,作业重点锻炼学生的实践能力。比如让学生对身边的同学开展膳食调查,进行膳食评价,并提出合理的膳食建议。期中考核采用开卷考试,主要考查学生对基础营养知识的掌握程度,提高学生的健康素养。例如食物如何分类?健康成人每天需要摄入多少克蛋白质?富含钙的食物有哪些?期末考查通常要求学生提交一篇论文,教师根据社会上有关营养的热点新闻,提出问题,学生结合课堂所学知识,提出自己的见解,并进行论证,主要考查学生分析问题,解决问题及其对知识的综合运用能力。例如张文宏在疫情期间提出"你家里的孩子不管长得胖,长得瘦,喜欢不喜欢吃东西,这段时间他的饮食结构,你要超级重视。绝不要给他吃垃圾食品,一定要吃高营养、高蛋白的东西,每天早上准备充足的牛奶,充足的鸡蛋,吃了再去上学,早上不许吃粥。"引导学生根据所学知识对张文宏的建议进行评价,旨在考查学生对实际问题的分析能力和灵活运用知识的能力。

四、结论

总之,"科学饮食与健康"作为一门美育与通识课程,旨在拓宽学生的视野,提高学生的健康素养,促进学生综合素质的提高,是高校课程体系中必不可少的组成部分。在教学过程中,应该坚持以学生的发展为导向,努力做到教学内容与学生的兴趣相结合,基础理论与前沿进展并重,理论学习与实践应用融合共进,为学生提供高质量的教学服务。通过凝练教学内容,实施多样化的教学方式,采用多元化的测评模式,提高学生的学习积极性,提升"科学饮食与健康"的教学质量,实现教学相长,为美育与通识课程的建设与改革提供参考。

---

① 张敬、周杨、邹泽涛等:《营养与健康公选课教学改革》,《教育教学论坛》2016年第16期。

② 刘玉萍、苏旭、李昌等:《大学生公选课〈营养与健康〉教学改革探析》,《中央民族大学学报(自然科学版)》2016年第4期。

基于能力产出的"工程制图"模型成图
与创新设计融合式教学研究

沈　亮　刘俊扬　廖赛虎[*]

摘要：根据"拔尖创新人才自主培养"国家重大战略需求和工程教育专业认证"产出导向教育"核心理念的要求，在化工类专业基础课程"工程制图"教学中培养学生创新性设计思维。本文提出了"二维绘图—三维建模—虚拟仿真"的能力培养推进路线，通过解构一个5学时的模型成图综合教学单元实例，阐述了课堂教学在培养学生解决复杂工程问题能力方面所起到的作用。

关键词：工程制图；产出导向教育；创新设计；复杂工程问题；能力

一、前言

习近平总书记在党的二十大报告中强调"全面提高人才自主培养质量，着力造就拔尖创新人才"，综合国力的竞争根本上是人才的竞争，拔尖创新人才自主培养已成为以中国式现代化全面推进中华民族伟大复兴的重大战略需求。工程教育是专门培养工程类人才的教育类型，随着技术革新的速度不断加快、资源环境的约束不断增强，工程人才的能力属性也需要进一步迭代升级。自20世纪80年代我国开始工程教育专业认证的学术探讨，到2015年成立中国工程教育专业认证协会，2016年成为《华盛顿协议》正式成员，30多年来工程教育专业认证已成为推动工程教育改革和工程人才培养的重要手段和渠道。厦门大学"化学工程与工艺"本科专业2018年通过中国工程教育专业认证，2022年通过中期审核（工认协〔2022〕22号），化工类人才培养正在不断迈上新台阶。"工程制图"是高等工科院校本科生必修的一门技术基础课，厦门大学化学工程与工艺、生物工程专业在大二第一学期开设此课，总共48学时，教学内容涵盖画法几何、机械制图和计算机绘图基础等三个部分，隶属于支撑"工程知识""设计/开发解决方案""使用现代工具"三项工程教育通用毕业要求。产出导向教育（Outcome-Based Education, OBE）是工程教育专业认证的核心理念，OBE进课堂是中国工程教育专业认证的关键，而遵循OBE的课程教学设计则是OBE进课堂的"最后一公里"[①]。本文正是在这种背景下，结合笔者多年"工程制图"教学实践，以

---

* 　沈亮，女，重庆人，厦门大学化学化工学院副教授，研究方向为环境化工。刘俊扬，男，福建人，厦门大学化学化工学院副教授，研究方向为单分子电子学和芯片微纳制造。廖赛虎，男，湖南人，厦门大学化学化工学院教授，研究方向为高分子化学和光聚合。

① 　李志义、王泽武：《成果导向的课程教学设计》，《高教发展与评估》2021年第3期。

一个 5 学时综合绘图练习的融合式教学设计为例,聚焦解决复杂工程问题的能力产出,深入探讨创新人才培养赋予 OBE 的新内涵,梳理微观教学行为与宏观教育思想的逻辑关联,为新时代高等工程教育工作者履职尽责提供借鉴和参考。

二、"解决复杂工程问题能力"的课程映射

工程人才区别于其他学科人才的本质特征之一是具备能够解决现实世界问题的能力,能力产出自然成为工程教育专业认证 OBE 的重要组成部分。随着现实世界问题难度、复杂程度的加剧,更需要以前所未有的技术手段和工程思维来解决问题,这样的工程人才才能够称为创新型人才,这样的能力在工程认证中被表述为"解决复杂工程问题的能力"。

2022 年中国高等教育人才培养质量评估领域第一个被纳入国家标准体系框架内的团体标准发布,这就是《工程教育认证标准》(T/CEEAA 001-2022),其中对于"复杂工程问题"(complex engineering problem)给出明确定义,指的是必须运用深入的工程原理,经过分析才能得到解决的问题。同时具备下述特征的部分或全部[1]:

a. 涉及多方面技术、工程和其他因素,并可能相互有一定冲突;

b. 需要通过建立合适的抽象模型才能解决,在建模过程中需要体现出创造性;

c. 不是仅靠常用方法就可以完全解决的;

d. 问题中涉及的因素可能没有完全包含在专业工程实践的标准和规范中;

e. 问题相关各方的利益不完全一致;

f. 具有较高的综合性,包含多个相互关联的子问题。

"工程制图"课程要求学生达到的基本能力是空间想象、绘图和读图,大二的本科生也不可能具备工程经验。不过,复杂工程问题指的是复杂的工程问题,而不是复杂工程的问题,即使是以简化模型为对象的制图教学过程中,一样可以找到培养解决复杂工程问题能力的途径。马克·N.霍伦斯坦(Mark N. Horenstein)曾就科学、技术与工程的关系有过论述,指出"设计"是工程的核心概念。[2] 因此,我们可以从画模型推进到设计模型,将"工程制图"基本能力凝练为二维/三维转换能力。从二维到三维建模,这是虚拟仿真的第一步,尽管"工程制图"课程并不需要学生做到虚拟仿真,但是通过"二维绘图—三维建模—虚拟仿真"顺势关系,可以帮助学生循序渐进获得创新设计思维和解决复杂工程问题的能力。

三、综合绘图教学单元实践过程

"工程制图"课程期末安排一个 5 学时的综合绘图教学单元,内容是绘制装配图,将前期学过的零件图、轴测图和文字说明进行三维几何建模,并按要求进行装配,完成二维和三维工程图转换。采用带教方式,教学手段包括 PPT 讲解、现场辅导、上机操作等,整个教学过程始终贯穿"二维绘图—三维建模—虚拟仿真"的主线,将模型成图和创新设计有机

---

① 中国工程教育专业认证协会:《成 T/CEEAA 001-2022 工程教育认证标准》,中国标准出版社 2023 年版。

② 马克·N.霍伦斯坦:《工程思维》,宫晓利、张金、赵子平译,机械工业出版社 2018 年版,第 21～23 页。

融合。

由于绘图对象的多样性,本环节将根据学生知识和技能掌握的情况选择绘图模型,下面以泵轴为例说明本教学单元设计。主要教学内容包括:(1)泵轴及其相关零件实物图展示,绘制各零件三视图。(2)组装零件实物形成装配体,绘制装配体三视图。(3)根据零件图绘制装配图。(4)分析泵轴凸轮件运动之后的从动件运行轨迹。(5)将零件及其装配图绘制成三维图。

1. 模型成图示范

利用 AutoCAD 软件画泵轴的装配图(见图1)。泵轴是由轴零件和凸轮组成的一种凸轮机构,凸轮指的是机械的回转或滑动件,利用轮的突出部分可以把凸轮的等速转动传递给紧靠其边缘移动的从动件,从而使其获得一定规律的运动。凸轮机构能实现复杂的运动要求,广泛用于各种自动化和半自动化机械装置中,几乎所有任意动作均可经由此机构产生。指导学生通过图1轴测图练习读图能力,理解凸轮以及相应轴零件外形尺寸,进一步利用计算机辅助设计软件绘制复杂工程图样并学会装配,将有助于学生利用工程基础知识理解复杂机械运动过程,进而培养针对化学工程/生物工程任务需要进行相关设备单元设计的能力,是一个非常具有实用性和必要性的综合绘图练习。图1为学生所绘制的两幅零件图和泵轴组装体装配图示例。

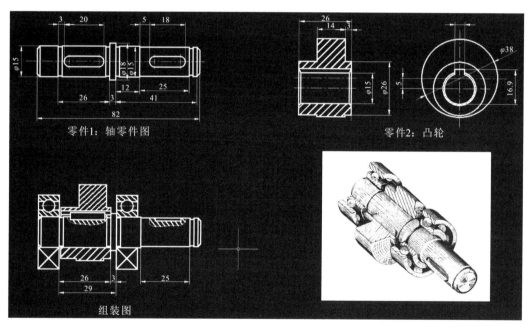

图 1 利用 AutoCAD 软件画泵轴的装配图

2. 创新设计示范

巩固正投影法(见图2),利用 AutoCAD 工具进行三维建模(见图3)。依据画法几何的投影理论完成泵轴的机械图样(见图1)后,需要进一步培养学生二维/三维模型转换能力,初步形成生物工程和化学工程装备设计理念。泵轴是水泵的关键部件,结合机械制造实训,对比水泵机械图纸和进行物料传输的视频,说明二维/三维转换的必要性。复习模型成图建模的基本原理正投影法,强调正投影法中三维坐标系向二维坐标系转换的基本法则成为连接二维和三维的途径,也确保了工程图样的唯一性(见图2)。具体来说,模型立体是由不同的组成表面围成,而面是由不同的控制框架线定型的,线又可以看作是无数的点的集合,因此实体造型的基础是点、线、面的投影。通过点线面的二维正投影图,获取空间坐标信息,则成为虚拟仿真建模的基础。

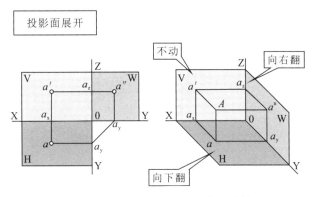

图 2　正投影法与二维/三维投影变换

使用 AutoCAD 仿真模块进行建模设计,建模方法包括拉伸、旋转和扫描(见图3)。拉伸建模是将二维截面图沿着与草绘平面垂直的方向拉伸而形成,适合于构造等截面的实体特征,是三维 CAD 软件中最基本的、经常使用的零件造型方法。旋转建模是将截面绕着一条中心轴线旋转而形成的实体特征,适合于构造回转体零件。扫描建模是将截面沿着一条给定的轨迹线垂直移动而形成的实体特征,创建旋转特征,必须定义特征的两大要素:扫描轨迹和扫描截面。以上三种核心要素设计方法可以根据仿真对象模型的形貌特征选择使用,还可以同时使用,即混成。学生以基本模型为例进行三维建模练习(见图3)。最后以整台齿轮泵总装图对比组装视频动态演示装配体仿真设计(见图4)。

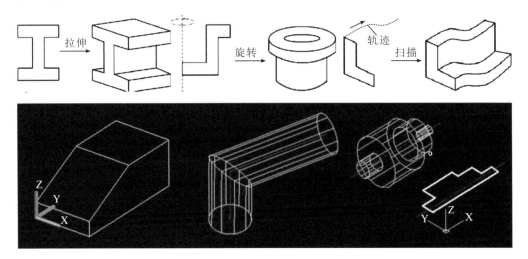

图 3　AutoCAD 三维建模基本方法(拉伸、旋转和扫描)

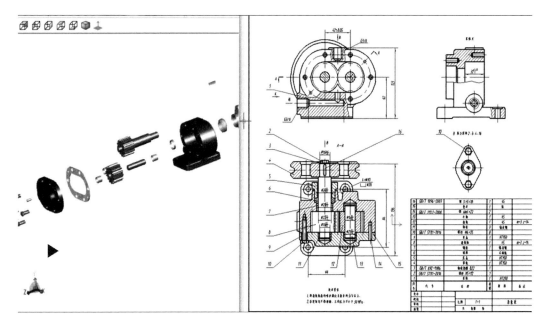

图 4　齿轮泵组装设计的二维/三维对比演示

3. 教学时序安排及评价

以泵轴的装配图为例。本教学单元前期预习(与机械制造实训合并)3 小时,课堂教学时间 5 小时,具体安排见表 1。该单元评价总分以 100 分计,折合学生课程总成绩的 30%～40%。

表 1　综合绘图单元教学操作步骤及评分标准(共 10 步)

步骤序号	步骤目标要求	步骤合理用时/小时	学生操作	教学说明	步骤满分	评分依据
1	准确量取并标注实物尺寸	3.0	课前预习	结合"机械制造实训"课外辅导	10	口头报告
2	绘制实物零件三视图	1.0	现场软件操作	PPT 动画演示和现场辅导	10	图纸
3	绘制轴和凸轮零件图	1.0	现场软件操作	AutoCAD 演示和现场辅导	20	图纸
4	查找标准	0.2	现场软件操作	PPT 讲解,网上检索	5	现场操作表现
5	装配图绘制	1.0	现场软件操作	AutoCAD 演示和现场辅导	20	图纸
6	标记尺寸	0.4	现场软件操作	AutoCAD 演示和现场辅导	5	图纸
7	写出技术要求	0.1	现场软件操作	AutoCAD 演示和现场辅导	5	图纸

续表

步骤序号	步骤目标要求	步骤合理用时/小时	学生操作	教学说明	步骤满分	评分依据
8	调整视图尺寸、位置	0.1	现场软件操作	AutoCAD 演示和现场辅导	5	图纸
9	确定图纸比例,画上标题栏和明细表	0.2	现场软件操作	AutoCAD 演示和现场辅导	5	图纸
10	绘制基本模型三维图,演示泵轴装配体三维建模	1.0	现场软件操作	AutoCAD 演示和现场辅导	15	现场操作表现

四、总结

在以泵轴装配体为例的综合绘图教学单元中,我们采用"三维—二维—三维"的闭环教学设计,达到培养学生二维/三维转换这一"工程制图"课程核心能力的目的,符合认知与实践的教学客观规律。同时在训练学生 AutoCAD 模型成图基本操作能力的过程中,融入实训认知、正投影理论和动画演示,虚拟仿真在本实验中既是教学手段,也是教学目标。学生通过老师预设的仿真模型建立空间概念,又通过亲手制图、建模,充分理解"创新设计"思想在工程各领域的体现和应用,是抽象与具象结合的典型教学实例,为厦门大学化工类本科生养成工程教育专业认证 OBE 所要求的"解决复杂工程问题能力"发挥以点及面的积极作用。

基于 LODES 模式的"建筑认识实习"
课程体系改革与教学实践 *

贾令堃　王　波　洪晓强　周卫东**

摘要："建筑认识实习"课程是建筑学专业的必修环节，也是新工科背景下复合型人才实践能力培养的重要途径。本文针对当前课程体系存在的问题，以课程内容与组织方式两方面作为改革切入点，提出了 LODES 模式——融合了"听、观、论、感、讲"五位一体的建筑认识实习课程新体系，并结合教学实践，详细介绍了新体系的主要内容、实施办法以及安全保障措施，对实践成果进行了汇总与反思，以期为建筑实践类课程的教学与组织提供有益参考。

关键词：建筑学；建筑认识实习；LODES 模式；课程体系改革；教学实践

在新工科时代背景下，我国高等教育对复合型人才的培养提出了"厚基础、宽口径、专业化、创新型"的新要求。[①]《中国教育现代化 2035》中提出，培养具有创新精神和实践能力的学生是教育发展与改革核心目标之一。[②] 随着绿色低碳、人工智能、机器学习等理念的兴起，建筑学科的教学体系面临转型，培养注重实践应用的专业人才迫在眉睫，探索和搭建多方位实践教学体系刻不容缓。[③]

"建筑认识实习"是建筑学专业的必修课程，通常安排在学生入学 2～3 年之后，面向具有一定专业基础的建筑学本科生开设。该课程旨在通过组织学生体验已建成的、具有一定价值的建筑作品，加强学生对建筑作品的感性认识，拓宽学生的视野，使他们了解建筑绘图、建筑模型与建筑实体之间的多元关系，并为高年级的课程学习以及工作实践积累经验。作为连接课堂内外的桥梁，建筑认识实习深刻地影响着学生对专业知识的接受度、理解度和掌握度。

---

* 基金项目：国家自然科学基金青年科学基金项目（52108033）、厦门大学校长基金青年创新一般项目（20720220116）。

** 贾令堃，厦门大学建筑与土木工程学院助理教授，主要研究方向为可持续建筑设计、太阳能建筑。王波，厦门大学建筑与土木工程学院副教授，主要研究方向为建筑声学、绿色建筑。洪晓强，厦门大学建筑与土木工程学院副教授，主要研究方向为智慧低碳建筑技术、可再生能源与建筑节能。周卫东（通讯作者），厦门大学建筑与土木工程学院助理教授，主要研究方向为城市建筑与聚落变迁、闽台地域建筑与遗产。

① 许月萍、赵羽习、许贤等：《土木、水利与交通工程专业"五强一化"课程体系探索与实践》，《高等建筑教育》2024 年第 1 期。

② 杨小微：《对标 2035：学校教育现代化推进的方向与路径》，《人民教育》2020 年第 S1 期。

③ 张莺莺、叶继红、李庆涛等：《基于"讲授、研讨、上机、制作"四位一体的模型制作课程教学模式改革与实践》，《高等建筑教育》2023 年第 5 期。

一、LODES 模式建筑认识实习课程体系设计思路

1. 建筑实习课程现存问题

在建筑学本科生涯中,建筑认识实习是为数不多能够结合理论与实践的课程之一。它为学生提供了亲身体会建筑、感受建筑,并通过实地考察巩固课堂所学知识的绝佳机会。然而,由于课时短、学分少,这门课往往没有得到应有的关注与重视。传统的建筑认识实习课程主要存在以下问题:(1)课程内容孤立。实习内容与课堂教学内容的联系较弱,理论知识未能在实践中发挥指导作用,实践成果也难以反哺理论。(2)实习目标不明。实地调研前缺少充分的讲解和指导,导致出行带有一定盲目性,没有帮助学生带着问题去实习。(3)组织方式单一。集中式实习和分散式实习存在不自由或不安全等问题,现有组织方式未能在二者之间寻得平衡。(4)成果缺少反馈。学习成果主要以实习报告的方式呈现,缺少围绕成果的交流与互动,学生难以从成果中获得有效反馈。

总之,当前体系易导致教学效率低下、教学效果不佳的问题,有必要根据建筑学科特点,通过丰富课程内容、优化组织方式、明确实习目标、建立反馈机制等手段,打造完善的建筑认识实习课程体系,从而促进学生的全面发展与综合能力提升。

2. 课程体系改革切入点

现存问题中,(1)、(2)属于课程内容问题,(3)、(4)属于课程组织问题,教学组尝试从以下两个角度出发,思考课程体系改革的切入点:

(1)设计理论与实习内容的融合。建筑设计是一门融合了多学科内容的专业,对学生的知识面和综合能力要求较高,这一特点在课程内容的设置中也有所体现。建筑学专业课程大致可分为设计课、理论课与实习课三类(见表 1)。实习类课程的内容较为多元,组织方式相对自由,因此,在实习过程中,融入设计课、理论课的内容,综合使用多种授课方法,打造以综合素质培养为目标的课程体系,具有一定的可行性。

表 1　建筑学专业课程类别及其特点

课程类别	设计课	理论课	实习课
代表课程	设计基础 公共建筑设计 居住建筑设计	建筑设计原理 中外建筑史 建筑物理	建筑认识实习 美术实习 专业实践
主要授课方法	任务驱动法 讨论法 练习法	讲授法 演示法 读书指导法	现场教学法 参观教学法 自主学习法
课程侧重点	思想碰撞、任务达成	知识传授、纪律管理	实地体验、计划组织

(2)集中式与分散式组织模式的结合。传统的集中式或分散式组织方式都存在局限性:从学生角度来看,集中式实习固定了目的地和目标建筑,限制了选择空间,容易导致实习内容与个人兴趣不符,降低调研热情和主动性;分散式实习虽然可以自主选择调研目标,但缺乏老师的指导和陪同,考察过程可能存在盲目性,导致学习效率低下。从授课老师的角度来看,集中式实习全员出行,管理压力大,带队同时要处理食宿安排、交通计划等事务,

难以全身心投入专业指导;分散式实习中,学生出行时间和地点不同,整体进度难以掌控,安全问题也得不到充分保障(见表2)。为了克服这些问题,可以取长补短,将集中式和分散式结合起来,充分发挥两种模式的优势,提高实习的效果和质量。

表 2　建筑认识实习课程组织方式优缺点

组织方式	集中式	分散式
优点	老师现场讲解,学习效率高 调研建筑均经过筛选,质量有保证 全体同学集体出行,便于随时讨论 实习时间统一,便于安排进度	实习时间、目的地可自由选择 可调研建筑总量大,种类丰富 调研过程中可根据需要随时调整计划 分散出行,组织管理压力较小
缺点	实习时间、目的地固定,不能自由选择 可调研建筑总量、种类较少 计划一旦敲定,调研过程中不便调整 出行人数多,组织管理较困难	老师无法及时答疑解惑 目标建筑随机性大,质量难以控制 人员分散,安全相对不易得到保障 实习时间跨度大,进度难以把控

3. LODES 模式设计思路

基于以上分析,教学组将理性分析和感性认知贯穿于课程始终,结合先集中、后分散、再集中的集散混合式实习组织方案,提出了"LODES"模式,即融合了听(listening)、观(observing)、论(discussing)、感(experiencing)、讲(speaking)"五位一体"的建筑认识实习课程体系(见图1)。五部分内容环环相扣,循序渐进,通过多轮次信息输入与输出,帮助学生打破课堂教学与知识应用的壁垒,达到学以致用、学用相长的目的。

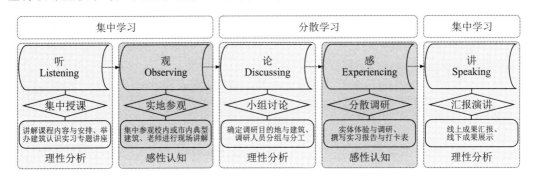

图 1　课程体系设计

LODES 模式的核心思想是,在保障学生人身与财产安全的前提下,充分调动学生的自主性和积极性,通过专业实践巩固理论知识,培养学生的独立思考能力、解决问题能力和创新思维能力,提高学生的综合素质。通过优化课程内容与组织方式,做到理论知识与实践技能、理性分析与感性认知、集中学习与分散考察、基础夯实与自主创新的深度融合。

二、LODES 模式建筑认识实习课程体系主要内容

1. 听——listening

听即大班授课、理论学习,是整个教学体系的动员阶段和准备阶段,旨在帮助学生打下坚实的基础,树立清晰的目标。

本阶段内容主要包括两部分:首先,授课老师对课程的学习目标、时间安排、组织方式、考核要点等内容进行详细解读,让学生对课程总体框架形成宏观认识。同时,展示往届实习成果,帮助学生在整个实习过程中始终保持清晰的方向感。其次,开展专题讲座,回顾专业知识、夯实理论基础。讲座内容涵盖建筑设计、历史理论、科学技术等方面,引导学生对调研侧重点明确定位,设定个性化调研主题,避免调研关注点单一、内容雷同的问题。此外,鼓励学生主动思考,培养他们对建筑作品的独立认知和自主评价能力,促进批判性思维和创新思维的发展。

2. 观——observing

观即实地观看、集中考察,是整个体系中第一次实地体验环节,起到承上启下的纽带作用。旨在深化学生对于课堂内容的理解,手把手地指导学生掌握调研要领,感受建筑艺术魅力。

在这一阶段,学生将在任课老师带领下,从身边的建筑出发,集中参观具有一定设计特点和艺术价值的典型建筑或街区。这些建筑选取于本校或本市范围内,具有交通便捷的特点。通过亲临现场,学生将全方位地感知建筑的外观、结构和空间布局等细节,这种身临其境的体验有助于深化对课堂知识的理解和记忆,并激发学生对建筑艺术的兴趣。同时,实地观察也为学生提供了一个自主探索的平台,培养了他们调研与分析能力。在老师的现场讲解指导下,学生可以学习如何运用专业的眼光去观察、分析和评价建筑作品。这种实践性的学习方式,有助于学生巩固自身的实践能力和专业素养,为之后的分散式调研预热,奠定坚实的实践基础。

3. 论——discussing

论即分组讨论、制订计划,旨在深入总结集中调研所学内容,并为接下来的分散式实践做系统性准备。目的在于确保实践活动的科学性、合理性与可行性。

在这一环节,学生将结合集中授课所涉及的理论内容和实地观察的经验,以及个人学术兴趣,初步构思实习主题,并与指导老师进行深入探讨,确保所选主题具备一定的学术深度和可操作性。敲定主题后,学生将以小组形式展开合作,选择合适的目的地和目标建筑,并推选小组长担任联络人,以有效组织和协调小组成员的工作,提高研究计划的执行效率。随后,学生将制订详尽的出行计划表,包括出行总天数、人数、交通方式、住宿地点和每日参观建筑等详细信息。所有计划将由任课老师审核,以确保所选调研建筑具备考察价值,实习行程安排合理,出行方式安全可靠。这一环节的严谨规划与认真审核,是保证实践活动成功实施的关键所在。

4. 感——experiencing

感即亲身体验、现场感知,是整个实习课程的核心环节,也是时间跨度最长的环节。学生通过深入所选建筑或街区,运用多种方式进行深入考察,并将考察成果记录在实习打卡表和实习报告中。

在实地调研过程中,学生将通过文字、摄影和绘画等方式记录建筑的各个方面,包括设计特点、空间布局和材料选用等。此外,他们还将进行走访,与当地居民交流,获取建筑相关的历史背景、社会环境和风土人情等信息。根据所获得的一手资料,以个人为单位撰写实习报告,其中包括参观感悟、技术分析、心得体会和设计评析等内容。在这个过程中,老师将通过线上交流方式进行指导，帮助学生提高写作技巧，避免简单的说明性陈述，鼓励他们使用手绘方式记录建筑，以丰富报告内容。

为确保学生安全，调研小组组长将担任负责人，在调研期间每天固定时段向授课老师进行安全汇报，以确保实习按计划进行，保障出行顺利。在实地调研过程中，调研建筑的选择可以根据现场情况进行适度调整，但不宜对目标城市、出行天数和人数进行大幅改动。若遇到自然灾害、交通管制、疾病等不可抗因素或安全问题，学生应及时与老师、家长和学校联系，调整后续计划，并在必要时终止行程。

5. 讲——speaking

讲即实习汇报、成果展示，是实习的收官环节，对于实习活动的圆满落幕至关重要。分散调研结束后，各小组根据实习内容组织口头汇报，展示调研成果。考虑到学生返乡不便集中，采用线上会议的方式，有助于汇报的顺利进行。

汇报不仅是对实习内容的总结，更是对整个实习过程的回顾与梳理。通过汇报，学生们有机会分享彼此的发现与体会，获得反馈与建议。这不仅有助于加深对调研内容的理解，而且能够提升他们的表达能力和团队合作意识。对于表现突出、成果优秀的小组和个人，课程还组织线下成果展示，激励学生积极参与实践活动，不断提升自身的学术水平和专业能力。

三、LODES 模式建筑认识实习课程体系教学实践

1. LODES 模式教学实践内容安排

建筑认识实习课程共 1 学分，40 学时。其中，授课环节共 18 学时，讨论环节 4 学时，实践环节 18 学时。基于 LODES 模式，安排了讲座、参观、小组研讨、实地调研、成果展示等丰富的课程内容：

以厦门大学 2020—2023 年第 3 学期为例，课程安排在 7 月末至 8 月中旬。首先，组织了 1 次大班授课与 3 次专题讲座，大班授课重点解读实习任务要求，而专题讲座的主题则分别为"建筑认识实习的目的与方法""传统民居中的绿色设计理念""现代建筑中的声学设计方法"，旨在帮助学生掌握实习要领，巩固理论知识。其次，带领学生先后参观了厦门大学建筑与土木工程学院太阳能屋与厦门大学科艺中心，现场讲解建筑设计理念、思路与技术做法（见图 2）。参观结束后，组织了第 1 次集中研讨会，总结讲座与参观的收获，分组并拟定分散调研的目的地，制定详细的出行计划表（图 3）。

根据计划表，各组学生进行了为期 5～10 天的实地建筑考察。由于出行日期不同，分散实习共持续约 2 周。在此期间，学生通过拍照、手绘等方式对调研建筑进行记录，收集相关资料，填写实习打卡表。各组组长密切关注小组成员每日动向，避免单独出行，每晚 8 时向任课老师报告小组成员情况以及次日计划。分散实习结束后，以线上方式组织第 2 次集中讨论会，分享实习体会，交流实习心得。最后，学生以个人为单位撰写并提交实习报告，对实习内容进行了总结。

图 2　集中参观太阳能屋与厦门大学科艺中心

2. LODES 模式教学实践安全保障

为保障学生在实习期间的人身和财产安全,课程组采取了以下几项措施:(1)在出发前,制订了详细的出行计划,精确规划行程路线和日程安排,以便及时掌握学生行踪;(2)进行了集中安全宣讲,强调了出行期间的注意事项,并组织所有学生签署实习安全承诺书;(3)提倡多人出行,避免单独成组,每人都应指定紧急联系人,对于考察家乡建筑的学生,鼓励与家人一同出行;(4)实习期间,组长密切关注组员的实时动态,并及时与老师保持联系,以便根据需要及时调整计划;(5)实习结束,学生返乡或返校后,第一时间向任课老师报告实习情况。

此外,课程还制定了 3 项应急预案:(1)在接到上级卫生行政部门或疾病控制中心的预警警报时,将立即实施有关部门颁布的应急预案,并积极配合应急指挥部的指导;(2)一旦发生紧急情况,将第一时间与学生的家长或家属取得联系,通报情况,并开展必要的思想与情绪安抚工作;(3)针对突发事件反映出的相关问题以及存在的安全卫生隐患,将提出整改方案,加强宣传教育,以防止类似事件再次发生。

3. LODES 模式教学实践成果与反思

总体而言,课程体系的执行情况良好,实习过程顺利进行。学生提交的实习打卡表和实习报告内容翔实,体现出对所调研建筑的深刻感受,并成功将这些感受与专业知识相融合,做到了感性与理性的平衡。相比以往的课程组织模式,学生们在本次实习中系统地回顾了相关专业知识,有针对性地选择了调研目标,表现出了更高的自由度、积极性和学习热情(见图 3)。

图 3　学生实习手绘作品

令人振奋的是，通过本课程的学习，学生不仅掌握了丰富的专业知识和实践技能，而且他们对问题的思考深度也明显提升，甚至对建筑学科的看法也发生了不可忽视的转变。他们面对著名建筑师的作品时，不再盲目崇拜，而是以批判的眼光进行评析。例如，一位同学在发现建筑闲置问题时谈道："……建筑说到底还是要给人使用的，可对使用者而言，缺乏修缮与维护、大部分空间长期封闭不开放等问题，高喊情怀的伟大蓝图对比杳无人烟的实际窘况，令人莞尔……"对于城市争先恐后建设地标性建筑却不用心加以维护的问题，认为"……建筑的美仿佛拍婚纱般定格在竣工的那一瞬间，如今外表看似'地标物'，实则为'新世代废墟'的状态，着实可惜……"实习之前，觉得"……在漫长的建筑史中，我能想到的建筑大师们肯定都想到了，还有什么可探究的……"而实习过后，重新审视自己的内心时，认为"……我们新一代的建筑师们应该自信一些，大胆一些，感性一些。灵感就在我们的生活里，取之不尽用之不竭，好好抬头看看周围，好好用心感受建筑，就能做出真正有情怀，有灵气的作品……"相比知识与技能的吸收，这些思维的提升和心态的转变，无疑是更令人欣喜的进步。

四、结语

在新工科的背景下，培养复合型人才已成为必然要求。面对信息化大潮的冲击，建筑学作为一门以实践为主的学科，教学理念与框架亟待转型。"建筑认识实习"作为联系课堂内外的纽带，应当得到更多的关注。LODES 模式是围绕课程内容与组织方式的改革尝试，不仅在教学质量和学习效果上取得了良好的成果，而且得到了学生的积极反馈。未来，该课程在各专业协同和思政建设方面仍需进一步加强，并可以进一步完善与前沿技术的衔接。

基于学习成就理论的专业英语课程
"理论—技能—实践"模式创新[*]

孔　卉^{**}

摘要：在当代高等教育中,专业英语学习已成为本科生教育的重要组成部分,尤其对于那些追求国际化学术对话与科研合作的学科领域。提升学生的国际竞争力,使其能够顺畅地阅读国际学术文献、在全球期刊上发表研究成果、参与国际会议并构建跨国合作网络,专业英语的学习显得尤为关键。然而,目前的专业英语教育面临诸多挑战,如课程边缘化、缺乏针对性强的教材资源、学生英语学习投入不足及传统课堂教学模式忽视实践性等。本文基于学习成就理论,提出"理论—技能—实践"教学模式,通过模拟国际会议、撰写学术论文和参与专业项目等任务,学生在真实或模拟的专业背景中练习英语技能。以厦门大学城市规划专业英语课程为例,理论介绍、技能提升和实践应用三阶段教学,全面提升学生的专业英语应用能力,为其未来的国际学术交流和职场发展奠定坚实基础。

关键词：专业英语;学习成就理论;理论—技能—实践模式;城市规划;高等教育

一、专业英语课程的困境

在当代高等教育体系中,专业英语学习已经成为本科生教育的一项关键组成部分,特别是对那些志在与国际接轨、参与全球化学术对话与科研合作的学科领域而言。为了提升学生的国际竞争力,让他们能够顺畅地阅读国际学术文献、在全球学术期刊上发表研究成果、参与国际会议,乃至于构建跨国界的合作网络,专业英语学习变得尤为重要。此外,面对全球化的学术环境和职场挑战,无论是希望继续深造还是计划进入国际化的工作领域的学生,都必须具备坚实的专业英语基础。这包括但不限于应对高等教育升学考试中的英语部分、对专业术语的精确掌握,以及能够熟练地阅读并撰写学术论文和专业英文材料的能力。

尽管如此,当前的专业英语教育在实施过程中却遭遇了一系列挑战。[①] 首先,相较于学科内的其他核心课程,专业英语往往被边缘化,学生对其的关注度和投入程度不足。这一现象在一定程度上削弱了专业英语学习的效果和意义。其次,市面上缺乏专门设计且针

* 基金项目:国家自然科学基金青年基金(项目批准号:52408093)。

** 孔卉,厦门大学建筑与土木工程学院城市规划系副教授,研究方向为共享出行、未来城市交通、可持续健康城市。

① 蔡基刚、廖雷朝:《学术英语还是专业英语——我国大学 ESP 教学重新定位思考》,《外语教学》2010 年第 6 期。

对性强的教材资源,这不仅限制了教师在教学内容选取和课程设计上的灵活性,而且影响了教学方法的创新与多样性。此外,绝大多数学生在顺利通过大学英语四六级考试之后,常常减少对英语学习的重视,以至于当他们面临专业英语课程时,发现自己在语感、词汇量积累,乃至语言运用能力上都存在显著不足。最为关键的是,传统的课堂教学模式在很大程度上忽略了实践性的培养,导致教学内容与专业实际应用之间出现了脱节,学生很难将所学理论知识有效转化为解决实际问题的能力。这些挑战共同构成了专业英语课程当前面临的困境,严重制约了课程教学的效果,也影响了学生在专业英语能力提升方面的成效。

二、专业英语教学与普通英语教学的联系和区别

(一)联系

1. 语言学习的基础

在语言教育的大框架内,普通英语教学为专业英语教学提供了坚实的基础。这一基础涵盖了英语语法、词汇量、发音以及基本听说读写技能的培养,为学生进一步学习专业英语打下了必要的基础。一般而言,专业英语课程的开设是建立在学生已经具备了一定的英语基础之上,通常要求学生的英语水平达到大学英语四级以上。

2. 语言技能的培养

专业英语与普通英语教学的另一共同点是,它们都致力于提升学生的语言技能,尤其是听、说、读、写这四项基本技能。通过系统的训练,学生不仅能够在日常生活中灵活运用英语,而且能在专业领域内有效地进行学术交流。

3. 互动式学习

无论是在专业英语还是普通英语的课堂上,互动式学习的模式都被广泛应用。师生之间的互动以及学生相互之间的交流与合作,这种教学方式旨在提高学生的语言实际应用能力,使其能够在真实的语言环境中更加自如地表达和交流。

(二)区别

1. 教学内容侧重点的不同

专业英语教学内容通常专注于特定学科领域的需求,涵盖了学科相关的专业术语、学术文献阅读、案例研究分析等,重点在于培养学生在专业领域内使用英语的能力。相比之下,普通英语教学的内容更为广泛,不仅包括日常生活话题、文化背景知识,还有通用词汇和语法规则,旨在提升学生的语言基础和文化理解能力。

2. 技能训练目标的不同

专业英语教学着重于学生在专业学术交流中的英语应用,包括但不限于专业术语的准确使用、专业文献的阅读与撰写、参与专业会议和进行学术演讲等。这要求学生不仅要理解专业知识,还要能够用英语准确表达。而普通英语教学则侧重于日常英语的应用技能,如日常对话、听力理解、阅读理解和写作等,目标是全面提高学生的语言综合应用能力。

3. 学生基础的不同

普通英语教学和专业英语教学在学生基础上也存在区别。普通英语教学通常面向所有学生,目的是建立或加强他们的英语基础,不需要学生具备特定的专业背景知识。相反,专业英语教学则是在学生已经具备一定英语水平(通常为大学英语四级及以上)的基础上

进行,目标是进一步提升他们在特定专业领域内的英语应用能力。这种教学往往要求学生不仅有

三、基于学习成就理论的"理论—技能—实践"教学模式

(一)学习成就理论(learning-by-doing)

学习成就理论(learning-by-doing)是美国教育家杜威(John Dewey)提出的教育理论,强调通过亲身经历和实践活动来获取知识和技能。[①] 该理论认为,学习最有效的方式是通过直接参与和执行相关的任务,从而在实际操作中探索、发现并解决问题。这种方法促进了深层次的学习,因为它要求学生不仅要学习理论知识,还要能够将这些知识应用到实际情境中,通过不断磨炼加深对知识的理解和技能的掌握。而让学习的内容在工作生活中真正产生成果,反过来可以激发学生主动进一步探索的动力。"纸上得来终觉浅,绝知此事要躬行。"类似地,明代著名思想家王阳明提出"知行合一"的实践教育思想,认为只有把"知"和"行"统一起来,才能称得上"善"。

将学习成就理论运用于专业英语课程中,能够有效地将语言学习与专业领域的知识和应用相结合。例如,通过设计模拟国际会议、撰写学术论文、参与专业项目报告等任务,学生不仅需要运用并加深对专业术语和表达的理解,还能在真实或模拟的专业背景中练习英语沟通和写作技能。[②] 这样的课程设计使得学生在学习英语的同时,也能获得将语言技能应用到专业实践中的经验,增强他们的专业英语实际应用能力,为未来的国际学术交流或职场沟通打下坚实的基础。学习成就理论不仅提升了学生的英语能力,而且通过实践活动加深了他们对专业知识的理解和应用,使教学内容更加贴近学生的实际需要和未来发展。

(二)专业英语教学的"理论—技能—实践"模式

基于学习成就理论,专业英语教学可按照"理论—技能—实践"模式分阶段展开,更好地整合专业知识学习与语言技能训练(见图1)。

以笔者所教授的城市规划专业英语课程为例,在教学初期,重点放在基础理论知识的学习上,这包括城市规划的基本概念、术语、理论框架以及相关的政策法规等内容。通过英语授课,学生不仅学习到城市规划的专业知识,还能同时提高专业领域内的英语阅读和听力理解能力。例如,教师可以选用国际上的城市规划案例或英文教材,引导学生通过英语学习城市规划的发展历程、理论流派及其应用。

进入技能阶段后,着重培养学生的专业英语使用技能,包括但不限于以下内容:(1)快速归纳梳理结构和要点的能力。即通过英文资料的快速阅读和分析练习,学会如何高效地识别和提取信息的核心要素和结构布局。这项技能对于理解复杂的城市规划文献和报告尤为重要,能够帮助学生在短时间内把握文献的主旨和结论。(2)结构化表达的能力。即围绕专业相关的话题,练习如何在短时间内构建简洁明了的逻辑框架,有效地组织和呈现论据等。(3)文献检索和规范引用的能力。即学习如何使用英文数据库和搜索引擎进行专

① M. K. Williams. John Dewey in the 21st century, *Journal of Inquiry and Action in Education*, 2017,9(1):7.

② 罗毅、李红英:《论大学英语与专业英语教学的衔接》,《外语界》2008 年第 1 期。

业文献的检索，以及如何按照国际标准（如 APA、MLA 等）正确引用文献。（4）工具使用的能力。包括介绍和讲解学生必须掌握使用的专业技能工具（如 GIS、CAD 等）的英文界面和功能，以及如何用英语描述并搜索使用过程中的问题和解决方案。

在最后的实践阶段，课程的重点转向如何使用英语在城市规划领域内有效地沟通和表达。在这一阶段，学生通过模拟设计审议、小组讨论、英语报告等活动，练习如何用英语准确描述城市规划项目、分析城市问题，并提出规划建议。例如，可以让学生用英语撰写城市规划领域的课程论文，或是对某个国际城市的规划案例进行分析并进行口头报告或辩论。这一阶段的活动不仅让学生在实践中运用专业英语，而且锻炼了他们的批判性思维和团队协作能力。

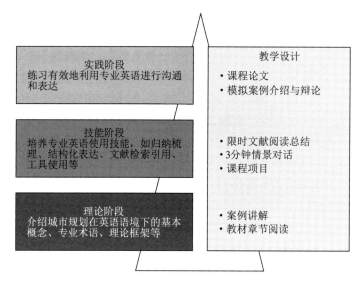

图 1　专业英语教学的"理论—技能—实践"模式

四、实践案例：厦门大学城市规划专业英语课程

（一）开课背景及学情分析

厦门大学城乡规划专业立足于国家建设需要，以"职业性、前沿性、地域性"为核心理念，旨在培养既具有坚实的工程专业基础，又具有国际视野、多学科交叉背景的创新综合型人才。城市规划专业英语作为五年制大四学生的选修课，共 32 个学时，是通识教育的组成部分，目的是提升学生运用专业英语进行听、说、读、写能力，使其能够熟练使用英语进行专业领域内的学术研究、项目报告和国际交流。

笔者基于 2023 学年开课的体会，发现厦门大学城乡规划专业的学生普遍具有较强的专业知识基础，但在专业英语应用方面存在不同程度的需求。大多数学生已通过大学英语四级考试，具备较好的读、写基础，而听说能力较为欠缺同时也缺乏将英语应用于专业领域的实践经验。学生普遍表现出强烈的学习动机和需求，希望通过专业英语课程提升自己在城市规划领域的国际交流能力。面对专业英语的学习，学生可能会遇到理解复杂专业文献、运用专业术语表达观点以及缺乏实际沟通和报告经验等挑战。

（二）基于"理论—技能—实践"的课程设置与教学要求

课程设置秉承专业性与实用性相统一的教学理念，旨在全面提升学生在专业场景中的综合英语能力。课程内容紧密围绕城市规划中的特定主题单元，深入探讨专业词汇内涵、文献阅读方法、专业 PPT 汇报技巧以及英文论文写作技巧等（见表1）。同时，课程通过安排丰富的课堂活动，如情景对话、小组汇报、学生互评、专题辩论等，练习听、说、读、写技能，以实践为导向，强调这不仅是一门英语课，而且是一门深度整合专业知识与语言技能的实用性学习课程。

表 1　城市规划专业英语课程拟教学安排（32 学时）

周	授课内容	课前阅读材料及课后作业
1	课程介绍 规划专业阅读与写作常用词汇	《城市规划专业英语》（盖晓兰等编）第 1～3 章
2	专题词汇与阅读：人口、社会与经济	《城市规划专业英语》第 3 章
3	专题词汇与阅读：生态与环境	《城市规划专业英语》第 4 章
4	专题词汇与阅读：交通与出行	《城市规划专业英语》第 6 章
5	专题词汇与阅读：城市形态	《城市规划专业英语》第 7～8 章
6	专题词汇与阅读：空间与场所	《城市规划专业英语》第 10～12 章
7	文献检索及专业工具介绍	随堂测试：专题词汇、句子翻译
8	英文阅读归纳与结构化表述技巧	
9	英文汇报、问答技巧，模拟情景对话	专业情景对话练习（录制视频上传）
10	期中英文文献阅读汇报、互评、点评（一）	
11	期中英文文献阅读汇报、互评、点评（二）	
12	英文论文写作：论文结构与核心要素	课程论文提纲
13	英文论文写作：段落及段间逻辑	
14	英文论文写作：英文写作的用词	课程论文初稿学生互评
15	英文论文写作：会议及期刊投稿简介	课程论文修改与教师反馈
16	基于案例汇报或专题辩论	课程论文终稿

课程的教学计划跨越 16 周，紧密结合城市规划领域的专业内容和英语学习需求。在课程的前 6 周将专注于理论知识的介绍。通过对规划专业阅读与写作常用词汇的学习，逐步深入到人口、社会与经济、生态与环境、交通与出行、城市形态、空间与场所等关键主题的专题词汇与阅读。这一阶段，学生将在英语语境中熟悉城市规划的基本概念和理论框架，为后续的技能提升和实践应用奠定坚实的基础。第 7～9 周及第 12～15 周，课程进入技能提升阶段。这一阶段从听、说、读、写四个维度出发，重点训练学生的英文阅读、写作与表达技巧，以及专业工具的使用。内容包括文献检索及专业工具介绍、英文阅读归纳与结构化表述技巧、英文汇报与问答技巧以及英文论文写作的各个方面。通过这些活动，学生能够在专业英语的使用上达到更高水平，同时增强其对专业内容的理解和表达能力。第 10、11

周以及第 12～15 周的部分时间专门用于实践练习，用于巩固和提升所学知识。其间，学生将参与期中英文文献阅读汇报、互评、点评，以及基于案例汇报或专题辩论等活动。这些实践练习不仅帮助学生应用其在理论学习和技能提升阶段所获得的知识与技能，同时也培养了他们的批判性思维和团队协作能力。

（三）各部分教学设计细节

理论介绍阶段，课程将介绍英语视角下的城市规划原理、讲解重点专业词汇，帮助学生为后续技能学习和实践提升打下基础。第 1 周，课程通过互动式的词汇游戏和专业术语匹配练习，让学生在轻松愉快的氛围中熟悉城市规划领域的基础词汇。例如，使用"速配"游戏，学生需要在限时内找到与给定城市规划术语匹配的定义，既活跃了课堂氛围，又有效地帮助学生记忆专业词汇。从第 2～6 周，每周聚焦一个专题，精选英文阅读材料，让学生深入了解城市规划领域内的重要问题和研究趋势。特别设置的"专题词汇与阅读"环节，在教室引导式阅读后，要求学生以小组合作的形式，利用学习到的专业词汇创建一个与阅读材料相关的项目对话场景，并用英语进行口头展示。比如，在"交通与出行"专题学习后，学生会参与一个模拟新闻发布会，扮演政府管理人员、记者、居民代表等角色，就如何改善城市交通拥堵问题进行对话。这些课堂设计和安排，旨在通过实际操作和互动学习，鼓励学生深入探索城市规划的各个方面，同时在多样化的学习活动中提升英语应用能力。

文献阅读与汇报，旨在帮助学生练习英文文献的阅读、归纳、提炼与转述的能力，以确保学生能够深入理解并有效传达城市规划领域内的最新研究进展。学生需要挑选一篇近 5 年发表在 JCR 分区 Q1 期刊上的城市规划常见期刊文章，确保所选文献紧密相关于城市研究的前沿问题和动态。汇报时，将模拟学术交流的实际场景，要求每位学生独立准备并进行约 8 分钟的英文 PPT 汇报，紧接着是 2 分钟的问答环节，促进学生批判性思维的培养和英文表达能力的提升。汇报内容应涵盖研究背景、研究问题、研究方法和主要结论等关键部分，并特别鼓励学生就所阅读文章进行独到的评价，展示其对文章深度理解和批判性思维的能力。评分标准将依据学生对文献的理解程度、PPT 的制作质量以及汇报的逻辑性和语言表达能力。这一环节不仅要求学生在英文水平上有所展示，更要求他们能够准确把握并传达专业知识，严格控制汇报时长，确保信息的高效传达。通过这样的练习，学生在理解最新学术成果的同时也能够锻炼和提高自己在专业英语应用方面的综合能力。

本课程的英文论文写作部分设计为一个为期五周的综合写作实践，旨在通过分阶段、逐步深入的方式，引导学生掌握和练习学术英文写作的核心技能。整个写作过程将被划分为几个关键环节：首先，学生需要完成论文提纲的撰写，明确研究主题、目的和预期结构；其次，依据提纲深入进行文献综述的撰写，梳理研究领域内的现有研究和主要观点；最后，学生将具体阐述研究方法和展示研究结果。在这个过程中，特别安排了学生互评和修改的环节，通过同伴评审提供反馈，帮助学生从不同视角审视和完善自己的作品，增进对学术写作规范的理解和应用。此外，这一阶段的学习不仅是对写作技能的训练，而且是一个批判性思维和学术沟通能力的锻炼过程，实际操作让学生在真实的学术写作环境中练习英文写作能力，从而提高其学术英文论文的撰写水平。通过这种分步骤、互动反馈的教学模式，学生将能够在实战中不断提升自己的英文学术写作能力，最终能够独立完成一篇符合学术标准的英文论文。

五、结语

　　城市规划专业英语课程旨在通过精心设计的"理论—技能—实践"模式,提升学生在专业英语应用上的基本技能,同时强化他们用英语思考、分析和表达城市规划领域问题的习惯。课程内容囊括了从专业词汇学习到英文文献的深度阅读,从英文写作技巧到口头汇报的艺术,每一环节都是为了让学生在专业领域内实现有效的英语沟通和交流。课程的核心教学理念在于强调到专业英语学习不仅仅是语言学习的延伸,更是一种专业能力的培养。在这个过程中,通过不断的场景式练习和真实情境的模拟,学生在实践中学习和成长。正如笔者在美国学习、工作近10年的经验所体会到的,专业英语学习的最终目的是有效地沟通和交流。在专业场景下,沟通的障碍往往不是用词是否地道或发音是否标准,而是能否准确理解对方的意图和能否清晰、逻辑地表达自己的思想。听懂对方的话语并用逻辑清晰的方式表达自己,是跨文化沟通中最为核心的能力。因此,课程中大量采用了案例分析、小组讨论、模拟演练等教学方法,这些都是为了帮助学生逐渐熟悉并掌握英语的思考模式,从而在专业交流中更加自如。最终,我们希望通过这门课程的系统学习和练习,学生在专业英语的使用上更加自信,同时对城市规划的专业知识有更深的理解和应用,在未来的职业生涯中也能够以更加开放和国际化的视角,面对挑战、拥抱机遇。

新时代改进 "《资本论》研究"教学的方法探讨

丁长发 *

摘要：厦门大学经济学院理论经济学硕博生开设"《资本论》研究"必修课程。《资本论》第一卷发表至今有 150 多年的历史，为提高"《资本论》研究"的授课效果，经过多年经验，笔者通过讲授法把《资本论》学习的意义、研究对象和方法、结构和体系介绍给同学。把"《资本论》研究"一学期 14 个专题讲授给学生，并要求学生根据专题顺序来准备相应的资料，要求他们写好小论文、做好 PPT 并上台演讲，一定程度上促进学生学习和关注"《资本论》研究"的积极性主动性，促进"《资本论》研究"课程的顺利进行。

关键词：新时代；《资本论》研究；讲授法

1867 年，被西方世界评为千年思想家的马克思出版了《资本论》第一卷，《资本论》在全世界具有极高的学术价值和理论价值。厦门大学经济学院为理论经济学硕士和博士生都共同开设了"《资本论》研究"全院必修课。笔者尝试通过讲授法把马克思《资本论》最基本的内涵、研究方法、学习的意义以及《资本论》的结构和体系清晰地讲授给学生。

在课堂上，笔者通过口头语言把马克思"《资本论》研究"最基本的内涵，包括马克思的生平、研究和写作《资本论》的背景、过程，《资本论》的研究对象、研究的方法，"《资本论》研究"的结构和体系，向所有经院理论经济学硕博生讲授，激发学生的思维尤其是学习"《资本论》研究"的学习兴趣和热情。

讲授法具有短平快的优点，把"《资本论》研究"的相关知识快速、有计划和有目的地传授给这些硕博生，教学效率高，教师主导性强，有利于学生在短时间内获得马克思《资本论》研究的系列知识信息。受限于单向的信息传授，学生被动接受，加上《资本论》的时代性抽象性等主客观因素，根据笔者多年讲授"《资本论》研究"的心得，部分硕博学生学习《资本论》研究的动力和认真程度有待改善。

一、讲授学习《资本论》研究的时代意义

（一）讲授马克思的背景

1. 介绍马克思生平

卡尔·海因里希·马克思（Karl Heinrich Marx），出于对当时工人阶级的强烈的人文

---

　* 丁长发，男，福建顺昌人，厦门大学经济学系副教授，主要研究方向为中国农业和农村经济体制改革、《资本论》研究。

关怀,从 1843 年到 1883 年花费了 40 年撰写了其伟大巨作《资本论》,吸收了德国的古典哲学、法国的空想社会主义和英国的古典政治经济学,建立了其科学马克思主义学说,成为马克思主义创始人,被誉为全世界无产阶级的伟大导师,科学社会主义的创始人,伟大的政治家(第一国际的组织者和领导者)、哲学家、经济学家、革命理论家、社会学家、记者、历史学者、革命社会主义者。马克思认为人类社会发展的目标就是促进个人自由全面发展。马克思撰写了《资本论》副标题"政治经济学批判"即对资本主义弊端和短板的批判性分析。

2. 讲授《资本论》的写作背景

首先,青年马克思在对当时德国农民所处的经济利益的困境,激发马克思对穷人极大的人文关怀,使得马克思转为对那个时代弱势群体的经济利益关系研究。随后马克思在批判当时各类工人运动中的错误思潮。如批判了当时法国小资产阶级社会主义者蒲鲁东的观点——"财产就是盗窃",马克思认为蒲鲁东没有深入分析财产的来源、片面肤浅地加以批判财产的性质是错误的。随后马克思在解剖"市民社会"的性质指出人们的市民社会本质是来源于各种物资关系的总和,以上诸多因素使得马克思转向研究工人阶级的经济利益关系。

其次,讲授马克思撰写《资本论》的经济社会历史背景。一方面,资本主义生产方式在主要资本主义国家占据统治地位,并展现出巨大的促进作用。马克思认为在资本主义生产关系建立初期,生产关系极大地促进当时资本主义生产力的发展。另一方面,马克思分析了当时资本主义的积累促进了拥有物质财富资本的资本家的巨大财富的积累,与此同时,也是无产阶级不断发展壮大和贫困的积累与加深。当时法国、德国、英国工人阶级革命三大运动为其提供了阶级基础。并且马克思在当时扬弃了重商主义、古典政治经济学、小资产阶级经济学和庸俗经济学错误观点,创立了科学的劳动价值论和剩余价值论。

(二)讲授学习《资本论》的政治意义

毛泽东曾高度评价引用应用《资本论》,早在 1941 年毛泽东在《关于农村调查》就指出运用阶级分析法来分析我国的农村社会各阶级关系是科学的。在 1958 年成都会议中,毛主席将《资本论》第三卷有关商品交换的过程的论述摘下来并拟了"从生产出发,还是从交换和分配出发"的标题,推荐给党内其他同志。[①]

《资本论》经过时代检验,在目前加强《资本论》的教学与研究具有重要意义。2016 年 5 月 17 日,习近平总书记在哲学社会科学工作座谈会上讲话指出:"有人说,马克思主义政治经济学过时了,《资本论》过时了。这个说法是武断的。"[②]习近平总书记在纪念马克思诞辰 200 周年大会上指出:"1867 年问世的《资本论》是马克思主义最厚重、最丰富的著作。"[③]

二、把《资本论》的结构和体系讲授给学生

全面讲授《资本论》的整体结构和体系:《资本论》第一卷的序言和跋合计七篇,主要阐明了《资本论》的研究对象和方法,即《资本论》是以英国作为典型国家下的研究马克思时代

---

① 王占仁:《毛泽东读〈资本论〉相关史实考证》,《光明日报》2011 年 11 月 30 日第 11 版。
② 《习近平在哲学社会科学工作座谈会上的讲话》,《人民日报》2016 年 5 月 19 日第 2 版。
③ 《习近平在纪念马克思诞辰 200 周年大会上的讲话》,《人民日报》2018 年 5 月 5 日第 2 版。

资本主义的生产关系、生产力等相互关系；指出《资本论》的研究方法是唯物辩证法，是历史唯物主义和辩证法的统一；分析资本主义产生、发展和灭亡的整个过程，最终目的是要揭示资本主义社会的经济运动规律。

（一）全面讲授《资本论》第一卷的结构

《资本论》第一卷是马克思1867年整理出版的，研究了能带来剩余价值的资本和剩余价值的生产过程。本课程深度分析了资本，运用劳动价值论劳动二重性和区分劳动力和劳动的两个范畴的基础上深入分析了资本主义生产过程是剩余价值生产的过程，并指出资本主义的绝对规律就是剩余价值规律。

《资本论》第一卷首先分析商品和货币，阐明了科学的劳动价值理论和货币理论。其次，分析资本怎样生产剩余价值，阐明了剩余价值生产理论。最后，分析剩余价值如何转化为资本，阐明了资本积累理论，指出资本主义积累的一般趋势和历史走向。

（二）全面讲授《资本论》第二卷的结构

《资本论》第二卷的序言是恩格斯1885年写的，说明遗稿情况和《资本论》第二卷的编辑出版过程，同时驳斥了对马克思的种种指责并阐述了马克思关于剩余价值在资本主义运动过程中如何实现增殖和流通。资本主义条件下单个产业资本的循环和周转加速剩余价值的实现和增殖程度。

（三）全面讲授《资本论》第三卷的结构

《资本论》第三卷的研究对象是资本主义生产总过程的各种形式。第三卷核心问题是分析资本主义生产的总过程，其中心是研究剩余价值（M）在资本主义商业流通部门、借贷资本部门、银行资本部门、农业资本部门等各类产业资本都参与瓜分剩余价值，实现了马克思的从剩余价值理论转为生产价格理论的转型利润。接着着重研究资本的各种具体形式，如随着商品经济的发展独立于产业资本家以外的资本家集团——商业资本家、生息资本家、土地所有者等如何参与瓜分剩余价值的规律。最后批判地分析当时庸俗的资产阶级经济学家的"三位一体"公式。

（四）全面讲授《资本论》的体系

根据国内外学者的研究，马克思《资本论》的体系结构即一个起点、一个基础、一条主线、三个过程、十个方面。

1.《资本论》的研究起点就是商品

马克思通过科学的抽象法，从最简单、最微观的资本主义社会中商品具有二因素和劳动的二重性展开分析。在这里马克思全面阐述商品二因素和劳动二重性，建立理论范畴，不断推导出其科学的剩余价值论。在这里，我们分析马克思的劳动价值论的内涵与当代科学劳动、知识劳动，探究知识工人以及商品的内涵与外延等。

2.《资本论》的科学基础就是劳动价值论

劳动价值论认为劳动者的劳动是创造资本主义剩余价值的唯一源泉。全面讲授马克思《资本论》所涉及劳动价值论的内涵和范畴，如具体劳动、总体劳动、知识劳动、抽象劳动、复杂劳动、简单劳动等，并指出劳动（内涵与外延的全面发展）价值理论在当代的发展——自动化时代、数字经济时代如何坚持和发展劳动价值论，讲授两种社会必要劳动时间争论、价值量的决定，尤其是深入分析马克思效率理论（微观效率的六种决定因素、竞争效率理论、马克思流通效率理论和资源配置效率理论)。

3.《资本论》的主线就是剩余价值理论

在课堂上全面讲授马克思剩余价值理论的内涵,批驳各类对马克思剩余价值理论的批判,指出马克思剩余价值理论的伟大意义,并结合实际深入分析马克思工资理论内涵与当代意义。

4. 全面讲授马克思时代资本主义的生产过程、流通过程、总过程

特别用马克思的资本运动总公式,如 G-G 涉及的银行资本、借贷资本、虚拟资本,并结合我国企业融资的发展过程加入分析,特别是 W-G 中涉及商业资本如何实现其最惊险的跳跃。

5. 全面讲授作为政治经济学的《资本论》的基本框架

讲授贯穿整个《资本论》的劳动价值论、剩余价值理论、资本积累理论(深度分析资本原始积累和资本积累理论和当代实践,比较分析英国的资本原始积累的过程)、个别资本再生产理论、马克思宏观经济学部分的社会资本再生产理论。运用马克思在《资本论》三卷所涉及供给侧结构性改革(流通成本、生产成本、借贷成本、土地成本)理论来分析我国的供给侧结构性改革。讲授商业资本和商业利润理论(说明当代商业发展的伟大意义、商业部门工人的工资和商业资本家的利润来源)、借贷资本和利息理论、地租理论(结合我国房地产调控实践阐述马克思的地租理论)、各种收入(以我国最新的收入分配理论和实践来阐述)及其源泉。

三、理论联系实际,全面讲授"《资本论》研究"的部分专题

为激发经院硕博生学习《资本论》的兴趣,笔者选择 14 个专题,力求贴近国内外经济社会发展的具体实践及案例,并要求经院硕博生结合改革和经济具体实践做好 PPT 和写好小论文,在班级展示和演讲。

具体讲授的专题包括:讲授马克思生产力和生产关系(涉及经济基础和上层建筑理论,比如马克思的巴黎公社宣言、廉价廉洁高效政府理论)。阐述马克思、毛泽东、习近平有关生产关系促进生产力发展的重要论述。运用马克思生产力和生产关系理论来分析林毅夫与杨小凯的争论。运用马克思经济基础和上层建筑理论来分析我国政府机构改革(加入习近平总书记有关改革理论)。运用马克思在《〈政治经济学批判〉导言》中所提出的"两个必然"和"两个决不"原理以及卡夫丁峡谷理论来分析我国社会主义初级阶段理论和如何跨越中等收入陷阱。习近平总书记关于发展新质生产力的重要论述对马克思生产力理论的巨大贡献和发展。

构建以培养质量为导向的研究生导师
指导能力评估体系*

谭 忠 赖泉芳 叶晓薇**

摘要:习近平总书记强调:国家繁荣、民族振兴、教育发展,需要我们大力培养造就一支师德高尚、业务精湛、结构合理、充满活力的高素质专业化教师队伍,需要涌现一大批好老师。那么如何评价导师的指导能力就成了一个迫切需要解决的问题。本文结合当前研究生导师的发展现状,提出了以培养质量为导向的研究生导师指导能力的评估问题。从研究生培养质量的角度分析,确定其评价指标体系,并用层次分析法确定各指标权重,以此构建导师指导能力评估体系。

关键词:研究生培养质量;指导能力评估体系;层次分析法

一、问题的提出

习近平总书记始终关心教育事业,高度重视高素质教师队伍的培养。2014 年 9 月 9 日,习近平总书记同北京师范大学师生代表座谈时的讲话指出:"国家繁荣、民族振兴、教育发展,需要我们大力培养造就一支师德高尚、业务精湛、结构合理、充满活力的高素质专业化教师队伍,需要涌现一大批好老师。"①当前,全球知识创新速度加快,科技变革加剧,高端层次的人才需求也在进一步扩大。许多国家将研究生教育视为培养高层次人才的重要途径。然而与国际高水平研究生教育相比,我国研究生教育仍然存在差距。为此,在全面深化改革和实施科教兴国的发展战略中,特别是党的十八大以来,研究生教育的重视程度逐步加深。习近平强调,研究生教育在培养创新人才、提高创新能力、服务经济社会发展、推进国家治理体系和治理能力现代化方面具有重要作用。在《关于加快新时代研究生教育

* 基金项目:国家自然科学基金重点项目"磁流变液的偏微分方程模型的若干理论问题研究"(项目批准号:12231016);国家自然科学基金面上项目"高维可压流体中的若干数学理论研究"(项目批准号:12071391)。

** 谭忠,湖南人,厦门大学数学科学学院教授、博士生导师,"闽江学者"特聘教授,国务院政府特殊津贴专家,国家高层次人才特殊支持计划教学名师。赖泉芳,厦门大学数学科学学院 2013 级硕士研究生。叶晓薇,厦门大学数学科学学院 2021 级硕士研究生。

① 习近平:《做党和人民满意的好老师——同北京师范大学师生代表座谈时的讲话》,《人民日报》2014 年 9 月 10 日第 2 版。

改革发展的意见》①中明确提出：推动研究生教育适应党和国家事业发展需要，坚持"四为"方针，瞄准科技前沿和关键领域，深入推进学科专业调整，提升导师队伍水平，完善人才培养体系，加快培养国家急需的高层次人才。为实现在 2035 年初步建成具有中国特色的研究生教育强国的总体目标，构建更加完善的研究生导师指导能力评估体系具有重要意义，这就需要弄清反映导师指导能力的指标体系以及如何评估这些指标。

近年来我国研究生导师的数量实现了快速增长，但导师人均指导的研究生数量则受到限制，相应的就需要解决指标分配问题，尤其是博士生指标分配问题。然而对于研究生指标分配问题，除了目前采用的固定指标数量的方法，即每个导师先平均分配一个，然后人为地根据实际学生数量再作相应的调整外，并没有较为科学合理的指标分配方法。传统的这种做法主观性强、缺乏科学依据，不仅会导致指标资源的浪费，而且会使双向选择成为一纸空文，严重的还会导致导师和研究生双方产生矛盾，教学质量与培养质量得不到保证等情况的发生。同时研究生管理部门也认为这种传统的研究生指标分配模型已无法满足当前的需求，他们更希望让指导能力强的导师多带研究生，也希望能以人才培养质量为目标构建研究生指标分配模型，通过评估导师的指导能力来确定导师所能指导研究生的数量，以此解决资源最优配置问题，同时，研究生管理部门也需要通过对导师指导能力的评估来确定导师队伍的退出机制。

如果能充分利用导师的指导能力，那么就可以尽可能多地培养出优秀的毕业生。现阶段导师和研究生的关系都是一对一的培养关系，导师对学生的培养不仅包括对研究生的科学知识、科研能力的培养，还要对其综合素质、思想品德进行指导，以促进研究生的全面发展。导师是研究生培养的第一责任人，导师的指导能力是影响研究生质量的最大因素。导师的指导能力越高，导师就有能力指导更多的研究生。因此，对导师指导能力的正确评估，是优化指标分配的关键，构建系统全面、科学合理的研究生指标分配模型刻不容缓。

二、导师指导能力评估体系构建

目前已有很多指标体系来评价教师能力②或实施高校教师的绩效考核③。传统的导师指导能力评估的方法，有的以导师自身的科研能力和学术声望为导向，如导师发表的论文、

① 《教育部发展改革委财政部关于加快新时代研究生教育改革发展的意见》，《中华人民共和国国务院公报》2020 年第 34 期。

② 陈新平、易爱平：《博士导师评估指标体系设计及权重系数的确定》，《湖南医科大学学报（社会科学版）》2004 年第 4 期。曹辉、向玉凡、施明智：《高校导师评估体系模型的研究与构建》，《教育与教学研究》2009 年第 6 期。

③ 白君贵：《研究生培养质量评价指标体系研究——以全日制专业学位研究生为例》，《学理论》2012 年第 26 期。李静、王富荣：《专业学位研究生教育：质量评估指标权重述评》，《黑龙江教育（高教研究与评估版）》2011 年第 3 期。刘亚敏：《研究生导师的角色定位与责权分析》，《中国研究生》2004 年第 5 期。林琳、林刚：《模糊数学与层次分析法在绩效评估中的综合应用》，《中国管理信息化》2006 年第 11 期。施亚玲、向兴华、李若英：《培养质量导向的研究生导师绩效评价体系构建》，《学位与研究生教育》2013 年第 11 期。樊宏、戴良铁：《如何科学确定绩效评估指标的权重》，《中国劳动》2004 年第 10 期。朱明、杨晓江：《试论硕士点质量评估体系的构建》，《学位与研究生教育》2015 年第 6 期。李江波、王战军：《研究生教育质量监测：模型构建与实证分析》，《学位与研究生教育》2015 年第 6 期。

科研经费等也应该作为导师指导能力评估的指标，也有以导师自身的人格魅力为导向。但是导师具备足够的科研能力给予学生学术指导，有足够的人格魅力给予研究生思想品德的指导，本是一名老师作为研究生导师的必要条件，导师自身的科研能力、人格魅力这些指标并不能完全满足用于评价一名教师指导能力高低的要求。但是导师自身的学术科研水平和学术声望对学生来说，主要反映在以下两个方面：其一，可以吸引到优质生源，也就是所招收的学生"进门"档次不一样，这可以看成培养过程的起点高低不同，虽然在研究导师指导能力评估时需要考虑学生之间的起点差异，但是这一差异并不是导师的指导能力所导致的；其二，能否为学生提供足够的机会与资源，虽然这一点确实与导师指导能力密切相关，但是导师为学生提供的机会这一指标可以从学生培养质量的指标中清楚地反映出来，不需要重复计算。总之，学术能力强的导师如果培养不出优秀的学生，显然就不能说明这名导师的指导能力强，只能说明他自己的学术水平强。因此，本文不将导师科研能力和学术名誉方面的指标考虑在内。如果从研究生角度来看，导师指导的研究生的质量越高，相应的导师的指导能力也就越高。本文正是从这一角度出发，将以研究生的培养质量为导向对导师的指导能力进行评估，在研究生的培养质量的指标中，遴选和充分论证影响导师指导能力的各因素，采用层次分析法对各因素权重进行确定，并予以量化和综合评判，建立公正合理全面的指标体系，从而得到导师的指导能力的量化数值。

1. 导师指导能力评估指标的选取依据

为了评价导师的指导能力，重点由其所指导的研究生水平所评判，就像评价一个企业或者某个工程师一样，必然是评价企业生产或工程师设计的产品。本文通过层次分析法，综合评价同一专业近三年来由同一导师指导的研究生群体所表现出来的总体的"培养质量"分数。但是该"培养质量"分数还没有准确说明导师指导能力的高低，因为研究生的培养质量是由学校、老师和自身努力共同作用下的结果，有多少属于导师指导的结果？为此，本文还通过专家座谈法和问卷调查法，对导师在研究生培养阶段所做的贡献进行量化，得到相应的贡献度。然后将学生的"培养质量"分数乘上相应的贡献度，就可以得到导师对所指导的研究生所做的贡献。于是选取评估导师指导能力的指标，就相当于选取评估研究生在校期间培养质量的指标。

2. 研究生在校期间培养质量指标的选取

如何选取研究生在校期间培养质量的指标是科学评估导师指导能力的关键。具体来说，导师的指导能力主要体现在三个方面：一是指导研究生学习；二是指导研究生开展科研；三是指导研究生品德素质。所以从研究生角度来考察导师的指导能力，就可以从研究生的学习、科研和品德素质三个方面选取指标。但为了考虑指标的全面性和代表性，确保评价的客观性和合理性，本文进一步采用调查问卷和专家访谈法，以导师为评价单位，构建了以专业知识、科研能力、学术兴趣、品德教育以及就业与发展情况5个一级指标和18个二级指标的评价研究生培养质量指标模型体系。指标体系如表1所示。

表 1 研究生培养质量指标模型体系

一级指标	二级指标
专业知识	研究生课程学习成绩
	研究生期间参加各类学术竞赛获得的奖励或表彰
	研究生期间获得奖学金情况和次数
科研能力	研究生期间论文发表的质量和数量
	获得专利的类别与数量
	出版刊物级别及个数
	获得科研奖励的情况
学术兴趣	参加学术交流会议的级别和次数
	参与科研项目级别和个数
	自愿参与学术报告会的情况和次数
品德行为	品德获奖情况
	参加非专业知识竞赛、社会实践获得的奖励或表彰
	参加课外活动情况
就业与发展	硕士研究生攻读博士学位的比例
	博士研究生做博士后的比例
	毕业研究生出国深造的比例
	研究生就业情况
	社会对毕业研究生的评价和认可度

三、指标权重的确定及研究生的质量评估

1. 层次分析法(AHP)介绍

层次分析法是由美国运筹学家托马斯·塞蒂(T. L. Saaty)在 20 世纪 70 年代正式提出,是一种定性和定量相结合的、系统化、层次化的分析方法,目前该应用已经遍及经济计划和管理、能源政策和分配、行为科学、军事指挥等领域。它是将系统按照因素之间的隶属关系,形成一个多层次分析结构模型,在各个因素之间相互比较,确定各个因素对于上一层的相对重要性。其具体步骤如下:

第一步:建立层次结构模型——构建相应的评价指标体系:在应用层次分析法时,首先要对评价对象进行层次分析,建立相应的评价指标体系。

第二步:构造成对比较矩阵 A:设某层有 n 个因素,$X = x_1, x_2, \cdots, x_n$,要比较它们对上一层某一准则(或目标)的影响程度,确定在该层中相对于某一准则所占的比重,即把 n 个因素对上层某一目标的影响程度排序。

上述比较是两两因素之间进行的比较,比较时取 1—9 尺度,如表 2 所示。用 a_{ij} 表示

第 i 个因素相对于第 j 个因素的比较结果，

$$A=(a_{ij})_{n\times n}=\begin{bmatrix} a_{11} & \cdots & a_{1n} \\ \vdots & & \vdots \\ a_{n1} & \cdots & a_{nn} \end{bmatrix} \tag{1}$$

若满足 $a_{ij}=\dfrac{1}{a_{ji}}$，则 A 称为成对比矩阵。

表 2 比较尺度(1—9 尺度的含义)

尺度	含义
1	第 i 个因素比第 j 个因素的影响相同
3	第 i 个因素比第 j 个因素的影响稍强
5	第 i 个因素比第 j 个因素的影响强
7	第 i 个因素比第 j 个因素的影响明显强
9	第 i 个因素比第 j 个因素的影响绝对地强

1~9 尺度的中间值 2,4,6,8 表示第 i 个因素相对于第 j 个因素的影响介于上述两个相邻等级之间。

如果成对比矩阵 $A=(a_{ij})_{n\times n}$ 满足 $a_{ij}>0, a_{ij}=\dfrac{1}{a_{ji}}, a_{ii}=1$，则称为正互反阵。在正互反矩阵 A 中，若 $a_{ik}*a_{kj}=a_{ij}$，则称 A 为一致阵。一致阵有如下性质：

(1) $a_{ij}=\dfrac{1}{a_{ji}}, a_{ii}=1, i,j=1,2,\cdots,n$；

(2) A^T 也是一致阵；

(3) A 的各行成比例，则 $rank(A)=1$；

(4) A 的最大特征根(值)为 $\lambda=n$，其余 $n-1$ 个特征根均等于 0；

(5) A 的任一列(行)都是对应于特征根 n 的特征向量。

第三步：层次单排序及一致性检验。所谓层次单排序就是确定下层各因素对上层某因素影响程度的过程。

用权值表示影响程度，即确定各因素的权重问题。先从一个简单的例子看如何确定权值。例如，一块石头重量记为 1，打碎分成 n 各小块，各块的重量分别记为：$w_1, w_2, \cdots, w_n$，则可得成对比较矩阵

$$A=(a_{ij})_{n\times n}=\begin{bmatrix} 1 & \dfrac{w_1}{w_2} & \cdots & \dfrac{w_1}{w_n} \\ \dfrac{w_2}{w_1} & 1 & \cdots & \dfrac{w_2}{w_n} \\ \vdots & \vdots & \vdots & \vdots \\ \dfrac{w_n}{w_1} & \dfrac{w_n}{w_2} & \cdots & 1 \end{bmatrix} \tag{2}$$

由上面矩阵可以看出

$$\frac{w_i}{w_j} = \frac{w_i}{w_k} \cdot \frac{w_k}{w_j} \tag{3}$$

若成对比较矩阵是一致阵,则我们自然会取对应于最大特征根 n 的归一化特征向量 $\{w_1, w_2, \cdots, w_n\}$ 且 $\sum_{i=1}^{n} w_i = 1$,w_i 表示下层第 i 个因素对上层某因素影响程度的权值。若成对比较矩阵不是一致阵,Saaty 等人建议用其最大特征根对应的归一化特征向量作为权向量 W,则

$$AW = \lambda W, W = \{w_1, w_2, \cdots, w_n\} \tag{4}$$

数学上的结论:n 阶互反阵 A 的最大特征根 $\lambda \geqslant n$,当且仅当 $\lambda = n$ 时,A 为一致阵。

由于输入连续地依赖于 A_{ij},则 λ 比 n 大的越多,A 的不一致性越严重。用最大特征值对应的特征向量作为被比较因素对上层某因素影响程度的权向量,其不一致程度越大,引起的判断误差越大。因而可以用 $\lambda - n$ 数值的大小来衡量 A 的不一致程度。

现在定义一致性指标

$$CI = \frac{\lambda - n}{n - 1} \tag{5},$$

其中 n 为 A 的对角线元素之和,也为 A 的特征根之和,λ 为 A 的最大特征根。

现在定义随机一致性指标:随机构造 500 个成对比较矩阵 $A_1, A_2, \cdots, A_{500}$,则可得一致性指标 $CI_1, CI_2, \cdots, CI_{500}$

$$RI = \frac{CI_1 + CI_2 + \cdots + CI_{500}}{500} = \frac{\frac{\lambda_1 + \lambda_2 + \cdots + \lambda_{500}}{500} - n}{n - 1} \tag{6}$$

随机一致性指标 RI 的数值如表 3 所示。

表 3　随机一致性指标 RI 的数值

n	1	2	3	4	5	6	7	8	9	10	11
RI	0	0	0.58	0.90	1.12	1.24	1.32	1.41	1.45	1.49	1.51

人们用指标 $CR = \frac{CI}{RI}$ 来检验判断矩阵的一致性。若 $CR < 0.1$,则满足一致性检验,认为 A 的不一致程度在容许范围之内,可用其归一化特征向量作为权向量,否则要重新构造成对比较矩阵,对 A 加以调整。

2. 采用层次分析法确定一级指标和二级指标的权重

本文结合第二部分所构建的指标体系对某大学某学科的导师指导能力进行评估。根据研究生培养质量的层次结构模型,需要确定一级指标和二级指标的权重。权重系数是表示某一指标项在系统中的重要程度,它表示在其他指标不变的情况下,这一指标的变化,对结果的影响。权重系数的大小与目标的重要程度有关。对于不同学科、不同年龄阶段,每个指标项的重要程度是不同的,所以各指标项的权重系数必须根据实际情况作出合理的规定。因此,权重系数的确定是科学、合理地进行综合评价的关键环节。为了得到更加科学、合理的权重数据,本文将采用层次分析法(AHP)对指标体系中的一级、二级指标的权重进行确定。通过邀请专家,运用 1—9 比例标度法分别对每一层次的评价指标的相对重要性进行判定,构造各指标相对重要性对比的判断矩阵,然后再用解矩阵特征值的方法确定权

重。各判断矩阵均需通过一致性检验。专家利用自己的专业判断,得到各层判断矩阵和各指标相应的权重,如表 4—表 9 所示。

表 4 B 层指标的判断矩阵,计算 B 层对 A 层的权重系数

A	B1	B2	B3	B4	B5	W
B1	1	3	7	5	$\frac{1}{3}$	0.29
B2	$\frac{1}{3}$	1	5	2	$\frac{1}{5}$	0.13
B3	$\frac{1}{7}$	$\frac{1}{5}$	1	$\frac{1}{4}$	$\frac{1}{7}$	0.04
B4	$\frac{1}{5}$	$\frac{1}{2}$	$\frac{1}{4}$	1	$\frac{1}{3}$	0.09
B5	3	5	7	3	1	0.45

表 5 专业知识指标判断矩阵,计算 C1—C3 对应专业知识的权重系数

专业知识	C1	C2	C3	W
C1	1	3	7	0.64
C2	$\frac{1}{3}$	1	6	0.29
C3	$\frac{1}{7}$	$\frac{1}{6}$	1	0.07

表 6 科研能力指标判断矩阵,计算 C4—C7 对应科研能力的权重系数

科研能力	C4	C5	C6	C7	W
C4	1	3	7	5	0.69
C5	$\frac{1}{3}$	1	5	3	0.15
C6	$\frac{1}{7}$	$\frac{1}{5}$	1	$\frac{1}{2}$	0.06
C7	$\frac{1}{5}$	$\frac{1}{3}$	2	1	0.10

表 7 学术兴趣指标判断矩阵,计算 C8—C10 对应学术兴趣的权重系数

专业知识	C8	C9	C10	W
C8	1	$\frac{1}{4}$	$\frac{1}{5}$	0.09
C9	4	1	$\frac{1}{3}$	0.28
C10	5	3	1	0.63

表 8 品德行为指标判断矩阵,计算 $C11$—$C13$ 对应品德行为的权重系数

品德行为	$C11$	$C12$	$C13$	W
$C11$	1	$\frac{1}{2}$	7	0.37
$C12$	2	1	6	0.56
$C13$	$\frac{1}{7}$	$\frac{1}{6}$	1	0.07

表 9 就业与发展指标判断矩阵,计算 $C14$—$C18$ 对应就业与发展的权重系数

就业与发展	$C14$	$C15$	$C16$	$C17$	$C18$	W
$C14$	1	3	2	$\frac{1}{3}$	$\frac{1}{5}$	0.11
$C15$	$\frac{1}{3}$	1	$\frac{1}{2}$	$\frac{1}{5}$	$\frac{1}{7}$	0.05
$C16$	$\frac{1}{2}$	2	1	$\frac{1}{5}$	$\frac{1}{7}$	0.07
$C17$	3	5	5	1	$\frac{1}{3}$	0.26
$C18$	3	7	7	3	1	0.51

根据各判断矩阵的计算结果进行一致性检验,我们得到各判断矩阵的一致性比例 CR 均小于 0.1,满足判断矩阵整体一致性的要求,所以此指标体系可用于评价研究生质量。据此获得各一级指标和二级指标的权重,结果如表 10 所示。

表 10 研究生培养质量指标模型体系

一级指标	二级指标
专业知识 $B1$:0.29	研究生课程学习成绩 $C1$:0.64
	研究生期间参加各类学术竞赛获得的奖励或表彰 $C2$:0.29
科研能力 $B2$:0.13	研究生期间论文发表的质量和数量 $C4$:0.69
	获得专利的类别与数量 $C5$:0.15
	出版刊物级别及个数 $C6$:0.06
	获得科研奖励的情况 $C7$:0.10
学术兴趣 $B3$:0.04	参加学术交流会议的级别和次数 $C8$:0.09
	参与科研项目级别和个数 $C9$:0.28
	自愿参与学术报告会的情况和次数 $C10$:0.63
品德行为 $B4$:0.09	品德获奖情况 $C11$:0.37
	参加非专业知识竞赛、社会实践获得的奖励或表彰 $C12$:0.56
	参加课外活动情况 $C13$:0.07
就业与发展情况 $B5$:0.45	硕士研究生攻读博士学位的比例 $C14$:0.11
	博士研究生做博士后的比例 $C15$:0.05
	毕业研究生出国深造的比例 $C16$:0.07
	研究生就业情况 $C17$:0.26
	社会对毕业研究生的评价和认可度 $C18$:0.51

从表 10 中可以看出在 5 个一级指标中，"就业与发展情况"和"专业知识"两项指标所占的权重处于前两位，表明咨询专家认可研究生的就业与发展最能够反映研究生的培养质量，其次是研究生培养过程中的专业知识。科研能力的比重则位居第三。品德行为和学术兴趣的指标权重则排名靠后。

通过收集某高校某一学科研究生导师近三年来所指导的研究生学生的各项指标数据，对导师所培养的研究生的质量进行评估。因为每个导师指导的不只是一名研究生，所以以导师为评估单位，将一名导师近三年所指导的研究生的各项指标数进行人均化。并且因为导师所接收的研究生生源情况有所不同，即培养过程的起点高低不同，如果将所有的学生按照一种规则来统计，那么对于培养过程起点较低而在培养之后所得到的结果很优秀的研究生是不公平的。所以为了更加科学合理地对研究生培养质量进行评估，在收集了导师所指导的研究生数据之后，首先需要将研究生按照生源情况分为五类：第一类是来自"985"高校或者国家重点学科生源；第二类是来自"211"高校生源；第三类是来自普通院校生源；第四类是工作多年的生源；第五类是港澳台海外生源。如果进校时优秀的学生培养期间所获得的成绩与进校时普通学生培养期间所获得的成绩数值上相等，这说明进校时普通学生培养期间所获得的成绩要比进校时优秀的学生培养期间所获得的成绩还要好。因为对于优秀的学生来说，在培养期间所获得的成绩如果和入学时差不多，没有更上一个台阶，那么该研究生的培养质量就不会高。所以在统计学生培养期间的数据时，在按生源分类的基础上，需要给每类生源定一个折算系数 S，$S = (s_1, s_2, s_3, s_4, s_5)$，其中 s_i 是指第 i 类生源的折算系数。折算系数需要满足生源好的折算系数比生源差的折算系数低的原则。

为了更好地进行评估，将人均后的各项指标数据进行分数化。本模型采用百分制，对于某一指标而言，找出所有数据中的最大值 D_{max}，将其分数定为 100。对于其他的数据，套用公式

$$T_i = \frac{D_i}{D_{max}} * 100 \qquad (7)$$

这样就将数据转化为分数，并进行了无量纲化处理。表 11 是某高校某一学科 10 名导师指导的研究生的第三级指标人均实际数据分数化之后的分数。

表 11　10 名导师指导的研究生第三级指标分数

	导师 1	导师 2	导师 3	导师 4	导师 5	导师 6	导师 7	导师 8	导师 9	导师 10
C1	100.00	98.68	51.32	86.84	22.37	93.42	3.95	35.53	5.16	11.84
C2	87.37	73.68	33.68	100.00	3.16	46.32	40.00	81.05	84.21	18.95
C3	64.47	59.21	85.53	93.42	100.00	35.53	89.47	86.84	21.05	15.79
C4	52.08	100.00	35.42	61.46	22.92	78.13	26.04	53.13	72.92	92.71
C5	100.00	57.29	14.58	15.63	27.08	87.50	26.04	85.42	25.00	96.88
C6	38.04	20.65	27.17	67.39	51.09	38.04	90.22	64.13	59.78	100.00
C7	29.79	80.85	80.85	40.43	60.64	7.45	5.32	56.38	82.98	100.00
C8	16.25	71.25	58.75	1.25	42.50	20.00	100.00	38.75	66.25	20.00

续表

	导师 1	导师 2	导师 3	导师 4	导师 5	导师 6	导师 7	导师 8	导师 9	导师 10
C9	65.22	28.26	71.74	75.00	81.52	48.91	8.70	25.00	100.00	16.30
C10	83.00	54.00	100.00	7.00	44.00	10.00	97.00	0.00	78.00	82.00
C11	95.60	8.79	43.96	28.57	87.91	47.25	100.00	19.78	28.57	15.38
C12	14.94	100.00	66.67	63.22	16.09	98.85	71.26	40.23	58.62	45.98
C13	7.37	25.26	12.63	18.95	25.26	44.21	5.26	95.79	100.00	51.58
C14	54.44	37.78	100.00	41.11	12.22	86.67	43.33	26.67	44.44	10.00
C15	13.54	98.96	100.00	60.42	6.25	23.96	36.46	85.42	1.04	4.17
C16	22.67	86.67	97.33	86.67	60.00	73.33	38.67	100.00	25.33	92.00
C17	19.35	39.78	67.74	83.87	8.60	100.00	83.87	52.69	47.31	48.39
C18	36.59	62.20	62.20	100.00	97.56	79.27	46.34	98.78	64.63	42.68

对 10 位教师所指导的研究生的质量进行综合评价,根据各项指标的分值及按层次分析法算得的各项指标的权数,根据各项指标的分值(P_i)按公式

$$N_j = \sum_{i=1}^{k} w_{C_i} P_i (i=1,2,3,4,5;k=3,7,10,13,18) \quad (8)$$

其中 w_{C_i} 为对应 C 层指标的权重;

$$M = \sum_{j=1}^{5} w_{b_j} N_j \quad (9)$$

得到各导师所指导的研究生的培养质量。根据公式,可得以上 10 名导师所指导的研究生培养质量如表 12 所示。

表 12 10 名导师所指导的研究生培养质量

导师	质量	导师	质量
导师 1	55.76058	导师 6	75.79998
导师 2	70.19484	导师 7	44.01782
导师 3	59.72138	导师 8	61.773
导师 4	77.45821	导师 9	48.30993
导师 5	42.32253	导师 10	40.81616

四、结论

通过层次分析法定出指标权重后,再根据导师指导的研究生的指标数据,可以根据指标权重算出导师近三年所指导的研究生的培养质量。从前述可以知道研究生的培养质量最能够反映导师的指导能力。但是研究生所获得的成果不仅是导师的作用,还有学生自身的努力。所以为了更加科学合理地评估导师的指导能力,还需要将研究生的培养质量分数

乘上导师的贡献度。导师的贡献度采用问卷调查的形式，需要考虑利益相关方的诉求。问卷调查的对象不仅是导师，还需要导师指导的研究生的参与。通过对以上 10 名导师以及其所指导的研究生发放问卷调查，得到以上 10 名导师在研究生培养期间对专业知识、科研能力、学术兴趣、品德行为以及就业与发展 5 个方向的贡献程度，$T_i = (t_{i1}, t_{i2}, t_{i3}, t_{i4}, t_{i5})$，$(i = 1, 2, \cdots, 10)$，再利用公式

$$M = \sum_{j=1}^{5} t_{ij} w_{b_j} N_j, (i = 1, 2, \cdots, 10) \tag{10}$$

得到相应导师所指导的研究生在导师因素影响下的质量，以此数据来评价导师的指导能力。

"体医融合"背景下康复保健体育课程设计研究*

黄惠玲 王 鹏 翁兴和**

摘要：康复保健体育课是厦门大学体育教学部专门针对体弱、肥胖、病、残的学生开设的体育课程。本文针对厦门大学学生康复保健体育课的上课情况，探索出"体医融合"背景下如何根据学生的健康状况，采用医疗体育运动处方，以健身气功及适合学生运动的项目作为锻炼内容，设计更好的课程目标、教学内容、教学方法、评价体系。通过学习，学生在运动中改善心理状态、克服心理障碍，养成积极乐观向上的生活态度。培养学生对体育的兴趣、克服困难、战胜疾病的顽强拼搏精神，弘扬中华优秀传统文化，养成终身体育锻炼意识。

关键词：体医融合；康复保健体育课；课程设计

党的二十大报告明确了"加强青少年体育工作，促进群众体育和竞技体育全面发展，加快建设体育强国"的任务，党和政府高度重视特殊人群的教育，厦门大学学生当中需进行特殊体育教育的也不少，根据具体情况，学校以"体医融合"理念积极开发适合特殊群体学生的体育课程，弥补了他们无法正常上体育课的遗憾，帮助他们积极参与运动，在校内校外身心都能够健康发展，实现与社会的有效融合。无论在学校还是社会，认识到这一理念非常重要，这对全面贯彻落实《"健康中国2030"规划纲要》具有积极作用和现实意义，同时也有助于高效推进高校特殊体育教育的发展。"体医融合"是通过体育与医疗卫生系统的资源整合与相互协同，优化健康资源配置，提升健康服务效率，最终促进全民健康水平提升。[①]

一、康复保健体育课教学目标

（一）思政目标

1. 以习近平新时代中国特色社会主义思想为指导，围绕"以体育人、以体育心"，牢记"为党育人、为国育才"使命，落实"立德树人"根本任务，本课程使学生厚植爱国主义情怀，培养学生坚定的理想信念，正确的价值取向和勇于担当的社会责任感，践行社会主义核心

* 基金项目：福建省社会科学基金项目"高校特殊体育教育'体医融合'理论构建与发展路径研究"（FJ2024B093）。

** 黄惠玲，厦门大学体育教学部副教授，主要研究领域为民族传统体育学和特殊体育教育；王鹏，厦门大学体育教学部副教授，主要研究领域为体育教育与体医融合；翁兴和，厦门大学体育教学部副教授，主要研究领域为水中康复和运动促健康。

① 冯晓露、白莉莉、杨京钟、仇军：《"健康中国"视角下体医融合的内涵、特征与路径》，《卫生经济研究》2022年第7期。

价值观。

2.通过健身气功教学,将传统文化的精髓融入大学生思想政治教育,通过参与体育运动,学生们可以领悟中国传统文化的哲理智慧,塑造正确的世界观和人生观,培养与自然和社会和谐相处的生活方式。这不仅能够激发学生们克服困难、战胜疾病的顽强精神,还有助于建立良好的人际关系,激发他们的远大理想与抱负,并培养坚定的理想信念和高度的社会责任感。

（二）知识目标

1.充分认识自己的状况及运动是良医的道理。

2.掌握健步走、站桩、八段锦、五禽戏、易筋经、六字诀的功法原理和保健作用。

3.熟悉特殊群体的运动形式与体育竞技以及心理问题和体医融合运动干预方式。

4.熟悉康复保健体育的基本知识和方法技能。

5.正确理解民族传统体育的健身养生方法,了解奥林匹克精神及残奥会精神。

（三）能力目标

1.课程以健身气功为教学内容,教学中不断让学生理解传统健身功法的功理与作用,使学生知道中国传统健身养生法的康复手段,达到调适身体健康为目的的体育教育。

2.使处于特殊身体状况(疾病或残障)的学生能根据自己的健康状况做好健康管理,制定适宜自身的运动处方,并能在实行运动处方过程中通过体检、医学检查、自我监督来调整运动处方,从而达到身心健康的目的。

（四）素质目标

1.通过课内外一体化学习,布置课外作业,学生根据自身的健康状况,选择自己所喜欢的运动项目,掌握身体锻炼的有效方法,实施运动处方进行适当练习。

2.通过身体素质练习,培养学生终身体育锻炼意识,克服困难,树立战胜疾病的信心、保持乐观向上的精神面貌与稳定的情绪。

二、康复保健体育课发展现状

根据《宪法》《教育法》《体育法》《全国普通高等学校体育课程教学指导纲要》《国家学生体质健康标准(2014)》《全民健身计划(2011—2015 年)》等法律法规,针对一些身体异常、疾病、残障及身体弱势等特殊群体学生,采取了免修免评、体质健康标准免测、教学时数缩减、单独设置保健课等措施。体育课的命名也从"医疗体育""矫正体育""残疾人体育""康复保健体育"逐步演变为"特殊体育",这反映了"以人为本"和对生命的关怀理念的推广。[①]这种特殊教育的"人文关怀"在一定程度上促进了体育教育的差异化发展。厦门大学针对体弱、肥胖、病、残的学生一直有开设康复保健体育课[②],曾经用过的课程名称有"保健课""保健体育课",上课内容有太极拳、交谊舞、保健理论、羽毛球等项目,2012 年学校教学大纲进行重新修订,在康复保健体育课区分四个教学进度,分别教授健身气功易筋经、五禽

---

① 胡启良、丁俊:《高校特殊体育教育"体医融合"精准扶贫模式研究》,《湖北经济学院学报(人文社会科学版)》2022 年第 2 期。

② 陈志伟、林致诚、林顺英:《大学体育与健康教程》,厦门大学出版社 2021 年版,第 8 页。

戏、六字诀、八段锦,结合套路动作教授功法原理、功法特点,在体医融合背景下根据所学的民族传统体育项目制定适合学生的运动处方,同时也介绍每个进度配合简单的身体素质练习,深受"特殊体育"课程同学的喜爱。思明校区和翔安校区均有开设康复保健课程,漳州校区由于学生较少,需要涉及康复保健课的同学跟其他同学一起上课,教师另外安排教学内容。

三、"体医＋"融合理论机制构建

在体医融合背景下,"以学生为中心"的目标导向设置"体医＋"新机制的康复保健体育课程设置。

1."体医＋理念"

将体医融合理念融入学生教育的全过程,传播非医疗手段的运动处方干预,让学生从"以治病为中心"向"以健康为中心"的思想转变,促进传统体育保健课程理念更新。

2."体医＋政策"

学校医管部门通过学生入校体检筛选出需进行特殊体育教育的学生给教务处,教务处联合体育部门安排特殊学生接受康复保健体育课,然后再由任课教师进行教学,实现多部门共同筛选、共同干预、共同随访,更好地完成运动干预体系的慢病治疗。

3."体医＋服务"

"体—教—卫"等多部门共治共管为康复保健体育课学生不仅提供体育基本技术技能的服务,还要根据学生的个体特征进行差异化的康复保健服务,让学生更好地参与运动干预的非医疗手段康复治疗,提供学生能够超越自我的服务机制。

4."体医＋配置"

充分利用厦门大学的体医融合中心、校医院的康复中心、厦大"智慧体育"平台等,加强师资队伍建设,做好康复保健体育教师的教学服务,提升学生防病治病和健康管理能力的智慧服务效率。

根据"体医＋"新机制设计可操作化课程大纲,从特殊学生的实际需求出发,为实现康复保健课的教学目标而设计的教学内容、教学方法、教学评价体系,满足特殊学生群体的个性化需要。

四、康复保健体育课教学内容

康复保健体育课程是厦门大学 53 门体育课程之一,考虑到有些特殊群体学生修满 4 个体育学分需要全部上康复保健体育课的要求,厦门大学将康复保健体育课程设置为四个教学进度,分别教授易筋经、五禽戏、六字诀和八段锦,同时也简单介绍了运动生理学、人体科学、运动医学、身体素质锻炼等内容。

(一)康复保健体育课参加办法

1. 对部分身体异常和疾病、残疾、身体弱势及个别高龄等特殊群体的学生,不能完成正常体育教学任务,可选康复保健体育课,选课后向任课教师提交《体育课转修康复保健课申请表》(在厦门大学体育教学部网站下载)、免予执行《国家学生体质健康标准》申请表(由体育部网站下载),并附上证明材料包括三甲及以上医院疾病证明书和厦门大学附属医院保健室意见，经学生所在院系、任课教师、教务处等部门领导研究审批后，方可上康复保健体育课。

2. 其他学生若在学期中受伤等各种原因不能继续上课，提供相关证明材料申请退课，在学期的前 5 周可以转入康复保健课，超过 5 周不得转入康复保健课。若在新的一学期开始未能恢复仍不能参加剧烈运动者，可转入康复保健课上课。

（二）康复保健体育课的教学内容

1. 理论教学内容

康复保健体育课主要安排的是健身气功的教学，首先，让学生了解体育与健康、体育与营养、运动与心理、健身气功的定义、健身气功健身的基本原理、健身气功练功要素以及健身气功练习过程中每套动作的功法源流、功法特点、功理要旨。其次，介绍运动干预的重要性，根据自身的身体状况学会制定运动处方，特别是通过健身气功学习制定民族传统体育运动处方，让学生体会到"运动是良医"的道理。最后，通过奥林匹克运动的介绍，特别是让学生观看残奥会，激发学生学习的兴趣，勇敢面对困难。

2. 实践教学内容

康复保健体育课安排了四个进度的教学内容，分别教授健身气功易筋经、五禽戏、六字诀、八段锦，每学期教授一个套路，让学生熟练掌握动作要领、功理与作用；康复保健体育课的学生群体具有特殊性，每个同学患病不同，老师需掌握学生的健康状况，将学生分成不同的组别而进行教学，学生根据自身状况选择难度适宜的运动项目、运动次数与运动强度。每节课需要增加不同部位的身体素质练习，通过学习让学生树立终身体育锻炼的意识和正确的健身理念。

（三）康复保健体育课程学习评价

康复保健体育课程成绩包括技术考核占 50%，学习效果占 30% 和学习态度占 20% 三部分，如何做好学生的课程成绩，学习评价是一个重要环节，是实现教学目标的重要保证，也是提高教学质量、深化教学改革的有效手段。

1. 全过程原则

根据课程目标的要求，评价内容应当紧密围绕学生的身体状况和患病程度，以及身心发展的特点。评价不仅包括对课程理论知识和套路动作的掌握程度，还应考虑学生在课堂上的表现，以及认知行为、情绪变化、社会适应能力和心理健康等方面的发展情况。由于上课学生人数较多，上课前两周收集好学生的病例证明，掌握学生基本情况，上课时笔者采用学生固定站位，在一张图表上做好每个学生患病记录，在课堂上做到注意观察每个学生的学习情况，了解学生身体变化状况，有必要时做好记录，从整体出发，应综合多方位的视角来评价学生的综合素质，以全面反映其学习情况和身心发展状况。

2. 客观性原则

由于康复保健体育课的特殊性，学生存在不同程度的身体、心理健康问题，要建立学生个人档案，在对学生学习情况进行评价时，对不同学生要有不同的要求，平时上课时注意观察学生的学习态度、上课表现、努力程度，课后完成课外锻炼的情况及疾病恢复程度等来制定评价内容，激发学生的学习兴趣，能更好地完成学习任务，有效地恢复身体健康。

3. 综合性原则

康复保健体育课是通过对民族传统体育健身养生方法学习，达到身体健康、心理健康和对社会的适应能力,在教学过程中经常以小组练习进行,同学之间互相鼓励、共同进步。可以让教师评价、学生自评、学生互评、医疗评价四者结合,学生自评可以通过学期末学生提交学期学习作业,在作业中体现一学期来的学习收获与感受,并提出宝贵意见供新学期老师采纳。让学生参与评价,充分体现学生的主体性,激发学生的学习兴趣和积极性,使学生更好地理解掌握动作要领及练习精髓,同时也培养学生正确判定能力。

(四)康复保健体育课程教材选择

1. 厦门大学体育教学部老师编写,厦门大学出版社出版的《大学体育与健康教程》①中的体育养生的章节,可以供教师、学生学习。

2. 2014 年 6 月,人民体育出版社发行了《健身气功》,该书由国家体育总局健身气功管理中心主编。在国家体育总局的指导下,该书遵循"科学、主流、管理"的总体思路,在广泛调研的基础上,经过激烈竞争和严格审核,这四套功法得以创编而成。②

3. 《运动处方》由中国体育科学学会组编、冯连世主编。全书致力于为运动处方的学习者和从业者提供制定、实施和评估运动处方的理论与实践指导,其理论根基扎实,方法体系完整,实施流程科学。全书涵盖了以下内容:运动处方概论、运动前健康筛查和风险评估、体质测试与评价、运动处方的制定、健康人群的运动处方、常见心血管及代谢性慢性疾病人群运动处方、常见运动系统慢性疾病运动处方,以及民族传统体育运动处方。③

五、采用多种教学方法

传统的教学模式是以教师为中心单项"灌输",教师教动作、讲解动作的功法原理及功法作用,学生模仿老师的动作及被动地接收该动作对练习的益处,没有真正体会到民族传统体育健身养生的精髓,这样制约了学生学习的兴趣、没法体会对自身保健的意义,因此,基于体医融合理念,以"以学生为中心",不断提升教学方法,采用多种教学方法尤为重要。

1. 多层次化教学方法

随着我国可持续发展目标与《"健康中国 2030"规划纲要》的实施,加强体医融合和非医疗健康干预已成为重要举措。结合体育教学部体医融合中心的工作,根据学生的健康状况,采取分层次教学的方式,旨在因材施教,更好地帮助学生有针对性地恢复健康。

2. 讲解接受教学方式

该方法旨在按照运动技能的规律,设计科学的教学过程与方法。这种教学方法主要由教师负责,他们有目的地组织整个教学过程,通过直观演示、口头讲解以及相关网络媒体、微信平台等方式传递信息。教学内容主要侧重于动作技能,同时也融入了康复保健的理论知识。通过引导学生感受动作练习对自身身体变化的体验,教师解释动作的原理与作用,从而帮助学生更好地掌握动作技能并增强学习兴趣。

3. 小群体学习教学方法

康复保健课学习,主张动作技能与康复保健理论知识两者同步进行,由于同学的身体

---

① 陈志伟、林致诚、林顺英:《大学体育与健康教程》,厦门大学出版社 2021 年版。
② 国家体育总局健身气功管理中心编:《健身气功》,人民体育出版社 2014 年版,第 6 页。
③ 冯连世主编:《运动处方》,高等教育出版社 2020 年版,第 9 页。

状况不一样，需要分成不同组别，进行小群体教学，根据"体医融合"理念让学生学会制定及实施运动处方，小群体教学达到因材施教，同学之间互相帮助、互相鼓励，能在学习中提升人际交往的效果，学习的东西也更多，更能针对性地进行康复锻炼。

4. 网络教学方法

当前网络对大学生的学习、生活和思维方式产生了巨大影响，利用网络平台进行教学。在教学内容上，利用厦大体育"智慧体育"平台完善课程教学内容，功法源流、技术特点、视频、PPT 等图文形式让学生可以在课前、课后进行学习；在教学模式上，利用"互联网＋"平台，利用多媒体教室，线下教学不仅要保留传统教学方式，还需打破传统，可以边播放视频边讲解及示范讲解相结合、学生小组练习、布置课后作业、同学课后一起学习、利用"互联网＋"提交个人练习及小组练习，这些方式都可以增加同学们的学习时间，达到强身健体的效果；在考核方式上，利用"互联网＋"平台记录学生的出勤、课堂表现、课后作业、功法演练、创编能力的、运动处方制作与实施。

六、结语

康复保健体育课是厦门大学为身体有问题的特殊群体所开设的保健课程，随着社会的发展和进步，以及高校教育改革的深入和"以生为本"理念的贯彻，学术界对特殊体育群体的界定有了新变化，认为除了要包括身体患有不适宜参加剧烈体育锻炼运动的疾病或身体患残障的人群（充分条件）外，还应包括《体质健康标准》测试结果未达到及格或者体重指数（BMI）异常［BMI＜20 或 BMI≥26.5 的人群（两个基本标准）］。[①] 课程以健身气功为主要授课内容，结合运动生理学、运动医学、康复医学等多学科的知识，以中国传统的健身养生方法和西方体育健康医疗相结合作为康复手段，达到适应性体育教育的目的。课程的要求较高，因此需要学校医管办、教务处、体育教学部、体医融合中心等多部门联合，加强师资队伍建设，确保学生掌握康复保健课的技术技能和理论知识，从而达到增强体质或疾病康复的目的，以"学进去，走出去"的理念培养学生，由点到面引领一种积极向上的体育精神。

---

① 孙印伟、曾玉山：《中外高校特殊体育教育比较及启示》，《当代体育科技》2022 年第 20 期。

转喻思维在英语议论文写作教学中的应用

——以《大学英语阅读与思辨》（1、2、3）为例

丁燕蓉[*]

摘要：转喻，过去仅仅作为一种修辞手段，实际上是人类思维的一种认知方式，也是人们认识客观世界的一个重要手段。转喻思维的培养有助于提高学生的语言能力。本文以《大学英语阅读与思辨》（1、2、3）的转喻教学为例，探讨在英语议论文教学过程中转喻思维的运用，使英语议论写作做到论证条理清晰、铿锵有力，语言简洁、有创造性。

关键词：转喻思维；英语议论文写作教学；《大学英语阅读与思辨》（1、2、3）

一、引言

随着 20 世纪 80 年代认知语言学的兴起，国内外学者把过去仅仅作为一种修辞手段的转喻也纳入研究对象，认为转喻实际上是人类思维的一种认知方式，也是人们认识客观世界的一个重要手段。2015 年，语言学家查尔斯·多罗奇（Charles Denroche）提出建立 metonymics（转喻学），并且指出转喻思维能力有助于人类语言表达的灵活性与创造性。[①] 对转喻进行了一系列研究的国内学者魏在江认为：转喻是一个过程，它允许我们使用一个已知的方面来代替事物的全部，或者用某一方面来代替与之密切相关的方面；转喻是一个工具，我们用它来思考和交流我们的思想，它是我们概念和语言系统的特征，是形成概念的主要方式。[②] 至今，国内外关于转喻的研究文献为英语课堂教学与实践带来许多启示。英语议论文写作教学也得到了新思路。

英语议论文写作是英语语言综合能力的重要组成部分，体现着学生的家国情怀、国际视野以及跨文化修养，也是学生对客观世界的思维与认知。雅思、托福、GRE 等考试都包含议论文写作，同时，近几年全国大学英语四六级考试的写作部分也是议论文写作，主题涵盖历史、文化、经济和社会生活方方面面。这也是因为议论文写作能够体现学生的逻辑思维、言语表达能力和思辨能力。

《大学英语阅读与思辨》（1、2、3）[③]这套教材所节选的文章全部来自美国主流媒体，是

---

* 丁燕蓉，福建晋江人，厦门大学外文学院外语教学部副教授，主要研究方向为应用语言学和英语教学法。

① Charles Denroche. *Metonymy and Language：A New Theory of Linguistic Processing*，Routledge，2015，p. Ⅰ.

② 魏在江：《概念转喻研究的理论前沿与发展动向》，《北京第二外国语学院学报》2023 年第 5 期。

③ 丁燕蓉：《大学英语阅读与思辨》（1、2、3），厦门大学出版社 2015 年版。

资深的专家教授、研究人员等对社会问题和社会现象等方面，从不同的角度论证自己的看法，是英语议论文写作非常难得的范本，也是转喻思维在议论文写作中的应用典范。①

本文将结合转喻理论，分析《大学英语阅读与思辨》(1、2、3)的转喻思维，"以读促写"，引导学生识解转喻思维在英语议论文写作的应用，以便使英语议论写作做到论证有条有理，铿锵有力，语言简洁、有创造性。

二、转喻的概念本质及其产生的依据

传统观点认为转喻是用某事物的名称替换相邻近事物名称的修辞手段，并称之为借代。但认知语言学认为转喻不仅是一种修辞手法，更是一种思维、行为的方式，一种普遍的语言现象，转喻的产生有着其相关的依据。

（一）转喻的概念本质

语言学家乔治·莱考夫(George Lakoff)认为，转喻是在同一认知域内用易感知、易理解的部分代表整体或整体其他部分。② 而语言交际受相互竞争的信息最大化和经济最大化原则的制约，交际者只能选择突显、重要的部分代替整体或整体的其他部分，或用易感知的整体代替部分，从而实现交际。因此，语言本质上是转喻的。在转喻中，转体充当参照点并激活或提供了解转喻目标的心理通道。

例(1) Do the Math and Collect Unemployment.（译：打好算盘，领取失业救济金）。

例(1)中的 Unemployment（失业）激活转喻目标"unemployment benefit（失业救济金）"。转喻这个概念的本质，就是用突显、重要、易感知、易记忆、易辨认的部分代替整体或整体的其他部分或用具有完形感知的整体代替部分。转喻之所以被理解，是因为突显的转体能激活转喻目标，或提供了解该目标的心理通道。

（二）转喻产生的依据

转喻的产生有着各种依据——物质基础、哲学基础、心理学基础，也有着语言交际的动因和语言功能的社会性。

1. 物质基础——邻近性

人类的思想和思维方式并非凭空而来，而是既受到一系列主客观因素的制约，又以此为契机得以培养、产生和发展。转喻思维亦是如此。莱考夫与约翰逊(Mark Johnson)认为，人类认识事物的思维活动是对外界信息进行积极加工的过程，事物间邻近性特征反映在大脑中，经过人类的主动信息加工，相关联的事物能够彼此取代，演化为人类以此代彼的转喻思维能力。③

例(2) The Power of the Rouge Pot（译：胭脂盒——化妆——的力量）。

紧跟例(2)这个题目后面的是一个导入 Some would argue that makeup empowers women，others would say it's holding them back from true equality.（译：有人认为，化妆赋予了女性权力，也有人会说，化妆阻碍了她们实现真正的平等）。根据邻近关系原则，这

---

① 本文以下的例证均来自此套教材。

② George Lakoff. *Woman，Fire and Dangerous Things*，University of Chicago Press，1987，p. 77.

③ George Lakoff，Mark Johnson. *Metaphors We Live By*，University of Chicago Press，1980，p. 37.

里可以获得 the Rouge Pot(胭脂盒)代表 makeup(化妆)的转喻思维。

2. 哲学基础——体验性

根据莱考夫与约翰逊的观点,转喻思维是人脑与客观世界在长期的相互作用过程中发展而来的认知能力。[①] 人们根据经验建立起的概念与概念之间相对固定的关联模式,是人对自身及外部世界体验与感受的产物,是人们长期自觉或不自觉联想积累的结果,积淀为具有广泛共识的集体意识。

例(3) Red Lips Can Rule the World(译:红唇——化妆的女性——可以统治世界)。

这里 Red Lips(红唇)——Women who wear makeup(化妆的女性)这个转喻模式就是人类最初通过认识自身而建立的:人体本身就是各个器官组成的,包括 lip(嘴唇),由器官指代人本身,进而 red lips(涂了红色唇膏的嘴唇——红唇)指代 Women who wear makeup(化妆的女性)。

3. 心理学基础——完形性

人类的思维方式离不开一定的心理取向和特征,完形心理学和激活扩散理论[②]为探究转喻思维的工作原理提供了重要的心理学基础。人类之所以具有以此代彼的思维能力,是因为感知心理的组织原则在起作用。心理学将对整体的感知叫做完形感知。完形感知通过一系列原则对信息进行组织,其中接近原则和突显原则是转喻的认知依据。[③]

例(4) The fact that both have access to Ralph Lauren and Uniqlo isn't the point.(译:两人都可以买到拉夫·劳伦和优衣库的产品,这个事实并不是问题的关键)。

接近原则体现了转喻认知过程中的可替换性,在语言系统中典型地表现在多义词现象中,例(4)里 Ralph Lauren(拉夫·劳伦)和 Uniqlo(优衣库)代表了各自品牌的各种服饰和相关产品,而不仅仅是品牌名称。突显原则揭示了人类注意力的一般特征。人类有限的注意力不可能同时注意到事物所有的特征,而必须有所选择,只关注事物的重要方面。例(3)中的 Red Lips(红唇)是非常典型的女性特征,非常凸显女性。

4. 交际动因——经济性

在日常言语交际中,语言使用往往遵循经济原则,即以尽量少的言语投入去获取最佳交际效果。伦道夫·夸克(Randolph Quirk)等人为此提出的"尽量简约"的语用原则,简约就是在交际中进行有效的言语选择。[④] 说话人必须尽最大可能传递最多、最重要、最突显的信息,并以此代表所要传递的全部信息。转喻是作为实现语言经济原则的一种重要方式。

例(5) The Goldilocks Apartment.(译:金发女孩公寓——适中的公寓)。

根据正文语篇(讨论的是大学生住校内或者校外的问题),可以看出例(5)题目 The Goldilocks Apartment(金发女孩公寓),不是指专供"金发女孩"居住的公寓,而是指"离学

---

① George Lakoff,Mark Johnson. *Metaphors We Live By*,University of Chicago Press,1980,p. 37.

② Allan M. Collins,Elizabeth F. Loftus. A Spreading-activation Theory of Semantic Processing,*Psychological Review*,1975,82(6):407-428.

③ 赵艳芳:《认知语言学概论》,上海外语教育出版社 2002 年版,第 97 页。

④ Randolph Quirk,Sidney Greenbaum,Geoffrey Leeh,Jan Svartvik. *A Comprehensive Grammar of the English Language*,Longman,1985,p. 859.

校不太远，也不太近，刚刚好的"适中的公寓，源自 the Goldilocks Effect（金发女孩效应，由英国的托尼·罗斯所著的童话故事《金发姑娘和三只熊》中所描述的，凡事都应有度，而不能超越极限，要恰到好处）。相比较于"The Apartment：Not too Far，Not too Close，Just Right（公寓：不要太远，也不要太近，刚刚好）"这样的题目，概念结构上不对称的 The Goldilocks Apartment（金发女孩公寓——适中的公寓）显得更加简约。

5. 语言功能的需要——社会性

言语交际也是社会行为，受到一系列社会因素的影响和制约。转喻在言语交际中能够起到重要的变通作用。考虑到交际双方的地位、权势、距离、性别、交际场合、内容等因素，说话人往往会用听话人可以接受的信息来代替所要传递的信息。

例（6）When to Burst Your Friend's Bubble.（译：何时戳破朋友的泡沫）。

很多人对 lies（谎言）、scandals（丑闻）等这些表示 negative（消极、贬义）的表达法，即便是朋友之间，都比较不能接受，所以用了 bubble（泡沫）这个交际双方都比较能接受的具体物象。

三、转喻思维在英语议论文写作教学中的应用

英语学习者的根本目标是掌握语言能力与语言运用能力，进而把握交际能力。转喻思维则能在一定程度上促进这些能力的形成。转喻思维是人们思考问题的一种特殊方式，可以促进学习者从微观看宏观，从宏观看微观，进而全面地习得语言，所以转喻思维在人们习得语言中占有举足轻重的地位。笔者在教学实践中以《大学英语阅读与思辨》（1、2、3）为范文，用以读促写的方式，先引导学生对教材内容的阅读与思辨，理解领会其中转喻的使用，然后对相关话题进行议论文写作，运用转喻，以提升英语议论文的写作技能，尤其是言语表达的简洁与创造性，论证符合逻辑、铿锵有力。

（一）《大学英语阅读与思辨》（1、2、3）中转喻思维的教学

正如上面提到的，《大学英语阅读与思辨》（1、2、3）这套教材所节选的文章全部来自美国主流媒体，是资深人士对社会现象和社会问题从不同的角度论证自己的看法，涉及的话题关于大学生活、科研、就业、职业道德、生活方式、社交、女性推迟生育、男性做家务、一大家子住在同一屋檐下等各种社会现象和社会问题。这些语篇也不可避免地、大量地使用了转喻手段，体现了作者对客观世界和现实问题的认知。阅读过程中，对于出现的一些生词、表达法等，教师不能简单地提醒学生查字典，例如例（5）中的 Goldilocks，学生查了是"金发女孩/姑娘"的意思，可能把 the Goldilocks Apartment 误解成"专供金发女孩"住宿的公寓。当然，教师更不能简单粗暴地回答学生"固定搭配""地道的表达法"，学生听了还是一头雾水。教师可以通过转喻来解读。本文以《大学英语阅读与思辨》（1）第五单元"Do Unpaid Internships Exploit College Students"的第五个篇章"Let's Abolish This Modern-Day Coal Mine"为例，主要从词汇、句法和语篇层面来进一步识解这套教材所体现的转喻思维。该篇章内容是作者针对"无薪实习是否算是剥削学生"论证自己的看法。

1. 词汇层面的转喻思维

例（7）Let's Abolish This Modern-Day Coal Mine.（译：请废除这座现代煤矿吧）。

例（7）是这个议论篇章的题目，包含了词汇层面的转喻运用：用具体的 Coal Mine（煤矿）来代替 those（enterprises，businesses，companies，etc.）that exploit interns（剥削实习

生的单位）。这个转喻有其邻近性：大家对 coal mine（煤矿）的认知就是"剥削"，而现代无薪的实习也是一种"剥削"。同时，作为题目，表述简洁非常重要。相比较于 those（enterprises，businesses，companies，etc.）that exploit interns（剥削实习生的单位），这个转喻 Coal Mine（煤矿）更加突显和简约经济。

2. 句子层面的转喻思维

例（8）We are beyond children working in coal mines. But that's not because coal executives have softened. It's because of ①the labor movement's legislative victories in the first half of the 20th century，②victories that radically reshaped the way Americans work and think about work.（译：我们已经不再是在煤矿工作的孩子了。但这并不是因为煤矿主心肠软化了。而是因为①工人运动在 20 世纪上半叶取得了立法上的胜利，②这些胜利从根本上重塑了美国人的工作方式和工作思维）。

例（8）中画线部分 ②victories（"胜利"——整体事件）与 ① the labor movement's legislative victories in the first half of the 20th century（"工人运动在 20 世纪上半叶取得了立法上的胜利"）——具体事件上，语义结构不对称，但实际上是整体事件与具体事件互相替代。

3. 语篇层面的转喻思维

例（9）In recent years，though，that vision has frayed. This week，thousands of young people will work 40 hours（or more）answering phone，making coffee or doing data entry—without earning a cent. These unpaid interns receive no benefits，no legal protection against harassment or discrimination，and no job security. They generate an enormous amount of value for their employers，and yet they are paid nothing. That is the definition of exploitation.〔译：但近年来，这种愿景已经破灭。本周，成千上万的年轻人将工作 40 小时（或更长时间），接听电话、泡咖啡或做数据录入，却没有一分钱收入。这些无薪实习生没有任何福利，不能受法律保护以免遭受骚扰或歧视，也没有工作保障。他们为雇主创造了巨大的价值，却得不到任何报酬。这就是剥削的定义。〕

转喻的语篇功能在于它是语篇衔接和连贯的认知机制。连贯是语篇的认知连接。连贯表现在语篇各组成部分在意义或功能上的连续。^① 例（9）这个段落篇章里，作者首先具体论述：thousands of young people will work 40 hours（or more）answering phone，making coffee or doing data entry〔工作 40 小时（或更长时间）年轻人，接听电话、泡咖啡或做数据录入〕，却 without earning a cent（没有一分钱收入）。接下来说明这些"没有一分钱收入"的年轻人也 receive no benefits，no legal protection against harassment or discrimination，and no job security（没有任何福利，不能受法律保护以免遭受骚扰或歧视，也没有工作保障），generate an enormous amount of value for their employers，and yet they are paid nothing（为雇主创造了巨大的价值，却得不到任何报酬），最后概括地指出 exploitation（剥削）这个抽象的概念。语篇层面的转喻推理由具体推断出抽象的复杂概念，从而揭示作者的写作目的以及隐含的意识形态特征：现代这种剥削实习生的做法，就像

---

① 李勇忠：《言语行为转喻与话语的深层连贯》，《外语教学》2004 年第 3 期。

早期的煤矿对孩童的剥削一样,应该被废除。

(二)转喻思维在英语议论文写作教学中的应用

在英语议论文写作教学的实践过程中,针对大学生英语议论文写作存在的主要问题,引导学生了解关于转喻的语言学基础知识,通过对《大学英语阅读与思辨》(1、2、3)中转喻思维的识解,以读促写,鼓励学生在英语议论文写作过程中,引入转喻思维,让自己的观点突显,论证连贯符合逻辑,语言显得简洁有力。

1. 英语议论文套用模板的问题

很多大学生英语议论文写作存在的一个问题就是每次写作都套用如下模板[①]:

Some people think/regard that…,while others believe/hold that…,My opinion/view is that…,My reasons are as follows.

First,…

Second,…

Last but not least ,…

In conclusion/In a word/ In short/ In summary,…

这种模板虽说有着序数词作为支撑,显得有一定的逻辑性,但是如果每次都这么写,就没有新意了,更谈不上创造性了。

反观《大学英语阅读与思辨》(1、2、3),总共有 150 篇议论文,只有一篇由 Hara Estroff Marano 写的"Take the Job",用了序数词"First of all","Second"和"Third"。其他 149 个篇章采用了各种手法,其中不乏转喻思维。请看乔治·利夫(George Leef)写的"No Work,All Play,No Job"的第一段和第二段的前两句。

例(10)

The new book "Academically Adrift" has recently caused a national sensation over a serious problem that has actually been brewing for several decades:for many young Americans,college is not about learning.

Owing to the generally weak state of K-12 schooling,most high school graduates are not accustomed to serious academic work. ① They enroll in college with the expectation that it will be a continuation of K-12,that is,undemanding. ② What most of them want is just a credential attesting to their employability,accompanied by as much fun as possible. ③ At many colleges and universities,students who are academically weak and disengaged constitute the bulk of the student body,enjoying themselves at the expense of their families and taxpayers.

译:新书《学术漂泊》最近引起了全国性的轰动,提出了一个严重的问题,而这个问题的酿成存在实际上已经几十年了:对于许多年轻的美国人来说,上大学与搞研究无关。

---

① 第一次议论文写作的反馈:全班 46 人,其中有 40 人采用类似的模板。

由于幼儿园到中小学教育普遍薄弱,大多数的高中毕业生都不习惯于严肃的学术活动。①他们上了大学,却期望这只是中小学教育的一个延续,也就是要求不高。②他们只想拿到助力就业的文凭,顺便玩得开心。③许多高校里的大部分学生,学术水平较弱并且基本上不参与学术活动。他们只想拿着父母和纳税人的钱逍遥自在。

乔治·利夫在第一段就开门见山,指出论证的观点角度是"for many young Americans, college is not about learning"(对于很多美国年轻人来说,上大学并不是要搞研究)。紧接着第二段开头就指出美国 K-12(幼儿园到高中)教育的 weak state(弱势),大部分的高中毕业生不会 serious academic work(搞学术研究),而且期望大学就是 K-12 的延续,仍旧 undemanding(要求不高的)。也就是第二段开头的子事件"美国 K-12 教育对学术研究而言是一种弱势"(原因事件)和第一段的整体事件"对于很多美国的年轻人来说,上大学并不是要搞研究"(结果事件)互相替代,形成自然的衔接、连贯,而无需依靠序数词。

2. 英语议论文写作存在的言语表达呆板、枯燥的问题

很多大学生学习英语,就是从背单词和掌握基本语法入手的,造成现在写英语作文的习惯就是:汉语思维,然后翻译成英语,而写出来的英语作文在用词表达方面显得笼统、老套、没有新意。在《大学英语阅读与思辨》(1、2、3)的教学过程中,识解其中篇章的用词特点,尤其是转喻概念,鼓励学生在写作过程中,运用转喻思维,对议论文的措辞进行润色,提升篇章的趣味性和创新性。例如例(10)中的 brew(酝酿)这个词,在讲解过程中,提问学生在这个语境中,他们会用哪个词。学生脱口而出"exist"(存在)。这时,任课教师点醒学生这里转喻概念的使用:brew(酝酿)这个表示"过程"的概念,替换了 exist(存在)这个表示"结果"的概念,更是显得具体生动。同样,例(10)the bulk of the student body(学生群体的大部分)中的 bulk(庞大的身躯)这个具体形象的词,代替了 majority(大部分)这个抽象的词。都可以做"大部分"来理解,很明显,bulk(庞大的身躯)比 majority(大部分)更加生动形象。以读促写,《大学英语阅读与思辨》(1、2、3)这套教材的转喻思维,可以说无处不在。帮助学生对其识解,并且鼓励他们在写作中大胆地使用,以其显著的特点来代替抽象的概念和表述。

3. 英语议论文写作观点与支撑的处理问题

英语议论文写作有了 claim(观点)之后,很多学生不知道如何来 support(支撑)这个 claim(观点),大多数倾向于泛泛而谈,或者说就对 claim(观点)进行 paraphrase/rewrite(改写),形成了逻辑学上的"内循环"谬误。在讲授"No Work, All Play, No Job"这个篇章之前,笔者曾经设计了一次段落写作的练习,就是给出了例(10)中第二段的 topic sentence——Owing to the generally weak state of K-12 schooling, most high school graduates are not accustomed to serious academic work. 要求学生按照议论文的形式进行续写。

作业:以下是一个 topic sentence(主题句),请大家按照议论文的题材进行续写。Owing to the generally weak state of K-12 schooling, most high school graduates are not accustomed to serious academic work.

作业反馈:①提交的 46 份作业中,有 38 份都是在对这个主题句进行改写,而不是在论证主题句提出的观点。②38 份作业主要可以归纳为以下 5 种作答：

> a. They are unaccustomed to rigorous academic endeavors. They don't know how to conduct academic research.
> b. They don't know what to do. They are not ready for the serious academic pursuits.
> c. They are not used to demanding academic work, because they didn't have this kind of practice in the senior high schools.
> d. They had limited exposure to rigorous academic endeavors in high schools, so now even in college, they still had no idea.
> e. They lack familiarity with serious academic work in the K-12 education, so after they enter the university, they are still confused about it.

从学生的作答(a,b,c,d,e)可以看出：大部分学生的续写都倾向于对 claim(观点)的改写,尤其是 not accustomed to 的改写(a 中的 unaccustomed to,don't know;b 中的 don't know,not ready for;c 中的 not used to;d 中的 still had no idea;e 中的 still confused about it),所以学生的作答只是在于对观点换了个说法,而不是在论证观点。

相比较之下,例(10)中的第二段的写法,就是在提出 claim(观点)之后,给出了三个 supporting details(细节)：①对大学的期望：是 K-12 教育的一种延续；②只想拿到助力就业的文凭,顺便玩得开心；③只想拿着父母和纳税人的钱逍遥自在。也就是说,从这三个具体的细节来论证 not accustomed to serious academic work(不习惯于做学问)这个抽象的概念。从转喻思维的角度,语篇层面的转喻从抽象的复杂概念出发,给出具体的例证细节,从而论证抽象的概念。

总之,利用转喻思维,可以纠正学生议论文论证过程中的"内循环"逻辑谬误,从而使论证过程有理有据,是议论文写作的一种有说服力的手段。

四、英语议论文写作教学中应用转喻思维的总结与反思

通过对《大学英语阅读与思辨》(1、2、3)这套教材中转喻思维的学习,并在英语议论文写作过程中加以应用转喻,学生的英语议论文写作明显地在以下三个方面得到了提升：

1. 组织结构

学生在构思整篇议论文的组织结构时,跳出了使用序数词 first,second,third 等(包括结尾的 in conclusion,in a word,to put it simply,in summary 等词语)的模板框框,运用转喻思维,根据具体的论证内容,从语篇层面的转喻思维实现了句子之间、句子与段落之间、段落之间的自然连贯与衔接,逻辑清晰。学生开始摒弃模板框框,每次写议论文,都有不同的挑战与体验,对议论文写作有了很大的兴趣。

2. 语言表述

有了转喻思维之后,学生在词汇和表达法方面的积累与记忆时,不局限于"抽象的"表达法,开始重视一些表示"具体的"表述方式,并且在议论文写作中大胆地使用。例如,议论

文写作经常谈到"优点"和"缺点",原先,学生最常用的依次是"advantage"和"disadvantage"、"strength"和"weakness/shortcoming"、"merit"和"demerit",这些表达法都比较抽象。如今,"pro"和"con"、"gift"和"curse"、"plus"和"minus",这些表达法在学生的作文里随处可见,它们各自用"👍赞成"和"👎反对"、"恩赐"和"诅咒",以及"加法"和"减法"来代替抽象的"优点"和"缺点"。学生的议论文在语言表达方面明显有了创新性,也更加具体形象、丰富多样。

3. 论证举证

运用转喻思维,学生在议论文论证过程中跳脱了"内循环"逻辑谬误的困境。利用语篇层面的转喻,从抽象的复杂概念出发,给出具体的例证细节,从而论证抽象的概念,包括所得出的结论,也不是在简单地重复观点,而是有具体的细节延伸和呼应。运用转喻思维,学生在论证过程中(观点→论据→结论),有理有据,论据具体充分,铿锵有力,也有了说服力。

不过,转喻思维在英语议论文写作的应用也对学生提出了更高的要求。首先,转喻思维涉及对中外文化的理解、联想和在认知框架内对概念的心理投射,比较复杂。其次,如果放弃序数词作为逻辑支撑,而转用转喻思维,那么句子之间、句子与段落之间,以及段落之间的语篇层面的转喻思维就很考验学生英语语言表述的准确性和逻辑性,而且提供的具体例证方面也需要相关性。还有,本课程面对的是非英语专业的大学生,他们主要是掌握基本词汇和基本含义,课外英语原文的阅读时间很少,所以词汇表达的转喻思维偏弱,比如"结婚",大部分同学会写"to get married",很少人会用"to tie the knot"("用绳子、带子或鞋带等将两端或两侧的部分拉紧并打结"来指代"结婚")。没有平时的积累和存储,一时要提取使用就比较难。好在如果是平时的练习,可以借助词典等工具,查阅相关背景文化知识,根据转喻思维,进行多次修改、打磨,提交一份比较理想的议论文。

总之,认知语言学中的转喻思维的运用确实存在一定的挑战,但是对提升学生的英语议论文写作有很大的帮助,很有创新性,值得应用和推广。

五、结语

如何把认知语言学理论运用到外语教学中是外语教育工作者所面临的一个相当重要的问题。而写作与阅读的关系最为密切,写作的主要语言输入是阅读。通过对转喻这个语言学概念的了解,带领学生阅读与思辨《大学英语阅读与思辨》(1、2、3)这套教材,从词汇、句法、语篇等层面来分析与识解各路专家学者在论证各种社会现象和问题过程中所体现的转喻思维,引导学生了解英语国家的文化,从而在文化的框架内对事物之间的近似能够进行联想,在不同的认知框架内对不同的概念或范畴进行心理投射,从而能够熟练地运用转喻。同时,以读促写,鼓励学生在英语议论写作过程中,运用转喻手段进行论证,有理有据,逻辑性强,有说服力,并突显语言表达的创新性,以提高英语议论文的写作水平。

数值计算课程教学改革的探索与实践[*]

施明辉[**]

摘要：本文分析总结了数值计算课程教学改革的实践过程，包括问题分析、思路与目标、内容与实践、特点与经验、成果与成效等内容。指出传统的数值计算教学方法大多侧重于"计算"和"数学"，与专业关联不紧密。强调从专业人才培养体系的整体视角看待数值计算课程，将数值计算课程与培养体系中前后课程的内容有机地融会贯通，突出数值计算课程在专业培养体系中承上启下的作用，并结合课程思政内容，践行"提升学生学习效能"与"发展学生核心素养"的教学理念和目标。

关键词：数值计算；教学改革；教学实践

一、引言

数值计算课程是高等理工科院校的重要基础课程，主要讲授工程和科学研究中常遇到的数学问题的数值计算方法及其相关理论。该课程以"高等数学"和"线性代数"等课程内容为理论分析的基础，以"数据结构"和"程序设计语言"等课程内容为数值计算方法的编程实现基础，以计算机为数值计算方法的实验工具，既培养学生的逻辑思维和抽象思维，又重视各种数值计算方法的编程实现。该课程的名称也常被称为"计算方法""数值分析""计算数学""数值数学"等，一般安排在大二下学期或大三上学期开展教学活动。

笔者自 2007 年开始主讲数值计算课程，授课专业包括"智能科学与技术"和"人工智能"，历经十余年，使用过多种教材。[①] 该课程曾获得厦门大学 2020 年一流本科课程建设支持，以及厦门大学 2021 年本科课程教学改革项目建设支持。笔者在教学实践和改革过程中，积极倡导并践行"提升学生学习效能"与"发展学生核心素养"的教学理念和教学目标。本文总结了多年来教学实践与改革的工作和经验，首先分析了数值计算课程教学过程中的常见问题，然后阐述了教学改革的思路、目标、内容，以及特点与经验，最后介绍了教学

[*] 基金项目：厦门大学 2021 年校级教学改革研究项目"人工智能专业知识体系下《数值计算》课程教学改革研究"、厦门大学 2020 年校级一流本科课程"数值计算"建设项目。

[**] 施明辉，厦门大学信息学院人工智能系副教授，主要研究方向涉及人工智能、脑机接口、机器学习、信号处理等。

① 李庆扬、王能超、易大义：《数值分析》，清华大学出版社 2001 年版。李庆扬、王能超、易大义：《数值分析》，清华大学出版社 2008 年版。李桂成：《计算方法》，电子工业出版社 2013 年版。李桂成：《计算方法》，电子工业出版社 2019 年版。

改革实践所取得的成果与成效。

二、问题分析

目前,大多数国内外高校的理工科专业开设了数值计算相关课程。一般而言,非数学类专业和数学类专业对于数值计算课程的要求有所不同,相应地,在课程目标、课程内容、教学侧重点、授课学时等方面也存在差异。如果忽视这种差异性,教学效果必将受到影响。因此,这种差异性应当在教学过程中得到足够重视。此外,学生的知识基础、专业培养体系的目标、在线资源的利用等也是在提升教学效果的研究与实践中应当充分重视的方面。

这里主要针对非数学类专业开设的数值计算课程进行分析,将在教学活动过程中常影响教学效果的典型因素择要列举如下:

1. 学生的学习态度和学习方法不正确

一些学生的学习目的不是提升科学素养和思维能力,而是应付考试取得高分。他们常常误将数值计算课程当作一门纯数学课程,习惯性地沿用"高等数学"和"线性代数"等课程的学习方法,侧重于记忆烦琐的数学公式和做大量习题。这样导致的结果是,虽然能解题,考试分数也不低,但是由于不关心数值计算方法和相关概念所蕴含的思想,不能将概念理解透彻,不仅学习缺乏兴趣和动力,而且事倍功半,难以将方法活学活用,也难以真正提高数学思维能力和创新能力。

2. 学生对于先导课程的知识掌握得不够牢固

例如,有些学生已经淡忘了"高等数学"和"线性代数"等课程所学的知识,有些学生的数学抽象思维能力还有待加强。因此,在数值计算课程的教学过程中,教师需要帮助这些学生复习或补充一些数学知识,并进一步培养和提升学生的数学抽象思维能力。例如,在讲授一些数值优化方法时,需要对向量空间、范数、内积等重要的抽象概念做深入浅出的介绍。然而,如果课程是选修课,还存在课时少的限制,这就要求教师需要在有限的学时内,详略得当地合理安排教学内容,并采用适当的教学方式和教学方法。

3. 教学过程中忽视数值计算课程与后续专业课程的关系

目前,全国理工类高校普遍开设了数值计算课程,开设的数值计算课程涉及许多不同的理工科专业,有的主讲老师来自非本专业的数学老师,这常导致授课内容侧重于"计算"和"数学",与专业关联不紧密。另外,目前的教材很少介绍数值计算课程对于后续专业课程的意义,也很少论及其思想在后续专业课程中的体现,因而学生对于数值计算课程在专业培养体系中的地位和作用不明确,不知所学的理论和思想对专业学习有何用处。显然,与专业脱节的数值计算课程教学不利于专业人才的培养。如果教师在数值计算课程的教学过程中,适当地引入专业知识的介绍,则会使得学生的学习目的更加明确,而且会对后续专业课程产生兴趣和期待。这对专业人才的培养无疑是有很大益处的。

4. 编程实验较少采用 Python 语言

目前全国高校的数值计算课程的算法编程实现部分,一般采用 MATLAB 编程语言或 C 语言,而没有采用人工智能专业中越来越受重视的 Python 语言。另外,Python 语言是开源的,不会受到诸如 MATLAB 语言被限制使用的问题。因此,有必要在数值计算课程的教学和实验内容中,引入采用 Python 语言实现数值计算方法的内容,从而提升学生的实用技能和学习动力。

5. 在线资源有待深入研究和有效利用

在如今互联网普遍使用的大数据时代，与数值计算课程内容相关的在线资源越来越丰富，既有国内的精品公开课和国际名校的公开课，也有与各个知识点相关的网页或视频资料。利用好这些在线资源对提升教学效果必定会有很大帮助。然而，过多地依赖这些资源，过度地减少教师自己的讲授内容，也可能适得其反。因此，如何恰当地利用这些在线资源是值得研究的课题。这需要教师广泛深入地调研和理解与课程相关的在线资源，充分挖掘和有效利用这些在线资源，从而制订出切实可行的详细教学方案，并在教学过程中灵活运用，才能达到提高学生的学习兴趣、扩展学生的学习视野、提升教学质量的效果。

三、教学改革的思路与目标

人才培养是国家发展和民族复兴的关键。习近平总书记在全国高校思想政治工作会议上强调"立德树人"是教育的根本任务。[①] 国务院和教育部提出"三全育人"、发展新质生产力的方针政策。[②] 为了与时俱进地响应新时期对人才培养提出的新要求，此次教学改革的基本思路：立足人工智能专业，根据国家和社会对人工智能专业人才培养提出的新要求，突破传统的教学模式，明确数值计算课程在人工智能专业人才培养的知识体系中的定位和作用，体现人工智能专业特色的数值计算课程教学的新思路和新方法，并结合课程思政内容，促进课程更好地以学生为中心，引导学生由应试学习转变为素质提升学习，达到"提升学生学习效能"与"发展学生核心素养"的教学目标。

基于上述关于影响教学效果的典型因素的分析和教学改革的基本思路，此次教学改革设定的主要目标：将数值计算课程与人工智能专业的相关课程和思政内容有机结合，以"提升学生学习效能"和"发展学生核心素养"为目标，使学生在数值计算课程学习过程中，既能巩固和提升先导课程所蕴含的理论、思想、方法和技能，又能为后续专业课程学习奠定扎实基础，做到将前后课程内容与数值计算课程内容融会贯通、活学活用，改变烦琐枯燥的应试学习方式，切实提高科学素养、实践能力和创新思维能力。

教学改革的重点是从人工智能专业人才培养体系的整体视角出发，突出数值计算课程在人工智能专业培养体系中承上启下的定位，发挥数值计算课程在先导课程和后续课程之间承上启下的重要载体的作用。一方面，对于先导课程，如高等数学和线性代数，通过阐明相关知识在数值计算课程中的应用，使得学生不仅能够加深对既有知识的理解，而且能够进一步提升抽象思维能力。另一方面，对于后续专业课程，将相关专业知识融入数值计算课程的教学过程中，着重阐明数值计算课程的思想和方法对于后续专业课程的意义，使得

① 《习近平在全国高校思想政治工作会议上强调：把思想政治工作贯穿教育教学全过程，开创我国高等教育事业发展新局面》，https://news.12371.cn/2016/12/08/ARTI1481194922295483.shtml，访问日期：2024年3月26日。

② 《全民国家安全教育日 构筑国家安全的"三全育人"大格局》，https://baijiahao.baidu.com/s?id=1797619581127443717&wfr=spider&for=pc，访问日期：2024年3月26日。《深化人才培养改革 加快发展新质生产力》，https://baijiahao.baidu.com/s?id=1797741590910360777&wfr=spider&for=pc，访问日期：2024年3月26日。

学生不仅能有的放矢、事半功倍地学习数值计算课程，而且为后续专业课程的学习奠定扎实的基础，从而增强学习的兴趣和动力。

四、教学改革的内容与实践

基于上述教学改革的思想和目标，此次数值计算课程的教学改革在教学内容、思政切入、教学模式、课程实验、教学资源等方面开展探索和实践工作（见图 1）。

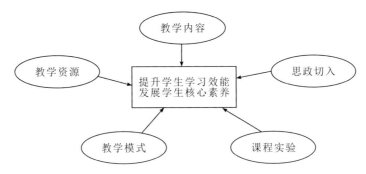

图 1　教学改革的目标和内容

在教学内容方面，分析和规划了数值计算课程的教学内容（见表 1）。在有限的课时内，重点讲授与人工智能专业有关联的内容，包括：非线性方程求根的迭代法（包括不动点迭代法、Newton 迭代法及二者的改进方法等）、线性方程组的直接求解法（包括顺序 Gauss 消去法、列主元消去法、三角分解法、追赶法等）、线性方程组的迭代求解法（包括 Jacobi 迭代法、Gauss-Seidel 迭代法等）、函数插值（包括 Lagrange 插值法、Newton 插值法等）、函数逼近（包括最佳平方逼近、最佳一致逼近、最小二乘拟合等）、数值积分（包括插值型求积法、复合梯形法、复合辛普森法、龙贝格求积法、高斯求积法等）。考虑到课时少的特点，对于与专业关联不紧密的内容，则不列入授课内容，或仅作简要介绍，如常微分方程组初值问题的数值解法。通过合理地选取授课内容，课程得以在有限的课时内，能够重点讲授与专业相关的数值计算的思想和方法。

表 1　数值计算课程的重点讲授内容

主要数值计算问题	主要数值计算方法
非线性方程求根	不动点迭代法、Newton 迭代法及二者的改进方法
线性方程组的直接求解	顺序 Gauss 消去法、列主元消去法、三角分解法、追赶法
线性方程组的迭代求解	Jacobi 迭代法、Gauss-Seidel 迭代法
函数插值	Lagrange 插值法、Newton 插值法
函数逼近	最佳平方逼近法、最佳一致逼近法、最小二乘拟合法
数值积分	插值型求积法、复合梯形法、复合辛普森法、龙贝格求积法、高斯求积法

值得指出的是，数值计算教材一般是从计算数学的角度讨论数值计算的问题与求解方法，很少指出数值计算课程与先导课程和专业课程之间的联系。为实现教学改革目标，需深入研究的是，挖掘专业培养体系中其他课程与数值计算课程之间的知识关联内容，以此

为基础,才能将表1中的数值计算课程内容与先导课程同后续课程的内容相结合,并在授课过程中有机地融入先导课程和后续课程的内容,使得学生能充分体会到前后知识的有机联系。因此,涉及的研究内容是比较丰富的,例如,将函数逼近问题的数值求解方法与高等数学课程中的泰勒级数进行对比分析;将线性方程组的数值求解方法与线性代数课程的矩阵运算、向量空间等概念相结合;将各类数值优化方法与人工智能传统的问题求解方法的思想进行比较;将插值问题与数字图像处理、机器人控制等问题相结合;将迭代法与当前人工智能热门的人工神经网络、深度学习、自然语言处理等大模型技术的思想和方法相联系……此次教学改革对这些内容进行了深入研究,从而切实发挥出数值计算课程在人工智能专业人才培养体系中承前启后的作用。

在思政切入方面,秉持为党育人、为国育才的思想,深入挖掘课程思政内容,提升学生的文化与思想道德水平。例如,积极探索将厦门大学"自强不息、止于至善"的校训,以及陈嘉庚、罗扬才、萨本栋、王亚南等学校先贤的爱国、革命、科学、自强的精神融入课堂教学的方法,结合古代中国先进的科学技术(如秦九韶算法)激发学生的民族自豪感,增强学生民族自信心和文化自信心,通过对照近代西方的各类先进的数值计算方法与近代中国科学的落后,以及现代中国科学技术的崛起,激发学生"强国有我,筑梦新征程"的历史责任感和紧迫感。

在教学模式方面,灵活地尝试一些新型教学模式。例如,在新冠疫情期间,结合实际情况,因地制宜地引入线上线下混合式教学,并在疫情缓解时,对于部分教学内容,适时地引入翻转课堂等教学模式,发挥翻转课堂的优势,将学生的课前学习与课上讨论相结合,有效缓解了课时少难以细致讲解部分内容的问题。此外,还对在线资源进行深入研究,选择或改进在线资源,将一些精彩的在线视频、图片和网页融入数值计算课程的教学过程中。这些举措,克服了疫情的不利影响,丰富了教学形式和内容,激发了学生的学习兴趣、活跃了课堂气氛,也提升了课程的教学效果。

在课程实验方面,深入分析课程内容,进而设计出恰当的实验任务。考虑到学生对于不同的编程语言掌握程度不同的情况,对比讲授使用 MATLAB 和 Python 语言编程实现数值计算方法的特点。针对部分同学畏惧编程的心理,讲授编程的思想、技巧和经验,切实提高学生编程的思维方式和技术水平。

在教学资源方面,教学研究和实践积累了较为丰富的教学资源,包括授课视频、PPT课件、课程大纲、实验内容、试题库和试卷等。例如,通过腾讯会议和 EV 录屏等工具,录制了教师的授课视频,通过引入专业知识和思政内容,改进了 PPT 课件、课程大纲和实验教学方案,通过搜集、整理和开发,进一步完善了试题库和试卷。这些教学资源很好地保障和方便了教学活动的顺利实施。随着教学实践的继续,教学资源还将得到不断更新和完善。

五、教学改革的特点与经验

数值计算课程的传统教学往往偏重抽象的数学理论,与人工智能专业联系不紧密。针对此现象,此次教学改革的主要特点是在培养学生的数学逻辑思维和抽象思维的同时,着力将课程内容与先导课程和后续人工智能专业课程的内容紧密结合,突出数值计算课程在人工智能专业课程体系中承前启后的作用,使得学生不仅能目标清晰、事半功倍地学好数值计算课程,而且能巩固相关先导课程的理解和把握,并为后续专业课程的学习奠定扎实的基础。

在实现教学改革目标的过程中,主要难点在于如何将数值计算课程内容与先导基础课程和后续人工智能专业课程的内容有机地结合。这个困难主要源于两方面:一方面,学生对于先导基础课程可能淡忘或理解不深;另一方面,由于后续专业课程还没有学习,学生对涉及后续专业课程的内容未必能理解。

解决上述难点的途径在于:一方面深入研究人工智能专业的课程体系,从专业人才培养的全局角度理解数值计算课程的内容;另一方面,深入研究先导基础课程和人工智能专业课程的教学内容,从中发现和提炼出与数值计算课程内容相关的概念、思想、知识、方法和技术,并将其融入数值计算课程的教学过程中,使得学生不仅能事半功倍地学习好数值计算课程,而且能夯实之前的基础知识,并对后续专业课程的内容也有所了解。

在教学改革的实践过程中,正是沿着上述途径,突破重点和难点,并结合教学内容、思政切入、教学模式、课程实验、教学资源等方面的改革实践,实现了"提升学生学习效能"和"发展学生核心素养"的目标。

六、教学改革的成果与成效

经过近年的探索与实践,教学改革取得了一些有助于改进教学工作和提升教学质量的成果,主要体现在以下几方面:

1. 进一步梳理和分析了数值计算课程内容与人工智能专业系列课程知识点之间的联系,丰富了授课内容,并使得不同课程之间的知识得以融会贯通,提升了教学效果。

2. 进一步整理和分析了数值计算课程的知识点,搜集了网上相关的资料,并将其融入课程教学过程中,使得课堂内容更加丰富多彩。

3. 课堂讲授更加注重启发学生对教学过程中遇到的各类问题开展探索式学习,从而提高科学研究素养和科研创新的思维能力。

4. 积累形成了更完善的课程教学资源,包括授课视频、PPT 课件、课程大纲、实验内容、试题库、试卷等。

5. 深入研究了一系列在教学过程中融入课程思政内容的知识切入点,发掘出其中蕴含的哲理和思想,并融入课堂教学中,从而在课堂上引发学生对知识的更高层次的思考。

这些教学改革的成果有力地促进了教学质量的提升。教学改革的成效主要反映在课程的选修人数和学生满意度。近年来,该课程的选修人数都超过 90 人,与必修课的学生数相差无几。实践表明,将专业培养体系中前后课程的知识和思政内容有机地融入课程教学,提高了学生的获得感和满意度。学生普遍反映在学习该课程的教学过程中,不仅学习了各种数值计算方法,而且获得了与教材内容相关而又意料之外的有益收获,突出表现在以下几方面:

1. 学生既对过去所学的高等数学、线性代数等知识有了更深的理解,又对未来的一些专业课程有了大致了解,对人工智能专业有了更清晰的认识。

2. 课堂讲述的古今中外的数学家和数值计算方法的历史故事,以及不时穿插的知识点短视频,不仅使得课堂内容丰富有趣,而且有效激发了学生钻研科学知识的热情,较好地改变了学生应试学习的态度。

3. 通过课程的实验教学环节,提高了学生编程解决问题的能力,改变了一些学生害怕编程的心理,同时也增强了学生解决后续专业课程中与编程相关的任务的信心。

4. 通过有机地融合课程思政内容,不仅使学生体会到课程知识所蕴含的哲理和思想,而且引导学生对人生目标和人生追求有了更正确、更清晰的认识。

上述成果和成效表明此次教学改革的思路是正确的,所实施的一系列教学实践方法是行之有效的,达到了"提升学生学习效能"和"发展学生核心素养"的教学目标。

七、结束语

本文分析了影响数值计算课程教学效果的常见因素,重点阐述了从人工智能专业培养体系的整体视角看待数值计算课程,以"提升学生学习效能"和"发展学生核心素养"为目标,进行数值计算课程教学改革的思考、实践、成效与体会。

最后应该指出的是,此次教学改革是一次有益的尝试,所采取的改革思路和实践方法对于一些其他课程的教学具有值得借鉴之处,但许多方面的工作仍需进一步完善。此外,时代的发展对人才培养会不断提出新的要求,因而教学改革应当是永无止境的。教学改革应当秉持与时俱进的精神,从多维度、多视角,因地制宜地不断创新,才能更好地实现更高的教育目标。

基于问题导向教学法(PBL)在人体解剖学课程应用效果研究[*]

冷历歌[**]

摘要:比较 PBL 教学法和常规教学法在人体解剖教学中的应用效果。选取口腔专业 2022 级和 2023 级的学生,其中 2022 级 30 名同学作为对照组,应用常规教学法,2023 级的 30 名学生作为实验组,应用 PBL 教学法,根据学习成绩和学生满意度来评价两组教学方法的应用效果。两组学生在人体解剖学学习成绩和学习满意度上均存在显著差异($P<0.05$)。PBL 组同学无论是学习成绩还是学习满意度上均显著高于对照组。在人体解剖教学中应用 PBL 教学法,能明显提高学生的学习兴趣和满意度,加深学生对解剖学知识的理解和掌握,提高学生分析问题和解决问题的能力,有效提高学生的综合素质,值得在人体解剖教学中推广使用。

关键词:PBL;人体解剖学;教学改革;教学方法

解剖学是研究人体正常形态结构的一门学科,是"医学的基础课程"。[①] 在人体解剖教学中,学生需要理解并掌握人体形态结构。在培养学生掌握基础理论知识和基本操作技能的同时,还需要注意培养学生科学的学习方法。[②] 以问题为导向的学习(problem-based learning,PBL)是以问题为导向的一种学习方法,最早于 20 世纪 60 年代中期由加拿大麦克马斯特大学的 Howard Barrows 提出,PBL 教学法能引导学生发现问题并应用知识进行推理,培养了学生分析问题、解决问题的能力。[③] 尽管许多研究表明 PBL 可以在多个学科的学习过程中帮助学生提高学习兴趣,加强学习效果,但 PBL 在解剖学中的应用仍存在争

* 基金项目:福建省本科高校教育教学研究项目"双一流背景下基于 OBE 教学理念的人体解剖学教学改革与实践"(FBJY20230241)。

** 冷历歌,厦门大学医学院教授,研究方向为智慧课程和数字化进程在人体解剖学教学中的应用。

① 欧阳铭、刘晓柳:《PBL 教学法在局部解剖学实验教学中应用的探索》,《解剖学研究》2012 年第 3 期。

② 李建忠、武志兵、李爱萍等:《PBL 与 LBL 教学模式在护理专业解剖教学中的比较研究》,《解剖学研究》2012 年第 2 期。

③ 罗特坚、刘冬强、易德保:《PBL 教学法在医学专科学校人体解剖教学中的效果观察》,《基层医学论坛》2013 年第 22 期。宋石林、刘延祥、赵伟等:《PBL 教学方法在解剖实验教学中的应用》,《四川解剖学杂志》2014 年第 3 期。

议,也曾有国外的研究发现 PBL 并不能够增强解剖学习的效果。[①] 为详细探索 PBL 教学法在解剖教学中的应用效果,本文就 PBL 教学法和常规教学法在解剖教学中的应用效果进行实验和分析,现阐述如下。

一、资料与方法

(一)入组学生及选用教材

入组 2022 级和 2023 级口腔班学生,每个班各 30 名学生,分别作为对照组和 PBL 实验组,进行常规教学法和 PBL 教学法的教学。教材均选择由柏树令等主编的第九版《系统解剖学》(人民卫生出版社出版),学时均为 60 个学时。

(二)教学方法

2022 级对照组:应用常规的教学方法,老师在课前进行备课,制作课件,根据课程大纲要求,应用多媒体、塑性模型、大体标本等形式进行授课,讲解各器官系统的解剖结构,重点讲解教材中的重点和难点。同学主要进行听讲。

2023 级观察组:应用 PBL 教学法,教学步骤有:(1)提出 PBL 案例:解剖学教研组与药理学、临床医生、病理学、诊断学教师共同开展 PBL 案例撰写会,撰写 PBL 案例。以教学大纲为中心,结合学生的知识水平,在课前将 PBL 案例相关临床病例和提出的相关问题作为提纲布置给学生。(2)学生以小组的形式,根据老师给的提纲及问题学习相关内容,在课前分工合作,带着问题学习相关内容、查阅文献、讨论和梳理分析临床问题。(3)病例汇报:每 3 周后,以小组为单位,进行 PPT 的汇报。(4)总结:在各组讨论完毕,老师对各组的讨论给予点评,对易错点进行纠正,对疑点和难点进行讲解,总结课程的重点。

(三)效果评价标准

应用调查问卷的方式对学生的满意度进行评估,试卷共设 20 个问题,采取百分制。期末考试由解剖组教师共同出题,题型包括单选、填空、名词解释、简答和问答五个部分,总分100 分。

(四)统计学方法

采用 Graph prism 8.0 统计学软件对数据进行分析,数据以"$x \pm s$"表示,统计方法采用 t 检验,数据以百分数(100%)表示,采用 x^2 检验,以 $P<0.05$ 为差异有统计学意义。

二、结果

(一)两组学生的考核成绩对比

常规教学组(2022 级)成绩为 $77.37 \pm 1.398, N=30$;PBL 教学法组(2023 级)成绩为 $82.07 \pm 0.9999, N=30, P=0.0083$,两组之间有显著性差异。详见图 1。

① D. H. Dolmans, W. De Grave, I. H. Wolfhagen, et al. Problem-based Learning: Future Challenges for Educational Practice and Research, *Med Educ*, 2005, 39(7):732-741. M. Chakravarty, N. A. Latif, M. F. Abu-Hijleh, et al. Assessment of Anatomy in a Problem-based Medical Curriculum, *Clin Anat*, 2005, 18(2):131-136.

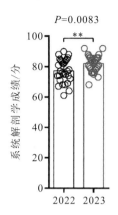

图 1　PBL 教学法(2023 级)与常规教学法(2022 级)的学习成绩对比

（二）两组学生的调查问卷结果比较

常规教学组(2022 级)学生满意度为 87.40 ± 0.7040，$N = 30$；PBL 教学法组(2023 级)学生满意度为 87.40 ± 0.7040，$N = 30$，$P < 0.001$，两组之间有显著性差异(见图 2)。

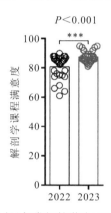

图 2　PBL 教学法(2023 级)与常规教学法(2022 级)的学生满意度对比

三、讨论

解剖学是医学最重要的基础课程,学习人体解剖学的目的是让学生对人体正常的形态有一个全面的了解和掌握,为以后的医学课程打下坚实的基础。长期以来,人体解剖学仍然主要采用教师传授、学生被动接受的教学模式。在不足的课时内,教师灌输给学生大量的解剖学名词术语、复杂的解剖学结构等知识点。由于人体结构细致繁复,人体解剖学教学内容较为枯燥,学生难以记忆掌握,在学习过程中容易产生畏难心理。再加上学生人数众多,一些学生在理解和记忆解剖学知识方面存在困难,容易产生疲劳和抵触情绪。同时,学生在理解和接受能力方面也存在着显著差距,常规的教学模式只注重知识的输出,没有考虑到学生学习能力的差异。因此,学生对解剖学内容掌握不够扎实,甚至无法理解和记忆。如何能够根据当代大学生的特点,调动学生对人体解剖学的学习兴趣和热情,是教师在教学实践中需要思考和探索的问题。学生对人体解剖学的兴趣是积极学习人体解剖学的动力,也是学习成功的重要基础。这就需要教师改变常规的教学观念,根据当代大学生的特点制定教学方法，突出其在教学过程中的主体地位，不断提高学生的主动学习能力，创新学习方法。因此，在这种需求的召唤下，PBL 教学法的应用成为必然。

PBL 教学是一种以问题为导向、以病例为基础、以学生为中心和主体的教育模式[①]，要求学生带着问题去学习，鼓励学习小组内和小组之间的讨论，鼓励教师参与讨论、修正和点拨，有效地激发了学生的学习兴趣。

PBL 教学法要想发挥更好的教学效果，需要注意以下几个方面：

1. 教材体系改革，PBL 病例教材的编写是 PBL 教学的关键之一，其内容应具有以下四个特点：(1)尽量选取学生熟悉的常见疾病；(2)紧贴大纲和教材，选取充分体现解剖学重点的相关病例；(3)可采取多幕式，逐步深入，向临床知识进展，以解剖学为第一幕；(4)应提出严谨全面且富有启发性的医学问题。

2. 教学方法的改革，为进一步加强 PBL 教材编写和教学工作，厦门大学人体解剖学教研室招募了大量临床医生加入教学团队。在教学过程中，他们选取临床上见到的典型病例和图片，精心进行备课。在采用 PBL 法授课时，积极引导学生进行临床思维的碰撞，通过积极讨论，对教学内容进行长期记忆和深刻理解。

3. 评价体系的改革：PBL 教学法包含全过程，通过教师评价和学生互评，形成重能力的过程式评价体系。

在 PBL 教学工作中可能需要注意的问题包括：

1. PBL 教学模式对教学硬件设备的专业性、案例汇编的科学性和可拓展性、教学效果的评估和教学成绩的公平性都有严格的要求和高标准，需要教师和学生投入大量精力。

2. 人体解剖学课程大多是针对一年级新生，在学习人体解剖学课程之前，学生的医学知识几乎是空白的。因此，应采用理论课与 PBL 教学相结合的方法，在每个系统理论课结束后，开展一次 PBL 教学法，能够巩固和加深理解，取得更好的教学效果。

3. 人体解剖学实验课起到锻炼临床初步操作能力的目的，并通过解剖大体标本加深对解剖学直观的感受，完成对正常人体形态和结构的理解。如果一味强调对 PBL 案例的讨论和研究，会使学生重理论而轻实践，削弱了动手能力，应避免这一情况。

4. 一些研究认为，将 PBL 应用于高年级学生的解剖学教学，可以取得比新生更好的效果。这是因为当学生学习解剖学、诊断学、药理学、病理学、外科学等医学学科时，PBL 的应用可以使学生调动知识，激发学生的学习兴趣，发挥更好的教学效果。因此，我们在编写 PBL 案例时，设计了多幕场景，使得 PBL 病例的探讨具有成长性，在不同年级可以进展到不同的场景，增强了学习的连贯性和整合性。

---

① V. Saxena，P. Natarajan，P. S. O'Sullivan，*et al*. Effect of the Use of Instructional Anatomy Videos on Student Performance，*Anat Sci Educ*，2008，1(4)：159-165. A. A. Khaki，R. S. Tubbs，S. Zarrintan，et al. The First Year Medical Students' Perception of and Satisfaction from Problem-based Learning Compared to Traditional Teaching in Gross Anatomy：Introducing Problem-based Anatomy into a Traditional Curriculum in Iran，*Int J Health Sci (Qassim)*，2007，1(1)：113-118. K. Hinduja，R. Samuel，S. Mitchell. Problem-based Learning：Is Anatomy a Casualty? *Surgeon*，2005，3(2)：84-87. M. F. Abu-Hijleh，M. Chakravarty，Q. Al-Shboul，*et al*. Integrating Applied Anatomy in Surgical Clerkship in a Problem-based Learning Curriculum，*Surg Radiol Anat*，2005，27(2)：152-157.

　　总之,PBL 的教学方法主要是将解剖学知识融入 PBL 案例中,结合所学知识,培养学生的临床思维。其主要目的是为学生今后的临床工作奠定坚实的理论基础。在教学形式上,主要以学生为中心,以问题为导向激发学生的热情。从本文获得的结果来看,无论是学生满意度还是考试分数,PBL 教学组都明显优于常规教学组,表明其在解剖学教学中的优势。PBL 教学法虽然能取得较好的效果,但在我们的教学过程中还存在一些不足,还需要继续探索,并在今后的教学中不断总结和完善。

讲授法在高校舞蹈理论教学中的困境与突破*

张先婷**

摘要：在倡导创新型舞蹈人才培养和多元化教学模式的大背景下，存在着一种轻视讲授法的现象。由于讲授法没有得到一定的重视以及许多高校教师对该方法掌握得并不熟练，舞蹈理论教学陷入了照本宣科、理论与实践脱节等困境。事实上，在创新型舞蹈人才培养过程中，讲授法无论在知识的积累活化还是创新思维建构上，都发挥着不可替代的作用。在实际的舞蹈理论教学中，我们不应一味地追求创新，应正视讲授法的价值，努力提升讲授水平，加强与之相关的学术研究，并巧妙地将讲授法与其他教学方法相结合，充分发挥其在创新型人才培养中的重要作用。同时，用"爱"的眼光看待教学，实现一个有温度、有关系的课堂。

关键词：讲授法；高校；舞蹈理论教学；创新型人才培养

创新型人才培养是近年来教育改革的重要话题之一。2022 年 5 月，在"教育这十年"的新闻发布会上，时任教育部高等教育司司长吴岩在介绍党的十八大以来我国高等教育改革发展成效时讲道："人才培养上，高等教育更加强调创新。"[①]此外，清华大学谢维和教授提出："在人才培养上，中国高等教育正在从传统的人才培养模式转变为一种创新型的人才培养模式。"[②]可见，创新理念已在高等教育界获得极为高度的重视，同时对创新人才的培养也被提到重要日程之上。

在此大背景下，各学科各门类都在寻求一条教育创新之路，其中包括理论教学在内的舞蹈学科也在教育理念、培养方案、教学方法、质量评价等方面进行不断的探索。在寻求舞蹈教学创新的过程中，同时存在这样的声音："与舞蹈训练课程相比，基础舞蹈理论的教学内容比较枯燥，理论性强，所以对于教师的教学方法也提出了较高的要求。教师教学方法落后，导致学生对于基础舞蹈理论的掌握能力比较弱。"[③]这里提到"落后"的教学模式常常

* 基金项目：2021 年度福建省社会科学基金项目"'两次倒转'机制下舞蹈理论教学创新研究"（项目批准号：FJ2021C115）。

** 张先婷，女，舞蹈学硕士，厦门大学艺术学院助理教授，主要研究方向为舞蹈课程教学论。

① 《教育这十年新闻发布会》，http://www.moe.gov.cn/fbh/live/2022/54453/，访问日期：2024 年 4 月 22 日。

② 《教育这十年新闻发布会》，http://www.moe.gov.cn/fbh/live/2022/54453/，访问日期：2024 年 4 月 22 日。

③ 苏杰：《高校基础舞蹈理论教学现状及优化措施研究》，《艺术科技》2017 年第 6 期。

被等同于"以讲授为主的课堂",同样也被赋予一种刻板印象——没有活力,缺乏创新,制约学生发展。同时,一些新的教学方法——启发式教学、参与式教学、探究式教学等如雨后春笋般涌现在舞蹈理论教学的课堂中,这些方法被认为是更高级的,更与时俱进的,更利于学生创新发展的。然而事实上,尽管许多教师对这些教学方法进行了积极主动的尝试,但舞蹈理论教学依然是学科中薄弱的一环;尽管讲授法被轻视,甚至有人号召以新方法将其取代,但一直以来讲授法依然是占据着包括舞蹈理论在内的课堂中的主流教学方法;尽管对创新型舞蹈人才培养的教学理念及方法不辍地革新,但依旧难以取得预想的效果。这不得不让我们安静下来思考——讲授法是造成舞蹈理论教学中一系列问题的总因吗?讲授法确实阻碍了舞蹈创新型人才培养的进程吗?讲授法应该被其他教学方法所取代吗?当讲授法遭到批判时,我们首先应该探究讲授法的本相以及如何更好地呈现于舞蹈理论教学之中,而非不假思索的否定与批判。

一、讲授法与舞蹈理论知识的积累活化

有人认为,在舞蹈理论课堂上,讲授法更多以理论知识为中心,阻碍了以学生为中心的探索与研究。关于这一点,我们首先需要清晰并尊重舞蹈理论教学的特殊性,同时需要把其放在"教学活动"这个大背景下来看待。

隆荫培、徐尔充在《舞蹈艺术概论》一书中讲道:"舞蹈理论主要研究舞蹈艺术和现实生活的关系、舞蹈艺术的特征以及舞蹈艺术发展规律等问题。"[①]舞蹈虽是一门人体动作表演艺术,举手投足间呈现出感性的情感表达,但舞蹈同时也是一门极为强调理论与实践相结合的艺术形式,所以舞蹈理论教学需要引发舞蹈现象背后蕴含的特征关系、发展规律、审美内涵等方面的研究,具体到每一门舞蹈理论课程教学,教师都需要促进学生的深度学习。如在《舞蹈艺术概论》中如何以客观辩证的眼光看待模仿论、宗教论等关于舞蹈起源的学说,《中国古代舞蹈史》所讲述的东汉文人傅毅之《舞赋》如何呈现"游心无垠,远思长想"的审美意境。回望西方舞蹈美学进程,19 世纪末 20 世纪初的西方政治、经济、社会的变革又是如何引发邓肯"自由舞"的应运而生。这一系列的思考使形而下的肢体艺术上升到形而上的内在规律与实质层面,这些规律需要教师层层深入的讲授,也需要引发学生透过现象看本质的思维过程,带领其深入到促使舞蹈发生、舞种产生、舞蹈形式与内涵变革的实质中去。试想在此过程中,如果缺少了充满深度的讲授,学生可能处于漫无边际的自我探索中或者只能抓住舞蹈现象本身而错失了对舞蹈本质的挖掘。由此可见,从舞蹈艺术的理论与实践充分结合的特殊性来看,有效的讲授能够帮助学生深度理解身体背后的舞蹈内涵,从而促进舞蹈实践,缩短理论与实践之间的差距。

此外,舞蹈理论教学需要遵循教学活动的基本原则,即学生、教师、知识三要素的统一。在目前对创新型人才培养的研究中,常出现这样的声音:"教育的中心和本体毫无疑问应当是人,而不应该是知识……知识充其量只是教育的一种手段,只有人才是教育的最终目的。"[②]这样的观点看似高举以人为中心,但若仔细思考不难发现:"人"与"知识"的关系其

---

① 隆荫培、徐尔充:《舞蹈艺术概论》,上海音乐出版社 2003 年版,第 363 页。
② 孟建伟:《生活乃教育之根:大学培养创新人才的哲学思考》,《中国高等教育》2013 年第 22 期。

实已经对立开来,似乎知识成为培养创新型人才的阻碍。然而,毋庸置疑的是,创新不是天马行空,也不是闭门造车,创新需要一定的知识作为前提和基础。正如 2021 年习近平总书记在清华大学考察时强调:"重大原始创新成果往往萌发于深厚的基础研究……要保持对基础研究的持续投入。"[①]这里提到的基础研究就是长久以来积累的人类优秀实践成果,这些宝贵成果是创新的基石。所以,正确的方向是尊重并肯定这些知识成果的价值使其成为培养与塑造人的重要方式,而非一味降低知识的地位以提升人的价值。在此过程中,教师带领学生对知识成果本身作简要的回溯,使其有感于成果的发展过程并以客观的眼光作价值评判,为后续更深入的探索研究奠定基础。

回顾舞蹈理论知识体系建设的过程,也有众多学者为此付出了极大的心血才铸就了这丰厚的艺术宝藏。从中西方舞蹈史到舞蹈教育学再到舞蹈心理学、生理学等范畴,众多教材、书籍、学术文章的问世为舞蹈理论教学提供了切实的内容,也为后世指明了研究方向。这些宝贵的知识成果不应被时代遗忘,其中所蕴含的确定性和教学价值,应作为重要的教学内容在课堂中被学生认知,并启发其在此基础之上开展更为深入的研究。既然知识是创新的基础,那么在众多教学方法中,讲授法能够符合大学生抽象思维和逻辑思维发展阶段的特点,一个生动且有启发性的讲授能够有效率的带领学生进入丰富的舞蹈知识成果中,激发其探索的热情,为后续学生们进一步的思考和研究引领方向。例如,在"舞蹈艺术概论"的课堂上,当带领学生们品评舞蹈《青绿》时,学生对作品的印象更多停留在美、震撼、有意境等外在感知层面,至于该作品"如何营造出'心中若能容丘壑,下笔方能汇山河'的傲骨与气魄",又是"如何将中国传统文化中的诗、乐、舞、画融于一体,实现从意象到意境的飞跃",诸如此类的问题如果教师没有作相应的讲授与知识铺垫,任凭学生们在自我感受中探索,不免陷入自说自话的境地。在实际教学中,笔者做了如下尝试:首先以"中国传统文化之意境表达"作为切入点,带领学生们吟诗、闻乐、赏画甚至品茶,沉浸于诗之情怀,乐之韵律、画之深意、茶之新味中,同时请学生们分享感悟;在徜徉于中国传统文化兼容并蓄之时,教师再以解读"景—情—形—象—境"层次理论的方式,层层揭开《青绿》一舞意境创造的面纱。虽然看似吟诗、品乐、赏画、品茶与解析舞作《青绿》"无关",但教师将舞作囊括于中国传统文化之中,艺术、民俗、文学、美学的互通作用更易于学生对《青绿》的整体把握与理解,触发其文化自信与民族认同感,而层层深入的讲授、品评方式使知识与学生过往积累的经验产生链接,激发了其知识的积累与活化。

综上所述,一个有质量的讲授包含但不仅限于提供知识,更为重要的是激发学生探索知识的动力与兴趣,并使其能够将所领受的知识与自身经验作有意义的处理和转化,真正让知识"活起来"。这样看来,讲授法在舞蹈理论知识的积累与活化中是一种不可或缺的有效方法。

二、讲授法与舞蹈创新型人才的思维培养

舞蹈创新型人才思维的培养,需要知识的积累与活化,但仅限于此是不够的。在实际

① 《深入学习贯彻习近平总书记关于教育的重要论述》,https://www.gov.cn/xinwen/2019-06/12/content_5399467.html

的舞蹈人才培养过程中，那些知识基础丰厚，但缺乏创造能力、表现能力、融会贯通能力的学生不占少数。可见，知识是创新的基础，但若要形成创新思维则必须打通知识与个体经验的管道，让知识在个体的生命中"活起来"。

关于创新型思维的开拓与探索，众多教育家和一线教育工作者做出了一系列的实践，并取得了一定的成果。回顾一些教育理念与方法的提出，如布鲁纳的发现学习、杜威的"做中学"以及近几年兴起的"翻转课堂""慕课微课"等，在不同程度上实现了教育方法途径的更多可能性；聚焦舞蹈理论教学方面的实践，如探究式、对话式、参与式等舞蹈教学模式也在一定程度上开拓了思维的活跃性。但值得关注的是，在现今这些新兴的教学方法风靡课堂之时，即使连"批判传统学校教育，提倡教育即生活"的著名美国教育家杜威，也曾在《我们怎样思维·经验与教育》一书中给出这样的结论："讲课可以为思维的培养发挥着如下三点作用：一是刺激学生理智的热情，唤醒他们对于理智活动和知识以及爱好学习的强烈愿望；二是引导他们进入完成理智工作的轨道；三是有助于组织理智已经取得的成就。"[①]

回顾笔者教学中一些生动的案例，在思维的培养方面讲授法确实发挥着重要作用。在"中国古代舞蹈史"的课堂上，笔者在带领学生学习歌颂周武王灭商之功的乐舞《大武》时，进行了如下尝试。首先，教师带领学生们走进西周，以讲述历史、品味故事、欣赏图片、诵读文学作品等方式穿越于《诗经》《周礼·春官宗伯下·大司乐》以及书本中所记载的《大武》之中，想象着几千年前周武王之《大武》"集结、进军、凯旋、臣服、安国、朝拜"的恢宏场面。有些学生"一探究竟"的热情被激发，不禁发问：西周的《大武》已经失传已久，如果用现今的视角把它还原并合理的再创造，且呈现于几千年后的今天——《大武》会是什么样呢？在此过程中，学生们开始思考并以实践的方式回应：如怎样才能充分呈现老师所讲述、文字所记载的《大武》那"发扬蹈厉、庄严肃穆"的风格呢？又以什么样的舞蹈队形体现其"回还移动"的流动性呢？如何才能使六个舞段清晰明了又能恰到好处的链接呢？在此体验中，学生们先要充分参考已有史料，这也是"重现"的前提，更重要的是在掌握史料之后，则要充分发挥其主观能动性经历重现、合理创作、表演的过程，以此来身临其境的窥探周代《大武》的辉煌风貌，而随后的分组表演、教师评价、学生互评也给予了学生们沉淀、思考的机会。关于这个主题在笔者之前的教学实践中，学生们已将其编创成完整的作品且不同的小组呈现出了不同的演绎：在舞蹈语汇方面，有的小组运用古典舞的元素进行编创，有的小组则突破传统地使用了当代舞元素；在作品架构方面，有传统的戏剧式结构，也出现了反映历史与现代关系的时空交错结构；在创意创新方面，有的小组独具匠心地增设了庆贺战功之宴饮场面且融合了以"长袖细腰"为风格的女乐表演，有的小组则融合了《大武》的诗歌及历史讲述部分，呈现古代诗乐舞为一体的综合特征；在道具服装方面，有的小组手执干戚，有的小组则执剑而舞，值得一提的是执剑组却遭来其他小组的质疑：《大武》是对前代干戚舞的继承，干为盾，戚为斧，即朱干玉戚。《大武》创作时间于周前期，当时尚未出现剑。既然没有剑，《大武》怎么可能执剑而舞呢？未承想这场"剑舞之争"却引发了学生们查考史料、批判质疑、以求佐证的过程。这无疑给学生们留下了一个更为深刻的体验——《大武》，不再只是躺在"中国古代舞蹈史"期末考卷上的答案，而是将静态的知识活化为身体舞动的特别体验。

---

① 杜威：《我们怎样思维·经验与教育》，姜文闵译，人民教育出版社2005年版，第214页。

图 1　原创作品《大武畅想》之整装待发　　图 2　原创作品《大武畅想》之出师灭商
（2020、2021 级舞蹈表演专业，拍摄者：陈昕）　　（2020、2021 级舞蹈表演专业，拍摄者：陈昕）

在该教学案例中，"教与学"经历了如下过程：正如杜威所说，在"静听"教师讲授时，学生们"理智的热情被刺激"，同时他们也在思考与实践，在对书本上记载的历史进行着接收、批判与再创作，教师引导其"进入完成理智工作的轨道"。最终，学生们根据史料与自身对《大武》的理解，呈现出了主题相同，但表现形式各异的《大武畅想》。由此，教师帮助其实现了杜威所提到的"理智已经取得的成就"这一环节。在此过程中，教师的讲授为学生的探究提供了必要的支撑与线索，避免其天马行空式的"创新"。同时，知识与学生个体的经验被打通，虽然知识是固定的，但因着个体在情感、经验、思维等方面的差异，知识如同一块块充满可能性的"乐高"积木，在创新思维的海洋中遨游且构建出一幅幅新颖美妙的画面。

综上所述，在舞蹈理论教学中，讲述法对舞蹈理论知识的积累活化以及创新型人才思维培养都发挥着积极的作用。这提示我们不能轻视讲授法，应采取相应举措以提升讲授法在舞蹈理论教学中的价值。

三、讲授法在舞蹈理论教学中的价值提升之举措

（一）教师应努力提升讲授水平

教师讲授的水平往往决定了学生接受知识的质量，所以教师务必努力提升其讲授水平。对于舞蹈理论教师来说，首先要求掌握一定的专业知识和组织教学的能力。教师应保证所讲授知识的准确性，并能够将书本上的知识结合自身体悟做有意义的内化与输出，以生动且易理解的案例呈现出来，切勿模棱两可、照本宣科、一讲到底。例如在"中国古代舞蹈史"的教学中，教师需对历史背景，政治经济、文化、外交等相关内容做较为深入的研究，透过舞蹈现象深入本质，才可能带领学生们穿越历史的长河，体悟诗、乐、舞交融的美妙意境。同时在此过程中，教师需对所讲内容进行合理的预设：哪些内容可以激发学生的兴趣，哪些乐舞可以启发学生以身体来感知，哪些乐舞美学思想对学生来说可能较难理解，哪些内容需要着重讲授，哪些可以一带而过。这些都需要教师用心去思考与安排。

其次，舞蹈理论教师应保持专业知识的更新度。据了解，现今许多教师的专业知识储备跟不上领域内知识的更新程度。课堂上，"案例老旧"，"对新理念新政策漠不关心"，"对学生提出的疑问无从解答"等现象不占少数，这一系列的问题都值得我们去重视且改

变——如果教师对专业知识的更新缺乏敏锐度，教学无疑如一潭死水，毫无活力。

最后，舞蹈理论教师应注重语言的艺术。舞蹈是一门美的艺术，舞蹈理论的课堂中也应该充满着美。教师的言辞或华美隽永，或诙谐幽默，或引人深思，或循循善诱，指引着倾听者畅游于情境之中。笔者曾在所属高校组织的青年骨干教师研修夏令营活动中收获颇丰，尤其在针对教学的说课、磨课环节中，第一次体悟到教学中语言的奥秘。诸如如何提升讲授语言的艺术性与指引性，如何留白使得学生学思结合，如何以带有启发性的问题导入教学，如何使章节之间由浅入深，层层递进，如何以引人入胜的结尾引发学生对下节课的期待……这一系列的指引让讲授法重获新生，让课堂充满了活力，也提醒着我们对讲授的"艺术"与"技术"的研究还远远不够，对新理念的追求大过实操。正如有学者所说："课堂教学面貌未能改善，主要原因在于我们忽略了理想与实践之间应该有一个中介或过渡，这个中介就是具体的、个体化的各项教学技术、技能和技巧。"[①]如果没有微观具体的技术落实于实实在在的教学之中，最终再先进的理念无法落地，也只能沦为镜中花、水中月。

（二）讲授法应与其他教学方法有效结合

在新兴的教育理念逐渐占据课堂的今天，讲授法在学术界的关注度可谓呈下降趋势。截至2023年12月31日，在中国知网所搜索的文献篇名可说明问题：以"探究式教学"为题的文献3101篇，以"启发式教学"为题的文献2438篇，以"参与式教学"为题的文献1338篇，以"讲授法"为题的文献仅有381篇，以"讲授法与其他教学方法结合"的文献则仅有48篇。以上数据囊括了各个学科的研究情况，如果聚焦到舞蹈理论教学这个门类，对于"讲授法"以及与之相结合的教学方法的研究更是凤毛麟角，可见其受重视的程度。美国著名认知心理学家斯腾伯格在《思维教学：培养聪明的学习者》一书中提到："过分强调一种策略，把其他策略排除在外会削弱教学的效果，多种策略交替使用则要好得多。"[②]如笔者在大学期间有幸修读了于丹老师的"中国古典诗词鉴赏"一课，至今仍然记得课堂上的场景：教室里座无虚席，甚至过道上都坐满了旁听的同学。于丹老师对古典诗词的解读深邃巧妙，言辞华美，流淌着对中国古典文化的回应与崇敬。一幅幅美好的诗文画卷，在娓娓道来中被展开；一个个引人深思的问题，引发了众多学生的踊跃参与，各抒己见；一个个美好的早晨，就在这充满生机的课堂上悄然度过。尽管在教学中，于丹老师虽并未采用对话、探究等方式，但因着生动的讲授，学生思考的热情已完全被调动起来，自然而然地引发了学生的参与、讨论、探究，也激发了青年学子们对中国传统文化的关注与热爱。

再如上文中列举的《大武》教学案例，当教师带领学生们品评了《大武》的"前世今生"之后，学生们沉浸在对《大武》的畅想中时，就水到渠成地用身体用舞蹈与之回应。这些生动的教学案例都在提醒我们："如果我们不重视对讲授技术以及讲授法和其他方法的结合进行研究，就很容易出现教不得法的局面，从而影响到课堂教学质量的提升。"[③]所以，在不同的教学内容与教学情境中，讲授法需要适时且有效地与启发式、参与式、探究式等教学方法结合或者说当讲授法运用得当时，自然就会触发学生的参与和融入。在舞蹈理论教学的课

① 周序、张盈盈：《论高校"课堂革命"的方向》，《高校教育管理》2019年第11期。
② 斯腾伯格、史渥林：《思维教学：培养聪明的学习者》，赵海燕译，中国轻工业出版社2008年版。
③ 周序：《讲授法在大学课堂中的困境及其突破》，《四川大学师范学报（社会科学版）》2015年第1期。

堂上,应发挥舞蹈艺术理论与实践紧密结合的特征,给学生沉浸的空间。这尤其考验教师对教学内容、课堂组织能力、学生水平的灵活把握,考验如何在教师讲授和学生身体参与之间处理得恰到好处。

(三)有温度的课堂——用爱与关系的眼光看待"讲授"

上文中提到学生、教师、知识组成教学活动的三个核心要素,三者关系密切、相辅相成。教师与学生都是鲜活的个体,有情感、有思想,有期待,所以课堂中的教学应该是有温度的,知识的传承应该是有温度的,师生的沟通应该是有温度的,这温度来源于一个重要的桥梁——爱。教师站在台上讲授知识的时候,也在无形中传递着个体的情感与思想、世界观与价值观,而学生在台下接受知识的同时也在聆听与思考,分辨与接纳。在这个循环中,如果教师只是完成"教",学生只是完成"学"这个任务,师生的关系形同陌路,可想而知,这样的"教学"与教育的初衷则渐行渐远了。一个好的教师不仅缩短了知识与学生个体间的差距,更是在师生这鲜活的生命之间架起关系的桥梁。笔者回想生命中的恩师,那深入浅出的讲授风格,严谨自律的治学态度,平易近人的待人接物,言行一致的处事之道,都对笔者产生了难以磨灭的影响。一个学生喜爱的教师不仅能上好一门课,更是在生活与生命的方方面面活出榜样的力量。

启功先生给北京师范大学题写的校训:学为人师,行为世范。这简练的八个字正是表达了一名教师要用一生去呵护的操守——讲授着知识,也传递着有爱、有真理的生命。这正是回归到教育的本质:用一棵树摇动另一棵树,一个灵魂唤醒另一个灵魂。

四、结语

在创新型人才培养的进程中,一种教学方法自身所发挥的价值与功能决定了它的地位,而非现代与传统之分。在舞蹈理论教学方面,讲授法能够符合大学生抽象思维和逻辑思维发展阶段的特点,在舞蹈理论知识的积累活化以及创新型人才培养方面,都应发挥出不容替代的作用。在此过程中,我们应正视讲授法的价值,排除阻碍讲授法发挥功用的各项因素,努力提升教师讲授水平,同时尊重舞蹈理论教学的特殊性,挖掘讲授法与其他教学方法有效结合的可能性。最后,回归教育的本质——以"爱"的眼光看待教学与师生,成就一个有温度、有关系的课堂。

第三篇

高等教育数字化转型的探索与实践

"高分子加工"课程虚拟教研室引领实验课程建设[*]

何凯斌 罗伟昂 袁丛辉 陈国荣 曾碧榕 许一婷 戴李宗[**]

摘要：在新工科背景下，传统的"高分子加工实验"课程设置因受设备、安全等条件限制，远远满足不了新材料产业发展的需求。本文依托高分子加工课程虚拟教研室，围绕学生创新能力培养、信息化技术在实验课程的创新应用和产教融合新模式，深入剖析传统"高分子加工实验"课程存在的不足，聚焦高分子加工课程虚拟教研室建设背景下，"高分子加工实验"课程如何实现"对接企业技术创新，对接信息技术，对接生产实践"的三个对接目标，从改革教学内容、小型化实验设备、虚实结合、以产促学等方面详细阐述了"高分子加工实验"课程建设的系列创新改革举措及成效。

关键词：高分子加工；实验教学；虚拟教研室；课程建设

高等院校的教研室是高校教学的基本组织单元。[①] 它既是教学的组织实体，又是管理的组织实体，具备教学、研究、组织、评价等多种职能。[②] 2021 年 7 月，教育部高教司发布《关于开展虚拟教研室试点建设工作的通知》，明确指出，"锻造一批高水平教学团队，培育一批教学研究与实践成果，打造教师教学发展共同体和质量文化"[③]。高校建立虚拟教研室可以打破教育管理模式的结构局限性，有利于教研室成员根据实际教学情况与学生需求对教学方式进行调整与优化，从而激发学生的学习活力，开展更加灵活的教学活动，实现教

---

[*] 基金项目：福建省高校虚拟教研室建设点——"高分子加工课程虚拟教研室"（闽教办高〔2023〕3号），福建省精品在线开放课程建设（福课联盟〔2017〕4号），福建省本科高校教育教学改革研究项目（FBJG20210271）。

[**] 何凯斌，男，福建惠安人，厦门大学材料学院工程师，工程硕士，主要从事功能高分子加工等方向的教学与研究。罗伟昂，女，湖南湘潭人，厦门大学材料学院高级工程师，理学博士。袁丛辉，男，江西宜春人，厦门大学材料学院教授，理学博士。陈国荣，男，福建泉州人，厦门大学材料学院工程师，理学硕士。曾碧榕，女，福建莆田人，厦门大学材料学院副教授，理学博士。许一婷，女，福建惠安人，厦门大学材料学院教授，理学博士。戴李宗，男，福建南安人，厦门大学材料学院教授，理学博士，福建省防火阻燃材料重点实验室主任，福建省"高分子加工课程虚拟教研室"主任。

① 顾明远：《教育大辞典》，上海教育出版社 1998 年版。

② 郑小军、何媚：《教育信息化 2.0 与数字化转型时代的虚拟教研室：概念、种类、特点、功能与模式》，《广西职业技术学院学报》2022 年第 6 期。

③ 《教育部高等教育司关于开展虚拟教研室试点建设工作的通知》，http://www.moe.gov.cn/s78/A08/tongzhi/202107/t20210720_545684.html? eqid = 9960064f000c737c00000004643165c7&eqid = a0e19c380001e63800000005647f1351，访问日期：2024 年 3 月 10 日。

科研活动工作的良性发展①。戴李宗教授 1999 年首次在厦门大学开设"高分子加工工艺"本科生课程,2001 年开设"高分子加工工艺实验"课程,后来相应更名为"高分子加工"及"高分子加工实验";2017 年开展线上 MOOC 教学,同年,建设了两项虚拟仿真实验教学项目;2020 年"高分子加工"获首批国家级一流本科课程(线上一流);2021 年出版教材《高分子加工》(教育部高等学校材料类专业教学指导委员会规划教材)②。经过 20 多年的积累和沉淀,厦门大学材料学院联合北京化工大学,以及新疆大学、井冈山大学等中西部高校高分子材料专业团队建设了"高分子加工课程虚拟教研室",坚持"虚""实"互补、"线上""线下"协同,打造了 MOOC、翻转课堂、教材、实验、虚拟仿真、产业实践多位一体、交叉融通的教学与教研模式,促进学生产业实践能力的提升。2023 年,"高分子加工课程虚拟教研室"获福建省高校虚拟教研室建设点项目立项。

"高分子加工"是高分子材料对接生产实践最紧密的课程之一,而"高分子实验"课程是其重要的组成部分,是学生理论联系实践的重要桥梁。在当前产业升级和人工智能飞速发展的时代背景下,新技术新工艺推陈出新,生产端的发展倒推高校教学质量的提升,实验课程的发展在学生培养中显得更加突出。但是,传统的"高分子加工实验"课程因受设备、安全等条件限制,多为简单的浅层实验室教学,部分项目甚至只是演示教学,远远满足不了新材料产业发展的需求。在发展新工科的新形势下,高校对"高分子加工实验"课程的要求也不断提高,如何让学生通过实验课程完成理论与实践的结合,更好地理解和掌握高分子加工工艺,培养学生分析和解决问题的能力,让学生将来能更好地直面企业科研和生产实际,已成为当今"高分子加工"课程改革研究的焦点。厦门大学材料学院以"新工科"为人才培养指挥棒,注重人才培养与社会发展需求的衔接,在教学中强调"产学研用"深度融合,以向社会输送基础宽厚、创新和实践能力强的高素质应用型人才为己任。"高分子加工实验"课程组依托高分子加工课程虚拟教研室,凝心聚力,汇聚校、企、行业专家智慧,在凝练和优化课程教学体系、创新教学方法和方式方面进行了一些有益的思考与探索。

一、传统高分子加工实验课程剖析

"高分子加工实验"课程作为高分子加工课程虚拟教研室建设的重要环节,在虚拟教研室的指导下,高校教师与企业技术专家共同研讨,深入剖析当前"高分子加工实验"课程设置、教学内容与模式中存在的不足:

1. 实验课程设置与产业相脱节

传统的高分子加工实验教学偏向于对高分子加工理论课的验证,学生较少开展探索性实验和自主性实验,创新能力难以得到锻炼。实验的内容滞后于产业技术③,实验内容更新不及时,培养的学生毕业后到工作岗位还要重新学习,无法满足企业自主创新和高校科研开展的需求。

① 程颖慧:《基于虚拟教研室的融合式教学模式构建》,《科教导刊》2023 年第 20 期。
② 戴李宗:《高分子加工》,化学工业出版社 2021 年版。
③ 刘婵娟、黄孝华、韦春、张发爱:《问题式教学法在高分子成型加工实验中的探讨》,《广东化工》2013 年第 22 期。

此外,作为一门与产业紧密对接的实验课,目前高分子加工实验课程完全在实验室内完成,与生产实践无法形成有效关联,缺乏生产维度的实践经验,实验教学与生产实践处于脱节状态。

2. 配套设备不足,学生实践机会不充分

高分子加工配套设备都较为大型,如注塑机、挤出机、吹膜机和压片机等,不仅设备成本较高,而且场地占用空间大,导致设备配套不足。尽管高校大多采取分组式教学,仍难以确保每位同学得到充分的动手实操锻炼。

3. 设备操作安全要求高,一些实验无法让学生独立完成

大型加工设备的参数设置繁杂,操作注意事项多,存在压伤、卷伤和烫伤等风险,出于对学生的安全考虑,实验教学有些步骤会采取由老师操作、学生观察的演示模式,学生走马观花,实验效果自然不佳。

4. 工艺多且杂,但课时少

高分子材料加工涉及的工艺种类繁多,工艺之间联系紧密,即使相同工艺,不同材料之间,不同产品之间,差异性都很大。由于实验的课时少,在有限的课时内,无法容纳充足的工艺,往往顾此失彼。

5. 教学内容枯燥,缺乏实验趣味性

传统高分子材料加工工艺实验教学一般更偏向于过程教学,学生注意力主要集中在工艺流程以及每个过程的观察,侧重加工原理与设备操作技能,很少涉及配方的设计,学生自主实验少,工艺间的协调配合少,缺乏挑战性,学生学习兴趣难以调动。

二、高分子加工实验课程建设特色

厦门大学材料学院高分子加工课程虚拟教研室建设于 2023 年,作为一个立足多所高校高分子加工类课程,自发形成的以促进高分子加工教学模式改革、强化教师培养、创新教学理念的新型平台,凝聚了线上、线下国家一流本科课程教学经验和一流本科专业建设经验,汇聚高校优势师资、行业企业专家、加工工艺技术和配套设备。"高分子加工实验"课程作为高分子加工课程虚拟实验室建设的重要组成部分,将充分利用平台资源优势,培养高分子材料领域新工科人才。

在新工科的新形势下,虚拟教研室立足顶层设计,深入探讨实验教学的发展,认为"高分子加工实验"课程培养人才应该做到三个对接:对接行业技术创新,为行业输入技术力量;对接信息技术共建虚拟仿真实验教学,推进实验教学与企业技术培训的交叉融合共同进步;对接生产实践,拉近学生在校的"学"与企业生产的"用"之间的距离。引领"高分子加工实验"课程从"虚"出发落在"实"处,突破时空限制开展实验教学研讨。

1. 对接行业技术创新需求,培养新工科人才

《中华人民共和国国民经济和社会发展第十四个五年规划和 2035 年远景目标纲要》指出:"坚持创新在我国现代化建设全局中的核心地位,把科技自立自强作为国家发展的战略支撑。强化企业创新主体地位,促进各类创新要素向企业集聚,形成以企业为主体、市场为导向、产学研用深度融合的技术创新体系。"①企业技术创新依靠的是创新人才,实验教学是培养学生创新意识和创新能力的重要途径,"高分子加工实验"课程通过配方的自主设计、工艺链接应用等,增加实验的趣味性和挑战性,培养学生创新意识和综合素养,最终实现创新能力的培养,更能对接行业企业人才需求。

2. 对接信息技术,共建虚拟仿真实验教学

现代信息技术发展迅猛,已深入到国计民生的各个领域,"高分子加工实验"课程依托虚拟教研室汇聚优秀的教学理念,整合校、企优势资源,将现代信息技术与行业企业新技术紧密结合,选取具有代表性的典型工艺,依据实际生产工艺,构建虚拟仿真实验,使很多在实验室内无法实施的教学实验得以开展,并且让学生不受时间地域的影响随时学习,解决实验教学课时不足。因此,虚拟仿真实验教学在高校实验教学发挥了举足轻重的作用,受到越来越多高校的青睐。

3. 对接企业生产实践,实现产教融合

"高分子加工实验"依托高分子加工虚拟教研室,充分发挥合作企业单位的生产资源优势,由企业技术人员参与授课,分享生产经验。在新工科的背景下,这种产教融合可以使学生更早地接触生产,认识生产,有利于其更好地了解产业技术,适应产业需求,提升实践能力。

三、高分子加工实验教学改革

教学方法是实现实验教学目标的关键,通过对教学方法方向和方式进行改革,可以保证教学质量,达到更理想的教学效果。高分子加工课程虚拟教研室针对"高分子加工实验"课程现存的问题,围绕学生创新能力培养、信息化技术在实验课程的创新作用和产教融合新模式,进行顶层设计,开展实验教学改革。

"高分子加工实验"课程教学改革方向是,以调动学生的学习积极性和主动性为引领,使学生更好地掌握实验原理、配方设计以及加工工艺,理论联系实践,突出创新能力和实践能力的培养,提升学生创新创业能力。教学改革的方式是,在虚拟教研室的指导下,开拓教学方法的形式,突出实验理论与虚拟仿真教学,引入问题教学方法,发挥团队协作,转换教师角色,课后自学自讲、兴趣学习等,引导学生参与创新实践,培养学生勇于创新、勇于实践的精神。

1. 创新实验内容

实验内容是实验课程的核心,其改革是实验课程建设的重中之重。主要有四个方面:(1)从注重老师的传授转变为注重学生的探索,从注重工艺过程转变为注重产品设计,更加突出实验趣味性和学生自主性。例如,橡胶的加工实验,引入配方的设计,学生不再以固定的配方操作,给予学生自主设计配方的机会,学生分组探讨,互相配合,共同进步。实验充分调动了学生自主探索的主动性,也提高了实验的趣味性。(2)从注重加工工艺过程的教学转变成注重工艺产品的生产。例如,吹膜工艺实验,不再止步于吹膜,而是从吹膜延伸到制袋,最终学生可以获得漂亮的产品袋,实验后有所收获,学生实验兴致得到很大提升。(3)从注重单一工艺的教授转变为更丰富的工艺联动,增加工艺之间的联动衔接。例如,将挤出造粒与注塑成型链接起来,学生以自己造粒的塑料米来注塑成型,可以深入地对比挤出工艺与注塑工艺的不同,更深刻地认识高分子加工原理。(4)从注重传统工艺的传承到注重最新工艺的教学。例如,紧跟工艺变革,引入开展 3D 打印工艺,从堆积成型到光固化成型的使用,全面认识 3D 打印的优缺点,深入理解高分子加工的应用。

2. 更新实验课程配套设备

配套设备的小型化和多元化,可以有效提高学生实验的操作性和安全性。传统高分子材料加工实验常用的加工设备,如挤出机、注塑机、压片机、吹膜机等,设备均较大型,占地面积大导致实验用房紧张。此外,大型设备消耗原料多、操作要求高、实验用时长,在教学课时内,学生难以完成工艺探索、配方设计以及独立操作等教学内容。然而,小型高加工设备较之大型设备,具有诸多优点:(1)体积小,在相同实验室面积下,可容纳更多的设备,提高学生实验效率;(2)设备控制系统集成度高,可以简洁快速地操作设备开展实验,安全性更高;(3)设备升温及冷却周期快,方便调整切换加工温度,大幅提高各类样品制备效率,便于材料加工的多样化。因此,实验课程配套设备的更新,可以较好地解决占地、用料、操作和用时问题。目前,我们的高分子加工实验室已经完成了开炼机、注塑机、吹膜机、压片机等高加工设备的小型化,多样性的实验课程设置显著提升了实验的探索性和趣味性,充分激发了学生的学习主动性,有效提升了"高分子加工实验"的教学质量。

3. 构建虚拟仿真实验

高分子加工实验与生产实践联系紧密,是实践性极强的实验课程。由于高分子加工设备占地空间庞大、采购费用昂贵、实验安全要求较高等原因,许多新工艺无法转化成实验课程开展,造成实验教学与生产的脱节。随着计算机技术和人工智能的发展,虚拟仿真技术因其能够完成传统实验教学无法开展的教学实验,逐渐在高分子加工实验中崭露头角。高分子加工实验课程引入虚拟仿真,很多高校也在实施这一项目,我们通过模拟企业生产,以生产数据为依据,对接企业生产,构建了管材挤出成型、注塑成型、轮胎橡胶硫化等多条虚拟仿真工艺生产线。虚拟仿真实验突破了设备及场地的限制,不仅降低设备购置的成本,还实现了实验课程与生产实践的对接。

4. 企业生产反哺实验教学

传统的实验教学一般通过模拟场景来对接生产,很难从生产端反哺教学。我们依托贯穿高分子原材料、塑料、橡胶、纤维、涂料等全产业链的实践教学基地,以产业应用引导实验教学项目建设,将产教融合成果反哺教学和教研落到实处。整合福建省高分子加工产业优势资源,选取最新技术,构建"生产实践"图谱,通过网络教学、视频教学等形式,实现企业生产反哺实验教学。例如,依托尼龙薄膜企业开展尼龙多层共挤薄膜生产工艺教学,依托汽车橡胶轮胎企业开展子午线轮胎成型生产工艺教学,依托聚酯纤维科技企业开展聚酯纤维生产工艺教学,此外,还依托橡胶轮胎设备制造厂开展轮胎设备设计教学,从另一个角度去思考橡胶轮胎加工工艺。

同时,依托现代信息技术和互联网平台,"高分子加工实验"课程所有的虚拟仿真实验和电子教学资源都可在虚拟教研室共建单位以及兄弟院校和合作单位间进行共享学习和培训,使"高分子加工实验"课程教学突破时间和空间的限制,赋予学生耳目一新的学习体验和海阔天空般的学习视野,产生链式反应般的教学效益。

四、结语

"高分子加工实验"是高分子方向非常重要的实验课程,其对接企业技术创新,对接信息技术,对接生产实践不仅是课程发展的需求,更是行业的需求。为适应行业技术的发展,我们立足于"高分子加工"课程虚拟教研室,建设高分子加工实验课程,在实验教学模式上不断发展与创新。与时俱进,创新教学内容,引进小型化实验设备、构建虚拟仿真实验、引进现代信息化教学模式,突破时空限制,以产促学。依托虚拟教研室,从"虚"出发落在"实"处,发挥校际联合、校企联合优势,激发学生学习的主动性和积极性,助力学生理论联系实际,实验对接生产,完成实验教学的自我更新,不断提升实验教学质量,充分体现了虚拟教研室在"高分子加工实验"课程改革方面的指导和引领作用。

面向"高分子加工"课程虚拟教研室建设需求的CiteSpace 知识图谱分析[*]

曾碧榕　郭必泛　袁丛辉　许一婷　何凯斌　陈国荣　罗伟昂　戴李宗[**]

摘要：随着工程技术教育的不断发展，"高分子加工"作为工科教学的基石，其教学质量直接关系到工程类学科人才的培养质量。本研究立足于"高分子加工"课程虚拟教研室建设需求，利用 CiteSpace 知识图谱可视化分析工具，对高分子加工教学领域的文献进行了综合分析。通过关键词共现分析，本文揭示了高分子加工领域的研究热点随着时间的演变趋向于教学方法的革新、课程思政的整合以及新工科背景下的人才培养策略。同时，机构合作网络分析显示，虽然研究合作在某些教研团队内部较为紧密，但跨机构合作的广度和深度仍有待加强。通过突现词分析，识别了近年来新兴的研究主题，如虚拟仿真、大数据分析在"高分子加工"教学中的应用。本研究不仅可以为"高分子加工"教学研究提供宝贵的数据支持，也为该学科领域教育工作者和政策裁定者提供有益的参考。

关键词：CiteSpace 知识图谱；可视化分析；高分子加工；虚拟教研室

一、引言

"高分子加工"作为工程技术教育的核心课程，它的教学质量和课程改革直接影响到学生的创新能力和实践技能的培养。伴随着新工科的兴起，传统的材料力学教学面临着诸多挑战，例如，如何整合新兴的教学技术、实现课程内容的现代化，以及如何在教学中融入思政元素等。[①]

传统教学方法已难以满足快速发展的社会需求和学生多样化的学习需求，这要求教育

* 基金项目：福建省高校虚拟教研室建设点"高分子加工课程虚拟教研室"（闽教办高〔2023〕3 号）、福建省精品在线开放课程建设（福课联盟〔2017〕14 号）、福建省本科高校教育教学改革研究项目（FBJG20210271）。

** 曾碧榕，女，福建莆田人，厦门大学材料学院副教授，理学博士，福建省防火阻燃材料重点实验室和福建省"高分子加工课程虚拟教研室"骨干成员。郭必泛，男，浙江温州人，厦门大学材料学院在读博士生。袁丛辉，男，江西宜春人，厦门大学材料学院教授，理学博士。许一婷，女，福建惠安人，厦门大学材料学院教授，理学博士。何凯斌，男，福建泉州人，厦门大学材料学院工程师，工程硕士。陈国荣，男，福建泉州人，厦门大学材料学院工程师，理学硕士。罗伟昂，女，湖南湘潭人，厦门大学材料学院高级工程师，理学博士。戴李宗，男，福建南安人，厦门大学材料学院教授，理学博士，福建省防火阻燃材料重点实验室主任，福建省"高分子加工课程虚拟教研室"主任。

① 王宝燕、刘鹏、杜鹏程等：《培养创新型人才的探索与实践——"高分子化学与物理"课程教学改革》，《化学教育》2023 年第 12 期。

者寻求更为高效、互动和灵活的教学模式。

厦大工科体系不断完善与崛起,一批工程技术学科向"世界一流学科"奋进,成为服务国家和地方重大战略需求、经济转型升级的重要力量。厦门大学"高分子加工"课程依托材料科学与工程国家级一流本科专业建设点、材料科学与工程专业国家级实验教学示范中心,2020 年入选首批国家级一流本科课程,2023 年"高分子加工"课程虚拟教研室入选福建省高校虚拟教研室建设点立项名单。[①] 为了推动本虚拟教研室优质教学资源的融合,辐射带动新疆大学、井冈山大学等中西部高校高分子材料学科教学改革与青年教师培养,针对高分子加工领域教学发展现状全面梳理以及发展趋势的有效分析,受到了教育者的广泛关注。

随着信息技术的飞速发展,知识图谱技术作为一种新兴的科研分析工具,已广泛应用于教育领域的研究中。[②] 知识图谱技术不仅能够有效组织和分析大规模的学术数据,而且能够通过可视化手段揭示学术领域内的关键趋势和模式。特别是 CiteSpace 软件,它通过图形化的界面呈现了复杂的学术网络,使研究者能够直观地观察到领域内的研究热点、合作模式以及知识演化路径。[③] 本文立足于"高分子加工"课程虚拟教研室建设需要,通过 CiteSpace 的关键词共现分析、机构合作网络分析和突现词分析,旨在构建一个全面的"高分子加工"教学领域的知识结构图谱,揭示教学研究的演进路径和热点,深入探讨"高分子加工"教学领域的现状和趋势。这些分析不仅有助于揭示"高分子加工"教学研究的主题和方向,而且有利于反映教学研究的动态变化,可以为本虚拟教研室开展教学改革和决策提供数据支持。

二、研究方法

本研究通过 CiteSpace 知识图谱分析软件对"高分子加工"教学领域的文献数据进行了可视化分析。[④] 分析的主要流程如下:

1. 数据收集

从中国知网(CNKI)等数据库收集了高分子加工相关的学术文献,确保数据的全面性和代表性。选取了包含"高分子加工"关键词的文献,并进行了时间范围的设定(2012 年 1 月—2024 年 1 月),以涵盖从传统到现代教学方法的演变,共计 287 篇。

2. 关键词共现分析

使用 CiteSpace 6.2 中的共现分析功能,识别出在同一文献中频繁出现的关键词,构建关键词网络。这有助于揭示研究领域的核心主题和研究热点。

3. 机构合作网络分析

通过分析合作网络,揭示不同研究机构之间的合作模式和合作强度。这能够帮助理解

① 范钦珊、殷雅俊、唐静静等:《改革教学,创新教学——"材料力学"课程教学改革实践与体会》,《力学与实践》2023 年第 5 期。

② 戴李宗、袁丛辉、许一婷等:《高分子加工》,化学工业出版社 2021 年版。

③ 郭文斌:《知识图谱:教育文献内容可视化研究新技术》,《华东师范大学学报(教育科学版)》2016 年第 1 期。

④ 陈悦、陈超美、刘则渊等:《CiteSpace 知识图谱的方法论功能》,《科学学研究》2015 年第 2 期。黄雪英、来再提等:《基于 CiteSpace 的高分子实验课程研究知识图谱分析》,《华中师范大学学报(自然科学版)》2021 年第 2 期。

领域内合作的广度和深度,以及领域内主要的研究集群。

4. 突现词分析

识别特定时间段内频率骤增的关键词,从而揭示研究趋势的变化和新兴的研究主题。

三、研究结果和讨论

1. 作者关联分析

图 1 为 Citespace 软件对 2012—2023 年"高分子加工"方面统计出来的文章发表数量,可以明确的是,该领域的文章在 2017 年达到顶峰,随后呈现出下降的趋势。特别是 2019 年之后,该领域的发文量明显不如前几年的平均值,这可能与新冠疫情有关,毕竟高分子加工课程更偏向实践教学,需从线下的实验教学中提升,但这也局限了该课程的发展。一直以来,厦门大学高分子加工教学团队坚持"虚""实"互补,"线上""线下"协同,先后打造了 MOOC、翻转课堂、教材、实验、虚拟仿真、产业实践多位一体、交叉融通的教学模式,出版教材《高分子加工》(教育部高等学校材料类专业教学指导委员会规划教材);完成了 1 轮 SPOC、10 轮 MOOC 教学、6 轮虚拟仿真教学,用课学生超过 2 万人,吸引了包括双一流高校在内的 30 余所高校学生的选课学习,成为多所高校的学分共享课。在 2020 年新冠疫情暴发初期,该课程的线上 MOOC 对全国高校高分子材料专业教学秩序的稳定起到了重要作用。

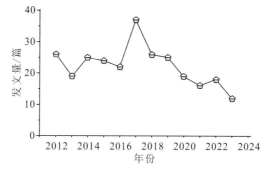

图 1　2012—2023 年关于"高分子加工"的文章发表数量趋势

通过研究作者合作网络不仅能直观反映出近年来作者在知网上的发文量,也能较为直观地体现出学者之间的交流合作关系。如图 2 所示,"高分子加工"方面的作者合作较为频繁密切。表 1 罗列了近年来文章发表量大于 3 的研究者及其首发论文的年份。结合图 2 与表 1 所示,学者张前磊(中国科学技术大学)、安敏芳(中国科学技术大学)以及孟令蒲(中国科学技术大学)从 2014 年开始就互相合作,联系较为密切,且研究论文的发表量也相对较多,其中张前磊又以 5 篇的发文量为三者最高。这说明这三位学者在"高分子加工"教学研究方面具有深刻的见解,他们主要从事高分子加工工艺实验教程编写,将教学研究成果、新概念、科研成果、新实验和新规律实时融入实验内容中,为该学科研究生教学以及众多从事高分子科学研究工作的人员提供了参考。除此之外,近几年合作密切且研究论文发表量较多的几位作者有张世杰(广东石油化工学院)、刘渊(贵阳学院)、夏茹(安徽大学化学化工学院)、陈金伟(广东轻工职业技术学院)、傅强(四川大学)等人等,其中傅强发文量最多,为 6 篇。

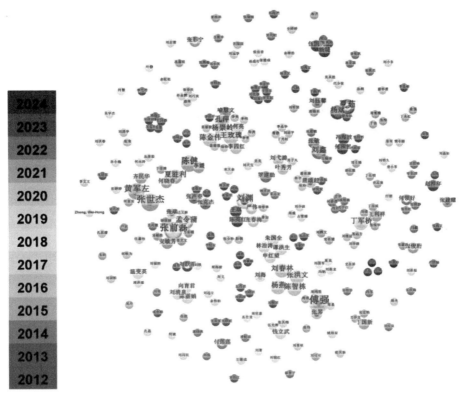

图 2　研究作者合作网络图

表 1　研究作者发文量

序号	作者	首发年份	发文量/篇
1	傅　强	2012	6
2	张前磊	2014	5
3	张世杰	2014	5
4	夏　茹	2013	4
5	刘　渊	2012	4
6	陈　健	2015	4
7	黄军左	2014	4
8	杨崇岭	2020	3
9	孟令蒲	2014	3
10	丁军桥	2015	3
11	杨　斌	2022	3
12	王玫瑰	2020	3
13	孔　萍	2013	3

续表

序号	作者	首发年份	发文量/篇
14	夏胜利	2012	3
15	刘 鑫	2014	3
16	陈智栋	2016	3
17	杨 燕	2016	3
18	刘春林	2016	3
19	张洪文	2016	3
20	陈金伟	2020	3

2. 机构合作网络分析

图 3 为机构合作网络图，由 CNKI 的数据通过 CiteSpace 软件处理得到。其中，其节点数有 236，连线数有 53，分布密度则为 0.019。这表明该领域的机构合作较为散乱，没有形成明显的合作圈，表 2 则总结了发文量大于 4 的机构及其首发年份。综合图 2 与表 1 分析，可知高等教育和研究机构内部在"高分子加工"教学领域的合作密切，特别是表明内部资源共享和知识交流活跃。然而，这种合作的局限性在于，不同机构之间的连线相对较少，表明不同学校、不同地区乃至不同学科之间的合作存在明显空白。这种局限性可能抑制了创新思维的交叉汇聚，限制了知识和资源的更广泛流动。

而结合图 3 与表 2 所示，可明显发现，中国科学技术大学国家同步辐射实验室年份范围广，首发时间为 2014 年，发文量达 4 篇，说明该机构长期致力于"高分子加工"教学，并在该领域有一定的学术影响力。此外，大部分机构普遍集中在院校的材料科学与工程学院，如常州大学材料科学与工程学院、山东理工大学材料科学与工程学院、同济大学材料科学与工程学院以及桂林理工大学材料科学与工程，也属于研究成果相对高产机构。

机构间的联合研究对于推动学科发展、提升教学质量以及促进教学方法的革新都至关重要。进一步观察这些合作网络，我们注意到某些领域的中心机构起到了"桥梁"的作用，将多方资源和专长联系起来，但现实中这样的枢纽太少。若能够增强跨机构间的合作，将大大提升"高分子加工"教学研究的整体水平和影响力。例如，工程实践和理论研究的结合可以通过跨学科合作获得加强，同时，不同地理背景下的教学经验交流可能为课程内容的多样化和本土化提供新的视角。

此外，通过促进多学科间的合作，可以使得计算机科学、人工智能和其他技术领域的创新思维与"高分子加工"教学相融合，这不仅能为学科发展提供新的动力，还能为学生提供更为丰富的学习体验。当前，随着教育技术的快速发展，跨学科合作成为创新教育模式和提升学生学习效果的关键。

图 3 研究机构合作网络图

表 2 研究机构发文量

序号	作者	首发年份	发文量/篇
1	常州大学材料科学与工程学院	2016	5
2	广东轻工职业技术学院轻化工技术学院	2020	5
3	中国科学技术大学国家同步辐射实验室	2014	4
4	中国科学技术大学	2012	4
5	池州学院	2017	4
6	山东理工大学材料科学与工程学院	2017	4
7	烟台工程职业技术学院	2015	4
8	四川大学	2017	4

3. 关键词共现分析

关键词是对一篇文章的高度凝练与概括,而频繁复现的关键词则常用来确定一个研究方向的热点问题。因此,本研究通过 CiteSpace 的关键词共现分析揭示了"高分子加工教学"领域的多维度研究主题,反映了学术界关注的焦点和行业的前沿趋势。

如图 4 与表 3 所示,可以观察到"教学改革"作为高频出现的词语,首次出现于 2012 年,有近 44 次的出现频次。同时,它与"成型加工""加工工艺""实验教学""加工技术"等词语形成密集的聚类网络。这表明教学改革不再是孤立的议题,而是与"高分子加工"的基础教学内容、实践技能的培养紧密相关。这种现象指向了一个重要趋势:教学方法创新正逐渐成为推动学科发展的关键动力。在"教学改革"的讨论中,特别突出了结合新技术在课程中实现创新的必要性。例如,多媒体和交互式工具的引入,正在改变传统的教学和学习方式,使理论内容与实践技能的培养更加生动和直观。此外,分析中出现的"课程思政"和"新工科"关键词强调了教育的双重任务:一方面,为学生提供专业知识的深厚基础;另一方面,注重培养学生的社会责任感和全面的人文素养。

特别值得注意的是,"新工科"关键词的出现频次和相关性,反映了教学内容和结构调整的紧迫性。在此背景下,教育者被激励去探索如何在"高分子加工"教学中整合跨学科知识,如何培养适应快速变化工业需求的创新型人才。这一趋势表明了教育界对工科教育质量的深刻反思,以及对未来人才培养模式的前瞻性考虑。

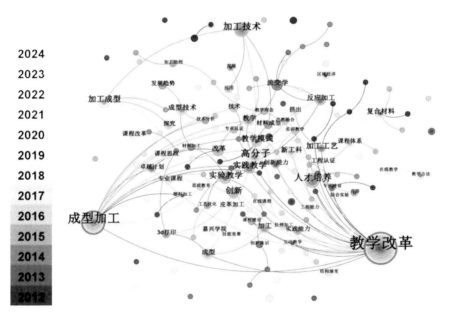

图 4　关键词共现网络

表 3　关键词分布

序号	关键词	年份	频次/次
1	教学改革	2012	44
2	成型加工	2013	22
3	高分子	2016	9
4	人才培养	2013	8
5	加工技术	2016	8
6	创新	2014	6
7	实践教学	2015	6

续表

序号	关键词	年份	频次/次
8	实验教学	2015	6
9	加工成型	2017	6
10	教学模式	2012	5
11	加工工艺	2012	5
12	复合材料	2012	4
13	改革	2013	4
14	成型	2014	4
15	反应加工	2015	4
16	流变学	2015	4
17	教学	2016	4
18	成型技术	2016	4
19	加工	2017	4
20	新工科	2018	4

4. 关键词聚类

采用 CiteSpace 软件对关键词的聚类分析而得到关键词聚合物类网络图谱,如图 5 所示。对于国内关于"高分子加工"教学文献的关键词聚类分为 11 类,这些聚合物反映了我国"高分子加工"教学的热点问题现状,而聚类的标签通常从标题、关键词以及摘要中提取得到,反映了当前的研究动态,也为未来"高分子加工"教学的发展方向提供了清晰的指引。这些技术的融入有望极大地丰富教学内容,提高教育效果,并最终实现教学方式的根本性变革。

图 5　关键词聚类图

5. 时间线视图

如图 6 所示，为关键词的各个聚类时间线图，展现了其发展演变过程中的时间跨度与研究进程。根据图 6 所知，聚类 0~5 以及 9 号所含的文献较多，表明统计出的聚类领域比较重要。其中，在较为明显的 0 号中，教学改革出现在 2012 年，与 1 号的和成型加工、有联系，说明"高分子加工"的教学改革主要在于加工工艺与教学方式的改革。9 号产教结合，主要与教学模式、创新能力、实践教学有关，这些都是最近几年"高分子加工"教学改革的主要方向。同样地，5 号与 1 号有一定的联系，且与加工性实验相关，这正符合了该领域一直以来注重加工技术操作上的拓展。

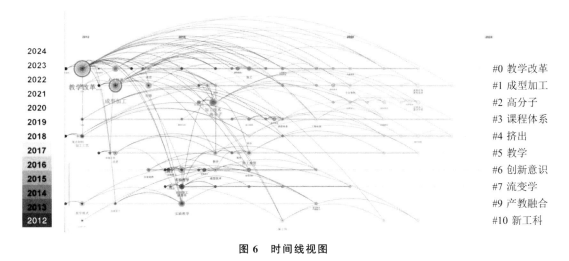

图 6 时间线视图

#0	教学改革
#1	成型加工
#2	高分子
#3	课程体系
#4	挤出
#5	教学
#6	创新意识
#7	流变学
#9	产教融合
#10	新工科

四、结论

本研究通过 CiteSpace 知识图谱分析工具对"高分子加工"教学领域的学术文献进行了全面且深入的分析，揭示了该领域的研究热点、教育趋势以及学术合作网络的当前状况。根据图谱中作者和机构分布的特征，可以发现我国"高分子加工"课程研究显示出"部分集中，整体分散"的特点，如高产量张前磊与孟令蒲两人均属于中国科学技术大学国家同步辐射实验室中的一个团队，另外张世杰和黄军左两人则就职于广东石油化工学院材料科学与工程学院，说明不同地域、科研机构之间的学术交流较弱，不利于高水平"高分子加工"教学研究的发展，表明国内研究者对高分子实验教学的研究领域还处于初始阶段的层次，未能形成持续发展的局面。因此，应推广并发展跨区域、跨机构科研合作，根据目前的研究前沿和热点开展多中心、大样本的研究模式，以促进知识的共享和教学实践的创新。这也正是"高分子加工"课程虚拟教研室当前建设的目标和工作开展的重要意义所在。

关键词共现分析显示，教学改革、产教结合以及创新意识的整合是目前研究的主要焦点。为了充分发挥这些新兴技术的潜力，教育者、学术机构和政策制定者需要合作，建立更加开放和互助的教学研究环境。具体而言，教育机构应促进跨学科和跨机构的合作平台建设，推动共享资源和联合研究。此外，教学策略的设计应考虑到学生的多样化需求和学习习惯，优化实践活动以及师生的互动能力。立足于"高分子加工"课程虚拟教研室，我们通过互联网平台，实现了中西部高校学生和老师之间的互联互通，极大创造了交流进步的机会,很好带动了教学实践活动。

最后,本研究强调了对于持续观察和分析教育趋势的重要性,这不仅有助于理解"高分子加工"教学的发展路径,也对工程教育整体质量的提升至关重要。随着新技术的不断涌现和教育理念的不断演化,"高分子加工"教学领域的研究和实践预计将继续经历深刻的变革,为未来的工程教育质量提升和人才培养策略更新打下坚实的基础。

从"数字化"到"数智化"：高校工科教学 虚拟教研室建设的探索与实践*

袁丛辉　许一婷　曾碧榕　罗伟昂　陈国荣　何凯斌　戴李宗**

摘要：数字化、互联网教学经过几十年的发展，已成为现代教育的重要组织形式，所衍生出来的种类繁多且数据庞大的各类线上教学模式、软件、平台和资源，在为教学和教研提供强大支撑的同时也面临着形式复杂、效率低的系列问题。数智化教学以及虚拟教研室建设是解决上述问题的重要突破方向。本文聚焦工科数智化教学与虚拟教研室的创新原理、协效机制以及运行模式，阐述数智化虚拟教研室解决工科教学形式主义问题的基本方法和技术优势。重点立足大数据、机器学习、人工智能三者协同发展，探讨了工科数智化虚拟教研室组织框架、跨区域/跨校/跨专业联合机制、智慧资源、教师培养、实践教学体系的建设与运行方案。

关键词：虚拟教研室；工科教学；数字化；数智化；教学研究

一、前言

数字化教学主要依靠数字技术和在线平台开展教学活动，涵盖了课堂教学、远程教学、在线教学以及混合式教学等多种形式，通常使用电子设备、教学软件、多媒体资料、网络资源等进行授课与学习。[①] 数字化教育的发展历史可以追溯到 20 世纪 80 年代末 90 年代初，当时计算机技术开始应用于教育领域[②]，主要采用计算机辅助教学（Computer-Aided

* 基金项目：福建省高校虚拟教研室建设点——"高分子加工课程虚拟教研室"（闽教办高〔2023〕3号）、福建省精品在线开放课程建设（福课联盟〔2017〕4 号）、福建省本科高校教育教学改革研究项目（FBJG20210271）。

** 袁丛辉，男，江西宜春人，厦门大学材料学院教授，理学博士，福建省防火阻燃材料重点实验室副主任，福建省"高分子加工课程虚拟教研室"副主任，主要从事动态高分、智能粘附性聚合物领域的研究。许一婷，女，福建惠安人，厦门大学材料学院教授，理学博士。曾碧榕，女，福建莆田人，厦门大学材料学院副教授，理学博士。罗伟昂，女，湖南湘潭人，厦门大学材料学院高级工程师，理学博士。陈国荣，男，福建泉州人，厦门大学材料学院工程师，理学硕士。何凯斌，男，福建泉州人，厦门大学材料学院工程师，工程硕士。戴李宗，男，福建南安人，厦门大学材料学院教授，理学博士，福建省防火阻燃材料重点实验室主任，福建省"高分子加工课程虚拟教研室"主任。

① 袁振国：《教育数字化转型：转什么，怎么转》，《华东师范大学学报（教育科学版）》2023 年第 3 期。

② S. Warni, A. T. Aziz, D. Febriawan. The Use of Technology in English as a Foreign Language Learning Outside the Classroom: an Insight into Learner Autonomy, *Language and Language Teaching Journal*, 2018, 21(2).

Instruction,CAI)①,教师和学生使用教育软件进行学习和教学。随着互联网的普及,网络技术开始应用于教育领域,出现了数字化或网络化学习(e-Learning)②。教师和学生可以通过互联网获取教学资源,进行在线学习和交流。进入 21 世纪后,数字化教育进入了全面发展的阶段。在线学习作为数字化教育的主要形式,得到了越来越多的学生和教育者的认可。

"数智化"是"数字化"和"智能化"的结合,数智化教学是指利用数字化技术、机器学习、人工智能,结合新型教学理论和方法,对教学内容、教学过程和教学评价进行优化和智能化管理。数智化可以用于教学内容的个性化推荐、学习过程的智能监控和评估、教学资源的智能开发、人工智能一对一服务等方面。通过分析学生的学习行为和表现数据,系统可以为每个学生提供个性化的学习路径和资源,提高学习效率和成效。同时,教师也可以利用数智化手段更好地进行自我能力提升,了解学生的学习情况,及时调整教学策略和方法,还可以利用虚拟实验、互动课件等数字化工具丰富教学内容,提高教学效果,提升教学质量。

数智化教学除了具备数字化教学的特点外,还有智能化辅助的优点,借助人工智能和大数据分析等技术③,数智化教学能够为教师提供智能化的教学辅助工具,如智能教学系统、智能评估系统等,帮助教师更好地组织和管理教学活动。随着数字技术和人工智能的飞速发展,教育领域出现了越来越多的创新技术和工具,如智能教学系统、虚拟仿真软件、在线学习平台等,为数智化教学提供了强大的技术支持。因此,数智化教学在过去几年里得到了飞速发展,并在教育领域产生了深远影响。④ 政府和教育机构意识到数智化教学的重要性,纷纷出台政策并加大投资力度,推动数字技术在教育领域的应用和发展,加速了数智化教学的普及和推广。

数智化教学是在数字化基础上的更高阶诉求,数智化教学的形成是技术与制度协同演化的结果。数智化教学在发展过程中的代表产物为虚拟教研室,是一种基于互联网、数字化、智能化技术建立的教学研究平台,可以促进教师之间的交流与合作,共享教学资源和教学经验,开展教学研究和教学改革。虚拟教研室本质上是一种基于现代信息技术,实现跨区域、跨校、跨学科或专业的教师动态组织,联合开展协同教学研究与改革实践的教师共同体。⑤ 在虚拟教研室中,教师和学生可以通过远程方式进行教学、学习和研究活动,包括在线课程、教学资源共享、远程实验、讨论论坛、作业提交和批阅等功能。虚拟教研室建设的目的是提供更加灵活、便捷的教学和学习环境,促进教育资源的共享和全球范围内的教学互动。这种虚拟化的教学环境可以跨越时空限制,为学生和教师提供更多的学习和合作机会。

在国外,许多高等教育机构和研究机构也已经在探索虚拟教研室平台开发以及运行策略,为教师和学生提供更为丰富的在线教学和研究资源。高校网络课程活动的兴起源于

---

① Y. Augustine,O. A. Kojo,F. Opoku,et al. Computer Assisted Instruction(CAI)to Improve Students' Performance in Social Studies Lessons:a Case of Bawku Senior High School in Ghana, *Education Journal*,2022,5(1).

② 吴亮、吴奕:《基于计算机多媒体的网络辅助教学研究》,《中国教育技术装备》2021 年第 13 期。

③ 陈明选、周亮:《数智化时代的深度学习:从浅层记忆走向深度理解》,《华东师范大学学报(教育科学版)》2023 年第 8 期。

④ 于冰楠、杨慧:《数智化转型助推开放教育高质量发展路径研究》,《现代职业教育》2023 年第 35 期。

⑤ 战德臣、聂兰顺、唐德凯等:《虚拟教研室:协同教研新形态》,《现代教育技术》2022 年第 3 期。

2001 年美国麻省理工学院（MIT）提出和倡导的"开放课件运动"（open courseware，简称OCW）①。这一创新性的教学举动大大拓展了传统课堂教学的时间和空间限制，更深刻的意义在于使大学教学从每一个老师的独立行为转变为群体合作模式。从 MOOC 到虚拟仿真实验教学再到虚拟教研室，最近 10 余年间本科教学理念与方法发生了重大变化（见图1）。2021 年 7 月 20 日，教育部高等教育司发布了《关于开展虚拟教研室试点建设工作的通知》，2022 年两批次认定了 657 个虚拟教研室进行试点建设，探索新时代基层教学组织的建设标准、建设路径、运行模式等。随着技术的不断创新和教育理念的不断更新，虚拟教研室将在教育领域发挥越来越重要的作用。② 虚拟教研室的建设、运行、发展成为教学改革与创新的一个重要研究课题。

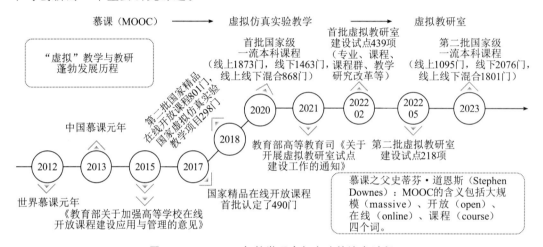

图 1　2012—2023 年教学理念与方法的演变过程

二、虚拟教研室引领工科教学与教研模式创新

1. 工科数字化教学需要虚拟教研室的顶层设计

在数字化教学爆发的背景下，如何实现资源的优化配置，构建科学、合理、高水平的教学模式，培养高度契合国家需求的新工科人才，是一个需要长期面对的问题（见图2）。虚拟教研室建设可从顶层设计的角度全方位优化工科数字化教学。在教学资源数字化以及互联网教学基础上孕育出来的虚拟教研室，对于数字时代新型工科教学模式具有得天独厚的引领能力：（1）虚拟教研室可从概念上突破传统实体教研室的限制，将教研室的功能拓展至教学与教研之外更广阔的空间；（2）虚拟教研室可突破传统实体教研室教师资源配置的局限，具有一定教学、教研、科研关联的教师，可以不受区域、学校、学科的限制，围绕重要教学与教研的问题自发组建团队；（3）虚拟教研室可以整合各类工科数字化教学与教研资源，不同高校、教师所建立的 MOOC、SPOC、视频、动画、模型等数字资源可以通过虚拟教研室

　　① 桑新民、贾义敏、焦建利等：《高校虚拟教研室建设的理论与实践探索》，《中国高教研究》2021 年第 11 期。

　　② 陈曦：《虚拟教研室跨专业、跨地域教师的"思想碰撞"场》，《科技日报》2021 年 8 月 5 日第 6 版。

的平台进行集成。①

通过建立跨区域、跨校的专业、课程、课程群等虚拟教研室，工科教学可以立足教师与人才的优化配置，打造分工与梯度结构合理的教学团队。聚焦工科教学最前沿、最具挑战性的难题，凝练教学研究的课题；通过顶层设计，指导教学模式改革、教学方法创新、数字化教学资源配置，化烦冗为精妙，打造新质教学与教研资源。

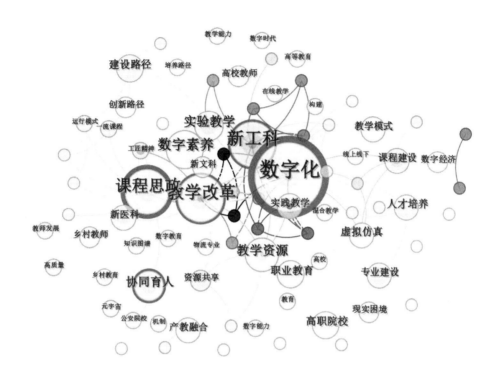

图 2　CiteSpace 知识图谱分析与工科数字化教学相关的教学研究内容

2. 数智化工科虚拟教研室是解决数字化教学"形式主义"问题的重要策略

随着 MOOC、虚拟仿真教学的盛行，近年来国际国内数字化教学资源呈现爆发式的增长。② 教与学的理念和模式均发生了显著变化，如何高效率、高质量地开展数字化教学与教研，避免教学过程中的"形式主义"，成为数字时代教育的又一个难题。例如，一门工科课程，如果采用传统线下教学的方式，最多只涵盖理论以及实验两部分内容，然而，数字化教学模式的采用，使得教学的内容和手段呈爆发式的增长。MOOC、虚拟仿真、知识图谱及其他线上教学内容的加入，从形式上看，使得一门课的教学内容和教学手段变得丰富多彩，课程教学不断延伸甚至显得"肥胖"。课程的成果多了、显示度提升了，但在很大程度上增加了教师与学生的负荷，使得原本 48 学时能够完成的 3 学分的课程，变得需要 72 学时甚至 96 学时。学生为了配合不断加码的课程内容，花大力气和过量时间在一门课上，却是在

---

①　严笑：《大学本科虚拟教研室建设探析》，《高教论坛》2022 年第 5 期。

②　刘慧、冯修猛：《"智能＋"时代虚拟教研室新型组织体系构建路径探究》，《中国大学教学》2023年第 8 期。戴李宗、袁丛辉、许一婷、曾碧榕：《高分子加工工艺》，化学工业出版社 2021 年版，第 8 页。

不断重复地学习,领会不到最精髓的知识。因此,数字化教学普及的过程中,高校工科教学需要思考的是如何在不增加教学与学习负荷的同时,让教与学变得更加高效率,不让学生的学习变成一场配合教师表演的"舞台剧",突破教学"形式主义"所带来的桎梏。

数智化教学在有效解决上述问题方面具有优势。与数字化教学相比,数智化教学的关键在于大数据与人工智能双重加持,赋予纷繁庞大的数字化体系以智慧,深度梳理数据背后的规律以及教与学的深层次关系,管控、引导、提升数字化教学(见图3)。从某种意义上说,数智化可作为工科虚拟教研室独立于"人脑"之外的"大脑",成为虚拟教研室的一个可以独立思考的"参与者"。因此,未来的虚拟教研室将建立在一个数智化的网络平台之上。这个平台拥有相关专业、课程或课程群的教学与教研、学生、教师的大数据库,并且配备了一个可对大数据进行理解、梳理、管控、分析等完整功能的人工智能。借助深度的机器学习,人工智能能够融会贯通一个专业、一门课程、一个课程群所有教与学资源之间的内在关联。在此基础上,化繁杂为精要,为教师的教学、学生的学习,归纳总结出最便捷、高效、系统的方案,使得数字化教学变得个性化、智慧化,并且可随着外部环境的变迁而自进化。

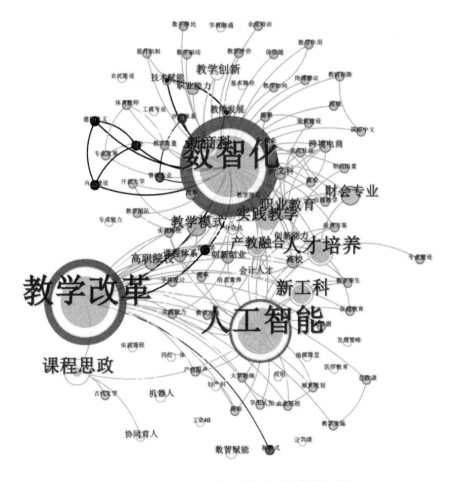

图 3 CiteSpace 知识图谱分析数智化教学研究内容

3. 数智化工科虚拟教研室搭建教师成长的大平台

教师的能力、素质、水平直接关系到教学的质量，教育的发展从来都是倚重教师培养。从传统教学到数字化教学再到数智化教学，时代在进步，教师不仅要跟着进步，更需要引领潮流，这就要求教师的培养走在教学改革的前头。工科教师普遍是教学科研双肩挑，如何将科研人才迅速转变成为具备良好教学能力的教师，是工科教学一直存在的另一个难题。教师"自己培养自己"的策略在很大程度上阻碍了先进教学理念和教学方法的传承，规范化、程序化、人性化教师培养体系的构建显得极为重要。

实体教研室一直以来就是教学培养、教学传承的沃土，老教师躬亲示范，年轻教师勤奋好学，以老带新、薪火相传，是教育美德。虚拟教研室不仅能够发挥并扩大实体教研室的作用，而且能够做一些实体教研室所不能实现的功能，主要包括：(1)高校之间、学科之间强强联手、取长补短、辐射带动，显著加速先进教学理念、模式、方法的传承与传播；(2)大同行与小同行之间互相启发，加速教学创新以及教学成果孵化；(3)高深的知识、高水平的经验汇集在虚拟教研室，为教师成长提供坚实的资源。

数智化赋能的虚拟教研室，将突破现有虚拟教研室的运行模式，开辟一条教师培养的新途径。主要表现在：(1)以人工智能为主导的数智化虚拟教研室，可以深度梳理、总结相关学科、相关课程的各类教学经验与方法，为教师发展提供最紧要的数据支撑；(2)全程跟踪教师的培养，记录教师每一堂课、每一次教研活动，分析教师教学能力的成长及其影响因素，为教师发展找到捷径；(3)为每一位教师配备一个个性化可全天候服务的人工智能，教师与人工智能相互培养，形成长效发展模式。

三、数智化背景下工科教学虚拟教研室建设方案的探索与思考

数智化的提出还不到10年，我国虚拟教研室的建设与推广也还处于起步阶段。数智化与工科虚拟教研室相结合更是处于萌芽阶段。因此，以大数据、机器学习、人工智能为基础的数智化工科教学/教研，能否开辟工科虚拟教研室建设和运行新模式，离不开系统的实践探索。本文从如下四个方面提出数智化工科虚拟教研室的建设探索。

1. 构建高度契合工科特征的虚拟教研室组织框架

教师是虚拟教研室的主体，如何高效协调不同地区、学校、专业以及课程的教师，充分利用数智化资源，聚力解决教学与教研过程的问题，是虚拟教研室充分发挥功能的保障，必须从组织架构入手，实现机制体制创新。首先，要打破传统虚拟教研室较为僵化的组织架构模式，建立开放、包容、多元的运行机制；其次，健全线上/线下相结合的教学、教研活动组织形式，形成严谨认真、活泼生动的交流气氛；最后，立足人工智能的开发，为教学、教研的组织提供人性化、跨时空、全方位的服务。

立足工科教学以及人才培养目标的特点，创新组织形式。例如，可以建立由教师培养委员会、教学事务委员会、实践教学委员会、科创竞赛委员会等多模态的组织框架，并为这些二级组织配套完善的管理方法、工作手册。不同的二级组织之间工作任务不同，却相互关联、互为支撑。另外，数智化虚拟教研室的线上平台庞大且复杂，涵盖MOOC、虚拟仿真、知识图谱、课程数字资源、教研数字资源等，通过教师与人工智能的协同进行不同模块的管理，可为虚拟教研室健康稳定运行提供保障。

2. 形成跨校、跨学科联合教学与教研的长效机制

数智化虚拟教研室不仅要突破时空限制开展教学与教研活动,更要在人工智能的助力下凝练出新的教学思想和教学方法。虚拟教研室通过定期开展线上集体备课、教案指导、教学观摩、教学试讲等多种教研活动。建立线上同步公开课的新型教学交流模式,实现教师、学生、课堂三者实时跨校、跨区域互通。通过多对一、以老带新、跨校指导等提升教师能力。各类教学教研活动全程引入人工智能,跟踪并记录下每一次活动的内容,分析每一个教师、学生在教学与教研过程中的行为与表现。通过机器自主学习,驱动人工智能自进化,总结归纳出最优的教学与教研模式,产生新的教学理念。

虚拟教研室的共建学校之间以及各参与企业之间形成长效的合作机制,以开放、共享、共发展的理念整合各类资源,保障虚拟教研室持续发展。通过大数据平台的建立、人工智能服务,将教研室的教学研究模式、教学理念、教学资源共享给周边乃至全国的高校,形成对高校及行业产业的辐射带动效应。

3. 大数据算法与人工智能助力数字化资源建设和教师培养

虚拟教研室数字化资源的建设是一个庞大的工程,涉及长期且不间断的教学和教研资源整理、分析、更新,对于教师来说工作量大且过程烦琐。数智化虚拟教研室可在一定程度上解决上述问题,关键在于机器学习与人工智能的合理利用。在虚拟教研室平台上构建海量的与教学与教研相关的资源,利用机器学习与人工智能充分吸收并消化这些资源,人工智能即可在后续过程中自动整理现有资源,自动吸收互联网中与虚拟教研室相关的知识与资料,实现自我成长、自我剖析、自进化。这种运行模式下,虚拟教研室可将教师从繁重的数据整理中解放出来,开展更为高深和前沿的教学与教研工作。

机器学习和人工智能可以充分归纳总结相关专业、相关课程、相关研究领域的教师的教育背景、知识框架、成长路线,甚至是个性、情绪、思维方式等,建立教师发展数据库并为虚拟教研室每一个教师配备独立的人工智能。教师不仅能够向虚拟教研室的成员学习,更能够突破虚拟教研室的圈子,吸纳全国乃至全世界相关领域的先进教学、教研理念与方法,使教师的成长不受空间、时间的限制。

4. 数智化虚拟教研室创新实践教学体系

新工科以培养强实践能力、创新能力、国际竞争力的人才为核心目标,实践教学是工科教育的关键环节,数智化虚拟教研室为可为实践教学提供新思路。新时代工科人才的培养,必须高度契合国家发展战略。因此,虚拟教研室的各项教研活动,不能仅限于高校教师以及学生,更应该拓展到行业企业、相关协会,充分结合国家战略急需,开展实践教学。

数智化虚拟教研室开展实践教学,可从如下方面进行创新:(1)依托大数据、机器学习、人工智能的协同,深度梳理相关专业的产业现状、技术概况、发展前沿等,为学生实践教学提供广阔的知识背景;(2)建立以数智化为基础的线上虚拟仿真实验教学平台,同时利用虚拟现实、三维建模等技术手段,高度还原生产过程或者实际应用过程;(3)通过机器学习以及人工智能,跟踪分析学生线上/线下实践教学的教与学全过程,分析教师和学生在实践教学过程中的操作、交流、讨论等各环节,以此指导实践教学模式的创新。

四、结语

人工智能全面介入人类社会的生产和生活的时代很可能会加速到来,"虚拟"与"现实"

之间的区分变得越来越不明显,如果掌控好人工智能,让虚拟的时空为人类生产与生活提供更加丰富和可控的支撑,也是教育需要深入思考的问题。数字化教学进入数智化甚至未来的"虚实高度融合"阶段,可有效解决数字时代信息大爆炸所带来的系列问题。在大数据、机器学习、人工智能基础上建立的数智化虚拟教研室,将对新形态教学、教研活动起到引领作用。

然而,数智化虚拟教研室的发展也面临一系列的挑战。首先是数据安全和隐私保护问题。虚拟教研室涉及大量的教育数据和个人信息,如何确保这些数据的安全性和隐私性是一个重要的问题。其次是人和人工智能和谐共发展的问题,我们需要人工智能全面赶超人脑,但我们更需要人工智能在人脑的控制下安全成长,并且能够高质量服务各项教学与教研工作。

高校课程数字化教学改革的初步思考*

王兆守　吴尚积　王可琪　何　宁　王远鹏**

摘要：本文梳理了数字化教学的理论基础与现实优势，并分析改革所面临的挑战，提出理论上的具体应对措施，强调了教学资源建设、创新实践以及教学评价体系的完善对于改革的推动作用。同时，文章还展望了数字化教学改革的未来发展趋势，给出了结合中国高校实际的改革目标与政策建议。本文可为推动高校教育的数字化进程提供参考与借鉴。

关键词：数字化；教学改革；面临的挑战；应对措施

一、引言

随着信息技术的迅猛发展和新冠疫情的冲击，数字化教学改革已成为高等教育领域不可逆转的潮流。在中共中央政治局第五次集体学习时，习近平总书记明确指出，教育数字化是我国开辟教育发展新领域、塑造教育发展新优势的关键切入点。党的二十大进一步强调"实施科教兴国战略，强化现代化建设人才支撑"的重要战略部署，并首次将"推进教育数字化"写入报告，凸显了教育数字化战略在支撑教育、科技、人才强国目标中的核心地位，成为推动教育实现高质量发展的强大动力。[①] 在 21 世纪的今天，信息技术不仅改变了人们的生活方式，也深刻影响着教育领域的教学模式、教学内容以及教学方法。[②] 特别是在当前全球化、信息化的时代背景下，数字化教学改革对于提升教学质量、培养创新人才具有举足轻重的作用。

如今信息和知识的获取不再局限于教育机构的物理空间。[③] 传统的教学模式往往存在教学资源有限、教学方法单一、学生参与度不高等问题，难以满足学生对于高质量教育的需求。因此，借助数字化教学手段，对高校部分课程进行教学改革，不仅有助于提升课程教学效果，还能更好地满足学生的个性化学习需求。

* 基金项目：厦门大学 2023 年课程思政示范课程建设项目、厦门大学 2023 年课程思政教学研究项目、厦门大学首批 AI 赋能课程教学改革创新校级项目。

** 王兆守，厦门大学化学化工学院副教授，博士，主要从事生物化工研究。吴尚积，厦门大学社会与人类学院 2022 级人类学专业本科生。王可琪，厦门大学艺术学院 2023 级美术学绘画专业本科生。何宁，厦门大学化学化工学院教授，博士，主要从事生物化工研究。王远鹏，厦门大学化学化工学院教授，博士，主要从事生物化工研究。

① 王士贤：《贯彻党的二十大精神纵深推进高等教育数字化》，《中国教育网络》2023 年第 Z1 期。
② 张庆云：《数字能力教育的研究现状及未来展望》，《电脑知识与技术（学术版）》2022 年第 8 期。
③ 郭明旸：《发达国家高等教育数字化转型的新动向》，《中国教育信息化》2024 年第 2 期。

数字化教学改革通过运用现代信息技术手段,打破传统教学的时空限制,实现教学资源的优化配置和教学方法的创新,为学生提供更加丰富、多样的学习资源和学习方式,激发学生的学习兴趣和积极性,提高学习效果和综合素质。同时,这种模式还可以促进教师角色转变和教学能力提升,推动教学团队建设和教学质量提升。

二、数字化教学改革的理论与现实基础

(一)理论基础

数字技术通过原动力、驱动力、牵引力、助推力的"四力协同"机制,以及结构赋能、资源赋能、心理赋能的"三重融合"策略,充分发挥其技术引领作用,有效助力高等教育实现高质量发展。[①] 数字化教学改革就是以数字技术为基础,以教学改革为核心,以提高教学质量和效益为目标的一种新型教学模式。它具有教学资源丰富、教学方法多样、教学互动性强等特点,能够有效地解决传统教学中存在的问题,提升教学效果。

(二)现实基础

从国内外的发展脉络来看,数字化教学改革已经成为全球高等教育领域的重要趋势。

国外高校在数字化教学改革方面起步较早,积累了丰富的经验。他们通过建设在线课程平台、推广慕课(MOOC)和混合式教学等方式,实现了教学资源的共享和教学方法的创新。相比之下,国内高校在数字化教学改革方面虽然起步较晚,但发展迅速。在政府的大力支持下,高校纷纷开展数字化教学改革实践,探索适合中国国情的教学模式和教学方法。

在国内教学改革基础方面,我国高等教育体系已经具备了一定的数字化教学基础。一方面,高校普遍建设了校园网、多媒体教室等基础设施,为数字化教学改革提供了必要的硬件支持;另一方面,高校积累了丰富的教学资源和经验,为数字化教学改革提供了丰富的内容支持。此外,我国政府也出台了一系列政策文件,鼓励和支持高校开展数字化教学改革,为改革的顺利实施提供了政策保障。

在现实优势方面,国内高校与企业的合作日益紧密,为数字化教学改革提供了丰富的实践机会和资源支持。许多高校与企业合作开展项目、联合培养学生、共建实验室等,将企业的先进技术和管理经验引入教学过程中,提升了教学的实用性和针对性。同时,高校还积极利用社会资源,开展课程资源共享、师资互聘等活动,拓展了教学的空间和渠道。

在教学资源的建设与应用方面,国内高校注重将传统教学资源与数字化教学资源相结合,形成了独具特色的教学资源体系。例如,建设在线开放课程、制作多媒体教学课件等方式,丰富了教学资源的形式和内容,搭建在线学习平台、开展在线辅导等方式,提高了教学资源的利用率和教学效果。

在创新实践方面,国内高校积极探索数字化教学改革的新模式和新方法。例如,开展翻转课堂、混合式教学等教学活动,激发了学生的学习兴趣和主动性,引入虚拟现实、人工智能等先进技术,提升了教学的互动性和趣味性。这些创新实践不仅提升了教学效果,也为数字化教学改革积累了宝贵的经验。

在教学评价体系的完善方面,国内高校注重将数字化教学手段与传统教学评价方式相

---

① 袁梅、马圆圆:《留学生教育数字化转型:国际进程与中国方略》,《清华大学教育研究》2023 年第 4 期。

结合,形成了多元化的评价体系。通过引入学生自评、互评、教师评价等多种评价方式,全面客观地评价学生的学习效果和教师的教学质量。同时,高校还利用大数据技术对教学评价数据进行深入分析,为教学改革提供科学依据。

综上所述,数字化教学改革具有坚实的理论和现实基础。在国内外发展脉络的对比中,我们可以看到数字化教学改革的重要性和必要性;在国内教学改革的基础和现实优势的分析中,我们可以看到数字化教学改革的可行性和有效性。我们有理由相信,在当前乃至不久的将来,数字化教学改革将会对高等教育发展发挥重要作用。

三、数字化教学改革所面临的挑战

教学数字化改革作为教育领域的一场深刻变革,正面临着诸多挑战。这些挑战不仅来自技术层面的实施难题,更涉及教育理念、教学模式、教育资源分配等多个方面。以下是对教学数字化改革所面临挑战的详细分析:

（一）技术资源与师资培训挑战

数字化改革所要面临的首要挑战是技术应用的不均衡。不同地域、学校之间的数字化技术尤其是硬件基础设施等水平存在明显差异,这导致教育资源分配不均,优质教育资源难以得到有效共享。在一些经济不是很发达的地区或农村地区,数字化所需要的设施的建设和更新可能相对滞后,这很大程度上限制了数字化改革的推进。在数字化时代,一些弱势群体,例如老年群体、贫困人口、网络发展落后的边远地区人群及残疾人,因年龄、经济、基础设施或身体残障等因素,缺乏必要的数字化设备或技能而无法享受到优质的教育资源,这可能导致教育机会的不平等,进一步加剧社会分层。

教师培训的不足也是数字化改革面临的一大难题。许多教师对数字化技术的了解不深入,并且缺乏相应的应用能力,这导致有些老师在实施数字化教学时会感到力不从心,不能够真正地做好带头示范作用。数字化技术的不断更新迭代也同时对教师的学习应用能力提出了更高的要求,但当前许多教师可能缺乏足够的动力和机会去接受相关培训。

（二）网络安全与教育理念转变的挑战

网络安全与隐私保护问题是数字化改革过程中不可忽视的重要挑战。近几年来,随着在线教育的普及,学生的个人信息和学习数据面临泄漏和滥用的风险。如何确保网络安全、保护学生隐私,成为数字化改革必须面对的重要问题。

数字化改革还面临着教育理念转变的难题。传统教育模式基本以教师为中心,比较注重培养学生的应试能力。而数字化改革则强调以学生为中心,侧重于培养学生的实践能力和创新思维。这种教育理念的转变需要教育者在教学过程中深入思考和探索,并在实践中不断调整和完善。

（三）学生的课堂参与度和评价方式的挑战

学生的课堂主动性和兴致不高是影响教育数字化改革的一个重要难题。现在普遍的教育都注重知识的直接灌输,学生的课堂参与度不高,能进行自主探索和合作交流的机会匮乏,学习的热情很难被调动起来,学生的自主学习能力得不到提升。学生没有办法找到上课的乐趣更没有办法融入课堂。

评价是检验评定整学期的教学成效的重要方式,是他人了解课程的重要方式,评价和参与课堂方式单一是教育数字化改革的重要因素。以往的教学评价往往都是教师对于学生的学习成果单方面进行评价,并没有结合多方面多角度多来源进行评判,且评定的往往是最终结果而很少看重过程和其间学生的进步情况,导致并没有办法真正地了解到课程学习的有效程度。

四、数字化教学改革的具体措施

数字化教学改革的具体措施对于实现数字化教学改革具有决定性作用和现实性意义,在这个板块将会提出关于应对挑战所需要的措施方案,图 1 是关于数字教学改革具体措施的简单概括。

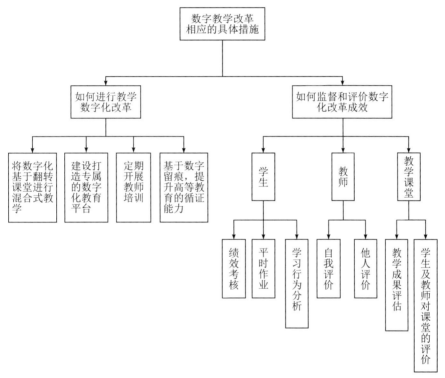

图 1 数字教学改革具体措施的简单概括

（一）如何进行教学的数字化改革

1. 将数字化改革基于翻转课堂上进行混合式教学

教学数字化改革就是要改变学生学的方式和老师教的方式,而混合式教学的模式更能展现数字化教学的优势。教学数字化改革就是让个性化学习和课堂互动通过线上线下的融合式教学模式成为可能。

融合教学（blended learning ,或称混合式学习）,总的来说就是指在适当的时间,通过应用适当的媒体技术,提供适当的学习环境、相契合的资源与活动,让适当的学生形成适当的能力,从而取得最优化教学效果的教学方式。[①] 在安德森·布鲁姆的教育目标分类学

---

① 　李逢庆:《混合式教学的理论基础与教学设计》,《现代教育技术》2016 年第 9 期。

中,他将教育目标分为认知、情感和动作技能三个领域。在混合式教学理论中,这三个领域得到了充分的体现和拓展。认知领域强调学生对知识的理解和应用,混合式教学通过在线资源的自主学习和课堂讨论的深度互动,帮助学生深化对知识的理解,提升应用能力。[①] 而数字化教学改革正是要将以往的单方面输出和记忆知识的浅层学习转变成双向互动教学的深度学习。

在数字化教学转型的背景下,基于翻转课堂的混合式教学具有得天独厚的优势。首先,它充分利用了数字化教学的特点,为学生提供了更加便捷、高效的学习资源和学习方式。将教学分成课前、课中、课后三部分的闭环式教学。[②] 学生可以通过在线教育平台随时观看教学视频、参与在线讨论,从而打破时间和空间的限制,实现自主学习和小组协作式学习。其次,翻转课堂的教学模式使得学生在课前已经对课程内容有了一定的了解,这有助于他们在课堂上更加深入地参与讨论和实践,提高学习效果。最后,混合式教学结合了传统课堂和在线教学的优点,既保证了教师的教学主导地位,又充分发挥了学生的主体性和创造性。

2. 建设打造专属的数字化教育平台

现在出现许多教师使用的平台并不相同而且各个平台的功能十分有限单一,导致学生和教师都觉得异常繁杂麻烦。数字化教育需要一个统一的教学平台,用于教师和学生进行教学活动和教学管理。这个平台应要具备在线教学功能,支持教师进行在线授课和学生进行在线学习。教师可以在平台上发布教学内容、课件、习题等。同时,平台还应提供丰富的学习资源,包括教材、课件、试验资料、学习视频等,以满足学生的个性化学习需求。此外,平台应还需具备考勤、在线讨论、问题反馈、同学互助、批改作业等功能,以促进学生之间与师生之间的合作和交流。

但是建设打造专属的数字化教育平台十分困难,这将是一段艰辛以及长期的过程。为了能够在此期间进行教学数字化改革可以尝试将 MOOC 与 SPOC 结合,从而推动教学的数字化转型。

MOOC:大规模在线开放课程(Massive Open Online Course,MOOC),是基于课程和教学论及网络和移动智能技术发展起来的新兴在线课程形式。虽然已经在很多国家地区的很多院校中广泛使用,但是随着 MOOC 的大规模应用,上线课程以及注册学生的数量不断增加,MOOC 的弊端也逐渐显现。[③] 表 1 是香港大学的苏德毅(Peter E. Sidorko)研究并分析的 MOOC 的优势与弊端。[④]

---

① 洛林·W. 安德森:《布卢姆教育目标分类学:分类学视野下的学与教及其测评》,蒋小平等译,外语教学与研究出版社 2009 年版。

② 宋银秋:《数字化转型背景下 SPOC 翻转课堂混合式教学改革实践——以梧州学院"高级英语"课程为例》,《长春师范大学学报》2023 年第 11 期。

③ 康叶钦:《在线教育的"后 MOOC 时代"——SPOC 解析》,《清华大学教育研究》2014 年第 1 期。

④ Peter E. Sidorko, MOOCs and SPOCs:Where is the Library? Access Dunia Online Conference 2013:Libraries and Publishing- evolving in the New Directions,2013-10-30.

表 1 MOOC 的优势与不足

项目	类别	说明
MOOC 的优势	学生	没有条件限制,免费开放,课程资源丰富
	大学	可以提升大学的名望,可以根据大量的学习数据进行研究,开设课程的成本低
MOOC 的不足	学生	缺少师生互动,低门槛导致课程质量参差不齐难以选择,没有正式的学分认证导致高注册率低使用率
	大学	学术诚信,无法进行有效评价互动

SPOC:小规模限制性在线课程(small private online course),是由哈佛大学、加州大学伯克利分校等全球顶尖名校开始跨越 MOOC,尝试的一种小而精类型的课程。SPOC 的主要特点有人数少、在校注册(有限制和门槛),除了在线视频和习题等,还可以有其他辅助的线上或线下课堂、答疑,是 MOOC 的补充版。

将 MOOC 和 SPOC 结合应用到翻转课堂之中,能够一定程度上达到在统一平台进行线上教学的效果,也在一定程度上能够实现教与学的深度发展。在课前能够让学生在平台上通过线上数字资源自主预习,在课堂过程中可以记录考勤、进行学习成果展示和线上线下的小组交流互动,以及课后的作业提交批改和学生的自主复习,形成一个三阶段闭环式学习,进一步推进数字化教学改革。

3. 定期开展教师培训

为了确保数字化设备和软件的有效利用,数字化教学需要教师具备一定的数字化教学技能和教育理念,应定期对教师进行相关培训,提高教师的数字化素养和教学能力,培训的内容包括数字化教学的基本操作、教育软件的使用技巧等。

4. 基于数据留痕提升高等教育的循证治理能力[①]

为了能够让数字化教育改革变得持久有动能,监管治理很重要。数字技术可以对学生及教师的学习过程、发生、结果、异常进行记录留存,从而在过程中可以通过这些信息进行有效的监督、整治、指导。在每个阶段末可以进行检查、考核,在事发后可以进行溯源、追责。这些数据留痕应广泛地运用于教学研究、校内管理、目标考核等多方面,进行全方位的监管,进而为后期教育改革与治理提供长久的动力。

(二)如何监督和评价数字化改革的成效

确保数字化教学的质量无疑是高校肩负的首要责任。我们已深刻认识到构建内部质量保障体系的关键性。为实现高质量的数字教育,高校务必精心制订数字高等教育质量保障体系的组织战略规划,这一规划的设计与实施需赢得高校内部各利益相关者的支持与参与。同时,高校应以内部绩效监测与反馈数据为依据,动态调整战略实施细节。此外,提供先进、高效的数字基础设施也是不可或缺的。[②]

---

① 杜岩岩、牛军明:《高等教育数字治理:数字化时代的高等教育治理范型》,《江苏高教》2024 年第 3 期。

② 张昊、刘永贵:《高校数字化转型中数字教育质量保障体系构建研究——基于〈数字高等教育:质量标准、实践和支持〉报告的解读》,《终身教育研究》2024 年第 1 期。

1. 学生方面

①绩效考核：近几年，部分学生对于上课的热情不高，甚至多有翘课逃课的现象。而进行数字化教学改革的一大目标就是要提高学生的上课兴趣，其中考勤绩效正好能够一定程度上反映学生的上课兴致程度。因此，考勤绩效是最终考核评价的一个重要组成部分。②平时作业：平时作业情况一定程度上反映了学生的上课学习态度，也是学生对于课堂认真程度以及感兴趣程度的一大体现，同时为多角度评价学生能力提供了佐证。③学习行为分析：利用学习管理系统（learning management system，LMS）收集学生的在线学习行为数据，例如学习时间、学习频率、互动次数等，以评估学生的学习态度和投入程度。

2. 教师方面

①自我评价：教师对于新一学期教学数字化改革后自我的改变进行自我评价，来确认数字化教学改革对教师自我所带来的具体影响。②他人评价：他人评价可以分为学生评价以及同事、领导评价。因为自我评价具有主观性，不一定具有完全的准确性，学生可以很大程度地对本学期本课程教师进行较为客观的评价，而同事领导对于此教师的认识具有连续性，他们的评价则可以看出自数字化教学改革之后此教师的具体变化。

3. 教学课堂方面

①教学成果评估：对教学成果进行系统、全面、客观的评价和分析，以确认教学目标是否达成，教学方法是否有效，以及学生的学习成果是否显著，最终得以判断教学数字化改革的成效。②学生以及教师对课堂的评价：两者对于课程效果进行自我打分以及评价，提出建议。

五、数字化教学改革的未来展望

展望未来，数字化教学改革将在高等教育领域持续深化与拓展，其发展趋势将更加多元化、智能化和个性化。结合中国高校的实际情况，未来的数字化教学改革将更加注重教学质量与效益的提升，以及教学创新与人才培养的深度融合。

首先，随着人工智能、大数据等技术的不断发展，未来的数字化教学改革将更加智能化。通过智能教学系统的应用，可以实现对学生学习行为的精准分析和个性化指导，从而提高教学效果和学习效率。同时，智能教学系统还可以为教师提供精准的教学反馈和数据分析，帮助教师更好地了解学生的学习情况，优化教学方法和策略。

其次，未来的数字化教学改革将更加注重实践教学与理论教学的结合。通过虚拟现实、增强现实等技术手段，可以模拟真实的实验环境和操作过程，学生在虚拟环境中进行实践操作，增强其实践能力和创新精神。[1]　此外，数字化教学改革还将促进校企合作、产学研一体化等模式的深入发展，为学生提供更多的实践机会和就业渠道。

最后，未来的数字化教学改革将更加注重教学创新与人才培养的深度融合。引入创新教育理念和方法，如项目式学习、问题导向学习等，可以激发学生的学习兴趣和主动性，培养学生的创新思维和解决问题的能力。同时，数字化教学改革还将推动课程体系的优化和

---

[1]　郭培英：《基于 VR 技术化工单元操作课程教学方法及手段改革可行性探析》，《内蒙古石油化工》2017 年第 Z1 期。

更新,使课程内容更加符合时代发展和行业需求,为学生的职业发展提供有力支持。

针对未来的数字化教学改革,我们提出以下政策建议与措施:一是加大对数字化教学改革的支持力度,鼓励高校积极开展数字化教学改革实践,提高数字化教学资源的建设与应用水平;二是加强数字化教学师资队伍的建设,提高教师的数字化教学能力和水平,推动教师角色的转变和教学理念的更新;三是加强数字化教学质量的监控与评估,建立科学的教学评价体系和反馈机制,确保数字化教学改革取得实效;四是加强国际交流与合作,借鉴国外先进的数字化教学改革经验和技术手段,推动中国高校数字化教学改革的国际化进程。

总之,未来的数字化教学改革将在高等教育领域发挥更加重要的作用,推动教学质量的提升和人才培养的创新。我国各大高校正积极致力于高等教育数字化转型的推进工作,不仅在数字化基础设施建设上持续投入,还高度重视高校师生数字素养的培养,并不断完善数字化管理机制。这些努力不仅促进了我国高等教育的高质量发展,也为实现教育现代化、加快教育强国建设步伐做出了积极的贡献。[①] 我们需要抓住机遇、应对挑战,积极探索适合中国国情的数字化教学改革路径和模式,为培养更多具有创新精神和实践能力的高素质人才做出积极贡献。

六、结语

在信息技术飞速发展的今天,数字化教学改革已经成为高等教育领域的重要发展趋势。通过梳理数字化教学的理论基础与现实优势,我们不难发现,数字化教学改革不仅有助于解决传统教学中存在的问题,更能提升教学质量,满足学生的个性化学习需求。无论是国外高校在在线课程平台、慕课和混合式教学方面的探索,还是国内高校在校园网建设、教学资源积累以及政策支持下的数字化教学的快速发展,都为我们提供了宝贵的借鉴和启示。尽管数字化教学改革仍面临着诸多挑战,如教学资源建设、创新实践以及教学评价体系完善等,但正是这些挑战推动着我们不断探索、不断创新,为高等教育的发展注入新的活力。

未来,数字化教学改革将呈现出更加广阔的发展前景。随着技术的不断进步和应用的深入,数字化教学将在提升教学质量、培养创新人才方面发挥更加重要的作用。因此,我们应继续加强数字化教学改革的理论研究和实践探索,推动高等教育领域的创新发展。高校作为数字化转型中技术创新的引领者、关键技术的突破者以及技术应用的开拓者,应加快步伐实施教育数字化战略行动,坚定战略选择,不断探索创新路径,在加快推进数字化转型、以数字化转型赋能高等教育高质量发展中贡献智慧。[②] 同时,结合中国高校的实际情况,制定切实可行的改革目标和政策建议,为数字化教学改革的顺利实施提供有力保障。

---

① 梁艳:《新媒体时代高等教育数字化转型研究——评〈高等教育学〉》,《教育理论与实践》2024 年第 11 期。

② 尤政:《追求卓越,为数字化转型贡献高等教育力量》,《教育国际交流》2024 年第 1 期。

AIGC 技术融入分析性写作教学中的思考[*]

侯雅琦[**]

摘要：本研究探讨了 AIGC（人工智能生成内容）技术在分析性写作教学中的应用及其重要性。分析性写作作为一项关键学术技能，旨在提升学生的批判性思维、逻辑推理和沟通能力。利用 AIGC 技术，我们可以有效地提高教学效率，为学生提供丰富的写作素材和语言表达建议，从而提升他们的写作技能。尽管 AIGC 技术在教育中显示出独特价值，但在深层次思考和综合分析方面存在局限，可能影响学生的独立思考能力，并引发学术诚信问题。因此，本文强调了在使用 AIGC 技术时必须正确引导学生，并探索其在教育创新中的潜力。我们讨论了 AIGC 技术的优势与局限，并提出了如何在保持技术辅助的同时加强师生互动和培养学生综合能力的策略。通过这种方式，AIGC 技术不仅能提升教学和学习效率，还能确保学生在技术辅助下保持批判性思考和创造性解决问题的能力，为分析性写作教学的未来发展提供了新的视角和方法。

关键词：人工智能生成内容（AIGC）；分析性写作；教学创新；AI 技术应用

一、引言

"分析性写作"作为一项关键的学术技能，已被厦门大学通识教育中心纳入本科生必修课程体系，旨在系统性地提升学生的批判性思维、逻辑推理以及有效沟通的能力。自 2023 年秋季学期起，笔者有幸为全校本科生开设"分析性写作"课程，历时两个学期的授课实践，不断探索与优化教学策略。在这一过程中，笔者特别关注于如何将新兴的 AIGC（人工智能生成内容）技术有机融合至课程教学之中，以期借助该技术的先进性，进一步丰富教学手段，提高教学效果。与此同时，探索如何在现代教育背景下，利用新兴技术来提升学生的学术能力和综合素质。本文将作为这一教学探索的起点，梳理和总结将 AIGC 技术融入"分析性写作"教学中的一些思考与体会。

二、分析性写作及其在高等教育中的重要性

分析性写作是一种以论证为核心的写作方式，它要求学生在写作中不仅呈现事实，而

---

　* 基金项目：国家自然科学基金（52303380）。

　** 侯雅琦，厦门大学柔性电子（未来技术）研究院助理教授，主要研究方向包括柔性纳米通道材料的离子传输特性用于类脑计算、生理电信号监测等。

且通过提出问题、深入探讨和批判性分析来展现对某一主题或观点的深刻理解。在分析性写作中,学生需构建有力的论证,通过逻辑推理和充分的证据支持自己的观点,同时考虑反对意见,展示不同视角间的联系与区别。

分析性写作追求的是通过"明晰、完整、可靠、自足"地表达,使读者能够以最小的认知成本理解复杂概念和论点,从而实现阅读体验的流畅化。其中,"明晰"要求学生在表达思想时语言清晰、逻辑严密,尽可能减少读者在理解过程中的困惑和误解;"完全"要求学生在论述时必须全面考虑相关论点和证据,确保论证的完整性;"可靠"要求分析性写作中的论据和证据必须是准确和可信的,学生需要通过精确的数据、权威的来源和合理的逻辑推理来支撑自己的观点,增强论证的说服力;"自足"意味着分析性写作应当是独立完整的,能够自给自足,即使没有外部信息的补充,读者也能够完全理解作者的论证和分析。这要求学生在写作时必须充分考虑到读者的知识背景,确保文章自身包含所有必要的信息和解释。

以上这些分析性写作的特征,决定了它在高等教育的学生能力培养中扮演着至关重要的角色(见图 1)。首先,通过要求学生提出问题、深入探讨并批判性地分析信息,分析性写作能够显著促进学生的批判性思维能力。这种能力使他们能够评价不同观点的有效性,并构建及支持自己的论证,为学术研究和未来的职业发展奠定了基础。其次,分析性写作的明晰性、完整性、可靠性和自足性要求,强化了学生以清晰、有逻辑的方式表达复杂思想和分析的能力,显著提升了他们的书面和口头沟通与表达技能,这在任何职业领域都是成功的关键。此外,分析性写作鼓励学生进行深度学习,超越表层记忆,深入理解材料,这种深入探究的过程促进了知识之间的联系,有助于学生长期记忆的形成,培养了独立思考和终身学习的能力。最后,通过合理引用和批判性评价信息来源的训练,分析性写作还加强了学生对学术诚信的认识,这在维持个人声誉和学术质量方面极为重要。因此,分析性写作不仅是学术成功的基础,而且是学生个人发展和职业生涯成功的关键,是高等教育中必不可少的一环。

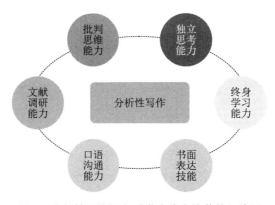

图 1 分析性写作课程对学生能力培养的矩阵图

三、AICG 技术及其应用于分析性写作教学的必要性

AIGC(Artificial Intelligence Generated Content,人工智能生成内容)技术,即利用人工智能算法和模型自动创造文本、图像、音频和视频等内容的技术。作为人工智能领域的

一大突破,AIGC 技术已经在教育领域,特别是在"分析性写作"等"文本生成"为主的写作课程教学中显示出其独特的价值。[①] 一方面,它可以作为教师的智力助手,辅助教研、备课、训练和评阅等教学环节,提高教学效率;另一方面,AIGC 技术也能成为学生的智慧伙伴,通过提供写作素材、语言表达建议等功能,有效提升学生的写作技能。因此,将 AIGC 技术的使用方法、逻辑和正确的使用技巧融入分析性写作教学中,对于提升教学质量和学生学习效果具有重要意义。

在当今数字化和信息化的时代背景下,探索 AIGC 技术在分析性写作教学中的应用变得尤为必要。首先,AIGC 技术的迅猛发展和应用,不仅体现在生活的各个方面,而且逐渐深入高等教育的教学实践中。在这样的背景下,探索 AIGC 技术在分析性写作教学中的应用,不仅是顺应技术发展趋势的必要行动,更是满足当前教育创新的重要需求。其次,人文学科和人文教育的根本目标在于培养学生的自我认识、道德意识、批判性思维、分析推理和创造性解决问题的能力以及连贯的写作能力。即便在数字科技不断进步的今天,这些教育目标也绝不能被忽视。因此,如何在 AIGC 技术的帮助下,让学生学会正确使用这些技术促进自己能力的发展,同时又不让学生失去独立思考的能力,在当今 AIGC 技术浪潮中十分必要。

鉴于此,AIGC 技术在分析性写作教学中的应用,不仅是迎合技术发展趋势的必然选择,更是当前教育创新的重要需求。教师需要学习和掌握 AIGC 技术的使用方法、逻辑及正确的使用技巧,并在教学过程中正确引导学生使用该技术。这种方式既可以利用 AIGC 技术提升教学和学习效率,又能确保学生在利用技术辅助的同时不丧失批判性思考和创造性解决问题的能力。[②] 总之,在分析性写作教学中融入 AIGC 技术,既是顺应时代发展的必然选择,也是提高教育质量、培养未来人才的有效途径。

四、AIGC 技术在分析性写作中的局限性

AIGC 技术虽然蓬勃发展,但是在分析性写作中存在着一些不足和局限。

第一,分析性写作强调对信息的深入分析和批判性评价,而 AIGC 技术在处理深层次思考和综合分析方面存在局限。AIGC 生成的内容往往依赖于大量预训练数据,这可能导致其在面对复杂议题或需要深度理解的场景时,无法提供足够深刻的分析或缺乏针对性的批判性视角。

第二,AIGC 技术对于提问者的回答往往存在着固定的回答结构,比如先阐述概念,再说一些"正确的废话",看似四平八稳,实则套话空话很多,没有事例支撑,缺乏想象力和思辨力[③],而这些正是分析性写作课程中非常注重培养的关键能力。

第三,对 AIGC 技术的依赖与学术诚信问题也不容忽视。AIGC 技术的应用可能导致学生过度依赖技术,从而丧失独立思考和批判的能力。这不仅关系到学术诚信的维护,还

① 楚焕焕:《现代教育技术在高校外语教学中的应用现状研究》,《电子技术(上海)》2013 年第 8 期。吕玉兰:《人工智能背景下的英语智慧化写作课堂构建》,《小学教学研究》2023 年第 18 期。
② 高志、王俊:《人工智能时代写作教学的危与机》,《上海教育》2023 年第 11 期。
③ 陈智:《AI 时代,人类还需要写作吗?》,《四川省情》2023 年第 9 期。

涉及知识产权方面的纷争以及由此衍生的道德困境。

第四，尽管 AIGC 可以生成结构合理的文本，但在构建复杂论证和维持长篇文章的逻辑连贯性方面，它可能无法与经验丰富的人类作家相媲美。AIGC 生成的文本可能在某些部分显得片面或缺乏逻辑上的紧密联系，这对于追求论证严密的分析性写作而言是一个显著短板。分析性写作注重证据的使用和引用的准确性，而 AIGC 在处理特定数据和引用时，可能不如人类作家那样精准和谨慎，难以判断信息的时效性或准确性，从而在文本中引入过时或不准确的信息。[1]

第五，分析性写作鼓励作者展现个性化的声音和独到的见解。虽然 AIGC 技术能够模仿特定的写作风格，但它生成的内容往往缺乏个性化的触感和深度的情感表达，这在一定程度上限制了它在需要展现作者独特视角和情感投入的分析性写作中的应用。

综上，虽然 AIGC 技术为写作提供了新的可能性，但在追求深度思考、严密论证、准确引用和个性化表达的分析性写作中，它的局限性是明显的（见表1）。这些局限性也为我们在分析性写作课程中学生能力的培养方面指明了方向，特别是在培养学生的深度思考、批判性分析、逻辑结构构建、个性化表达以及学术诚信等方面。

表 1   AIGC 技术在分析性写作中的优势与局限

优势	局限
提效教研、备课、训练和评阅	固定的回答结构、缺乏深度分析
提供写作素材和语言表达建议	学术诚信风险
促进学生探索和创新	长文难以逻辑连贯
支持个性化学习路径	缺乏个性化和情感表达

五、AIGC 技术浪潮中学生与教师应当加强培养的能力

充分利用 AIGC 技术的优势，同时克服其在分析性写作实践中的局限性，这不仅对学生提出了新的能力要求，同时也对教师提出了新的专业发展需求。

1. 学生应当加强培养的能力

第一，需加强培养深度思考和批判性分析能力。学生应被鼓励发展自己的批判性思维，学习如何对信息进行深入分析，评估不同观点的有效性，并能够对复杂议题提出独到见解。这要求学生不仅理解信息的表面含义，而且能够探究背后的原因、影响和潜在联系。第二，需加强培养逻辑结构和连贯论证的构建能力。分析性写作要求文章逻辑清晰、论证严密。在课程教学中应当强调逻辑思维训练，学生应当训练如何有效地组织和表达自己的思想，以及如何构建和维持长篇文章的逻辑连贯性。第三，需要加强培养精准使用证据和正确引用的能力。正确和精准地使用证据是分析性写作的关键。学生需要学会如何选择、评估和引用证据，以支持自己的论点，同时遵守学术诚信的原则。第四，需要加强培养个性化表达和情感投入的能力。分析性写作不仅是冷冰冰的逻辑陈述，而且包含了作者的个性

---

①   高湘民、申皓铭：《生成式人工智能对科技论文写作的影响》，《中国科技信息》2023 年第 15 期。

化声音和情感。学生需要探索并表达自己的观点和感受,发展独特的写作风格。第五,需要加强培养学术诚信和伦理意识。在 AIGC 技术的辅助下,学生需要更加意识到学术诚信的重要性,学会如何避免剽窃、正确引用他人工作,并对自己的学术产出负责。第六,需要加强培养与科技和谐共存的能力。学生需要学会如何理性地使用 AIGC 技术,将其作为一种辅助工具来促进自己的学习和创作,而不是完全依赖于它。这包括学会如何批判性地评估和选择技术提供的内容,以及如何将技术工具与自己的创造力和批判性思维相结合。

2. 教师应当加强培养的能力

首先,需要加强对 AIGC 技术应用的理解和掌握。教师应熟悉 AIGC 技术的功能和局限,以便更有效地整合技术资源到教学设计中,同时引导学生学会如何批评、审视并合理驾驭 AIGC 等新兴技术。这包括教育学生认识到技术的局限,并鼓励他们探索和发展个人的思考和创作方式。其次,教师应具备激发学生创造性和批判性思维的教学设计能力。这包括能够设计旨在挑战学生思维、促进独立分析和创新写作的教学活动和任务,帮助学生在技术辅助下保持独立思考的能力。最后,促进学术诚信和伦理意识的教育能力对于教师来说也至关重要。教师需要通过有效的教学策略和实践,培养学生的学术诚信意识和自主创作能力,分享违反学术诚信的案例及后果,确保学生在使用 AIGC 技术时能够遵循学术伦理和规范。

总之,AIGC 技术的引入为分析性写作教学带来了新的挑战和机遇。通过针对性地培养学生的创造性与批判性思维、学术诚信以及与科技和谐共存的能力,同时提升教师在技术应用、教学设计和伦理教育方面的专业能力,学生与教师都必须学会如何与科技和谐共存,而不是抗拒科技的进步,故步自封。[①] 利用 AIGC 技术,促进学生的全面发展,并提升教学效果。

六、AIGC 技术的教学策略与未来展望

在分析性写作教学中,将 AIGC 技术与传统的教学方法相结合,对于平衡技术应用与教师指导至关重要。AIGC 技术以其强大的信息检索、数据分析和文本生成能力,极大地提高了写作的效率和质量,尤其在初步草稿的构思、语言表达的丰富性以及写作思路的拓展方面发挥着显著作用。可以说,AIGC 技术是一个优秀的辅助工具,有助于激发学生的创作灵感和提升写作技巧。

然而,我们也必须认识到 AIGC 技术的局限性。在培养学生的原创性思考、跨文化理解、伦理道德观念以及适应性学习、跨领域思维、深层次思考等关键技能方面,AIGC 技术尚无法替代人类教师的核心作用。因此,未来的教学应当明确 AIGC 技术的辅助性定位[②],建立人与技术的互补关系,确保技术的应用能够充分发挥学生的创造潜力,同时促进学生的全面成长。

---

① 赵琪、刘雨微:《ChatGPT 科研无法代替人类》,《中国社会科学报》2023 年 2 月 24 日第 3 版。

② 陈柯宇:《ChatGPT-4 在中文写作中的辅助性定位》,《云南师范大学学报(对外汉语教学与研究版)》2023 年第 3 期。杨宁:《人工智能写作与文学创作主体性问题反思》,《广州大学学报(社会科学版)》2024 年第 2 期。薛超前:《ChatGPT 在高校英语写作教学中的应用研究》,《现代英语》2023 年第 7 期。

展望未来,我们可以预见到 AIGC 技术与传统教学方法的融合将更加深入。传统教学与 AIGC 技术教学的混合教学模式,不仅能够增强教学的互动性,还能发展智能化教学系统,以满足学生多样化的学习需求。在评价学生写作技能时,采用多维评价体系和反馈机制,将有助于确保评价的全面性和公正性,同时激励学生根据反馈进行自我提升。这种个性化的学习与评价方法,结合 AIGC 技术的应用,将为学生提供一个更加丰富、灵活的学习环境,更好地满足他们的个性化学习需求。

总之,AIGC 技术在分析性写作教学中的辅助作用不容忽视。通过培养关键能力、实现技术与传统教学的互补、推动教育创新,以及解决个性化学习与评价的挑战,我们将迈向一个更加互动、智能和个性化的教育未来。未来,AIGC 技术将助力教育者和学生共同克服教学挑战,开辟新的教学与学习路径。

七、结论

在 AIGC 技术迅速融入分析性写作教学的背景下,其带来的价值和挑战并存。AIGC 技术通过降低学生的学习门槛,减少教师的重复性工作,显著提升了教学效率,同时也为学生提供了一个丰富的资源库,促进了写作技能的发展。然而,这一技术的应用也可能影响学生的独立思考能力,引发学术诚信等问题,挑战学生的个性化和深度分析能力的培养。因此,未来教育实践中,优化 AIGC 技术应用的同时,加强师生互动,培养学生的综合能力成为关键。为了实现这一目标,教育者需要在利用 AIGC 技术辅助教学的过程中,明确其辅助性定位,避免学生过度依赖技术,保持学生的独立思考和创新能力。同时,教育者应利用通过 AIGC 技术释放出的时间和精力,更多地关注与学生的互动,提供个性化的反馈,指导学生进行批判性思考和深度分析。此外,通过教学设计和活动的创新,教育者可以激发学生的创造潜力,引导他们正确使用 AIGC 技术,并重点培养学生的创造性与批判性思维能力、学术诚信意识、自主创作能力,以及与科技和谐共存的能力。探索 AIGC 技术与传统教学方法结合的新模式,如混合教学模式,将进一步增强教学互动性和学生的学习体验,促进学生基于反馈的学习和改进。[1]

总之,AIGC 技术在分析性写作教学中的引入,为教育提供了新的视角和工具。优化技术应用、加强师生互动以及培养学生的综合能力,可以更好地发挥 AIGC 技术的积极作用,同时应对其带来的挑战。在这一教学改革过程中,教育者和学生都需不断学习和适应,探索出一条科技与人文和谐共存的道路,共同推动高等教育写作课程的创新和发展。

---

[1] 汪靖、米尔外提·卡马勒江、杨玉芹:《人机共生的复合脑:基于生成式人工智能辅助写作教学的应用发展及模式创新》,《远程教育杂志》2023 年第 4 期。

数字化环境下公共体育"课内外一体化"
教学模式优化研究

——以厦门大学为例

杨广波[*]

摘要:在数字时代背景下,高等教育数字化的发展为公共体育"课内外一体化"教学提供新的动能,大大推动体育育人的高质量发展,更好地为学生体质健康和运动技能水平的提升,养成终身体育锻炼的习惯创造条件。本研究结合教学实践经验,对厦门大学公共体育"课内外一体化"教学进行梳理和总结,评价一体化实施的效果,在此基础上借助数字赋能体育教学探索"课内外一体化"教学模式的优化路径。

关键词:数字化;公共体育;课内外一体化;教学模式研究

一、前言

自教育部颁布实施《全国普通高等学校体育课程教学指导纲要》以来"课内外一体化"教学模式成为普通高校公共体育教学改革的重点,研究表明,"课内外一体化"教学模式是"符合现代体育教学思想、提高学生身体素质、实施素质教育、促进全面发展的有效途径"[①]。如何形成课内外、校内外有机联系的课程结构,将两者合理地纳入体育课程体系,以及如何制定评价措施是课内外一体化教学模式实施的关键,也是困扰一体化发展的瓶颈问题。近几年,数字技术的广泛运用使高等教育人才培养方式发生了深刻变革,促进了公共体育"课内外一体化"教学的创新与发展,在课堂教学和课外体育锻炼的联结与联动方面发挥着积极的作用。本研究以厦门大学公共体育"课内外一体化"教学模式为切入点,对其在实施过程中存在问题进行分析,结合数字技术赋能高校体育教学,探索"课内外一体化"教学模式的优化路径,旨在为厦门大学公共体育课改革与创新提供参考。

二、厦门大学公共体育"课内外一体化"教学的检视

(一)"课内外一体化"教学实施现状

1. "课内外一体化"教学模式结构

根据《全国普通高等学校体育课程教学指导纲要》的要求并结合学校的实际情况,厦门大学在公共体育课程建设过程中把课堂教学、课外体育锻炼、体育竞赛与运动队训练作为

---

* 杨广波,厦门大学体育教学部副教授,主要研究方向为民族民俗体育研究、体育教学研究。

① 祝振军、向然、商执娜等:《大学体育课内外一体化教学改革的特征研究——以广州大学为例》,《辽宁体育科技》2019 年第 5 期。

"课内外一体化"教学模式的主要组成部分。在设计思路上把课堂教学作为基础,课外体育锻炼与体育竞赛、运动队训练作为课堂教学的有机组成部分,具体包括:一是采用"三自主"的选课模式,满足学生对体育运动的个性化的需求,激发学生对体育的热爱,体现"以学生为中心"教育理念。二是通过体育社团活动、运动队训练、校内外体育赛事等多种形式的课外体育锻炼提升学生的锻炼意识,营造一个良好的校园体育锻炼氛围,培养学生的运动习惯,促进课堂教学质量的提升。通过课内课外两者相互融合彼此促进,形成一个良性循环,不断提升整个公共体育教学质量,实现体育教学的高质量发展(见图1)。

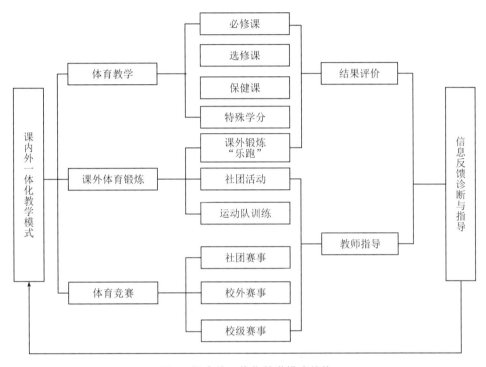

图1 课内外一体化教学模式结构

2. 课程设置

学校要求在校本科学生在正常学期内要修满 32 个学时才可以获得 1 个体育学分,大学期间要修满 4 个体育学分才能达到毕业要求,除大学一年级第一学期体育为必选课程外,另外 3 个体育学分可在其他任意学期选修。从 2011 年开始学校将游泳列为必修学分,即 4 个学分里面必须有一个是游泳学分。在体育课程内容选择上体育教学主管部门根据教学目标的总体要求,因地制宜,充分调动、利用各种资源,将过去单一的几门课程逐渐增加到 50 多门,基本涵盖了竞技体育、民族传统体育、休闲体育、保健体育等多种体育项目类别,从陆上到水上,从室内到室外将不同的运动项目引入体育课堂,极大丰富体育课程内容。此外,根据厦门大学课程资源条件增设游泳和马拉松两个特色学分(达到规定的具体要求便可以申请学分,无须参加课程学习),这种方式增加了学生获取学分的渠道,减少了部分学生课内体育学时数,减轻了体育教师的工作量。

3. 课外体育活动

学校课外体育活动主要包括"乐跑"、体育社团活动和体育赛事三部分。目前,厦门大学共有 33 个体育社团,其中 28 个社团跟体育课程相关联,成为课堂教学的延伸。社团由体育教学部统一管理,每一个社团委派一名指导教师,每学年会定期辅助社团举办相关活动与指导。体育赛事分校内赛事和校外赛事两种。校内赛事主要包括校运会、校园十大赛事、环校跑。校外赛事主要是指学校 5 个特长运动队和 15 个普通生运动队所参与的各级各类运动赛事。自 2023 年开始,学校要求选修体育课的学生必须参加课外体育锻炼即"乐跑"运动,并纳入体育课成绩(见图 2)。

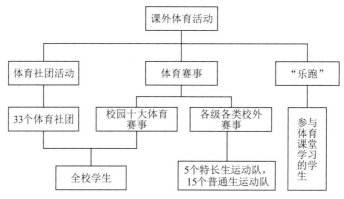

图 2　课外体育活动示意图

4. 教学评价

厦门大学体育课程评价主要是通过课堂考核,考核比例分配由三部分组成:平时成绩和身体素质成绩、技术学习成绩。平时成绩包括出勤率和课堂表现,从 2023 年开始平时成绩加入了课外体育锻炼(乐跑)。三方面分值比重的设置分配为平时成绩占 20%,其中 10% 的出勤率和课堂表现,10% 课外锻炼。身体素质占总成绩的 30%,技术成绩占 50%。考评内容重点在课堂教学中学生学习的全过程,将过程评价与结果评价相结合,定量评价与定性分析相结合,关注学生课堂学习的过程与结果,而课外体育锻炼与体育竞赛没有设置具体评价指标(见表 1)。

表 1　厦门大学课内外一体化教学评价体系

项目	具体内容	指标	百分比/%	备注
课内部分	课堂表现及出勤	课堂表现、出勤及课堂参与情况	10	保健课程评价内容及百分比为课堂(50%)、专项技术(50%)
	专项技术	项目技术动作	50	
	身体素质	1000 米(男)、800 米(女)、仰卧起坐(女)、引体向上(男)、跳远、50 米跑	30	
课外部分	乐跑	男 2 千米、女 1.6 千米	10	
	社团活动	无	无	
	体育训练	无	无	
	体育竞赛	无	无	

(二)"课内外一体化"教学存在的问题

1. 课内课外结合形式单一,学生参与课外活动的积极性差异较大

学校在"课内外一体化教学"实施过程中重点放在课内教学上面,课内外联系不够紧密。首先,除了"乐跑"以外,课外锻炼没有一个合理的学练机制,评价体系也不完善,课外体育锻炼、体育竞赛基本上处于学生自我管理的状态。其次,缺少必要的教师指导激励制度,无法充分发挥教师的指导作用,加上场地、器材等各种因素和信息的不对称,造成了学生参与课外体育锻炼人群出现多极分化,热爱体育锻炼的学生积极踊跃,想从事体育锻炼的学生跃跃欲试,不爱锻炼的学生难以调动的局面。再次,课堂教学与社团活动缺乏有效的互动与融合,难以成为课堂教学的有效补充,对学生吸引力不大,发挥不了"第二课堂"的作用。最后,赛事门槛高,专业性强,学生"望赛止步",进而造成"教—练—赛"缺乏衔接与整合,不能形成较好的校园体育文化氛围。以至于难以达到课内带动课外、课外推动课内的相互促进作用。

2. 缺少激励机制,教师内驱力不足

教师是教学主导,也是教学改革的重要人力资源,厦门大学公共体育课师资问题主要包括:第一,工作任务繁重,师资力量不足。学校现有专职体育授课教师61人,教师在工作中除了要完成教学与科研的双重任务外,绝大部分教师还要从事社团指导、运动队训练与竞赛、学生体测及部门管理等工作。工作任务的多元化与多重身份间的相互交叉使授课教师长期处在一种繁重的工作状态,继而忽视自身教学水平的提升与科研能力的发展。第二,教师对"课内外一体化"教学模式的认识不清晰,思想固化。大部分教师只关注自己的专项教学,缺乏对体育教育的长远性、系统性认识,不能紧跟时代社会发展需求,进而造成一体化教学推进力度不够,效果不明显。第三,学校在体育教学师资晋升方面给予的支持力度不够,教师上升通道不顺畅,造成个人的内驱力不足,从而缺少进取精神与教学改革的动力。

3. 教学场地不足,利用不充分

教学环境及教学场地是影响体育锻炼实施的一个重要因素。依据教育部办公厅颁发《普通高等学校体育场馆、器材配备目录》规定高校生均拥有标准室外体育场地4.7平方米,室内场地面积0.3平方米;每250名学生设1个篮球场和1个排球场,1500名学生设1个网球场;10000名学生设标准400米田径场1个。[①] 根据文件规定,厦门大学各校区场馆建设还无法达到要求。此外,部分场地建设不合理,利用率不高,后期的维修保养跟不上,给体育教学和课外锻炼带来很大影响。另外,受地理位置影响,6—11月,厦门日间炎热多雨,一些室外项目很难按照教学的大纲的要求正常实施,学生的课外锻炼也基本集中在夜间或清晨,课堂教学与课外锻炼都受到一定的限制。

4. 教学评价制度不完善,难以激发学生锻炼兴趣

厦门大学公共体育教学评价存在问题主要包括:第一,评价对象主要是课堂教学,学校没有将课外体育活动纳入体育教学评价之内。课堂教学评价指标相对单一,忽视学生身体

---

① 《教育部办公厅关于印发〈普通高等学校体育场馆设施、器材配备目录〉的通知》,http://www.moe.gov.cn/srcsite/A17/moe_938/s3273/200408/t20040822_80792.html,访问日期:2024年3月26日。

素质的差异化,兴趣的多样化,体育运动项目多元化的特点,不能反映体育教学的整体性。第二,合理的考核与评价方式是激励学生参与体育教学与课外锻炼的重要手段,由于缺少相关的政策激励,体育运动成为大部分学生在学期间的"备选项",进而无法养成锻炼习惯和体育意识。第三,学生专业课学习压力较大,课外锻炼与专业学习之间的矛盾难以调和,在平衡课外体育锻炼与专业课学习之间,更多的学生会有所偏重,尤其是理工科学生。第四,学生从事体育竞赛与训练需要花费更多的时间,学习、训练、比赛之间的矛盾突出,在外出赛事需要请假、缓考等事宜上,学校没有任何的鼓励措施,学生参赛意愿不高。由于学生参加课外体育锻炼的自主性、能动性不能被激发,主体作用发挥不出来,就无法形成内外联动与灵活多样的课内外一体化模式。

三、"课内外一体化"教学模式的优化措施

1. 深化认识,推动公共体育"课内外一体化"教学的内涵式发展

"体育的发展正经历着从小体育向大体育的转变,而高校体育的发展也要树立大体育观的理念,高校体育教育应跳出体育课的范畴,着眼于整个校园体育生态系统。"[①]为此,我们要树立大局观,深化对一体化教学的认识,不能把"课内外一体化"教学模式等同于是简单的课内课外结合,要立足于全面培养学生,充分发挥学生的主体作用,提高学生体育意识和运动能力,并根据校情、学情、师资、场地等实际情况探索出具有学校特色的教学模式。以篮球课教学为例,借助篮球运动的受众面较广,群众基础好,在赛事推广,技战术研究等方面发展非常成熟的优势,在篮球课程的课内外一体化教学中,根据学生基本情况分层次,递进式打造立体化教学范式。在这一过程中利用高校教育数字技术与校园智慧体育教育教学体系,优化校园篮球运动资源配置与教学评价方法,疏通信息沟通渠道,实现从课堂教学到课外体育锻炼再到体育竞赛有机结合。"转变传统理念,依托互联网思维驱动,借助大数据、云计算等智能手段,从而最大限度整合并挖掘体育资源中所蕴含的教育功能和价值,以期实现教学决策数据化。"[②]以点带面,实现整个公共体育课程"课内外一体化"教学的内涵式发展。

2. 结合数字赋能技术,探索"课内外一体化"教学新模式

公共体育"课内外一体化"教学主要目的是实现课内课外的有机联动,让学生养成自主锻炼的习惯。通过分析,场地、师资、课程设置及评价制度是制约厦门大学公共体育课程一体化教学模式实施的主要因素,其主要原因在于教学资源与信息传递、反馈等渠道的不对称,造成课内课外的关联度不够,无法实现深入融合与对接。充分利用数字技术驱动赋能,建立数字化、智能化平台,"促进课内外体育教学实现协同管理和信息资源共享交互,解决以往课堂学时不足和课下体育监管缺乏保障的问题,确保高校体育育人工作由课程结构向多元结构转变"[③],构建"课内外一体化"教学新模式(见图3)。

① 刘瑞生:《新媒体传播转型视阈下的意识形态建构》,《苏州大学学报(哲学社会科学版)》2011年第6期。

② 党杨:《阳光体育下高校体育课内外一体化教学模式初探——以南航金城学院为例》,《当代体育科技》2020年第28期。

③ 阮力:《回顾、借鉴和展望:近30年高校体育课内外一体化教学研究述评》,《高教学刊》2021年第30期。

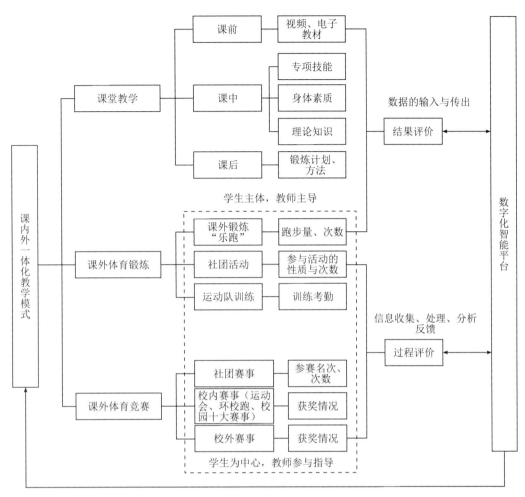

图 3　数字化公共体育"课内外一体化"教学新模式

3. 实现教学智能化，优化课程设置

互联网和智能化技术与课堂教学的融入，改变了以往的传统教学方式，翻转课堂、混合式教学等新兴的教学模式不断涌现。一是"课程内容更加丰富，呈现动态化与多样化类态，优质的、系统的、动态的、开放的数字化教学资源成为课程内容的重要来源"[①]。二是教师与学生之间，学生与学生之间的相互交流更加方便，打破了时空限制，推动学生个性化学习，为学生营造一个良好的体育学习环境，激发了学生学习体育的兴趣。这样就使得体育课程的设置更加丰富化、多样化、科学化，学生可以在选择体育课程之前通过信息平台预先了解所学课程，结合自身实际情况按需选择课程，课程设置就可以实现根据选课情况做进一步优化。三是通过智能化平台学生在课外获取知识更加全面、具体、形象，有助于学生建立系统的体育知识框架，加深对体育专业知识技能的理解，满足学生不同层次的体育需求，

---

① 程建钢、崔依冉、李梅等：《高等教育教学数字化转型的核心要素分析——基于学校、专业与课程的视角》，《中国电化教育》2022 年第 7 期。

解决分层教学的困境，推动体育教学的深度发展。

4. 推动体育设施资源管理数字化，改善教学环境

充分的场地设施、师资资源及丰富的课程内容是"课内外一体化"教学的物质基础和保障。针对我校室内场馆资源有限，难以同时满足课内课外需要的问题：第一，我们要加大室内场馆设施建设投入，场馆的建设尽可能按照课堂教学与课外锻炼的需要进行规划。第二，推进场地等设施资源管理的数字化，在校师生可以通过智能化平台实时掌握体育设施资源的使用情况，按需所求，提前预约，合理调配场馆使用时间，错峰使用室内场地，在满足课堂教学的同时，尽可能开放，为学生课外体育活动提供便利。第三，可以对现有场馆进行改造，增设智能设备，实现一馆多用，最大限度地提高场馆利用率。第四，增加室外场地的夜间照明设施，延长照明时间，鼓励夜间锻炼，避开白天的高温日晒。

5. 构建数字化平台，完善一体化评价制度

要保证公共体育"课内外"一体化实施的效果，就需要建立科学完善的评价考核体系。打通课内与课外的评价考核通道，确保两者能有机对接是实施的关键。近几年，国家大力提倡"充分利用信息技术，提高教育评价的科学性、专业性、客观性"[①]，借助数字化、智能化管理平台可以将学生体质健康测试数据、校内外各级各类赛事活动成绩数据、课外体育锻炼情况等信息收集、分析与整理，通过设置权重系数将信息换算成一定的分值，与课堂教学一起纳入最终的体育成绩考核中，从而实现课内外协同管理。一是可以减轻教师在一体化教学中的负担，给予教师更多发挥的空间专注于课堂教学，将多种教学方法、形式、手段融入与组合，最大限度地发挥教师的主导作用。二是学生可以有更多提高体育成绩的选择，在课外体育活动中得到激励，并根据学习内容和自己所需获取信息资源，增强了自主锻炼意识，使体育教学从"以教为中心"向"以学为中心"转型。

数字化智能平台的建立把课堂教学、课外体育锻炼、运动竞赛三者的评价结果相互融合，改变了传统单一的教学评价模式，形成多元化、多维度的评价体系。实现"学—练—赛"的有机统一，学生根据可以自己的兴趣选择体育锻炼的方式，提升学习的主动性，发挥其主体作用。重要的是将学生在校期间的体育教育一体化贯穿，让学生养成热爱体育、野蛮体魄、享受乐趣的意识。

---

① 《中共中央 国务院印发〈深化新时代教育评价改革总体方案〉》，http://www.moe.gov.cn/jyb_xxgk/moe_1778/202010/t20201013_494381.html，访问日期：2024 年 3 月 26 日。

大型语言模型与外语教学的促进融合

白雪峰[*]

摘要：基于人工智能的大型语言模型在外语教学中具有巨大潜力，它能通过其语音和图片识别、交互问答、生成多场景对话等形式，为学生创造大量语言学习和实践机会，从而有效提升语言运用能力和通过外语获取知识信息的能力。同时，教师需要审慎关注模型输出内容的准确性和适切性。此外，过度依赖机器生成内容，可能会影响学生的独立思维和批判性分析能力，也给教学效果的客观评估带来了新的挑战。因此在外语教学实践中，应该灵活运用大型语言模型，实现新技术与外语教育的融合，拓展学习的深度和广度，既丰富语言输入，又强化语言输出，从而推动外语教学创新，全面提高教学质量。

关键词：大型语言模型；外语教学；人工智能

一、大型语言模型介绍

大型语言模型（large language model）是基于深度学习技术的人工智能，主要功能是理解和生成人类语言。通过分析庞大的文本数据集，它们掌握了语言的规则和深层含义，从而提供较为准确和合理的回答。大型语言模型的典型代表除了 OpenAI 的 GPT 系列之外，还有谷歌发布的 Gemma，脸书发布的 Llama 以及 Mistral AI 发布的三个开源模型 Mistral 7B，Mixtral 8x7B et Mixtral 8x22B 等。这些大型语言模型展现了其把握文本的语境和语义上的高效能力。大型语言模型的核心技术在于它们的神经网络运算过程，通过大量数据的训练和调试，这些模型掌握了海量信息并具有使用多语言流畅应答的能力。因此大型语言模型可以较好完成各类语言处理任务，如文本创作、问答互动、内容摘要和语言翻译等。它们不仅可以完成类似于客服问答之类的任务，而且能够在法律、医疗等专业领域进行深度分析和生成内容，极大地提高了工作效率和准确性。

在外语教育领域，大型语言模型的价值体现在支持外语教学和学习过程之中。大型语言模型可以定制教学内容，实现个性化学习路径，促进学习效率的提升。通过模拟真实的语言环境，大型语言模型可以增强语言学习的互动性和实用性。对于教师来说，大型语言模型在外语教育领域同样具有重要价值。作为教学辅助工具，它可以帮助老师准备和优化教学材料，快速生成各种语言练习题、模拟对话或语言教学素材，也可以使用它纠正学生的语言错误，提高学生的语言准确性和流利程度。教师也可以使用大型语言模型分析学生语

---

* 白雪峰，法学博士，厦门大学外语教学部副教授。

言应用中的弱点和优势,制订更加个性化和有效的教学计划。从教学评估的角度来看,大型语言模型能够在批改作业和分析成绩方面发挥重要作用,将教师从繁重的重复性工作中解放出来,更加专注于教学本身,从而提升教学质量和效率。

二、传统外语教学模式及不足之处

传统的英语作为外语(EFL)教学模式主要集中在直接教授语法、词汇、阅读、写作、听力和口语技能上。大多数外语教学课堂往往采用以下一种或多种教学方式。

语法翻译法是一种较早的教学方式,它强调学习语法规则和进行文本的字面翻译,让学生通过翻译练习和语法分析理解语言结构。听说法则专注于通过模仿和练习来提高学生的语言流利度,使学生能够通过听力和口语活动自然地使用语言。直接法采用目标语言进行教学,排除学生的母语使用,通过直接的语言沉浸环境促进学生的语言技能提高。任务型教学方法也被认为是更现代的教学方法,它通过让学生完成实际语言使用任务来提高他们的语言技能,强调语言学习的实际应用。以内容为中心的教学则是将语言学习与专业或学术内容相结合,让学生在学习特定领域的内容时提高语言能力。目前的趋势是采用以学生为中心的教学模式并增加教师和学生的互动。如交际语言教学和基于任务的学习,这些模式更加重视学生的实际语言使用和参与,而不仅仅是语言形式的掌握。这种转变体现了教学方法从传统的教师主导向学生中心的演进,旨在为学生提供更加全面和动态的语言学习经验。

在传统的教学模式,面临的核心挑战之一是师生配比分配问题。优质的教育依赖于有效的师生互动,但在大多数情况下,班级的人数限制了教师能够给予每位学生的关注和指导。当班级人数过多时,教师很难对每个学生的学习需求和进展进行个性化的支持。对于需要大量练习和互动的外语教学来说,更加依赖于师生之间的互动。此外,效率和在线问题也是传统教学模式的痛点。教师不能随时都在线提供实时的反馈和支持,一定程度上影响了学生学习的连续性和互动性。此外,传统教学模式往往难以提供个性化学习路径。每个学生的学习速度、风格和兴趣点不同,但传统的教育模式往往采用一种"一刀切"的方法,很难满足每个学生的个别需求。教学的效率受限于教师处理课堂管理、备课、批改作业等多重任务的能力,这些任务耗时且较为烦琐,可能会减少与学生互动的时间和质量。此外,教师自身业务素质局限性也是一个问题。尽管有经验的教师在教学方法和学科知识方面能够胜任工作,但他们的知识和经验毕竟是有限的,特别是在外语教学领域。相比之下,类似于 ChatGPT 这样的大型语言模型,由于其训练样本巨大且涉及的领域多种多样,其语言处理和生成能力极强,特别是在规范的语句生成和解析文化背景的能力上,能够超过大多数单个外语教师的能力。

三、大型语言模型对语言教学的促进

在外语教育中,大型语言模型能够模拟真实的语言使用环境,提供多样化和广泛的语言材料,从而帮助学生在实际语境中练习和提高语言能力。因为大型语言模型拥有广泛的知识库和强大的数据处理能力,能够分析学生的学习习惯和进度,据此提供定制化的学习材料和反馈,辅助实现个性化学习路径,使外语教育更加贴合每个学生的特点。这种方式提高了学习的效率,增强了学习的针对性和有效性。大型语言模型也可以提供全天候的在线支持,确保学生随时都能获得所需的帮助和指导,从而打破了传统教育模式下的时间和空间限制。学生不再需要等待特定的上课时间或教师办公时间来解决问题,这种灵活性极大地促进了学习的连续性和自主性。同时,大型语言模型能够快速准确地批改作业和测试,为学生提供即时反馈,有助于学生及时了解自己的学习状况和提升点,也可以减轻教师批阅作业和试题的工作压力。有关研究显示,无论是学生还是教师,对大型语言模型普遍持有积极认可的态度,认为在语言学习中有广泛的应用前景,比如,教师和学生普遍认为持续使用ChatGPT能够提高学生的学习成果并增强教学的整体质量,改善教学和学习体验。①

具体来说,ChatGPT能定义生词、生成可根据不同熟练度调整的对话,并用学生的第一语言解释词汇,从而作为词汇学习的有力工具,为学习者在第二语言学习的过程中提供定制化支持;ChatGPT在能够提供文化背景知识、支持连续学习和提供个性化学习材料方面具有优势,是一种有力的工具,能够丰富和优化语言学习过程。② 总之,大型语言模型为外语教学提供了广阔的应用场景,比如目前已经在外语教学中投入实际使用的视频、音频转文字应用,就是一个很好的例子。

四、基于语音识别的小语种音频转文字应用

在外语学习过程中,小语种作为"低资源"语言,可用的音频和视频素材较为有限。尤其是最新的时事视频、音频相关内容,往往缺乏字幕支持,学生看懂听懂的内容有限,无法充分掌握音、视频资料中的知识和信息。对于小语种专业的学习者来说,也无法通过音频和文字对应的精听来提升听力和语言理解能力。目前网络上的音频转文字服务,存在以下痛点:首先,这些服务通常有使用时长的限制,超过时长则需要付费;其次,大多数转换服务对小语种的支持不足;最后,即使一些服务能够将音频转换为文字,它们在匹配精度上往往也只能达到句子层面。基于此,我们发现小语种资料使用的需求集中在以下几个方面:

1. 高精度音频转文字转换:需要一个能够将音频准确转换为文字的系统,特别是能够达到单词级别精准匹配的功能。

2. 多语种支持:系统必须支持多种语言,尤其是小语种,以满足不同背景学生的需求。

3. 无须网络连接的本地运行能力:为了确保隐私保护和在无网络环境下也能使用,系统需要能够在本地运行。

4. 简单易用:使用者能够用简单的命令或者界面,在默认参数配置下,快速获得较为满意的转换结果。

"开放人工智能"(OpenAI)开发的"耳语"(whisper)是一项使用人工智能和神经网络,通过68万小时的音频资料训练,实现高精度音频到文字转换的新技术。该技术支持130多种语言和方言,这对跨语言和文化交流来说是一个巨大的进步。小语种视频、音频转换为文本技术手段有限的问题,可以在教师和学生个人电脑上部署"耳语",以灵活的方式将

---

① P. Limna,T. Kraiwanit,K. Jangjarat,et al. The Use of ChatGPT in the Digital Era:Perspectives on Chatbot Implementation,*Journal of Applied Learning and Teaching*,2023,6(1).

② L. Kohnke,B. L. Moorhouse,D. Zou. ChatGPT for Language Teaching and Learning,*RELC Journal*,2023,54(2):537-550.

音频转换为文字,极大地提高了小语种学习资源的可接触性和可用性。这不仅为学生提供了更多学习资源,而且为教学和研究人员提供了一个强大的工具,使他们能够更有效地利用小语种音频材料。

在实际的教学实践中,我们采用底层基于"耳语"技术的 whisper.cpp① 和 stable-ts② 来实现视频、音频转为文字的功能。选用 whisper.cpp 是因为它对硬件性能的要求较低,可以仅通过计算机中央处理器(CPU)运行,且编译后能够仅单文件运行,避免了有的师生没有符合规格的显卡,而完全无法实现转换的情况。使用 whisper.cpp 时,首先要把视频或者文件转换为 16-bit 的 wav 格式音频文件,然后再转为文本。例如,当前目录下音频文件的名称是 input.mp3,那么使用 ffmpeg 工具,用以下命令,先转换为文件名为 output.wav 的音频文件:ffmpeg-iinput.mp3-ar16000-ac1-c:a pcm_s16le output.wav。然后下载好要对应的模型,使用编译好的 main 可执行文件,将 output.wav 转换为名为 output.srt 字幕文件,例如,main-mmodels/ggml-base.en.bin-f output.wav-osrt output.srt。

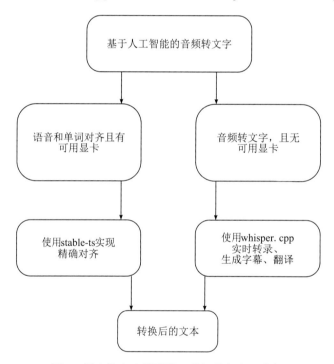

图 1　语音转文字模型的两种场景和实现路径

stable-ts 的使用稍微复杂,需要搭建使用环境,包括安装 Python 依赖包。考虑到大部分师生没有这类经验,可以由技术人员将使用环境进行封装,然后创建自动化脚本,采用交互模式,使用者只需要指定输入文件和选择必要参数,就可以生成文本。

通过引入基于最新人工智能技术的"耳语"系统,可以实现本地化、免费、灵活和无限次的音频转文字功能,显著提高了小语种学习的效率和质量,为学生和教师打开了由人工智

---

① https://github.com/ggerganov/whisper.cpp.
② https://github.com/jianfch/stable-ts.

能辅助学习的新视野。首先,使用本地化、高质量的视频、音频转文字技术,不仅对于外语教学来说非常有帮助,而且在辅助语音训练方面具有较大的应用价值。例如,某位外语学习者的单字发音基本准确,但是对句子的节奏、语调和重音的掌握不佳。为了改善这一问题,可以使用"耳语"语音生成的精确到单词级别的音频字幕对齐功能。字幕出现的单词顺序实时与语音对应,动态提示当前音频所对应的单词,学生可以通过练习学习如何断句及使用重音,从而系统地提高口语能力。其次,使用"耳语"系统,也可以提高学生从小语种音频、视频资料中汲取知识和信息的效率。例如,某医学专业的学生需要学习一个关于消化系统的西班牙语讲座视频,以获取相关医学知识,但由于不懂西班牙语,无法理解讲座内容。为了解决这个问题,可以使用"耳语"语音识别软件,直接将音频的内容生成英文或中文字幕,吸收讲座视频中的医学知识,实现跨语言的知识传播和学习。

五、大型语言模型对评估模式的挑战

基于人工智能的大型语言模型对语言教学有很大的辅助和促进作用,但是教师也很快意识到广泛使用大型语言模型对传统教学方式,尤其是学习成效评估模式带来挑战。这种挑战主要体现对教学成效的准确、客观评估。具体来说,这些冲击主要体现在以下几个方面:首先,学术诚信和抄袭问题是教育界对大型语言模型使用的主要担忧之一。[①] 当学生过分依赖大型语言模型来直接生成作业答案时,他们可能会绕过自主学习和思考的过程。这种做法虽然短期内看似节省时间,但实际上会减少学生与学习材料的深度互动,降低他们分析和解决问题的能力。长期依赖大型语言模型可能导致学生在理解复杂概念和发展独立思考方面的能力下降。其次,在教学评估中,部分学生使用大型语言模型完成作业和练习,可能导致对其他学生的评分不公平。这是因为通过语言模型生成的文本质量往往较高,对于外语专业来说尤其如此,使得使用大型语言模型的一些学生获得比实际学习努力更好的成绩。此外,对大型语言模型生成的文本的检测存在误报和漏报问题。目前,检测工具不能完全准确区分学生自己的工作和机器生成的内容。这种不确定性使得教师难以公正地评价学生的实际学习成效和作业的原创性,进而可能影响教学质量和学术诚信的维护,而开发更精确的文本检测工具需要耗费大量的人力物力,且不能完全保证检测结果的准确性。因此,如何在大语言模型越来越广泛应用的背景下,建立有效的评估机制成为迫切需要解决的问题。

从伦理和信息准确性的角度来说,大型语言模型在促进教学创新的同时,也暴露了与歧视、偏见和数据隐私相关的问题。大型语言模型的歧视和偏见受到其训练资料和源语言的制约,是无法避免的问题,因此使用者必须进一步核实和判断。比如,在询问阅读理解中提及的一种远环蚓属(Amynthas)蚯蚓相关知识时,ChatGPT 给出了具有误导性的回答:"……对土壤造成的破坏显著,它们消耗土壤中的有机物,排泄的粒状物质改变了土壤的质地和成分,导致土壤类似咖啡渣的结构,不利于植物生长。这不仅剥夺了植物、动物、真菌和细菌所需的养分,还可能导致侵入性植物种类的增加。"如果使用者忽略了该回答默认的

① I. Kostka, R. Toncelli. Exploring Applications of ChatGPT to English Language Teaching: Opportunities, Challenges, and Recommendations, *TESL-EJ*, 2023, 27(3): n3.

地理位置，那么很可能就会依据以上回答，盲目地将这一类型的蚯蚓当成是害虫。而实际上，这一类型的蚯蚓在亚洲广泛分布，属于益虫，是自然生态环境良好运转不可缺少的组成部分。而在美洲，这种来自亚洲的蚯蚓被认为是入侵物种。由于训练 ChatGPT 的知识库主要是来自西语文献，给出的答案也是默认这是一种具有危害性的入侵物种。如何甄别生成的内容的真实、客观、全面性，是在广泛使用大型语言模型时需要重视的问题。

从培养独立研究能力和批判性思维能力的角度来看，过度依赖于大型语言模型可能会使教师和学生更倾向于接受现成的信息而不是进行深入分析和研究，从而削弱他们处理复杂问题和形成独立见解的能力。教师和学生都应该注重创新和创造性思维的培养、发展研究技巧和批判性思维，将大型语言模型和技术作为辅助工具的一种，结合多种信息源形成认知，而不是偏信大型语言模型给出的回答。

虽然大型语言模型的翻译能力已经非常强大，但是也需要人工的指引和校正。比如翻译教学中经常使用的教材，由偶西和董乐山等人编著的《英汉翻译手册》给出了下面这个翻译例句："I was the youngest son, and the youngest child but two."尝试将这句话交由 ChatGPT 4.0 版本翻译，给出回答："我是家里的小儿子，也是倒数第三个孩子。"这个回答既没有指明是最小的儿子，也没有点出另外两个孩子的性别。继续询问 ChatGPT："那么，倒数第一和第二个孩子是什么性别"，回答是："至于倒数第一和第二个孩子的性别，原句中没有提供足够的信息来确定。如果严格按照信息逻辑，我们只知道说话者是男性，而对倒数第一和第二个孩子的性别则无从得知。"再次提醒 ChatGPT 注意分析句子的逻辑关系之后，得到了正确推理后的回答："因此，如果他是倒数第三年幼的孩子，那么在他之后（年龄更小的）应该是两个年龄更小的孩子，根据这个表述，很可能是他的妹妹。"《英汉翻译手册》给出的人工分析的答案显然更准确和自然："我是最小的儿子，我下面还有两个妹妹。"[①]这个例子说明我们不能想当然地使用大型语言模型生成的翻译，实际上翻译质量的提高需要反复打磨和修改。为了提高翻译质量，较好的方法是将人类专家级别的人工翻译成果作为大型语言模型的训练语料，并由人工校正大型语言模型生成的翻译结果，两者相互结合，相辅相成，不片面采纳任何一方的版本，才能更好地保证翻译质量。大型语言模型在教学中的作用，也应该采取这种相互融合的思路。

六、大型语言模型和外语教学的融合

在外语教学领域，我们应将大型语言模型视为一种工具，正如其他教学辅助工具一样，例如外文学院目前使用的考试系统 iTest 和作文批量批改平台"批改网"等。问题的关键在于如何使用大型语言模型弥补传统教学方式的不足，进一步提高教学效果。虽然大型语言能提供大量定制化的学习材料和实践机会，有助于丰富教学内容和提高学习效率。但我们同时需要避免对其过度依赖，保持教育的多样性和互动性。

目前，大型语言模型在教学中应用的主要顾虑是学生使用它快速完成作业，影响到教师评分的公平性。对此，有以下几种应对方法：第一，强调过程评估，即要求学生提交详细的研究过程文档，包括查阅文献的来源以及作业完成的不同阶段的痕迹记录；第二，使用更好

---

① 偶西、董乐山等：《英汉翻译手册》，商务印书馆国际有限公司 2002 年版，第 60 页。

的检测工具软件,分析文本是否具有机器生成的特性;第三,定期更新题库和作业主题,设计与课程内容紧密相关且具体到通用答案不足以应对的作业;第四,多样化的评估方法,设计需要将知识应用于实际情境的作业,包括现场任务或现场展示,让学生实时展示其能力和所学知识技能。对于外语学习来说,本文的建议是师生不应投入大量的精力要求完成作业过程的留痕和记录,这样只会额外增加学生的课业负担,消耗本应用于学习本身的时间。教师也无须和基于人工智能的大型语言模型斗智斗勇,专门选择人工智能无法回答的问题布置作业。对于语言学习类的作业和练习,检测软件也难以检测出内容是否原创还是机器生成。

基于此,改变评估方式是比较可行的路径。常见的外语写作练习题型是给出一个简短的题目,由学生完成指定字数的作文,而大型语言模型一个普遍的应用场景是用户给出一句提示(prompt)后,模型生成完整的文字。为了避免此类生成式作文,教师可以改变题目类型。比如可以使用"充足输入"这种类型的题目,即写作测试并非一个简单的作文题目,由学生发挥,而是给学生提供充足的信息和背景材料,要求他们基于这些素材完成写作任务。这种方法实际上把写作测试和写作学习相结合,学生将写作题目即素材中的内容,作为语言的输入,筛选整合后输出于写作中。① 通过提供丰富的背景信息和上下文,学生需要分析和评估所给的信息,使用详细的证据和例子来支持作文中的观点,从而提高写作的深度和说服力。这种方法优于使用简短语句命题的作文形式,也在一定程度上避免了使用大型语言模型根据简单命题迅速生成内容的可能性。传统的考试封闭环境方式,也可以有效地避免学生使用大型语言模型辅助完成题目的问题。

此外,作业或者测验的输入内容可以是多样化的,除文字之外,还可以采用符号、图片、音频、视频资料,作为输入的媒介。② 比如要求学生以音频和视频的方式展示作业。这种多模态方式,也可以避免使用大型语言模型快速生成文本作业的问题。在口语测试中,教师也可以使用实时互动、面对面的方式,评估学生的口语输出能力。总之,和很多外语学习的工具一样,基于人工智能的大型语言模型只是多种辅助方式的一种。教师应鼓励学生用各种辅助工具学习掌握语言,包括使用人工智能技术和成果。教师的主要精力应该用于改善测试和评估的方式,包括使用大型语言模型对学习者的语言输出进行评估。

七、结语

大型语言模型在推动自然语言处理领域的发展方面发挥了重要作用,有效提升了机器对自然语言的理解和生成能力。在外语教学中,应充分使用机器对自然语言的理解能力辅助语言学习,将大型语言模型当成课堂之外的第二个语言教师。值得注意的是,大型语言模型的目前的优势是文本层面的处理能力,在未来的教学中,可以结合计算机视觉、语音识别等其他人工智能技术,开发更全面和多模态的智能语言学习辅助系统。这种集成将有助于打破单一模态的限制,更好地促进自然语言处理技术在语言教学中的应用。

---

① M. Montee. Input-rich Writing Tasks and Student Writing on an English Language Proficiency Test, Applied Linguistics and English as a Second Language Dissertations, 2017.

② C. J. Weir. *Language Testing and Validation*, London: Palgrave Macmillan UK, 2005, p. 77.

智能语音识别技术在大学英语口语教学中的应用与挑战

方　芳*

摘要：本文探讨了智能语音识别技术在大学英语口语教学中的运用及其为师生带来的挑战。智能语音识别技术为大学英语口语教学带来了自动测评、情景模拟和口语素材获取等创新方法，对提高学生的口语应对能力、发音准确性和口语表达流畅性起到了积极的促进。智能语音识别技术为英语口语教学带来了新机遇，但同时也引发了教师角色转变、学生学习方式变革、技术投入与更新维护以及数据安全和隐私保护等方面的挑战。为此，需要从多个方面入手，包括提升教师数字素养、培养学生自主学习能力、优化技术实施与整合过程、加强数据安全和隐私保护等，以推动语音识别技术与大学英语口语教学的深度融合。

关键词：智能语音识别技术；英语口语教学；人工智能口语交流；音素；虚拟语音助手；数字素养

一、引言

随着教育信息化的不断深入，人工智能技术正逐渐成为教育领域的重要推动力。智能语音识别技术作为其中的一项重要技术，其在大学英语教学中的应用逐渐受到广泛关注。该技术不仅能够提供个性化的学习支持，帮助学生提高口语和听力能力，还能为教师提供更加精准的教学反馈。尽管智能语音识别技术带来了诸多便利，其在实际应用中仍面临着重重挑战。因此，本文将从实际应用和挑战两个维度出发，探讨智能语音识别技术在大学英语教学中的融合，以期为未来的教育技术发展提供参考。

二、智能语音识别技术

智能语音识别技术是一种以人类语音为输入的新型交互技术。通过这一技术，人类可以与机器进行"交流"，机器能够听懂人类的语言，并且能够反馈结果给人类。智能语音识别系统主要由语音的采集与识别、语义的理解以及语音的合成组成。[①]

智能语音识别技术可以分解为两个层面：语音识别与语音合成。语音识别，是指计算机系统能自动解析并理解说话者的语音输入，进而将其转化为相应的文本或命令。在识别

---

* 方芳，厦门大学外文学院副教授，外语教学部教师主要研究方向为国际传播学。

① 廖盛滢、曾俊、徐崇：《基于 Kaldi 的智能语音识别在物联网中的应用研究》，《电声技术》2022 年第 1 期。

过程中,计算机系统需对语音信号进行深度分析,提取关键特征,并进行模式匹配,以准确理解说话者的意图。语音合成,则是指计算机系统能根据给定的文本信息,自动生成相应的语音输出。在合成过程中,计算机系统会将文本信息转化为语音信号,并模拟人类语音的方式播放出来。①

语音识别技术,作为人工智能与自然语言处理领域的核心研究方向,对于提升人机交互的便捷性与效率具有深远影响。随着技术的不断进步与成熟,其在各类应用场景中的使用范围与效果正日益提升。

三、智能语音识别技术在大学英语口语教学中的应用

在大学英语口语教学中,智能语音识别技术的引入无疑为这一领域带来了革命性的变化。这项技术不仅丰富了教学手段,而且极大地提升了学生的学习体验和效率。这种变革主要体现在两个方面。

(一)改善口语发音准确性

在大学英语教学过程中,由于传统大班制教学学生人数过多,授课时间有限,普遍存在着语音教学时长不足的问题。学生的语音问题往往不能被及时发现,更无法得到指导和纠正。然而,智能语音识别技术为这一难题的解决提供了切实可行的方案。目前,国内外学者和专家利用深度学习的智能语音识别技术开发出的英语口语自动测评系统,不仅能够从发音(包括单元音、双元音、单辅音和辅音丛等音素以及连读、同化和不完全爆破等)和流利度两个方面考查学生的口语能力,甚至还纳入词重音、句重音、语调和节奏等方面测评。②在此技术基础之上,国内开发出了众多的个性化英语口语学习网站和 App,其中比较知名的有清睿口语 100、英语流利说和 iSpeak,以及新近开发的雅思智学和 EAP Talk 等。与此同时,智能语音识别技术在改善发音的有效性和可靠性方面已经得到了充分的验证。国内外众多的研究均表明通过使用基于智能语言识别技术的软件进行口语学习,能够显著提高学习者的音素水平,提高发音的准确度。③例如,Michael Yi-Chao Jiang 等在 2022 年通过实验对于智能语音识别技术在翻转课堂中提高口语准确性与流畅性的效果进行了研究,结果发现使用了智能语音识别技术的实验组学生在发音准确性方面显著优于控制组的学生。④

在现代教育技术飞速发展的背景下,大学生群体展现出了强大的接受能力和学习速度。在进行英语发音练习时,利用基于智能语音识别技术的设备进行训练,不仅提升了学习效率,而且使得发音训练更加精确和高效。利用智能语音识别技术进行发音训练具有以

---

① 夏晴:《ARS 和 TTS 技术在外语口语教学中的应用研究》,《外语电化教学》2006 年第 1 期。

② 陈桦、吴奎、李景娜:《英语口语自动评测新方法——中国学生英语朗读自动评测系统》,《外语电化教学》2019 年第 1 期。

③ 王欢月:《浅析智能语音识别技术辅助的外语学习接受度研究意义与路径》,《延边教育学院学报》2023 年第 3 期。

④ M. Y. C. Jiang,M. S. Y. Jong,C. S. Chai,W. F. F. Lau,N. Wu. Exploring the Effects of Automatic Speech Recognition Technology on Oral Accuracy and Fluency in a Flipped Classroom,*Journal of Computer Assisted Learning*,2022,39(1).

下五种优势。

(1)实时反馈机制使得学生能够立即得知自己的发音状况。与传统的发音练习方式相比,学生无须等待教师或其他人的评价,即可通过智能语音识别软件或应用获得即时反馈。这种即时性不仅让学生能够迅速纠正发音错误,还能激发他们的学习积极性和自我修正的动力。

(2)智能语音识别技术的音素识别功能为发音练习提供了精细化的指导。通过比较学生的发音与目标音素的差异,系统能够具体指出发音错误的类型,如音素替换、添加或省略等。这种精细化的指导让学生更加明确自己的发音问题所在,从而有针对性地进行改进。

(3)声学模型在智能语音识别中发挥着关键作用。这些模型能够识别声音的频率、时长、强度等特征,并与标准发音进行比较。通过这种比较,系统可以为学生提供针对性的建议,帮助他们更加精确地掌握发音技巧。

(4)波形显示功能则为学生提供了一个直观的发音练习方式。通过波形图,学生可以清晰地看到自己的发音与标准发音之间的差异,从而更加准确地理解发音错误的具体位置和原因。这种直观性不仅有助于学生的自我纠正,还能增强他们对发音技巧的理解和掌握。

(5)个性化练习是智能语音识别技术在发音练习中的另一个亮点。根据学生的发音水平和需求,系统可以提供个性化的发音练习内容和难度。这种个性化设置不仅满足了不同学生的学习需求,而且能帮助他们有针对性地改进发音问题,提升学习效率。

综上所述,利用基于智能语音识别技术的设备进行发音练习具有诸多优势。从实时反馈到音素识别,再到声学模型、波形显示和个性化练习,这些功能共同构成了一个全面而精细的发音练习体系。在这个体系中,学生不仅能够迅速纠正发音错误,还能在精确指导下不断提升自己的发音技巧。因此,对于大学生群体来说,利用智能语音识别技术进行发音练习无疑是一种高效而实用的学习方法。

(二)提高口语表达流畅性

智能语音识别技术早已被广泛运用于开发虚拟语音助手,例如 Siri、小度之类的语音交互系统或语音聊天机器人。虚拟语言助手是一种基于智能语音识别和自然语言处理技术的智能系统,它可以与用户进行口语交流并提供相关服务和支持,起到模拟真实语境并提供语伴的作用。近年来随着以 ChatGPT 为代表的生成式人工智能技术获得突飞猛进的发展,与智能语音识别技术相结合的虚拟语音助手(AI 语音聊天机器人)也被大量应用在外语教学领域。

在语言学习过程中,学生们遇到的一个最大的瓶颈就是没有所学目标语种的语言环境,无法获得目标语种的充分语言输入,也没有机会对所学内容进行输出。传统的口语练习往往局限于学生与教师或学生与学生之间的对话,因而无法为学生创造真实的语言环境。虚拟语音助手能够与学生们进行交互练习。这种交互不仅模拟了真实的语言环境,还能够在不受时间和地点限制的情况下进行,极大地增加了口语练习的频率和时长。此外,大量学生在羞怯、紧张和自信心不足的影响下,往往避免与他人进行对话,这使得他们的口语交流能力难以得到锻炼和提升。因此在大学生群体中,"哑巴英语"的现象仍广泛存在。AI 语音聊天机器人技术的成熟,为学生提供了一个安全、低压的口语练习环境,鼓励他们勇敢地尝试和锻炼自己的口语表达能力。国内外大量的研究证实了基于智能语音识别技术的聊天机器人有效减轻了语言学习者的会话焦虑,他们提供了充足的互动机会与即时反馈,帮助建立了学习者的口语表达自信,提升了口语学习的主动性,最终使学习者的口语表达流畅性得到了显著提高。①

总的来说,使用虚拟语音助手进行口语练习具有以下优势:

(1)实时口语练习。虚拟语音助手可以与学生进行实时的口语对话练习。学生可以随时随地通过与虚拟语音助手进行对话来练习口语表达能力,模拟真实的日常交流场景。这种实时的口语练习不受时间、空间和练习对象等因素的限制,学生可以充分利用自己的碎片时间进行学习,大大提高学习效率。

(2)口语纠错和反馈。虚拟语音助手可以识别学生口语表达中的错误,并提供相应的纠正和建议。系统可以分析学生的口语发音、语法结构、词汇使用等方面的问题,并给出实时的反馈和指导,帮助学生改进口语表达能力。

(3)建立表达自信。虚拟语音助手可以帮助学生克服对于口语表达的心理焦虑。系统会不厌其烦地帮助学生改进其口语表达中的错误,学生也不需要担心会因为犯错而受到来自教师的批评或者同学的嘲笑,因此能够创造出低压的口语练习环境,通过反复练习为学生建立表达自信。

(4)个性化练习。虚拟语音助手可以根据学生的口语水平和学习需求,提供个性化的口语练习内容和难度。系统可以根据学生的表现调整练习内容和反馈方式,确保练习的针对性和有效性,帮助学生更快地提高口语交流能力。

(5)情景模拟。虚拟语音助手可以模拟不同的口语交流情境,如购物、旅行、工作等,让学生在不同的语境中进行口语练习。这种情景模拟可以帮助学生熟悉不同场景下的口语表达方式,并提高他们在实际交流中的应对能力。

(6)海量口语素材。虚拟语音助手可以为学生提供丰富的口语素材和资源,包括口语对话、实景对话录音、口语练习题等。学生可以通过与虚拟助手进行对话获取口语素材,并进行相应的口语练习和训练,从而提高口语交流能力。

四、智能语音识别技术为大学英语口语教学带来的挑战

智能语音识别技术给大学英语口语教学开辟了全新的路径,但是要充分发挥该技术的人工智能优势,让每一个学生都能从新技术中受益,也面临着重大的挑战。主要表现在以下几个方面:

(1)教师角色的转变。当前人工智能技术日益成熟,在大学英语口语教学中,基于智能

---

① M. Y. C. Jiang, M. S. Y. Jong, C. S. Chai, W. F. F. Lau, N. Wu. Exploring the Effects of Automatic Speech Recognition Technology on Oral Accuracy and fluency in a Flipped Classroom. *Journal of Computer Assisted Learning*, 2022, 39(1):125-140. T. Y. Ahn, S. M. M. Lee. User experience of a Mobile Speaking Application with Automatic Speech Recognition for EFL Learning. British Journal of Educational Technology, 2016, 47(4):778-786. M. Y. C. Jiang, M. S. Y. Jong, W. W. F. Lau, C. S. Chai, N. Wu. Using Automatic Speech Recognition Technology to Enhance EFL Learners' Oral Language Complexity in a Flipped Classroom. Australasian Journal of Educational Technology, 2021, 37(2):110-131.

语音识别技术的人工智能软件对学生的帮助甚至可能比老师更全面、更有效。这对教师在传统教学中扮演的角色有很大的影响。教师的主导地位将会被弱化，当教师所讲授的内容与人工智能所提供的讲解不一致时，学生甚至会质疑教师的专业能力，选择相信人工智能的准确性。在人机共生的趋势下，教师将不得不抛弃传统的身份定位，承担起被时代赋予和强化许多新的身份，例如智慧课程的规划者、创新模式的践行者以及积极情感的调动者等。这就意味教师要不断提升自己的数字素养，并将宝贵的时间和精力投放在那些人工智能无法或不能替代的知识和能力上，善于选择并且教会学生只有人师才能赋予的教学内容，例如价值观的培养，以及思维的提升等。[①]

（2）学生学习方式的转变。智能语音识别系统虽然为学生进行口语训练和改善发音提供了个性化的学习方案和学习资源，但是对学生的学习能力也提出了更高的要求。首先，学生要具备自主学习的能力和自我管理的意识，能够合理安排学习计划，监控学习进度，调整学习策略。新的学习方式和平台所带来的新鲜感是短暂的，对于长期接受传统教学方式的学生来说，在无人督促的情况下主动接受并适应使用智能语音识别技术进行口语练习还需要思想上的转变。其次，学生需要有较高的数字素养，具备基本的技术适应和学习能力，以熟悉和掌握使用基于智能语音识别系统的人工智能口语训练工具。

（3）技术投入和更新维护的挑战。智能语音识别技术是一个快速发展的领域，新的技术和方法不断涌现。学校和教育机构要将语音识别技术融入大学英语口语教学之中需要复杂的技术实施和整合过程。这包括硬件设备的采购、软件系统的开发或购买、数据集成和网络安全等方面的考虑。此后还需要长期进行更新和系统维护，以确保技术的先进性和有效性。对于学校和教育机构来说，意味着需要大量的资金投入和技术支持。

（4）数据安全和隐私保护。在使用智能语音识别技术时，学生的语音数据以及学习行为、成绩、个人信息等数据可能会被收集和处理。这就涉及数据安全和隐私保护的问题。学校和教育机构需要确保这些数据的安全性和隐私性，避免数据泄露和滥用。

综上所述，要充分发挥智能语音识别技术的优势，需要克服种种挑战，促进技术与教育的融合，提升学生的学习主动性，引导教师角色的转变，确保技术的更新和维护，并保护学生的数据安全和隐私。当前的智能语音识别技术虽然有了重大飞跃，也能够为英语教学提供助力，但是由于该技术手段还有许多瓶颈没有突破，智能语音识别系统还需要克服不同口音在发音差异、语音特征变化、语速和语调差异、词汇变体等方面的影响，增强语音识别系统对不同口音的适应能力，提高系统的识别准确性和鲁棒性。为了充分发挥这项技术的优势，我们需要从多个方面入手，解决这些问题和挑战。

---

① 郝磊、温志强、王妃等：《ChatGPT 类人工智能催生的多领域变革与挑战（笔谈）》，《天津师范大学学报（社会科学版）》2023 年第 4 期。

人工智能在大学英语教学中的合理应用与风险管控

——一项实证研究[*]

刘　惟

摘要：人工智能的出现给包括教育在内的各个领域带来了革命性的变化，人工智能在语言教学中的作用也日益得到认可。本案例研究探讨了人工智能聊天机器人 ChatGPT 对大学英语教学的影响。调查的重点是 ChatGPT 在大学英语课程中的应用，该工具被用于互动学习、反馈和评估。研究概述了教师与人工智能之间的分工、促使人工智能做出有意义回答的提示工程的重要性以及新的互动教学方法。研究还探讨了人工智能在提供有针对性的直接反馈、提高教学质量和学生学习成果方面的优势。尽管有这些优势，但研究也承认人工智能存在风险，如过度依赖人工智能、可能出现学术不端行为，以及人工智能在理解复杂语言功能方面的局限性。研究强调，教育工作者需要在科技赋能与培养批判性思维和文化认识之间取得平衡。虽然人工智能为大学英语教学提供了重大机遇，但有必要采取深思熟虑的方法来管理相关风险。人工智能在语言教育中的未来大有可为，需要不断探索和创新，以最大限度地发挥其潜力，同时保持教育体验的完整性和质量。

关键词：AI 赋能；大学英语教学；提示词；交互练习；反馈；成果评估；风险管控

一、引言

随着全世界包括中国在内的人工智能技术迅速发展，人工智能正在深刻地影响着人类生活的方方面面。2019 年国际人工智能与教育大会在北京召开，国家主席习近平在致大会的贺信中说："人工智能是引领新一轮科技革命和产业变革的重要驱动力，正深刻改变着人们的生产、生活、学习方式，推动人类社会迎来人机协同、跨界融合、共创分享的智能时代。把握全球人工智能发展态势，找准突破口和主攻方向，培养大批具有创新能力和合作精神的人工智能高端人才，是教育的重要使命。"[①]人工智能与教育的有机结合已成为大势所趋，不可阻挡。2022 年，美国人工智能研究实验室 OpenAI 推出自然语言处理工具 ChatGPT 聊天机器人，这一大型语言模型一经面世，就成为教育领域尤其是外语教育领域的热点话题。外语教育工作者普遍认为 ChatGPT 可以与外语教育相结合，推动外语教育向数字化转型，而利用以 ChatGPT 为代表的人工智能技术能够推动外语教育的高质量发展。

---

* 刘惟，厦门大学外文学院讲师，主要研究方向为理论语言学。

① 《习近平向国际人工智能与教育大会致贺信》，《人民日报》2019 年 5 月 17 日第 1 版。

二、AI 赋能外语教育的研究现状

语言教育工作者正在探索以 ChatGPT 为代表的人工智能语言模型如何帮助和促进语言教学。总体而言，世界各地的教育工作者对 ChatGPT 在语言教学中的作用给予了积极评价，同时也指出了一些局限性。

一些学者探讨了人工智能辅助语言教学的模式，提出一些潜在的影响以及在语言教学中应用 ChatGPT 的建议和方法，甚至给出了人工智能辅助语言教学的未来研究方向。[①]一些学者讨论了人工智能语言模型对第二语言写作的潜在益处和可能面临的挑战，并提出相应的建议。教育工作者普遍认为 ChatGPT 对第二语言写作有很大的积极影响。然而，它的生成性也引发了人们对学习的学术完整性以及社会和安全风险的担忧。[②]

中国是外语教育大国，大学英语更是在校大学生的必修课程。对于以 ChatGPT 为代表的人工智能技术如何推动外语教育的发展，国内学者进行了热烈讨论。其关注点主要集中在科技赋能外语教育、外语教学改革与创新、人工智能的挑战与风险等方面。学者认识到人工智能技术能够赋能外语学习，学习者可以依靠人工智能技术更高效地学习外语，更好地利用资源进行学习。[③]谈到外语教育的改革与转型，很多学者认识到人工智能赋能外语教学，外语教学必须接受挑战并加强改革。人工智能将促进外语教学的培养方式由标准化向更加个性化和灵活的学习模式转变。[④]尽管 ChatGPT 在英语教学中有诸多优势，但也存在一些问题和风险，包括可能滋生技术滥用和学术不端行为[⑤]、生成不可靠的事实[⑥]、存在偏见或歧视性内容的生成[⑦]等。

---

① L. Kohnke，B. L. Moorhouse，D. Zou. ChatGPT for Language Teaching and Learning，*RELC Journal*，2023，54(2)：537-550. A. Zadorozhnyy，W. Y. W. Lai. ChatGPT and L2 Written Communication：a Game-Changer or Just Another Tool? *Languages*，2024，9(5)：1-11.

② J. S. Barrot. Using ChatGPT for Second Language Writing：Pitfalls and Potentials，*Assessing Writing*，2023，57(7)：1-6. M. Warschauer，W. Tseng，S. Yim，et al. The Affordances and Contradictions of AI-generated Text for Writers of English as a Second or Foreign Language，*Journal of Second Language Writing*，2023，62(10)：1-7. M. Zou，L. Huang. The Impact of ChatGPT on L2 Writing and Expected Responses：Voice from Doctoral Students，*Education and Information Technologies*，2023(12)：1-19.

③ 郭杰：《智能时代外语教育新面向——记"第二届中国特色外语教育高端研讨会"》，《外语教学与研究》2023 年第 6 期。胡壮麟：《ChatGPT 谈外语教学》，《中国外语》2023 年第 3 期。魏爽、李璐瑶：《人工智能辅助二语写作反馈研究——以 ChatGPT 为例》，《中国外语》2023 年第 3 期。张振宇、洪化清：《ChatGPT 支持的外语教学：赋能、问题与策略》，《外语界》2023 年第 2 期。

④ 秦颖：《人机共生场景下的外语教学方法探索》，《外语电化教学》2023 年第 2 期。孙有中、唐锦兰：《人工智能时代中国高校外语教师队伍建设路径探索："四新"理念与"四轮"驱动模式》，《外语电化教学》2021 年第 6 期。杨丹：《大国语言战略：新时代外语教育的挑战与变革》，《外语教学与研究》2024 年第 1 期。王克非：《智能时代翻译之可为可不为》，《外国语》2024 年第 1 期。

⑤ 秦颖：《人机共生场景下的外语教学方法探索》，《外语电化教学》2023 年第 2 期。

⑥ 苏祺、杨家野：《语言智能的演进及其在新文科中的应用探析》，《中国外语》2023 年第 3 期。

⑦ 李颖、管凌云：《生成抑或创新——聊天机器人应用与研发本土化反思》，《中国外语》2023 年第 3 期。杨敏、王亚文：《ChatGPT 的"理解"与"意义"：论其生成语言背后的形式、功能与立场》，《中国外语》2023 年第 3 期。

由于人工智能介入外语教育是一个新出现的课题,学者的探讨基本处于探索阶段。对于人工智能赋能外语教育的研究成果大多限于理论思考和方针政策研究,而仅有的一些实证研究也局限于英语写作教学,对于英语教学的其他领域则涉猎较少。笔者全程参与了厦门大学外语教学部大学英语四级选修课程——"科技发展史英文研讨"——的建课及授课过程,课程要求教师和学生全程人工智能介入,用人工智能赋能大学英语教育和学习。有了第一手的资料,本文将是对人工智能介入大学英语教学进行的一项实证研究。

三、ChatGPT 在大学英语教学中的合理应用

将人工智能语言模型 ChatGPT 引入大学英语教学,首先,应区分哪些是人工智能能够帮助教师完成的工作,哪些是其无法胜任的工作,并据此设计教学方案,制定教学模式。其次,对于 ChaptGPT 能够胜任的工作,教师应该思考如何开展教学并引导学生利用人工智能模型提高自身的英语学习水平。最后,对于人工智能无法胜任的工作以及可能带来的风险,教师也要注意应该如何加强这方面的教育工作并规避风险。这些都是 AI 赋能大学英语教学所带来的新问题,值得研究。

(一)教学分工和教学方案

引入人工智能进行大学英语教学,第一步应当先明确分工,即明确人工智能能够帮助教师完成的工作和其无法胜任的工作,并据此制订教学方案。

1. 教学分工

在建课和授课过程中,教研组从一开始就严格界定了教师和人工智能的分工区域。教师挑选文章具有绝对主导权,经过重重论证,最终确定了 10 个科技主题,即印刷术、陶瓷、蒸汽机、电能、无线电、X-射线、青霉素、基因、电脑、核能。在确定了主题之后,教师又分组对文章进行选择,每一主题选择两篇文章编入教材进行课堂讲授,另有 3～5 篇文章作为课外阅读教材。所有文章在长度、难度和可读性方面进行了精准控制,主要通过添加解释,改写和删减的方式对文章内容进行调控,重点改写了一些比较难以理解的科技流程类说明,删减了具有敏感信息和政治倾向性的论述。在课程讲授期间,人工智能则全面介入教学活动。课堂上学生可以利用人工智能来辅助自身学习。课后时间,人工智能可以帮助学生继续展开深入学习,通过交互练习和有效反馈等方式提升英语学习水平。

2. 教学方案与模式

课程教学遵循大学英语课程的教学方案。每个单元的教学活动主要分为三个部分:课前预习和准备、课堂授课和课后深入学习。在课前,除了要求学生预习课文以外,教师还要按照小组给学生布置任务,向每个小组分配课文特定的几个段落,要求学生针对这些段落的内容提出问题,并且为另一个小组针对其他特定段落可能提出的问题准备答案。每个小组会分配不同的段落,以保证整篇文章每个段落都有不同的小组提出问题,并由另一个小组进行回答。在课堂上,教师首先概述文章的主要内容,分析文章的框架结构,并且会挑选课文的某一个段落进行精讲(通常是一个相对较难理解的段落)。这一部分教学的主要目的是明确文章内容,扫清难点词汇。接着,课堂授课会主要采用学生交互问答和讨论的方式。教师主持和推进课堂的交互问答和讨论环节,一个小组用自己准备好的问题向另一个小组提问,另一个小组负责回答这些问题。同时,教师也鼓励学生利用人工智能来根据段

落内容实时提出更多有针对性的问题，并借助人工智能回答这些问题。学生可以在课堂上自由使用ChatGPT等人工智能软件来提出和回答问题，并且对感兴趣的问题展开深入讨论。在每一次问答和讨论结束之后，教师还要在课堂上讲授演讲和写作技巧。其中，演讲方面主要讲授的内容包括：结构、一致性、衔接和表达方式等语言表达要点，引导和帮助学生在人工智能的帮助下训练自身的语言表达能力。写作方面主要讲授的内容包括事实与观点、论断与证据、逻辑谬误、有效论证等写作知识点，帮助学生训练项目计划书的写作技巧。在课后，教师会要求学生阅读每个单元的课外阅读教材，以提升学生对这一单元内容的理解。此外，由于以ChatGPT为代表的人工智能可以根据指定主题内容查找和生成文本材料，在结束一个单元的学习之后，有兴趣的学生也可以利用这一功能深挖该领域的更多文章，自主查找和生成单元领域的学习资料，以继续深化学习该领域的语言知识，提高自己的语言能力。

（二）教学问题和成果评估

对于ChaptGPT能够胜任的工作，教师在建课和授课过程中也发现了许多以前从未遇到过的新问题。

1. 提示词问题

提示此问题即如何有效提问。使用不同的措辞向ChatGPT提问类似的问题可能会得到差异性很大的回答，由于ChatGPT尚不能完全识别提问者的问题内涵，其产出就可能造成答非所问的尴尬情况，这也难怪当前出现了"提示学"这门学科，以及"提示工程师"这个职业。在教学过程中，教师也发现学习者从ChatGPT获得的产出以及与ChatGPT的互动很大程度上取决于提示词，如果提示词的价值低，那么人工智能也不会产出有意义高价值的内容。因此教师和学生都要学习如何恰当使用提示词，以达到学习目的，提高教学质量。科技发展史英文研讨这门课程主要采用交互问答和讨论的方式授课，鉴于此，提示词的选择会直接影响ChatGPT的产出并进而影响教学质量。经过一段时间的摸索和研究，教师和学生发现提示词除了应当具有准确性、通顺性、合理性这些基本要求之外，还应包含定义、例子和关键词等，这些有助于ChatGPT生成预期的结果。在进一步的研究中，教师和同学发现，提示词可以对问题本身进行介绍，可以给ChatGPT分配角色，可以提供产出答案的参数（如答案的长度和形式），这些更加明晰的提示词能够帮助ChatGPT产出更符合预期的答案。一段时间的授课结束后，教师发现，学生针对课文内容的提问已经从开始时以语言知识为主的问题（如询问文本中单词的含义）深入以文本内容为基础的扩展性问题（如询问如果中国最早发明了蒸汽机工业革命会怎样展开）。一段时间的学习之后，可以发现，学生对于课文内容的理解更加深刻，创造性思维和批判性思维也得到了一定的训练。

2. 交互练习问题

由于人工智能的介入，外语教育的互动模式在传统师生互动、生生互动的基础上又产生了教师—人工智能—学生、学生—人工智能—学生以及学生—人工智能等多种互动模式。传统的师生互动和生生互动模式受限于面对面的互动方式，可能会存在交流时的焦虑和紧张等影响因素，因此互动不足是外语教育中的一个主要问题。而人工智能介入互动，可以有效缓解这种焦虑和紧张感。同时，与人工智能交流，通常也不会产生不良的社会后果,不用担心会错意或者说错话,因此学习者能在较为放松的状态下进行互动,这有助于提升自身的英语表达能力。科技发展史英文研讨这门课程在建课之初,就拟定了一分钟演讲的授课和考核内容,期望提高学生对特定主题的口语表达能力,这也就对学生与人工智能的互动提出了更高要求。借助语音插件,学生可以与 ChatGPT 进行口语交流,同时要求 ChatGPT 对学习者提出改进意见。这样,学生可以清楚认识到自己语言中存在的问题,更关注语言的理解和输出,注意语言的形式和表意,从而提高自己的语言表达能力,在一分钟之内更好地完成演讲内容。

3. 反馈问题

反馈是教学活动中的一个重要环节,教师反馈的频率和质量都会影响教学成果,而教师往往因为教学任务较重或学生人数较多等限制,在反馈时难以面面俱到。按照反馈范围分类,反馈可分为聚焦型反馈和非聚焦型反馈。前者是逐一纠正语言错误,后者是选定一类或几类错误进行纠正。[1] 研究表明,聚焦型反馈在提高学生写作准确度方面更为有效。[2] 若按照反馈策略分类,反馈又可分为直接反馈和间接反馈,前者指教师直接指出学生写作中的错误并提供修改意见,后者指教师仅标注错误留待学生自行改正。[3] 这两者的有效性尚未得到实证研究的证明。可以看出,人工智能在聚焦型反馈和直接反馈方面具有天然的优势,在海量数据和高效架构的支持下,ChatGPT 可以辅助教师完成写作修改评估工作,并提供写作反馈。[4] 而教师在提供反馈方面可以更加专注于非聚焦型反馈和间接反馈上。同时,教师也可利用课堂面对面沟通时发现学生的写作意图,给予更有针对性的指导。科技发展史英文研讨课程设置了项目计划书写作的授课和考核内容,以期提升学生对于特定主题的项目计划书写作水平,因此对于写作的反馈就显得尤为重要。一段时间的教学过程结束后,教师发现,ChatGPT 可以辅助教师整理并生成学生的错误分类,这样可以便于教师掌握学生的写作特点和规律,以及学生发生语言偏误时的趋向性特点,教师可以提高非聚焦型反馈的质量。其次,ChatGPT 还可以帮助教师在标注写作错误之后,根据错误文本生成多种修改方案,制订个性化多样化的修改方案,从而提高间接反馈的质量。同时,交互型的 GPT 修改模式还可以整体提升教师写作的批改效率。所有这些高效的、高质量的良性反馈对于提高学生项目计划书的写作水平都起到一定的促进作用。

4. 成果评估

一个学期的教学结束后,应对学生的成果进行评估。我们采用两种评估形式对他们的

---

① R. Ellis, Y. Shreen, M. Murakami , et al. The Effects of Focused and Unfocused Written Corrective Feedback in an English as a Foreign Language Context. *System*,2008,36(3):353-371.

② S. Benson,R. Dekeyser. Effects of Written Corrective Feedback and Language Aptitude on Verb Tense Accuracy,*Language Teaching Research*,2019,23(6):702-726. W. Suzuki, H. Nassaji,K. Sato. The Effects of Feedback Explicitness and Type of Target Structure on Accuracy in Revision and New Pieces of Writing,*System*,2019,81(2):135-145.

③ D. Ferris,B. Roberts. Second Language Writing Research and Written Corrective Feedback in SLA:Intersections and Practical Application,*Studies in Second Language Acquisition*,2001,32(2):161-184. R. Ellis. A Typology of Written Corrective Feedback Types,*ELT Journal*,2009,63(2):97-107.

④ J. Woodworth, K. Barkaoui. Perspectives on Using Automated Writing Evaluation Systems to Provide Written Corrective Feedback in the ESL Classroom,*TESL Canada Journal*,2020,37(2):234-247.

表现进行评估:1 分钟演讲和 3 分钟项目提案陈述。每种形式的测评均分两次进行,并允许学生在第二次测评中使用 ChatGPT 等人工智能模型。教师对两次测评进行评分,然后根据两次测评的差异评估 ChatGPT 带来的影响。

由于 1 分钟演讲评估是在学期中间进行的,教师拟定的与课文相关的 8 个演讲主题均来自前 4 个单元。每位教师都拟定了自己的话题,例如:

(1)元代王祯的改进如何提高了活字排版的效率,这对印刷技术的发展产生了什么影响?

(2)瓷器生产中的分工是如何提高效率和质量的?

(3)你能否解释詹姆斯·瓦特(James Watt)在改进纽科门(Newcomen)的蒸汽机时所面临的技术和经济挑战,以及如何克服这些挑战以改变蒸汽机的发展进程?

(4)标志着电气时代转折点的关键发展是什么,特别是尼古拉·特斯拉(Nikola Tesla)在交流电力系统演变中的作用?

(5)为什么活字印刷术没有在中国普及并产生重大影响?

(6)如果英国没有发明蒸汽机,英国和世界的历史会发生怎样的变化?

(7)尼古拉·特斯拉与乔治·威斯汀豪斯(George Westinghouse)的合作以及与托马斯·爱迪生(Thomas Edison)的直流电系统的竞争如何塑造了未来的电力分配?

(8)请说出你最感兴趣的一个主题,并描述其发展过程。

考核开始前,每个学生抽签选择自己的主题,并有 3 分钟的准备时间,然后开始 1 分钟的演讲,老师根据学生的表现打分。演讲结束后,学生可以使用 ChatGPT 等人工智能语言工具对演讲内容进行加工和润色,包括但不限于更新内容、筛选修改语法错误和语义歧义、替换词汇、增强话语衔接和流畅性、调适文风、强调逻辑关系、突出重点等。10 分钟后,学生可就同一主题再进行 1 分钟的演讲,教师再次进行评分。评估结果显示,学生能够利用人工智能语言工具使自己的演讲内容更加丰富,学生的自信心明显增强,演讲的说服力和感染力也显著提高。

项目计划书的展示在学期结束前两周进行,以学生小组为单位,由学生自主选择题目(每组名单在课程开始时就已确定)。教师在课堂上布置任务,要求每组学生在 25 分钟内(10 分钟用于课堂讨论,15 分钟用于撰写项目计划书)为特定产品或服务撰写 1 份 500 字的项目计划书。在课堂上,小组成员讨论并合作完成建议书的撰写,并由 1 名小组成员介绍项目,以推广产品或服务,吸引投资。老师根据建议书的内容和展示效果给小组打分。课堂写作和展示结束后,在接下来的两周里,老师要求学生应用人工智能技术对项目建议书进行更深入的探讨,包括但不限于保留或更改主题、讨论计划书的可行性、修正语言问题等。老师建立了一个微信群,观察学生的讨论情况,并给他们一些建议。在第二轮选题中,大家提出了一些更有意义、有可行性的项目,例如:

(1)3D 打印服装项目(与"印刷术"课题相关);

(2)虚拟试衣间项目(与"X 射线"专题相关);

(3)观赏植物基因改造项目(与"遗传学"专题相关);

(4)陶瓷家具项目(与"陶瓷"专题相关)。

通过课堂和课外讨论,一个小组确定了一个主题,小组中的一名成员在课堂上第二次展示项目计划。教师针对该小组的第二次课堂展示表现进行评分。评估结果显示,学生的思维得到了很大拓展,选题内容更加具体,可行性大大提高,计划书的撰写更加规范严谨,计划书撰写能力也有了明显提升。

(三)风险管控

虽然以 ChatGPT 为代表的人工智能在外语教学方面获益颇丰,但应该看到,受限于自身模型的预训练模式,人工智能在一些方面尚存在一些现阶段难以解决的问题,在一些领域带来了一定的风险。

学生如果过度依赖 ChatGPT 所产出的答案,则会影响学生思辨能力的发展,甚至引发学术不端和欺诈行为,从而影响外语教学的公平与诚信。ChatGPT 可以辅助学习者练习语言技能,但如果学习者仅注重语言层面的知识,重视技能训练而轻视思维能力的培养,学生的思辨能力将难以得到激发和培养。更有甚者,学生如果将 ChatGPT 用作作弊工具,用其生成作业、论文等进行提交,从而得到不符合自身实际水平与表现的评价结果,这在一定程度上也会影响外语教学的公平与诚信。外语教师在这方面一定要加强引导与监督,同时也要求学生在学习中需要找到自身与人工智能之间的最佳平衡状态,自身的理性思考必须足够强大,学会驾驭人工智能和数据,明确人工智能的可为与不可为,从而培养自身的思辨能力,杜绝学术不端和欺诈。

ChatGPT 这类大型语言模型是在大量数据中运用统计规律来匹配和预测数据,模仿生成表面上看起来合理和流畅的文本,其本身并不具有自然语言的理解和使用能力,而推理、逻辑、隐喻等语言的高阶能力则更加欠缺,这会造成 ChatGPT 在语言产出时多为范式回答,乔姆斯基(N. Chomsky)、罗伯茨(I. Roberts)、瓦图姆(J. Watumu)认为这种回答是肤浅和不可靠的。[①] 也就是说,ChatGPT 等语言模型可能并非具有真正的语言能力,在有些时候会一本正经地胡说八道。鉴于此,学生如长期使用 ChatGPT 进行训练,则可能降低学生信息正误的识别和判断能力,导致共情能力的退化,以及跨文化交际能力的削弱。外语教学中的交流和互动至关重要,使用人工智能进行互动时,教师要主动引导学生审慎对待人工智能生成的回答,对于其答案需抱有怀疑的态度,对于重要内容应进行确认检查、理解检查和澄清请求等辅助手段提高信息的精准度和适应性。同时,在课堂授课期间也应加强教师与学生、学生与学生之间的真实人际互动,给予学生更多情感交流。最后,外语教学活动应积极响应新时期国家方针政策,仍然需要在一定的教学理论指导下针对性进行,可以加大人文素养、文化因素等教学内容的比重,引入更多思辨训练、文化历史和跨学科知识进行探讨和学习。

必须认识到,大学生的价值取向决定了未来社会的价值取向,对于大学生而言,使用 ChatGPT 可能会引发学生形成错误的价值取向。ChatGPT 是美国人设计的,带有美式的知识体系和思维方式。之所以具有这样的倾向性,是因为其所依赖的数据文本隐含的语言、权力和意识形态之间的关系。现阶段最大的问题是,大型语言模型语料库中,中文只占 5% 的比重,所以依据这些大数据所产出的答案几乎都会以西方国家的政治立场和意识形态倾向为主,暗含操作政治叙事进而控制话语权的可能,而大学生可能会不知不觉地被看

---

① N. Chomsky, I. Roberts, J. Watumu. The False Promise of ChatGPT, http://www.nytimes.com/2023/03/08/opinion/noam-chomsky-chatgpt-ai.html,访问日期:2024 年 3 月 12 日。

似客观的回答所迷惑，形成错误的价值取向，从而走上错误的人生道路。在这方面，教师应特别注意提醒学生加强意识形态的分辨能力，同时引导学生用中国方案、中国思维模式来思考问题，培养学生形成正确的世界观、人生观和价值观。

四、结语

综上所述，以 ChatGPT 为代表的人工智能技术在大学英语教学中具有广阔的应用前景。总的来说，人工智能技术对外语教学具有积极的影响。通过个性化学习、智能互动和反馈等功能，人工智能为学生提供了更加高效和便捷的学习方式。然而，外语教育者和研究者也需要密切关注人工智能技术的应用，及时发现和解决其中存在的问题和可能蕴含的风险，以确保外语教学的质量和效果，同时管控风险。合理应用并注意问题与风险，可以更好地促进学生的英语学习。在可见的未来，随着人工智能技术的不断发展和完善，相信其在外语教学中的作用将会越来越显著。外语教育工作者和研究者应积极探索创新，充分利用人工智能技术的优势，推动外语教学的进步和发展。

人工智能背景下西班牙语笔译人才培养的新转向*

王佳祺　　钱可鉴**

摘要：人工智能和大数据的时代背景下，翻译也进入了一个全新的时代。机器翻译＋人工译后编辑的 MTPE 的翻译模式极大地冲击了传统的人工笔译模式，这种冲击也对新时期的翻译人才尤其是笔译人才的培养提出了新的要求。本文将从翻译技术在不同类型笔译文本中的应用效果、人工智能在笔译课堂的深度融入以及利用人工智能深化国家意识的培养三个方面探讨西班牙语笔译人才培养的新转向。

关键词：人工智能；西班牙语；笔译；人才培养

2023 年 7 月，上海某知名律所撤销了翻译组，律所官方通知中给出的说明大意为随着 AI 技术的发展，机器翻译水平和质量显著提升，对传统人工翻译的工作模式造成了巨大冲击，法律翻译的需求量和客户付费意愿均大幅度萎缩，因此决定裁撤翻译组。这一具体事例充分说明了人工智能的发展对传统人工翻译已经造成了巨大的冲击。机器翻译目前虽然在准确率方面尚不尽如人意，但其在速度上的优势不可忽视。以金山 AIDAtras 为例，数据显示其翻译速度为每分钟 5 万字，大约比人工翻译快 1000 倍。事实已经告诉我们，人工智能背景下翻译软件的速度和准确度不断提升，必然会对语言类专业的学生的就业产生影响，因此，语言类专业的教学与人才培养的转型已刻不容缓。这意味着人工智能时代的来临对笔译课程的教学模式和教学内容提出了新的要求。在各种在线翻译软件、翻译机、翻译笔不断升级换代的今天，它们作为一种生产工具早已经深度参与到各领域、各层级的翻译实践当中。因此，如何在人工智能的浪潮中找到翻译课尤其是笔译课新的发展方向和课堂模式，是笔者作为西班牙语笔译工作者和西语教学者要探讨的问题。

一直以来，西班牙语笔译课堂承载了帮助学生接触不同类型、不同层次的丰富语料的任务，培养和引导学生根据语料本身的语言特征与行业特性、有针对性地采用不同的翻译策略、采用先进的翻译技术、以较高的质量完成文本的翻译，从而完成交流任务。在人工智能快速发展的时代背景下，笔译课堂更是肩负着培养出更符合时代需要且在就业市场上具有竞争力的笔译人才的任务，以下我们将从三个方面探讨笔译人才培养的新转向。

* 基金项目：福建省社会科学基金项目（青年项目）"聂鲁达作品在中国的译介和接受研究"（FJ2023C009）。

** 王佳祺，厦门大学外文学院助理教授，研究方向为拉美文学、比较文学。钱可鉴，吉林师范大学讲师，研究方向为比较文学、西班牙语文学。

一、因"材"施译：人工智能时代背景下的多种翻译技术教学

在西班牙语翻译教学研究中，因文体、语境的不同而采用差异化的翻译策略和翻译方法一直是研究的焦点。而在西班牙语笔译课堂教学中，教师应当培养学生能够根据语料本身所属领域和语言特点选用不同的翻译策略、利用适当翻译技术完成翻译任务的能力。这就要求教师能够选取恰当的教学方法，培养学生因"材"施"译"的能力。在 AI 翻译逐渐发挥更大作用的今天，教学方法选择的一个重要前提就是要对人工智能的翻译水平和在不同类型文本的翻译表现有基本的认知，下面我们以不同类型的文本作为翻译研究对象，以谷歌翻译和 DeepL 为例，给出大家对翻译软件对不同类型文本的翻译情况。

（一）文学类文本

1. 绘本

绘本是绘画和文学作品的结合，由于独特的读者群体，绘本的文字表达有其独有的特点，例如以下《小朋友的宝藏》中内容：

> Además de ser sabia，también es un poco payasa y es capaz de hacer reír a todos sin parar. Conoce historias increíbles y tiene una paciencia a prueba de más de veinte pequeños exploradores. [①]

DeepL 和谷歌翻译对这段文字进行翻译[②]的结果如下：

> DeepL：除了聪明，她还是个小丑，能逗得大家笑个不停。她知道许多不可思议的故事，拥有超过 20 个小探险家的耐心。
>
> 谷歌翻译：除了聪明之外，她还有点小丑的气质，能让大家笑个不停。他知道令人难以置信的故事，并有耐心考验二十多个小探险家。

我们可以看到这两个版本的译文大致相同，区别仅在个别的用词上，但这两个版本的译文却都不够准确，或者个别措辞在这个文本类型和语境中并不合适：首先是"payasa"的翻译，根据语境这里并不是说她是真正的小丑，而是说她能够引人发笑的特质，说她本人风趣幽默。其次是"explorador"一词的翻译，结合上下文显然也不是探险家，而是经受住了"考察员"的考验，这里应该根据语境做适当的发挥和解释，很显然这是翻译软件没有做到的。

2. 诗歌

在诗歌方面，我们选取智利诗人巴勃罗·聂鲁达的《绝望的歌》中的两句：

> Aún floreciste en cantos，aún rompiste en corrientes.

---

① S. Isern. *El Gran Libro de Los Supertesoros*，Barcelona：Editorial Flamboyant S. L.，2001，p. 13.
② 翻译软件呈现出的译文具有随机性，即每次给出的译文并不完全一致。

Oh sentina de escombros, pozo abierto y amargo.

以下是两个翻译软件给出的翻译版本：

DeepL：你仍旧开花成歌，你仍旧断流成河。
瓦砾的底舱啊，开放的苦涩的井。
谷歌翻译：你仍然在歌声中蓬勃发展，你仍然在潮流中爆发。
噢，瓦砾堆，敞开而苦涩。

显然两个译本在第二句"sentina de escombros"这一名词短语的翻译上是不同的，根据语境可以看出 DeepL"底舱"的翻译更为合理。而在第一句的翻译上，两个翻译工具则呈现出更大的差异：DeepL 的版本看似文辞优美，但并不符合诗歌原文的语法结构，原文中"歌声"和"河流"都是地点状语而非结果，而谷歌翻译的版本则缺少美感，不符合诗歌的语言特征。

从以上例子我们可以看出，翻译软件在文学类文本的翻译上还有较大的可提升的空间，文学文本使用的词语或者意象有时有引申含义，其"能指"和"所指"的含义需要结合上下文甚至文化背景。翻译是译者和文本的关系，也是译者和源语言国家文化的关系，在这种意义上，译者的作用是无法被翻译软件完全取代的，因此在文学类翻译中还要最大程度地依靠人这一具有主观能动性的翻译主体。

（二）非文学类文本

1. 社科类

我们以一本心理学类专著《未竟的依恋》的片段为例，探讨翻译软件在社科类图书翻译上的准确性。原文如下：

Muchos modelos de psicoterapia del vínculo comparten un principio: pararse y observar. Para el fenómeno que nos ocupa（las relaciones tempranas entre padres e hijos）desarrollar nuestra capacidad de observación es algo especialmente valioso, pues buena parte de las cosas importantes que vive el niño en estas relaciones se produce fuera del lenguaje, sin palabras.[①]

对此两款翻译软件呈现出的翻译文本如下：

DeepL：许多依恋心理治疗模式都有一个共同的原则：停下来观察。对于目前的现象——早期的亲子关系——来说，培养我们的观察能力尤为重要，因为在这些关系中，对孩子来说重要的事情大多发生在语言之外，不需要言语。

---

① Carlos Pitillas Salvá. *El daño que se hereda: comprender y abordar la transmisión intergeneracional del trauma*, Bilbao: Desclée De Brouwer, 2021, p. 39.

谷歌翻译：许多依恋心理治疗模型都有一个原则：停下来观察。对于眼前的现象（父母和孩子之间的早期关系），发展我们的观察能力特别有价值，因为孩子在这些关系中经历的重要事情有很大一部分发生在语言之外，没有言语。

可以看出两个版本基本上符合原文意思，除了个别语句需要删除和调整，例如最后一句应该修改为"因为孩子在早期的亲子关系中所经历的许多重要事情都不体现在语言中"。

2. 城市宣传文案

以一段厦门的城市宣传文案为例："厦门作为中国最早设立的四个经济特区之一，经过40 多年的接续奋斗，已经发展成为一座高素质高颜值现代化国际化城市。"DeepL 给出的译文为"Xiamen, una de las cuatro primeras zonas económicas especiales establecidas en China, se ha convertido en una ciudad internacional moderna de gran calidad y valor tras más de 40 años de sucesivas luchas"，其中"经济特区"（zonas económicas especiales）这样的固定表达在译文中给出了准确的呈现，除了"高颜值"（de gran valor）的表述需要稍加调整，这段文字翻译的完成度和准确度是非常高的。

通过不同类型文本的翻译对比我们可以发现，社科类或者宣传类文本更倾向于信息的传递的有效性，翻译软件的翻译准确度较高，尤其在某一专业领域，由于其背后大量的语料数据的支撑，其译文的专业程度有时更胜非特定专业领域的译者，可以更大程度地依赖此类软件。但在文学类文本的翻译中，两款翻译软件给出的译文都存在较大偏差，因为这一类的文本潜藏着大量的文化、民族、地域编码，有时还需要根据文字受众调整语言风格，而机器翻译提供的译文表现出一定的机械性，甚至会造成严重的文化误读。因此，在处理这一类型的文本时，要求译者根据文本中的语言特色和文化特征灵活采用多种翻译方法完成翻译，而不是单纯地依赖翻译工具和软件。

由此可见，基于人工智能翻译领域呈现出来的优势和问题，针对不同文本在不同程度上使用翻译软件并进行人工译后编辑就是一个很好的提升翻译效率和准确度的方法。这就要求我们的笔译课堂除了传统的翻译语言教学以外同时关照现代翻译工具的使用。《中国翻译能力测评等级标准 2022 版》也曾明确提出，翻译技术应用能力是译者的基本能力之一。① 翻译技术，即译者在翻译过程中使用的计算机化工具，如今已经深入人工翻译、计算机辅助翻译和机器翻译的过程中，成为准确、高效完成翻译任务的必备工具。翻译技术的教学业已成为笔译教学的重要组成部分，其重要程度也随着人工智能技术的进一步发展而日益加深。翻译技术引入西班牙语笔译课堂，契合人工智能时代对于西班牙语专业人才培养的要求。这就要求我们在笔译人才的课堂培养中，在引入计算机辅助翻译相关理论方法的基础上，开设翻译技术与内容融合的课程模块，或引导学生使用谷歌翻译、DeepL、ChatGPT 等人工智能工具进行文本的预翻译后，再进行修正与润色。

---

① 中国外文 CATTI 项目管理中心：《中国翻译能力测评等级标准 2022 版》，https://mp.weixin.qq.com/s/NLsOO7_hV3ohNehK41spXw，访问日期：2024 年 3 月 26 日。

二、推动人工智能同笔译课堂的深度融合,丰富翻译实践活动

随着高校外语教学改革的日益深化,西班牙语笔译课堂教学也正朝着"以学生为中心"、"以实践为中心"和"以能力为中心"的方向逐步转化。其中,教师也逐渐脱离了"讲授者"角色,成为学生学习方式的"引导者"和学习过程的"设计师"。人工智能的快速发展在为笔译课堂的教学改革提供机遇的同时,也为新型翻译教学路径的形成提供了可能性。

(一)智能化教学模式的构建

人工智能的快速发展不仅催生了大量的翻译平台技术和语料库的革新,也使得业已存在的各类翻译软件获得了前所未有的发展。各类人工智能手段在笔译课堂上应形成联动,以打造具备科学性、逻辑性和创新性的智能化教学模式。江先发等人提出的"ABC"翻译教学改革路径,即采用人工智能(artificial inteligence,AI)、电子布告栏(bulletin board system,BBS)和生成型预训练对话语言模型(ChatGPT)三者联动,利用人工智能打造译与依的教学过程,利用电子布告栏构建译与议教学评价,使用 ChatGPT 实现译与怡的教学效果[1],不仅能够大大拓展翻译教学的广度,而且进一步挖掘了学生的学习潜力。另外,还可以利用人工智能组建智能评测系统。鉴于人工智能可以帮助实现对学生学习全过程的追踪,因此,智能评测系统的构建旨在优化教学形式和教学环节,保障学生课下的学习质量,推动学生自主学习习惯的养成。[2]

(二)第一、二课堂联动:人工智能应用与反馈

笔译课程作为西班牙语人才培养过程的重要组成部分,不仅承担着提高学生翻译质量和水平的任务,而且指向学生跨文化交际能力的培养。因此,翻译实践一方面能够有效地检验学生的实际翻译水平,另一方面也会深化学生对笔译理论的认知与行业认知。因此,教师不仅需要关注课上学生的学习质量,而且应积极鼓励学生参与真实的翻译实践,积极发挥学生学习的主体性作用,从而实现"在练中学"与"在学中练"的有机结合。在此过程中,第二课堂作为课堂学习的重要延伸,需要承担起连接教与学、课内与课外、理论与实践的重要任务。在这个层面上而言,第二课堂的实践环节也是课堂进行的人工智能翻译技术教学过程的延伸,通过翻译实践,学生不仅可以进一步熟悉各类翻译技术、翻译平台与翻译软件,也能够深入体会人工智能技术给笔译这一职业带来的机遇和挑战,促使学生针对未来的职业选择和职业发展进行更深层次的思考。

三、提高跨文化交际能力,培养国家意识

在《高等外语教育的国家意识、跨学科精神及应用理念》中,作者杨枫提出,在当代外语教学的转型过程当中,培养学生的国家意识应当是重中之重。在研究者看来,所谓的国家意识即"外语教育必须坚持国际视野与母语文化互为主体,立足本来,吸收外来,既要超越狭隘的文化义和团心态,还要融创具有普世意义的价值观,以培养学生价值判断的能力,使

---

① 江先发、赖文斌:《数智时代翻译教学的"ABC"路径探索》,《上海翻译》2024 年第 1 期。

② 古志鸿:《以人工智能新技术促进传统翻译教学改革创新》,《佳木斯职业学院学报》2023 年第 7 期。

其成为有本有源,顶天立地的国家栋梁"。① 而沈骑则认为,外语教育中的国家意识培养,正是为了完成"从知识取向到价值取向的转变"。② 西班牙语笔译课堂承担着给学生提供大量的近乎真实的语言材料的责任,通过这些语料,学生不仅能够提高翻译水平,更能够近距离了解西班牙语国家的政治、经济、社会、文化等方方面面。而人工智能在西班牙语笔译过程中的深度参与,在帮助学生提高翻译质量和效率的同时也为学生国家意识的培养提出了一定的挑战,需要学生在面对各种各样的语料以及翻译领域人工智能的载体——各种翻译软件、翻译器时进行价值判断。在这一过程中,译者的国家意识和文化意识就显得尤为重要。笔译认为培养从事跨文化交际活动的、以国家利益为导向的多元化、高质量、复合型外语人才有着至关重要的作用。有鉴于此,教授西班牙语笔译课程的老师应当尤为注意教学过程中的文化和政治导向,注重外语的对外宣传价值,在中外文明的交流与沟通中发挥自己的优势,服务于国家整体发展,推动异质文明之间的对话,从而实现文化创生。

四、人工智能背景下的一堂西班牙语笔译课

人工智能以全方位、多角度、多渠道的方式介入课堂教学,这就意味着,人工智能时代的西班牙语笔译课堂改革意味着在宏观层面的教学理念的革新和微观层面上的教学策略、教学环节革新。因此,在这里我们将会从课前、课中、课后环节出发,通过对教学环节和教学内容的更新与重构,深入探索人工智能深度介入西班牙语笔译课堂的利与弊。本文以笔译课程教材《理解当代中国·汉西翻译教程》的第一章《中国特色社会主义最本质的特征和中国特色社会主义制度的最大优势》为教学内容。

(一)课前准备

1. 通过线上平台发布本节课的学习目标与增强"四个意识"、坚定"四个自信"、做到"两个维护"等核心概念,发布本课的关键语句和重点段落,通过后台的数据统计掌握学生的资料阅读情况。

2. 学生针对翻译文本进行预翻译,并标注较难字段,通过后台数据统计学生完成情况。

3. 教师提取具有代表性的词、句并将翻译任务发布至线上讨论区,学生在讨论区发布其翻译结果。

4. 通过线上平台发布本节课的任务以及任务达成路径。

5. 学生课前需熟练掌握各类辅助翻译工具。

(二)课堂教学

1. 关键语句翻译分析——词汇与句法:学生根据课前预习的内容,在教师的引导下提取出难度较大的翻译字段与语段。

2. 翻译评价:教师将学生翻译与机器翻译结果打乱,学生投票选出较好的两组翻译;教师通过课堂提问的方式,梳理和总结票选出的翻译文本优点与机器翻译的优缺点。

3. 经验总结:学生分享此次翻译实践中的感受以及使用人工智能各类翻译工具的经验。

① 杨枫:《高等外语教育的国家意识、跨学科精神及应用理念》,《当代外语研究》2019 年第 2 期。
② 沈骑:《新中国外语教育规划 70 年:范式变迁与战略转型》,《新疆师范大学学报(哲学社会科学版)》2019 年第 5 期。

4. 重点段落翻译分析——文化内涵和思政内涵：在以上分享的基础上，教师和学生一起找出翻译文本中隐含的文化元素，通过课程文本，加深对国情和国家政策的理解。

5. 强化练习：学生使用翻译工具对自己的翻译文本进行优化后上传学习平台。

6. 讨论：机器翻译更适用于何种类型的文本？为什么？

（三）课后提高

学生需要找到教材上"延伸阅读"部分指出的内容并翻译，对翻译工具生成的翻译文本进行修订完善。

五、结论

在课程设计的指导思想上，首先我们要明白新的翻译时代的到来已经是不可逆转的趋势，AI 翻译在翻译速度和翻译数量上的优势不可忽视，可以预见的是，随着语料库的扩大和更新以及技术的进步，各种翻译软件的准确性会持续提升，就像有研究者指出的"翻译教学中完全拒绝人工智能的应用并不现实，毕竟排斥新技术不可能是一种明智的选择"[①]。那么如何在笔译课堂中处理好人与人工智能的关系，使其更好地为笔译人才培养服务，是我们急需解决的问题。首先笔译课程要以实用性为导向。翻译本身就是一种实践行为，不管是实习还是就业，笔译能力都是很重要的一项衡量指标。而且在外语学科面临新的挑战的如今，人才培养的实用性导向也是走出外语学科困境的途径之一。事实上西班牙语专业在建立之初就是为培养翻译人才服务的，1952 年我国召开亚洲及太平洋区域和平会议时西班牙语翻译极度缺乏，基于此周恩来总理亲自指示在北外开设西班牙语专业，自主培养优秀的西班牙语人才。[②] 以翻译实践为导向也是回归了我国西班牙语专业建设的初心。其次我们要转变观念，由原来本科阶段培养单纯的语言人才向培养语言人才＋技术人才转变。把翻译技术纳入翻译教学的框架中，同时利用人工智能丰富教学语料和互动模式，更好地提升学生的笔译水平。最后，我们应该在教学中通过各种训练和对比让学生明白，人工智能再发达也无法在所有场景下完全取代人工翻译。笔译实践，尤其是文学翻译，需要人与原文、人与译文以及人与原文所属国文化的碰撞，因此，我们既要掌握人工智能时代的各种翻译技术，也要对自己作为译者的能力和必要意义充满信心，尊重科技、利用技术，但不能完全依赖，我们应该一如既往地提升笔译能力，在人工智能的背景下与 AI 共同进步。

---

① 刘云虹：《当下翻译批评应关注的几个问题》，《外国语（上海外国语大学学报）》2024 年第 1 期。

② 孙义桢、张婧婷：《商务印书馆对我国西班牙语教学建设的贡献》，《中华读书报》2016 年 5 月 25 日第 8 版。

大学生在线学习满意度及持续使用意愿研究[*]

刘李春^{**}

摘要：研究改进了 UTAUT 模型，通过对 334 所高校的大学生在线学习情况开展调查，构建大学生在线学习满意度及持续使用意愿模型。研究发现，绩效期望、努力期望、感知风险、社会影响、促成条件对大学生在线学习满意度和持续使用意愿具有显著影响；性别、年级、学科、经验对在线学习满意度和持续使用意愿的影响存在显著差异。努力期望对满意度的影响最大，满意度对持续使用意愿的影响最大，绩效期望对满意度的影响较小。感知风险对满意度有显著负向作用，促成条件对持续使用意愿具有微弱的负向影响。在线学习满意度具有显著的中介效应。因此，大学生要加强自我学习管理能力培养，教师调整在线教学方式方法，高校优化技术服务保障，建设满足需要的平台和资源，提高在线学习的满意度和持续使用意愿。

关键词：在线学习；技术接受度；满意度；持续使用意愿

一、研究背景

2020 年初，突如其来的新冠肺炎疫情对中国高校教学产生了深远影响。全国高校落实"停课不停教，停课不停学"的要求开展线上教学，以保证疫情期间的教学活动开展和教学质量效果。^① 在线学习为学生提供了新的学习环境，使他们可以不受时间和空间限制继续学习。但是，短时间内大规模的在线教学活动打乱了传统的课堂教学秩序，不仅是对在线教育的一次大考验，而且是对大学生在线学习和高校教学管理的全新挑战。^②

在线学习是目前也将是后疫情时代大学生重要的学习方式，但其在个性化、互动效率、

---

* 基金项目：国家社会科学基金教育学重点项目"中国特色、世界水平的一流本科教育建设标准与建设机制研究"（AIA190014）。

** 刘李春，男，福建南平人，厦门大学现代教育技术与实践训练中心高级工程师，主要研究方向为人工智能教育应用、数字化教学、教育领域的创新创业、教师专业发展。

① 《教育部应对新型冠状病毒感染肺炎疫情工作领导小组办公室关于在疫情防控期间做好普通高等学校在线教学组织与管理工作的指导意见》，http://www.moe.gov.cn/srcsite/A08/s7056/202002/t20200205_418138.html，访问日期：2024 年 3 月 26 日。

② 谢火木、刘李春、陈移安：《疫情背景下高校线上教学的思考》，《中国大学教学》2020 年第 5 期。

课程质量及学习反馈等方面的问题①,仍然受到来自师生以及家长的质疑,影响在线学习的可持续和稳定发展,因此需要对在线学习效果及影响因素进行评估。② 学生是学习的主体,他们对在线学习的态度是影响教学质量的重要因素。③ 在线学习的成功开展主要取决于学生使用和接受 e-learning 系统的意愿。④ 由于学生的认知、社交和经验的差异,学生对在线学习满意度不同,进而影响在线学习的使用意愿。⑤ 因此,如何准确测量大学生在线学习满意度及持续使用意愿,科学地评价在线教学质量和效果,是在线教学改革能否实现高质量发展的关键,对高校开展和改进在线教学是一个新的挑战,具有重要的研究意义。

二、理论基础与分析框架

(一)UTAUT 模型概述

满意度被认为是持续使用行为的关键要素,满意度和持续使用意愿经常被同时予以研究。⑥ 在技术产品用户行为的相关研究中,用户的满意度(user satisfaction)被当作是衡量信息技术系统成功与否的一项重要指标⑦,同时也是决定用户是否接受信息技术产品的关键环节。基于 UTAUT 模型研究用户的技术接受行为是当代信息系统研究领域最为成熟的一个分支⑧,并被广泛地应用在管理学、经济学、心理学、教育学等领域个人或组织接受信息技术的研究。

Davis 等人借鉴期望理论、自我效能理论的成果,在 1989 年提出技术接受度模型

---

① 赵婷婷、田贵平:《网络教学到底能给我们带来什么——基于教学模式变革的历史考察》,《教育科学》2020 年第 2 期。A. G. Vazquez, J. M. Verde, F. D. Mas, et al. Image-Guided Surgical e-Learning in the Post-COVID-19 Pandemic Era: What Is Next? ,*Journal of Laparoendoscopic & Advanced Surgical Techniques*,2020,30:993-997.

② C. Y. Mo, T. H. Hsieh, C. L. Lin, Y. Q. Jin, Y. S. Su. Exploring the Critical Factors, the Online Learning Continuance Usage during COVID-19 Pandemic,*Sustainability*,2021,13:5471.

③ 王改花、张李飞、傅钢善:《学习者特征对混合学习效果影响研究》,《开放教育研究》2021 年第 1 期。

④ M. A. Almaiah, A. Al Mulhem. Analysis of the Essential Factors Affecting of Intention to Use of Mobile Learning Applications: a Comparison between Universities Adopters and Non-adopters,*Education and Information Technologies*,2019,24:1433-1468.

⑤ S. Soonhwa, D. Boaventura, K. Carolyn, T. Chan. Comparison of Instruction and Students' Perceptions of the Effectiveness of Online Courses,*The Quarterly Review of Distance Education*,2010,11:25-36.

⑥ C. M. Chiu, C. S. Chiu. Examining the Integrated Influence of Fairness and Quality on Learners' Satisfaction and Web-based Learning Continuance Intention,*Information Systems Journal*,2007,17:271-287. P. Yeung, E. Jordan. The continued Usage of Business E-Learning Courses in Hong Kong Corporations ,*Education and Information Technologies*,2007,12:175-188.

⑦ R. F. Powers, G. W. Dickson. MIS Project Management: Myths, Opinions, and Reality,*California Management Review*,1973,15:147-156.

⑧ F. D. Davis, R. P. Bagozzi, P. R. Warshaw. User Acceptance of Computer Technology: a Comparison of Two Theoretical Models,*Management Science*,1989,35:982-1003.

（technology acceptance model），证明了个人的行为意愿最终决定了实际使用行为。① 相关研究以感知易用性、感知有用性和使用意向等因素为内部因素，同时将组织氛围、交互行为和自我效能感等因素作为外部变量来建构、验证及解释技术接受模型。② 2003 年，Venkatesh 等学者整合理性行为理论、技术接受模型、动机模型等 8 个模型的变量和优势，提出技术接受和使用整合理论（unified theory of acceptance and use of technology，UTAUT），理论模型的解释力接近 70%。③ 该模型包括绩效期望、努力期望、社会影响和促成条件四个自变量，以及性别、年龄、经验和自愿性四个调节变量，绩效期望、努力期望和社会影响对使用意愿有正向影响，使用意愿和促成条件决定使用行为。

（二）大学生在线学习接受度模型建构

在线学习接受度是指接受在线学习作为教育手段的大学生群体对于在线学习的接受程度，大学生对于在线学习的接受度越高，他们在态度或者行为层面上就更愿意接受和使用在线学习方式，获得更高的学习成就并出现更少的心理不适应。换言之，无论教学内容如何创新、教学模式如何变化，线上教学效果的质量评价标准就是大学生的学习接受度。因此，研究采用 UTAUT 模型作为理论基础，来解释和预测大学生在线学习满意度和持续使用意愿。

UTAUT 模型作为分析框架已广泛应用于不同类型的在线学习研究④，并形成了较为丰富和富有创新性的研究成果。有的研究考察了该模型在强制性环境中的适用性，指出该

① F. D. Davis. Perceived Usefulness，Perceived Ease of Use，and User Acceptance of Information Technology，*MIS Quarterly*，1989，13：319-340.

② M. D. Williams，N. P. Rana，Y. K. Dwivedi. The Unified Theory of Acceptance and Use of Technology：a Literature Review，*Journal of Enterprise Information Management*，2015，28：443-488. 鲁耀斌、徐红梅：《技术接受模型的实证研究综述》，《研究与发展管理》2006 年第 3 期。边鹏：《技术接受模型研究综述》，《图书馆学研究》2012 年第 1 期。E. M. Van Raaij，J. J. L. Schepers. The Acceptance and Use of a Virtual Learning Environment in China，*Computers & Education*，2008，50：838-852. D. Abdou，S. M. Jasimuddin. The Use of the UTAUT Model in the Adoption of E-Learning Technologies：an Empirical Study in France Based Banks，*Journal of Global Information Management*，2020，28：38-51. A. M. Zainab，K. Kiran，N. H. A. Karim，et al. UTAUT's Performance Consistency：Empirical Evidence from a Library Management System，*Malaysian Journal of Library & Information Science*，2018，23：17-32.

③ V. Venkatesh，M. G. Morris，G. B. Davis，F. D. Davis. User Acceptance of Information Technology：toward a Unified View，*MIS Quarterly*，2003，27：425-478.

④ P. S. Kissi，M. Nat，R. B. Armah. The Effects of Learning-Family Conflict，Perceived Control over Time and Task-fit Technology Factors on Urban-rural High School Students' Acceptance of Video-based Instruction in Flipped Learning Approach，*Educational Technology Research and Development*，2018，66：1547-1569. O. Isaac，A. Aldholay，Z. Abdullah，T. Ramayah. Online Learning Usage within Yemeni Higher Education：the Role of Compatibility and Task-technology Fit as Mediating Variables in the IS Success Model，*Computer Education*，2019，136：113-129. A. Ashrafi，A. Zareravasan，S. Rabiee Savoji，M. Amani. Exploring Factors Influencing Students' Continuance Intention to Use the Learning Management System：a Multi-perspective Framework，*Interactive Learning Environments*，2020：1-23.

模型在学校的电子学习环境中也具有普遍适用性。[①] Anderson 等研究了使用者对掌上电脑的接受,并比较了有调节变量和无调节变量后的模型效果,结果表明有调节变量的模型有利于对问题进一步解释。[②] Robinson 用 UTAUT 模型来研究大学生对技术的接受,他去掉了便利条件这个变量,只保留了性别作为控制变量,通过实证研究验证了模型的有效性。[③] Baron 用 UTAUT 模型研究使用者对手机短信的接受,保留了 UTAUT 的绩效期望、努力期望和社会影响三个变量,加入感知愉悦变量,并假设他们对使用者的行为意愿和实际使用行为进行影响,并将调节变量换成人口特征和经验进行研究。[④] 许玲、郑勤华认为绩效期望、社会影响、使用经验、成就价值、感知娱乐性等因素对大学生接受移动学习有显著影响。[⑤] Oliver 等人发现,满意度可以直接或间接影响使用者的态度和行为。[⑥] 学生对在线教学平台的满意度越高,则越乐于持续使用在线学习。[⑦] 也有研究发现教学满意度发挥着中介作用[⑧],满意度是影响持续使用意愿与行为的关键前因变量。[⑨]

从现有的研究看,UTAUT 模型应用于大学生在线学习满意度与持续使用意愿的研究是可行的,但是在东方发展中国家的研究和应用还比较有限。此外,已有的文献大多是开展小样本的分析,在经历过大规模的在线学习后,目前尚缺大样本系统性研究数据。基于此,在 20 余万样本数据的基础上,研究改进了 UTAUT 模型,新增"感知风险"变量,调整了调节变量,对在线学习接受度相关成果加以改进,探讨大学生在线学习接受度,提出具有实践性的测量模型,深入挖掘背后的影响因素。

在自变量方面,绩效期望主要是指大学生感知通过在线学习所获得帮助和功能性效果的程度,如在线学习可以满足大学生学习体验和需求,这是大学生在线学习的基本需求。

---

① M. Dečman. Modeling the Acceptance of E-Learning In Mandatory Environments of Higher Education: the Influence of Previous Education and Gender, *Computers in Human Behavior*, 2015, 49: 272-281.

② J. E. Anderson, P. H. Schwager, R. L. Kerns. The Drivers for Acceptance of Tablet PCs by Faculty in a College of Business, *Journal of Information Systems Education*, 2006, 17: 429-440.

③ L. Robinson. Moving beyond Adoption: Exploring the Determinants of Student Intention to Use Technology, *Marketing Education Review*, 2006, 16: 79-88.

④ S. Baron, A. Patterson, K. Harris. Beyond Technology Acceptance: Understanding Consumer Practice, *International Journal of Service Industry Management*, 2006, 17: 111-135.

⑤ 许玲、郑勤华:《大学生接受移动学习的影响因素实证分析》,《现代远程教育研究》2013 年第 4 期。

⑥ R. L. Oliver. A Cognitive Model of the Antecedents and Consequences of Satisfaction Decisions *Journal of Marketing Research*, 1980, 17: 460-469.

⑦ C. M. Chiu, M. Hs. Hsu, S. Y. Sun, et al. Usability, Quality, Value and E-Learning Continuance Decisions, *Computers & Education*, 2005, 45: 399-416.

⑧ H. M. Dai, T. Teo, N. A. Rappa. Understanding Continuance Intention among MOOC Participants: the Role of Habit and MOOC Performance, *Computers in Human Behavior*, 2020, 112: 1-11. Jeff Young. What Professors Can Learn From "Hard Core" MOOC Students, *Chronicle of Higher Education*, 2013, 37: A4.

⑨ A. Bhattacherjee. Understanding Information Systems Continuance: an Expectation Confirmation Model, *MIS Quarterly*, 2001, 25: 351-370.

努力期望主要是指大学生对在线学习所需付出努力多少和难易程度的认知。[①] 感知风险主要是指大学生认为因在线学习不确定因素、功能风险影响而对学习效果产生的不利后果的程度，进而形成学习焦虑。社会影响主要是指大学生感受到周围组织和其他人的评价、观点、态度与帮助等[②]，进而影响其使用在线学习的意愿。[③] 因为大学生在线学习主要是通过线上进行，所以大学生将会受到高校对在线学习政策支持以及周围关系密切的老师、同学的影响，当教师与学生互动并提供学习支持时，大学生的在线学习效果会得到提升。[④] 促成条件主要是指大学生所感受到的高校对在线学习相关平台、网络、技术、环境等方面的支持程度。

在线学习满意度主要是指大学生对在线学习效果的价值判断，持续使用意愿主要是指大学生对是否继续采用线上学习与线上＋线下混合式学习的接受程度。理性行为理论（theory of reasoned action）指出大部分人行为的发生由其自身的意志所控制，行为意图是决定该项行为是否发生的重要因素。[⑤] 一般来说，当与行为相关的态度对采取某一行为的支持度越高，个人的感知行为控制越高，个人实施这一行为的意愿也就越强烈。[⑥] 在线学习满意度影响着持续使用意愿，使用意愿能强有力地解释实际使用行为，大学生对在线学习的使用意愿越强，其实际使用在线学习的可能性越大。实际使用行为较难测量，在模型中，主要采用的是主观测量，也就是以用户的感知作为测量依据。[⑦]

调节变量是加强或减弱核心变量对使用意向或使用行为的作用。人们对一个系统的理解是基于他们的知识和经验。[⑧] 因疫情期间大学生处于在线学习的适应和摸索阶段，疫

---

① J. G. Chaka, I. Govender. Students' Perceptions and Readiness towards Mobile Learning in Colleges of Education: a Nigerian Perspective, *South African Journal of Education*, 2017, 37: 1-12.

② J. Cassel. The Contribution of the Social Environment to Host Resistance, *American Journal of Epidemiology*, 1976, 104: 107-123.

③ J. B. Lin, L. Li, Y. M. Yan, O. Turel. Understanding Chinese Consumer Engagement in Social Commerce: the Roles of Social Support and Swift Guanxi, *Internet Research: Electronic Networking Applications and Policy*, 2018, 28: 2-22.

④ M. L. Hung, C. Chou, C. H. Chen, Z. Y. Own. Learner Readiness for Online-learning: Scale Development and Student Perceptions, *Computers & Education*, 2010, 55(3): 1080-1090.

⑤ M. Fishbein, I. Ajzen. Belief, Attitude, Intention and Behaviour: an Introduction to Theory and Research, *Philosophy & Rhetoric*, 1977, 10: 2. V. Venkatesh, F. D. Davis. A Theoretical Extension of the Technology Acceptance Model: Four Longitudinal Field Studies, *Management Science*, 2000, 46: 186-204.

⑥ I. Ajzen. The Theory of Planned Behavior, *Organizational Behavior and Human Decision Processes*, 1991, 50: 179-211.

⑦ C. Kim, M. Mirusmonov, I. Lee. An Empirical Examination of Factors Influencing the Intention to Use Mobile Payment, *Computers in Human Behavior*, 2010, 26: 310-322. W. H. DeLone, E. R. McLean. Measuring E-commerce Success: Applying the DeLone and McLean Information Systems Success Model, *International Journal of Electronic Commerce*, 2004, 9: 31-47.

⑧ H. Barki, J. Hartwick. Measuring User Participation, User Involvement, and User Attitude, *MIS Quarterly*, 1994, 18: 59-79. G. Hackbarth, V. Grover, Y. Y. Mun. Computer Playfulness and Anxiety: Positive and Negative Mediators of the System Experience Effect on Perceived Ease Of Use, *Information & Management*, 2003, 40(3): 221-232.

情之前是否有使用过线上教学的经验影响着大学生对在线学习平台技术熟练程度,所以研究保留"经验"变量。Venkatesh 和 Davis 证实了该模型在自愿和强制两种情况下的适用性。[①] 在线学习是疫情期间的无奈之举,也是大势所趋,自愿性作为调节变量失去了实际意义,因此删除"自愿性"变量。模型使用相关人口统计特征变量,保留"性别"变量,变年龄变量为年级变量。学科背景不同,大学生对在线学习的体验和需求有所差异,因此增加"学科"作为调节变量(见图 1)。

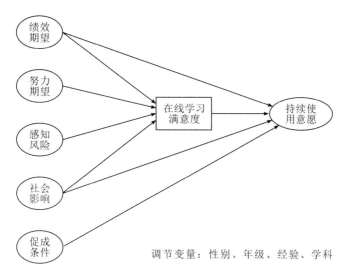

调节变量:性别、年级、经验、学科

图 1 大学生在线学习满意度及持续使用意愿模型

根据已确定的影响因素,研究提出以下假设:

假设 H1:绩效期望对大学生在线学习满意度有显著正向影响;

假设 H2:努力期望对大学生在线学习满意度有显著正向影响;

假设 H3:社会影响对大学生在线学习满意度有显著正向影响;

假设 H4:感知风险对大学生在线学习满意度有显著负向影响;

假设 H5:促成条件对大学生在线学习持续使用意愿有显著正向影响;

假设 H6:绩效期望对大学生在线学习持续使用意愿有显著正向影响;

假设 H7:社会影响对大学生在线学习持续使用意愿有显著正向影响;

假设 H8:大学生在线学习满意度对持续使用意愿有显著正向影响;

假设 H9:在线学习满意度在自变量(绩效期望、努力期望、感知风险、社会影响、促成条件)与持续使用意愿之间具有显著的中介效应;

假设 H10:性别、年级、经验、学科调节变量对大学生在线学习接受度影响有显著差异。

① V. Venkatesh, F. D. Davis. A Theoretical Extension of the Technology Acceptance Model: Four Longitudinal Field Studies, *Management Science*, 2000, 46: 186-204.

三、研究数据与方法

（一）样本数据来源与处理

研究数据来源于全国高等学校质量保障机构联盟开展的线上教学情况调查（学生卷）数据库。[①] 该数据库共有全国 334 所高校的 251929 个样本参与了调查。研究采用了问卷中的样本基本信息、线上教学环境及支持、线上教学体验、线上教学的改进四个部分的内容。问卷采用 5 级单项选择题，题项均以李克特量表（Likert Scale）五点递增计分法，按照 1～5 分进行赋值，对"不知道"选项作为缺失值处理，赋值 0 分，数值越高则程度越高。为了提高样本质量，研究对原始样本数据进行预处理，选取疫情期间使用在线学习的调查样本，过滤有缺失值和疫情期间未开展在线学习的样本，共获取有效样本数为 215053。

调查的样本在性别、年级、学校地区、学校性质、学科背景等人口学特征分布较为平均。男生占 43.5%、女生占 56.5%，大一学生占 39.7%、大二学生占 31.0%、大三学生占 23.5%、大四学生占 4.3%、其他学生占 1.5%，一般本科高校学生占 92.4%，其他占 7.6%，人文社科类学生占 51.7%、理工农医类学生占 48.3%。

（二）变量构成与定义

研究的变量构成如表 1 所示，共涉及 31 个题项，测量的变量共 7 个维度。因变量是持续使用意愿（2 个题项），中介变量是在线学习满意度（1 个题项），自变量是绩效期望（8 个题项）、努力期望（5 个题项）、感知风险（5 个题项）、社会影响（5 个题项）、促成条件（5 个题项）等 5 个维度。调节变量的定义见表 2，从性别、年级、学科、经验 4 个指标选取题项，将学科背景重新分为人文社科类、理工农医类两大类。

表 1　核心变量

变量	题项
持续使用意愿	疫情过后继续采用线上教学；疫情过后采用"线上＋线下"混合式教学
在线学习满意度	线上学习的效果比传统线下学习效果好
绩效期望	大学生对目前线上教学效果的总体评价：包括课堂直播效果；文字音频效果；与老师课内外的交流互动；课程配套电子教学资源；网络提交作业；教师反馈作业；同学间互动讨论；使用网上各种学习工具
努力期望	突破时空限制，可以随时随地学习；可以让名师名课充分共享；方便学生之间交流与协作；有助于学生自主学习能力培养；学生可以按需选择学习内容，提高学习效率
感知风险	教师无法即时了解学生的学习状态；教师无法及时了解学生知识掌握情况；教师无法第一时间反馈学生关注的问题；缺乏老师现场指导和督促，课堂纪律松弛；网络交流不如线下交流直接，浪费时间

[①]　《在线教学情况调查量表（学生卷）》，https://ciqa. xmu. edu. cn/cn/analysis/onlineteach，访问日期：2024 年 3 月 26 日。

续表

变量	题项
社会影响	线上教学服务保障：包括网络条件对线上学习的支持；各类教学平台对线上学习的支持；电子图书资源对线上学习的支持；为学生提供线上学习方法培训；学校政策对于线上学习的支持（如学分认定、学业评价标准等）
促成条件	网络速度的流畅度；画面音频的清晰度；师生互动的即时度；作业提交的顺畅度；线上教学技术服务

表 2　调节变量定义

调节变量	题项	变量定义
性别	性别	虚拟变量，男性赋值 1，女性赋值 2
年级	年级	大一、大二、大三、大四、大五、研究生、专科分别赋值 1—7
学科	学科背景	人文社科类（包括哲学、经济学、法学、教育学、文学、历史学、管理学、艺术学）赋值 1，理工农医类（包括理学、工学、农学、医学）赋值 2
经验	疫情之前是否使用过线上教学	是赋值 1，否赋值 2

四、研究结果

结合变量特征、研究目的和内容，研究采用 SPSS 24.0 软件进行统计和分析，了解样本的基本情况和特征。对变量数据进行了信度检验、效度检验、描述性统计、t 检验、单因素方差分析，分析各变量的差异。运用 AMOS 24.0 和采用结构方程模型最大似然法对研究模型进行拟合、修正和优化，构建在线学习满意度和持续使用意愿研究模型。

（一）信效度与差异性分析

对所选取的题项进行信度效度检验，问卷 Cronbach's Alpha 信度系数为 0.945，效度分析结果显示 KMO 值为 0.972，累积方差贡献率为 68.7%，表明该问卷的总体信度效度均较好。自变量各维度的信度系数均大于 0.7，效度系数均大于 0.8，表明自变量各维度具有良好的信度效度。

表 3 为模型变量的汇总，自变量均通过题项加总求平均分，持续使用意愿平均值高于在线学习满意度。自变量的均值高于因变量，且努力期望得分最高，感知风险得分最低。除年级和在线学习满意度外，变量的标准差小于 1.0，说明变量的得分围绕均值分布。

表 3　模型变量汇总表

变量名	最小值	最大值	均值	标准偏差
绩效期望	1.000	5.000	3.641	0.713
努力期望	1.000	5.000	3.720	0.763
感知风险	1.000	5.000	3.308	0.849

续表

变量名	最小值	最大值	均值	标准偏差
社会影响	1.000	5.000	3.688	0.709
促成条件	1.000	5.000	3.579	0.696
在线学习满意度	1.000	5.000	3.084	1.030
持续使用意愿	1.000	5.000	3.319	0.972

为检验不同调节变量在各观测变量是否存在差异,研究采用独立样本 t 检验与单因素方差分析,检验性别、年级、学科、经验等调节变量在绩效期望、努力期望、感知风险、社会影响、促成条件的差异,进而对在线学习满意度、持续使用意愿产生影响。

由表 4 可知,大部分自变量在不同的性别和学科背景上存在显著区别。只有社会影响、绩效期望不会因为经验的不同而存在显著差异。在性别方面,除了男性的感知风险会高于女性,男性的其他方面自变量均低于女性。在经验的 t 检验中,有经验的大学生感知风险会低于无经验的大学生,对于社会影响和绩效期望没有显著影响。在学科中,理科生的感知风险则高于文科生。从表 5 可知,绩效期望、努力期望、感知风险、社会影响和促成条件在大一到大四之间都会经历显著的增长,且大一和毕业班学生均呈现较高的感知。除了大五学生的绩效期望最高以及大四学生的感知风险最高,其余自变量都为研究生群体的得分最高。大二、专科学生的自变量得分总体偏低。假设 H10 得到验证。

表 4 独立样本 t 检验

变量名	变量值标签	促成条件		社会影响		绩效期望		努力期望		感知风险	
		均值	标准差	均值	标准差	均值	标准差	均值	标准差	均值	标准差
性别	男	3.570	0.770	3.674	0.775	3.619	0.774	3.680	0.814	3.378	0.877
	女	3.587	0.633	3.699	0.653	3.659	0.662	3.750	0.720	3.253	0.822
F		3821.920***		182.518***		2812.339***		1976.125***		543.027***	
经验	有	3.632	0.703	3.749	0.710	3.698	0.712	3.802	0.752	3.305	0.877
	无	3.533	0.686	3.635	0.704	3.592	0.710	3.649	0.766	3.310	0.823
F		43.022***		0.000		0.417		98.790***		417.318***	
学科	人文社科	3.592	0.682	3.694	0.697	3.653	0.701	3.722	0.754	3.286	0.844
	理工农医	3.566	0.711	3.681	0.722	3.629	0.726	3.717	0.773	3.331	0.853
F		182.041***		125.735***		1119.333***		66.783***		23.589***	

表5 单因素方差分析

变量名	变量值标签	促成条件		社会影响		绩效期望		努力期望		感知风险	
		均值	标准差	均值	标准差	均值	标准差	均值	标准差	均值	标准差
年级	大一	3.565	0.690	3.689	0.705	3.646	0.709	3.724	0.757	3.292	0.854
	大二	3.538	0.687	3.645	0.704	3.607	0.710	3.691	0.763	3.302	0.840
	大三	3.609	0.695	3.700	0.708	3.654	0.715	3.727	0.772	3.319	0.846
	大四	3.823	0.745	3.906	0.729	3.764	0.736	3.853	0.755	3.431	0.860
	大五	3.754	0.758	3.858	0.753	3.723	0.759	3.802	0.800	3.399	0.861
	研究生	3.887	0.710	3.954	0.711	3.822	0.742	3.883	0.794	3.285	0.910
	专科	3.559	0.704	3.631	0.731	3.615	0.707	3.641	0.770	3.312	0.816
F		134.180***		106.600***		41.961***		43.322***		29.813***	

（二）测量模型检验

在计量模型的信度和效度分析中，主要评价指标为组合信度、收敛效度和区分效度。[1] 本模型的所有维度组合信度值 CR 均大于 0.8，超过临界值 0.6[2]，说明模型具有较好的信度。根据 Fornell 和 Larcker 的标准可知，平均方差提取量大于 0.5，题项有较高的收敛效度。[3] 由统计可知，各变量所有平均方差提取量 AVE 均大于 0.6，表明模型具有较高的收敛效度。所有平均方差萃取量 AVE 的平方根均大于各个变量间相关系数的绝对值，[4] 说明模型的区分效度较好，见表 6。

---

[1] W. L. Shiau, M. Sarstedt, J. F. Hair. Internet Research Using Partial Least Squares Structural Equation Modeling（PLS-SEM），*Internet Research*，2019，29：398-406. Y. S. Su, C. F. Lai. Applying Educational Data Mining to Explore Viewing Behaviors and Performance with Flipped Classrooms on the Social Media Platform Facebook，*Frontiers in Psychology*，2021，12：653018. Y. S. Su, H. R. Chen. Social Facebook with Big Six Approaches for Improved Students' Learning Performance and Behavior：a Case Study of a Project Innovation and Implementation Course，*Frontiers in Psychology*，2020，11：1166.

[2] J. Hair, C. L. Hollingsworth, A. B. Randolph；A. Y. L. Chong. An Updated and Expanded Assessment of PLS-SEM in Information Systems Research，*Industrial Management and Data Systems*，2017，117：442-458.

[3] C. Fornell，D. F. Larcker. Evaluating Structural Equation Models with Unobservable Variables and Measurement Error，*Journal of Marketing Research*，1981，24：337-346.

[4] F. D. F. Larcker. Structural Equation Models with Unobservable Variables and Measurement Error：Algebra and Statistics，*Journal of Marketing Research*，1981，18：382-388.

表 6　测量模型的信度效度检验

	信度	收敛效度	区分效度				
	CR	*AVE*	绩效期望	努力期望	感知风险	社会影响	促成条件
绩效期望	0.951	0.706	*0.840*				
努力期望	0.911	0.673	0.827	*0.820*			
感知风险	0.896	0.633	−0.020	−0.018	*0.796*		
社会影响	0.922	0.922	0.822	0.734	0.011	*0.960*	
促成条件	0.904	0.656	0.794	0.678	−0.001	0.904	*0.810*

注：区分效度对角线上的第一个数值（斜体加粗）为平均方差萃取量 *AVE* 的平方根，下三角数值（加粗）为 Pearson 相关系数。

（三）结构模型拟合与分析

在信度检验和效度检验通过的基础上，研究对模型进行拟合，以进一步判断自变量对因变量的影响是否显著。

1. 拟合优度指数

评定系数 R^2 用于决定模型的解释度，R^2 越大，说明结构模型解释能力越强。通过计算，研究变量中在线学习满意度（$R^2 = 0.293$）、持续使用意愿（$R^2 = 0.461$）的解释度均良好。

本模型的拟合效果如表 7 所示，除自由度与卡方之比（$CMIN/DF$）偏大以外，拟合优度的其他所有指标均达到了模型拟合要求。根据相关文献对相同数据库的探讨，可以知道这是模型样本量较大所导致的，因此模型的拟合程度良好，可以用于拟合研究提出的大学生在线学习接受度模型。[①]

表 7　拟合优度指数

	指标名称											
	绝对拟合指标						增值拟合指标			综合拟合指标		
	P	*GFI*	*AGFI*	*RMR*	*RMSEA*	*ECVI*	*NFI*	*CFI*	*TLI*	*PNFI*	*PGFI*	*CMIN/DF*
评价标准	<0.01	>0.9	>0.9	<0.05	<0.08	<<	>0.9	>0.9	>0.9	>0.5	>0.5	>0.5
模型拟合效果	0.000	0.921	0.906	0.034	0.053	1.16	0.954	0.954	0.949	0.855	0.774	596.203

2. 结构方程模型搭建

基于图 1 构建的"大学生在线学习满意度及持续使用意愿模型"，研究构建了相应的结构方程模型，探讨绩效期望、努力期望、感知风险、社会影响如何对在线学习满意度产生影响，以及在线学习满意度、绩效期望、社会影响与促成条件如何直接对持续使用意愿产生影

---

① 覃红霞、李政、周建华：《不同学科在线教学满意度及持续使用意愿——基于技术接受模型（TAM）的实证分析》，《教育研究》2020 年第 11 期。

响。模型的修正全部通过题项的增减实现,并未建立无理论支持的题项间联系。最终模型如图 2 所示。

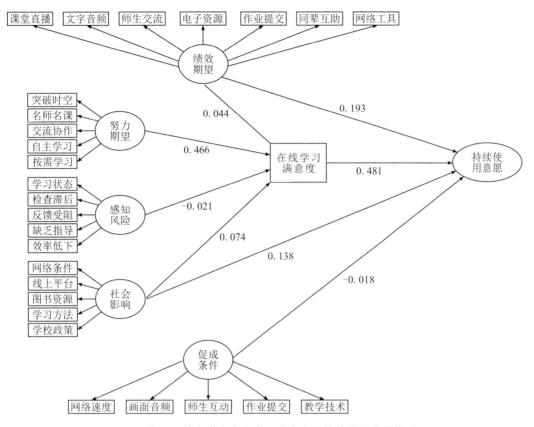

图 2　修正后的大学生在线学习满意度及持续使用意愿模型

3. 路径系数

基于修正后的模型,其拟合后的标准化路径系数如表 8 所示。对于影响在线学习满意度的因素而言,努力期望具有最大的正向作用,绩效期望和社会影响的正向影响较为微弱,假设 H1、H2、H3 得到证实。感知风险对在线学习满意度有较小的负向影响,这与本研究的变量含义相符合,大学生对于在线学习的风险感知越强烈,在线学习满意度就越低,假设 H4 得到验证。

对于影响持续使用意愿的因素而言,社会影响、绩效期望和在线学习满意度都对持续使用意愿起着正向作用,在线学习满意度的正向作用最大。促成条件对于持续使用意愿有着微弱的负向作用,这与假设 H5 相背离,可能是由于大学生对疫情期间的线上教学促成条件较为认可,但是对于返校后常态化的在线学习的促成条件并不抱有较大信心,导致对持续使用的期望略显保守。更高的绩效期望能够推动大学生产生更高的持续使用意愿,假设 H6 得到验证。与大学生在线学习密切相关的高校政策与服务保障以及周围的师生,对于持续使用意愿有积极的推动作用,假设 H7 得到验证。大学生的在线学习满意度越高,他们的持续使用意愿就越高,这与本文的假设 H8 相符。努力期望(绩效期望、社会影响、感知风险)→满意度,满意度→持续使用意愿作用明显,表明大学生认为满意度是自变量和因变量之间的中介变量，假设 H9 得到验证。

表 8　路径系数

路径			路径系数
在线学习满意度	←	努力期望	0.446***
在线学习满意度	←	绩效期望	0.044***
在线学习满意度	←	社会影响	0.074***
在线学习满意度	←	感知风险	−0.021***
持续使用意愿	←	社会影响	0.138***
持续使用意愿	←	促成条件	−0.018**
持续使用意愿	←	在线学习满意度	0.481***
持续使用意愿	←	绩效期望	0.193***

五、结论与建议

（一）结论

1. 努力期望、绩效期望、社会影响对满意度和持续使用意愿的正向影响

大学生在线学习绩效期望、努力期望、社会影响较高，且高于在线学习满意度和持续使用意愿。努力期望对满意度的影响最大，满意度对持续使用意愿的影响最大，绩效期望对满意度的影响较小。这体现出在线学习满意度比其他因素更能影响持续使用意愿，说明相比于技术本身的功能，大学生的情绪体验更能影响其未来的使用意愿。这与大多数研究结果是一致的。大学生在线学习的满意度和持续使用意愿高，由此可知，从应急性在线教学走向常态化教学，在高校已有高度共识。[①]

绩效期望对满意度的影响较小的可能原因是在线学习普遍能够满足在线学习需求，可以给大学生带来帮助，但是因在线学习平台很多是社交平台并不是完全为教学设计的，功能并不完善，所以在线学习满意度受绩效期望的影响较小。大学生更重视在线学习是否简单易学、操作方便，而不需要花费大量的时间和投入，如果他们觉得在线学习所付出的努力程度少，那么满意度就会显著提高，进而产生持续使用的意愿。社会影响主要体现在高校政策支持、关系密切的师生影响，高校、师生不断提升认可与支持会提高大学生在社会影响因素上的感知水平，从而提升在线学习的满意度。

2. 感知风险和促成条件对满意度和持续使用意愿的负向影响

大学生在线学习感知风险对满意度有显著负向作用，促成条件对持续使用意愿具有微弱的负向影响。感知风险已成为影响大学生在线学习的重要因素之一，疫情期间的在线学习虽然得到大学生的认可，但是由于在线学习焦虑、不适应等"感知风险"因素的存在，大学生产生学习倦怠等负面情绪，降低、抑制大学生在线学习满意度，导致大学生持续使用意愿

---

① 邬大光、李文：《我国高校大规模线上教学的阶段性特征——基于对学生、教师、教务人员问卷调查的实证研究》，《华东师范大学学报（教育科学版）》2020 年第 7 期。

下降。疫情期间在线学习平台多，缺乏统一固定的平台，大学生需要在不同的平台间切换，平台功能多样但是很多并不是学习功能，以及对后疫情时代在线学习可能存在促成条件不完善等因素的顾虑，会在一定程度上制约持续使用意愿的发生。

3. 满意度具有显著的中介效应

满意度在绩效期望、努力期望、感知风险、社会影响、促成条件和持续使用意愿之间存在中介效应。当大学生觉得在线学习有用，认为自己能够很好地进行在线学习，而且关注技术服务与政策等条件对在线学习的支持时，就会表现出更高的满意度，进而促进在线学习使用意愿的提升。大学生在线学习持续使用意愿高，满意度较低。虽然大学生对疫情期间的在线学习满意度较高，同时存在疑虑，但是经过一段时间的在线学习探索与实践，已逐渐适应了在线学习，因此他们对在线学习持续向好发展表现出了很高的期望，对疫情过后的线上教学以及线上＋线下混合式教学充满期待。

4. 性别、年级、学科、经验对在线学习满意度和持续使用意愿的影响

性别、年级、学科、经验对在线学习满意度和持续使用意愿的影响存在显著差异。大学生对在线学习平台技术的经验越多，熟练程度越高，其在感知风险上的感知越低，持续使用意愿越高。年级越高，大学生对在线学习感知越强烈，新生和毕业班学生对努力期望认可度高，更愿意尝试在线学习。男生对在线学习的感知风险明显高于女生，特别是理工农医类专业的男生更是如此。

（二）建议

1. 强化大学生自我学习管理能力培养，提高在线学习效率

由于疫情期间的在线教学的应急性，教师在在线教学组织中发挥着主导作用[①]，"以学生为中心"的教学理念还没真正落地。应该更多地让学生作为设计者，用技术作为工具来获取信息[②]，参与在线学习活动。大学生要加强自我学习管理，不断自我调整和适应，化解在线学习焦虑等消极心理情绪[③]，提高在线学习效率。因此，学校需要在线上教学开展期间，及时对大学生的学习状态进行跟踪，通过在线时长是否过长过短、课堂互动频率、作业完成质量等方式观察大学生的在线学习效率，并对异常状况及时进行干预。

2. 教师调整在线教学方式方法，精准施策因材施教

在对传统课堂模式保持关注的基础上，教师要适应线上教学模式的特点，重视大学生

---

① B. Bervell, I. N. Umar. Validation of the UTAUT Model: Re-considering Non-linear Relationships of Exogeneous Variables in Higher Education Technology Acceptance Research, *Eurasia Journal of Mathematics, Science and Technology Education*, 2017, 13: 6471-6490.

② D. H. Jonassen. Thinking Technology: toward a Constructivist Design Model, *Educational Technology*, 1994, 34: 34-37.

③ N. Testa, A. Tawfik. Mobile, but Are We Better? Understanding Teacher's Perception of a Mobile Technology Integration Using the Unified Theory of Acceptance and Use of Technology Framework, *Journal of Formative Design in Learning*, 2017, 1: 73-83.

的差异性和个性化需求，有针对性地调整在线学习模式。[①] 教师要加强课堂引导，营造良好的在线学习氛围，更加关注教学内容和教学形式的设计，强化互动效果，积极关注学生课前课中课后需求，提供更多、更人性化的学习指导，[②]提高大学生对于线上知识的接受效率。另外，针对不同学科在感知风险上的差异性，精准施策，人文社科类学生在线学习应该选择更简单、直接的方式。而有一定信息技术素养的理工农医类学生，则更应加强内容的建设，如应加强高年级学生努力期望的感知，提升在线学习的满意度。

3. 高校优化技术服务保障，提升满意度和持续使用意愿

高校要加强软硬件建设、完善技术支持、服务保障等在线学习全过程的管理体系。学校需要开设专门的培训课程或讲座，探索友好的在线学习管理与支持服务方式，强化大学生信息素养的培养，保证线上学习的观念和相关技能能够为他们所接受。减少网络条件、硬件设备对于线上教学效率的影响；通过增派助教、采取灵活考勤、维持课堂纪律等方式，降低大学生对在线学习的不确定性。加强对大学生在线学习质量测评，构建合理的在线学习评估体系[③]，通过精准灵活的学习评价，激发大学生在线学习动机，提升在线学习满意度，引导大学生持续使用在线学习。

4. 建设满足需要的平台和资源，提升大学生对在线学习的全面认知

积极探索有助于大学生提高自身学习能力，提升大学生在线学习效果，又便于和满足学习需求的平台、多样丰富的教学资源。[④] 建设统一的专用的在线学习平台，避免师生切换多个教学平台、系统功能缺陷等问题，才能够进一步保障线上教学质量，进而提升大学生在线教学满意度和持续使用意愿。面对不同学科的教学特性，不同平台需要集成多种教学模块，鼓励跨学科教学手段的加入。在线下教学逐步恢复的过程中，学校也可以通过翻转课堂等方式继续强化师生对线上教学平台的使用，避免再次转入线上教学时产生过多的学习成本。高校之间加强联动和学分互认，优化符合线上学习传播手段的教学内容，避免由于教学内容过于无趣并且课堂监督不到位的情况下，学生出现"在线却不在课堂"的情况。

---

① S. A. Raza, Z. Qazi, W. Qazi, et al. E-learning in Higher Education during COVID-19: Evidence from Blackboard Learning System, *Journal of Applied Research in Higher Education*, 2021. R. R. Ahmed, D. Štreimikienė, J. Štreimikis. The Extended UTAUT Model and Learning Management System during COVID-19: Evidence from PLS-SEM and Conditional Process Modeling, *Journal of Business Economics and Management*, 2022, 23: 82-104.

② D. A. Sitar-Taut, D. Mican. Mobile Learning Acceptance and Use in Higher Education during Social Distancing Circumstances: an Expansion and Customization of UTAUT2, *Online Information Review*, 2021, 45: 1000-1019. V. Venkatesh, X. Zhang. Unified Theory of Acceptance and Use of Technology: US vs. China, *Journal of Global Information Technology Management*, 2010, 13: 5-27.

③ A. Singh, A. Sharma. Acceptance of MOOCs as an Alternative for Internship for Management Students during COVID-19 Pandemic: an Indian Perspective, *International Journal of Educational Management*, 2021, 35: 1231-1244.

④ S. Bag, P. Aich, Md. A. Islam. Behavioral Intention of "Digital Natives" toward Adapting the Online Education System in Higher Education, *Journal of Applied Research in Higher Education*, 2022, 14: 16-40.

传统硬件实验的数字化转型探索与实践*

谢作生　李　杰　洪学敏　王雪燕**

摘要：围绕高等教育的数字化转型，"数字电子线路实验"课程基于数字实验平台实现了从线下实验到云实验的迁移，并基于该迁移进行了传统硬件实验的数字化转型探索与实践。本课程从将服务器虚拟化技术、自动评测技术、在线实验技术与口袋实验板相结合的泛在实验条件的实现、层次递进的线上学习资源的建设、结合各单元实验教学进行的可信测试和基于多维度的统计分析功能实现可信评价等方面开展了相关工作。本课程初步实现了"以生为主"的泛在硬件实验新模式，在实验环境的便利性与一致性、实验内容的个性化、实验过程的可管理、实验成效的可评价和教学效果的可视化等方面均取得了较好的成效。

关键词：硬件实验数字化转型；云实验；泛在学习；过程管理；可信评价

教育信息化 2.0 时代的到来，需要从运用驱动到创新引领的教学方式变革，实现教学方式、学习方式、课程结构、师生互动方式乃至学习发展方式和教育发展方式的改变。① 技术与教育的融合催生了教育的个性化，学生成为学习的中心，教育与技术的深度融合产生了教与学的新方式。② 2022 年，教育部提出推动教育数字化战略行动。③ 如何主动适应培

＊　基金项目：国家自然科学基金"基于区块链的高等教育可信教学环境构建方法与关键技术研究"（62077040）。

＊＊　谢作生，男，福建龙岩人，硕士，厦门大学信息学院高级工程师，主要研究方向为电子系统、智能系统设计。李杰，厦门大学信息学院实验教学中心工程师，主要研究方向为电力电子技术 A 实验、Pspice 仿真与 PCB 设计、电子系统实训等。洪学敏，厦门大学信息学院教授，博士生导师，厦门大学高等教育发展研究中心兼职研究员，主要研究领域包括智能信号处理、高等教育信息化。王雪燕，厦门大学教务处实验与电教管理科副科长，长期从事实验教学管理工作。

① 杨宗凯、吴砥、郑旭东：《教育信息化 2.0：新时代信息技术变革教育的关键历史跃迁》，《教育研究》2018 年第 4 期。

② 邢西深、李军：《"互联网＋"时代在线教育发展的新思路》，《中国电化教育》2021 年第 5 期。

③ 《教育部 2022 年工作要点》，http://www.moe.gov.cn/jyb_sjzl/moe_164/202202/t20220208_597666.html，访问日期：2024 年 3 月 26 日。

养个性化[①]、评价多元化[②]、管理现代化[③]的需求，大力推进教育信息化和教育资源数字化[④]建设，促进教育理念、教学模式、学习方式、评价机制和管理模式改革创新，打造"人人皆学、处处能学、时时可学"[⑤]的智能化学习环境，建设以数字化为特征的智慧教育新生态，助力人才培养能力的提升，是数字教育背景下迫切需要解决的问题

目前传统的计算机、电子信息类硬件实验通常在线下进行。实验教学的开展受时间、场地、内容和评价等多方面的限制。实验通常按照教学计划安排的时间和地点进行，灵活度欠缺。学生按照实验教学的安排开展实验，实验内容整齐划一，较难照顾到个体的差异。实验结果的验收通常由人力进行登记，需要耗费较大的精力，较难用数字化的手段完成过程管理和结果评价。针对上述问题，本课程在日常的教学过程中引入了基于云的信息技术，并结合信息技术的赋能，对实验教学方法进行了多个维度的改进。

一、基于在线实验平台的数字实验教学环境建设

不同于需要单独建设的远程实景实验平台的架构[⑥]，本课程结合目前在用的数字实验平台，利用其计算资源虚拟化技术[⑦]将传统的线下实验使用的实体机房改为数字实验平台的"即用即开、用完回收"的虚拟桌面，实现了传统的线下机房到线上云实验室的转变，提升了计算资源使用的便利性和使用率，解决了实验环境的可及性和一致性的问题。本课程利用数字实验平台的过程管理能力，实现了实验过程的数字化管理，较好地解决了硬件类实验较难进行过程管理的问题，初步实现了基于过程性评价[⑧]的学习成效评价，在一定程度上解决了硬件实验过程管理中存在的难点问题。

（一）数字实验平台介绍

数字实验平台是面向数字化转型需求建设的一个以服务器集群为底层基础的在线实验平台。平台基于结构化设计方法，按照功能层级和业务结构进行设计，划分为不同的业

① 顾明远：《个性化教育与人才培养模式创新》，《素质教育大参考》2011 年第 22 期。

② 闫飞龙：《高等教育评价标准的本质问题与多元化》，《清华大学教育研究》2011 年第 5 期。张薇、于亚娟：《高校学业评价的创新：构建多元化评价体系》，《教育探索》2015 年第 4 期。

③ 张家钰、孙福良：《观念先行 推进教学管理现代化建设》，《中国高等教育》2003 年第 8 期。

④ 刘怀金、聂劲松、吴易雄：《高校数字化教学资源建设：思路、战略与路径——基于教育信息化的视角》，《现代教育管理》2015 年第 9 期。

⑤ 《教育部关于印发〈教育信息化"十三五"规划〉的通知》，http://www.moe.gov.cn/srcsite/A16/s3342/201606/t20160622_269367.html，访问日期：2024 年 3 月 26 日。

⑥ 张彦航、刘宏伟、陈惠鹏等：《基于 FPGA 的硬件类课程远程虚拟实验平台》，《实验技术与管理》2017 年第 1 期。陈永强、全成斌、李山山：《基于远程硬件实验系统的多流水带 Cache CPU 设计》，《实验技术与管理》2012 年第 10 期。陈烨、袁小平：《我国高校远程实验教育的发展和远程实景实验探索》，《实验技术与管理》2022 年第 5 期。

⑦ 韩德志、李楠楠、毕坤：《云环境下的虚拟化技术探析》，《华中科技大学学报（自然科学版）》2012 年增刊。杨青峰：《云计算时代关键技术预测与战略选择》，《中国科学院院刊》2015 年第 2 期。

⑧ 谢同祥、李艺：《过程性评价：关于学习过程价值的建构过程》，《电化教育研究》2009 年第 6 期。陈敏、杨现民：《泛在学习环境下基于过程性信息的个性化学习评价系统的设计与实现》，《中国电化教育》2016 年第 6 期。高凌飚：《过程性评价的理念和功能》，《华南师范大学学报（社会科学版）》2004 年第 6 期。

务模块,模块间基于数据接口进行数据同步和业务流程衔接,模块内基于高内聚、低耦合原则进行功能设计,保障平台整体的健壮性。图1是数字实验平台的架构示意图。如图1所示,平台由底层的服务器集群和软件平台构成,软件平台包含三个模块:(1)实验实训操作支撑模块,该模块包含知识讲解、案例解析、开发实战、运行部署、实训闯关、实时评测等功能。(2)实验实训应用管理模块,该模块以实验课堂为核心,提供系列线上实验工具与环境,实现课堂与实验的衔接。(3)在线考试模块,该模块对题库、考试、练习、考试数据分析等进行全流程设计,将现有的管理流程融入考试系统,实现分散建设、集中管理和统一应用。

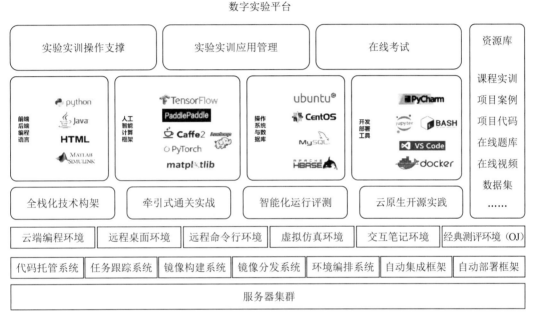

图1 数字实验平台架构示意图

(二)口袋开发板运用

本课程使用的FPGA口袋开发板具有电平开关、LED、键盘、数码管等基本外设,同时还有16位DDR3L外设用于设计进阶实验。开发板自带的I/O插槽可以直接插入特定型号的LCD屏幕与摄像头,背面插槽可以进行扩展实验。开发板使用USB供电,较为小巧,方便学生随身携带进行实验。

(三)基于云的数字实验开展模式

本课程将数字实验平台的软件能力、FPGA开发工具提供的远程下载及调试能力和课程使用的口袋实验板有机衔接,实现了数字实验平台对硬件实验的支持。授课学生可以在任何时候、任何地点,通过个人电脑或者实验室电脑,登录数字实验平台的虚拟实验环境,在远程实验环境上完成实验后,将实验结果下载到与本地登录终端相连的开发板,进行调试、验证。

二、实验教学的数字化转型实现

本课程以面向学生的"以生为主"模式的实践、面向评价的"可信学习"的开展和面向教师的"教师职能的转变"为出发点,对实验过程进行了优化、重构,较好地解决了本课程旧实验模式存在的问题和不足,为硬件实验的数字化开展模式的进一步探索实践打下了较好的基础。

(一)基于数字实验平台的硬件实验新模式

本课程将传统的线下硬件实验向云上进行了迁移,通过在线实验平台提供的云服务,学生可以在宿舍、图书馆、实验室等任何可接入网络的场所开展实验。"云实验"模式和自动评测技术为该模式的实现提供了可能。

1. 基于数字实验平台的"云实验"模式

本课程将传统的基于 FPGA 实验箱加台式电脑的实验设备转化成为云服务器集群虚拟桌面、登录终端和口袋开发板。图 2(a)是本课程的开展方式示意图。如图 2 所示,学生可以在实验室、宿舍和图书馆等各种地方通过其登录终端(个人电脑或者实验室电脑)登录在线实验平台,并将在线实验平台完成的代码下载在本地端的开发板进行调试。图 2(b)是远程终端的实验界面示意图。其中第 Ⅰ 部分是基本信息,包含学生姓名、实验名称、实验时间、和工具栏。第 Ⅱ 部分是实验内容列表,学生从内容列表点击后会弹出对应的实验要求、必要的提示和辅助代码等。第 Ⅲ 部分是基于 Kubernetes(K8S)容器技术生成的 Ubuntu 虚拟机桌面,学生可点击打开 FPGA 实验软件进行实验。第 Ⅳ 部分则是评测部分,学生可以点击"评测"对完成的实验内容进行评测。

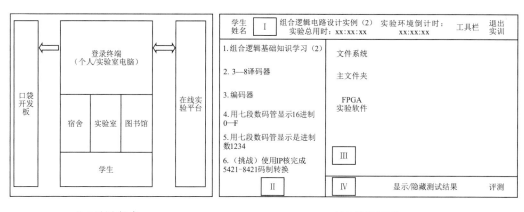

(a)开展方式　　　　　　　　　　　(b)实验界面

图 2　实验教学开展方式示意图

2. 自动评测技术的使用

本课程引进了自动评测的思想,针对实验内容,编写了测试用例,实现了对学生实验结果的自动化评测。在硬件实验中引入自动化评测技术,使得本课程的泛在学习、过程管理、可信评价这三方面的工作均成为可能。通过自动化评测技术,教师可以更好地管理实验过程。在提升过程管理成效的同时,教师可以将更多的精力分配到实验教学目标、过程设计、内容和资源的建设中,这将在一定程度上促进教师职能的转型。学生则在教师引导下充分发挥主观能动性进行实验,真正实现"以生为主"的数字教育模式。

(二)"以生为主"的泛在学习过程

围绕如何服务以"以生为主"的教学理念,实现从"以师为主"到"以生为主"的转变,本课程在课程内容设置、个性化的学生实验方式和科学的过程管理等方面进行了相关工作。

1. 个性化的内容选择

面向数字系统设计能力的锻炼需要、按照"两性一度"要求，本课程对实验内容进行了丰富的设置。围绕硬件描述语言和开发流程、组合逻辑、时序逻辑、有限状态机、数字逻辑接口及综合应用等方面的应用，本课程设置了 FPGA 开发流程及 Verilog HDL 语言、组合逻辑、时序逻辑、有限状态机、综合测试和课外练习共 6 个部分，其中课外练习部分涵盖前 5 部分的内容。不同的专业可以从以上 6 部分内容中根据需求抽取相关内容进行积木式组合。为了更好地匹配本课程参与学生的专业培养要求和能力情况，我们从这 6 部分遴选了 4 个单元 12 个实验作为课堂实验。学生在完成课堂实验后，可以继续完成这 6 部分的其他实验内容。

本课程匹配不同学生的实际情况，按照基础、综合、进阶三个层次，设置了逐层递进的实验内容。其中基础部分占比 60%，全员要求完成；综合部分占比 30%，学生按自己的实际情况选择完成本部分的 50% 以上；进阶部分占比 10%，学生可选择完成。进阶部分的内容以课程大作业的形式呈现，由学生自由组队、按要求自主选题后完成并在期末阶段进行课堂汇报。

围绕以上三个层次的内容，本课程的各次实验内容进行了通关设置。第一关为实验原理部分，从第二关、第三关通常为基础部分的内容，第四关、第五关和第六关则是综合、进阶部分。每个关卡中又包含 2~3 个小的实验要求。学生在第一关进行实验原理的学习并了解实验要求。第二关、第三关、第四关则是所有学生都需要完成的。学生在完成前四关实验后，可以选择结束实验，也可以继续完成后续关卡中的综合、挑战内容。

2. 个性化的学生实验方式

为了更好地让学生自主地进行学习，本课程以周为单位进行教学。在各次实验的截止时间之前，学生可自主登录系统进行实验。教师可登录系统查看学生的实验进度。教师也可从教师端访问学生实验机器，协助学生进行故障排查。

在完成第一单元的三次实验后，经过对单元测试成绩的排序，本课程允许一部分优秀的学生选择自主完成实验而无须参加每周的现场实验。对于部分需要加强关注的学生，则是通过数字实验平台跟踪学生们的实验完成进度、各个关卡停留时间及评测次数了解他们的学习进展和可能遇到的问题，并进行有针对性的帮助。

3. 科学的过程管理

传统的硬件实验，较难准确掌握学生的实验进展和真实的完成情况。通过数字实验平台，授课教师可以方便快捷地查看各个学生的实验进展情况、学生的困难点、整个班级实验完成情况统计分析、整个班级总体学习情况统计分析等。这些功能为授课教师对课程内容进行有针对性的调整、重点关注特定的学生提供了极大的便利。教师也可以进入学生的实验环境检查学生的完成情况、进行代码查重、查看学生的实训报告、导出学生成绩和统计分析等各类资料。

（三）多维的学习成效评价

测试是教学质量评价的"最后一公里"，围绕如何科学地对学生的学习成效进行评价，本课程在测试过程的可信实现和统计数据的多维化等方面开展了一些工作。

1. 可信的过程测试

针对本课程的泛在学习模式，如何对学生的学习效果进行评价，确保学生能够真正地学有所得，本课程做了有益的尝试。本课程以各教学单元为基础，组织了对应的单元测试。测试以每单元学习过的内容为考题，挑选合适难度的作业作为测试题。在课堂上进行 1 小时的测试，成绩不理想者还可以在课后自主进行若干次考试，取其最高分作为本次单元测试的成绩。单元测试有效地促进了学生日常学习的积极性，巩固了日常学习成果，也将期末测试的压力分摊到日常学习中，取得了较好的效果。

2. 多维的数据统计

课程在做好单次学习跟踪的同时，也发挥平台的统计分析功能，对学生的学习情况进行了很好的统计分析，通过对学生整个学期的课堂实验的完成情况、单元测试的得分情况、实验报告完成情况和期末测试得分情况的统计，对学生的学习成绩进行了较为科学的多个维度的评价。

三、总结和展望

本课程采用数字化技术，对"数字电子线路实验"这一传统硬件实验进行了重构。本课程创造性地将数字实验平台的计算资源虚拟化技术、自动评测技术与口袋实验板的便携特性相结合，实现了"以生为主"的泛在实验条件。本课程按照"两性一度"要求对实验内容进行了层次递进的设置，实现了个性化的实验内容选择。本课程通过单元测试的设置提升了学生的学习成效和评价的可靠性。本课程通过数字实验平台的统计分析功能从课堂实验的完成情况、报告完成情况和在线考试情况等多个维度的统计分析实现了对学生的学习成效的可信评价。

基于数字化技术实现的以上各方面的重构，本课程初步完成了从"以师为主"到"以生为主"的实验教学模式的转变，初步满足了针对全体学生的泛在学习需求、不同个体的差异化学习需求，初步实现了对学习过程、学习成效的全过程可信评价，初步对教师职能的转变进行了探索。本课程较好地跟踪了学生的学习过程，并进行了有针对性的关注和调整。同2022 年春季学期教学相比较，2023 年春季学期的课程实验为学生的自主学习提供了极大的便利，学生的学习成效有了显著的提升。

未来，本课程将以数字化转型理念为牵引，结合本课程前期实践中的有益做法和存在的问题，在教学模式改进、平台应用、过程管理、评价机制、数字资源建设和新技术引入等方面进行更加深入的尝试，推动实验教学在数字化转型方面的进一步深化。

第四篇

四新建设举措及成效研究

新工科背景下"半导体照明及光电检测实验"
课程改革初探[*]

王树立^{**}

摘要："半导体照明及光电检测实验"是厦门大学电子信息科学与技术学院的核心实验课。面对新工科背景下对学生创新能力和实践能力培养的要求，"半导体照明及光电检测实验"教学也需要进一步改革和完善。本文结合笔者在实践中发现的问题，提出了一些针对性的改革思路和建议。通过对课程内容和教学方法的优化，旨在培养学生解决实际问题的能力，提升其创新与实践能力，为新工科交叉型、复合型人才的培养提供助力。

关键词：新工科；实验教学；科教融汇；半导体照明与显示；光电检测

一、引言

针对激烈的社会变革和迎接科技发展的挑战，教育部提出了"新工科"建设项目，旨在培养多样化、创新型的卓越工程人才。这一倡议不仅为高等院校工科专业提供了重要的发展机遇，而且对高等教育的课程教学改革提出了更为迫切的需求。在这个背景下，新工科人才的培养更加注重对学生创新和实践能力、交叉学科思维的培养。

"半导体照明及光电检测实验"作为厦门大学电子信息科学与技术学院的核心实验课，选取了电子学、光电子学、无线电物理等领域中具有代表性的应用实验方法和技术进行教学。课程内容主要涉及光电信息技术、电子技术以及光学工程，特别聚焦于发光二极管（LED）等先进成果。这一课程不仅涵盖了光电检测技术的基本原理，而且引入并应用了最新的技术。作为"物理电子学实验"之后的又一重要专业实验课程，它为电子信息类专业学生打下了坚实的基础，为他们未来进入电子信息行业领域提供了有力支持。

在当前阶段，"半导体照明及光电检测实验"课程存在几个问题值得关注。首先，教学材料与学科前沿融合度不高。实验课程参考教材^①和实验器材相对陈旧，与快速发展的学科前沿存在明显脱节，难以体现多学科交叉特性，无法使学生了解学科领域的前沿内容和交叉学科知识。其次，课程内容大多为验证性实验，难度较低，无法激发学生的自主学习兴

---

* 基金项目：厦门市自然科学基金青年基金项目（3502Z202471002）、厦门大学校长基金项目（20720220085）。

** 王树立，男，内蒙古通辽人，厦门大学电子科学与技术学院助理教授、硕士生导师，主要研究方向为 Micro-LED 显示技术、量子点合成及图案化技术等。

① 方志烈：《半导体照明技术》，电子工业出版社 2009 年版。雷玉堂：《光电检测技术》，中国计量出版社 2009 年版。

趣。科研成果未能及时应用于培养和教学过程,导致实验难度不足,缺乏高阶性,无法将科研成果有效地融入教学中。此外,课程内容与当前电子信息行业技术发展不匹配,导致学生的知识和能力与行业需求存在较大差距,难以满足行业对交叉型和复合型人才的需求。

总的来说,"半导体照明及光电检测实验"目前采用的较为传统的教学模式已难以满足培养具备创新实践能力、具备国际视野和跨学科思维的新工科人才的需求。因此,对该课程相关实验内容和教学模式进行优化改革显得十分必要和迫切。

二、新工科视域下的实验课程教学改革初步探索及成效

笔者拥有化学学科的学习背景和电子学科的工作经验,专注于面向 Micro-LED 全彩显示的量子点发光材料及其图案化技术的交叉学科研究。在教学方面,笔者主要负责"半导体照明及光电检测实验"课程的教学工作。该实验课程包含 16 个实验项目,要求学生在一个学期内完成 12 个实验项目。其中,笔者负责指导的实验项目包括 LED 光谱测试及色度分析、LED 混色实验、光电探测器的光谱响应以及原子力显微镜等四个项目。在实际的教学过程中,笔者结合自身的学科背景和教学经验,针对该实验课程在新工科人才培养方面存在的不足,积极探索了一系列的教学改革方案。这些方案旨在调动学生对课程的积极性,让他们更好地了解学科的前沿动态,提升创新和实践能力,助力学生朝着新工科综合性人才培养目标迈进。接下来,将详细介绍这些教学改革方案以及初步的成效。

1. 跨学科教学模式,培养学生交叉学科思维

"半导体照明及光电检测实验"课程涵盖了电子、物理、材料、化学、信息等多个学科,具有明显的学科交叉性。传统的教学模式主要注重学生对实验系统的操作,但忽略了相关学科背景知识的交叉应用。这导致部分学生只是按照实验讲义的步骤进行操作,完成实验目标,却无法真正理解实验及仪器涉及的多个学科的核心知识点。为解决这一问题,笔者在实验操作前的原理讲解环节更加注重多学科知识点的深入讲解,并引导学生在实验过程中对相关现象进行深入思考,培养他们的跨学科交叉研究思维。

以"LED 光谱测试及色度分析"为例,这是本实验课程中最基础的一个项目。该项目旨在进行不同颜色发光二极管(LED)的光谱测试和色度分析。在实验过程中,学生需要利用光纤光谱仪分别测试红、绿、蓝、黄、白色 LED 的光谱曲线,并根据这些光谱曲线计算出 LED 发出的颜色的色坐标。尽管实验操作相对简单,但背后涉及材料、化学、物理、电子等多个学科的知识。因此,如何让学生尽可能多地掌握相关的交叉学科知识点对于本项目乃至整个实验课程都具有重要意义。在实际教学中,笔者深入讲解 LED 发光的基本物理原理,即 LED 利用 P 型半导体和 N 型半导体之间形成的 PN 结,当给 PN 结施加正向电压时,P 区的空穴和 N 区的电子被注入 PN 结,并发生复合,释放出能量并产生光子(见图 1a)。LED 的发光颜色取决于其使用的半导体材料,不同的材料具有不同的带隙,能够发出从红外到紫外不同波长的光(见图 1b)。因此,笔者也讲解制备 LED 所需的 PN 结半导体材料的化学组成如何影响发光波长等相关原理。此外,笔者还解释了如何建立色度空间(见图 1c)以及如何通过计算得出色坐标等内容(见图 1d)。这些理论知识的深入讲解使得学生能够更加深入地理解实验背后的原理和概念,为他们对本项目和其他实验项目的开展奠定了坚实的基础。通过这样的教学方式,学生能够更好地理解这些抽象的概念,并将其

应用于实际操作中，从而提高了他们的学习效果和实践能力。

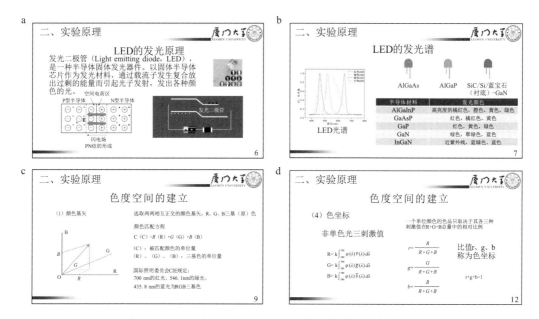

图 1　LED 发光原理及色度分析相关多学科知识点讲解

2. 促进科教融汇，提升学生创新能力

大力推进产教融合、科教融汇，让学生了解学科前沿动态、紧跟学科进展、了解产业需求是培养新工科创新型人才的必然举措之一。该实验课程所采用的仪器均为较传统的光电检测仪器，可满足对学生基本技能的培养需求。然而，对于学生创新和实践能力的培养，还需要教学团队在教学模式上进行进一步改进。

以下以"LED 混色实验"为例，该项目与我们日常生活中的照明和显示技术密切相关，因此可以将相关领域的最新科学和产业研究进展融入项目的教学中。在该实验项目的原理讲解过程中，笔者以日常生活中与该项目密切相关的手机、电脑等的显示屏颜色显示为例，引导学生深入理解本项目的实验原理，激发学生对课程的学习兴趣。在 2023—2024 学年第一学期的实验课程教学中，我们紧跟行业热点，通过网络获取到 Mate 60 Pro 系列手机屏幕的拆解视频，展示其红、绿、蓝三色像素组成，解释其如何通过混色原理实现五彩斑斓的颜色显示。这样的实例化教学帮助学生更深入地理解实验数据的具体含义。同时，我们还介绍华为 Mate 60 Pro 系列手机的卓越性能，并简要概述民族企业在突破技术封锁、自主研发高性能芯片方面取得成功的过程。通过这种方式来加强思想政治教育，提升学生的民族自豪感和自信心，培养学生的社会责任感和使命感，以培养出更具社会担当的新工科人才。

笔者十分重视将厦门大学在新型显示技术方面的最新科研和产业化动态介绍给学生。例如，张荣院士团队于 2023 年建成了全球首条 23.5 英寸 Micro-LED 激光巨量转移示范线，陈忠教授团队则在同一年提出了基于多学科交叉研究的高性能钙钛矿量子点色转换

Micro-LED 全彩显示技术①(见图 2),这些工作都具有国际影响力。同时,我们鼓励学生积极参与厦门大学相关科研团队的研究项目,充分利用实验课程和科研资源,进行创新创业训练,促进科教融汇、产教融合,提升学生的创新和实践能力。以笔者所在的厦门大学半导体照明与显示实验室团队为例,近三年来,我们团队指导本专业本科生开展科研训练,从事光电检测、Micro-LED 显示技术等相关领域的研究。在这段时间里,本科生作为第一或共同第一作者在 IEEE Photonics Journal 等专业 SCI 期刊上发表了 3 篇论文,申请了 2 项专利,并在电子学科领域的竞赛中获得了 4 个国家级奖项和 6 个省部级奖项。

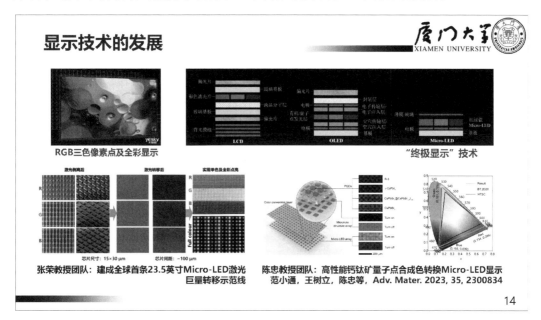

图 2 笔者向学生介绍厦门大学在新型显示技术方面的最新科研和产业化动态

自 2022 年 3 月起,作为共同指导老师,笔者带领本专业本科四年级学生开展 Micro-LED 全彩显示面板的竞赛项目,聚焦 Micro-LED 芯片研发、高性能量子点材料合成、微流控图案化技术等方面的交叉学科研究工作(见图 3),提出了一种基于微流控技术的全新量子点色转换 Micro-LED 全彩显示器件制备方案。经过一年多的研究积累,我们培养的学生在硕士研究生一年级时参加 2023 年第十八届中国研究生电子设计大赛,并荣获了全国总决赛技术赛的一等奖。因此,将科学研究与实验教学融合起来,不仅可以让学生了解学科和产业前沿,拓宽他们的视野,而且可以提高他们的创新和实践能力。

---

① Xiaotong Fan, et al. Brightened Bicomponent Perovskite Nano-Composite Based on Förster Resonance Energy Transfer for Micro-LED Displays, *Advanced Materials*, 2023, 35(30): 2300834.

图 3　笔者带领学生开展实验,参加学科竞赛及项目获奖证明

3. 科研成果反哺教学,提升实验难度和高阶性

在本实验课程中,一些实验项目所涉及的实验耗材由于陈旧而与学生的生活脱节。举例来说,笔者指导的"原子力显微镜"实验项目传统上是让学生测试 DVD 片的凹槽结构,并对其深度、宽度、长度等参数进行测试。然而,在当前学生的生活中,DVD 片并不常见,因此相对陌生。为了使实验项目与现代电子信息技术的相关科研成果相结合,拓展学生对相关领域的知识,笔者决定将待测试样品替换为自己攻读博士学位期间发表的论文中的高度有序纳米结构样品。①

在介绍待测试样品的过程中,笔者还讲述该样品的制备过程,使学生不仅能掌握原子力显微镜的使用方法,而且能了解相关微纳米加工技术的发展。这些高度有序纳米结构的间距约为 100 nm(见图 4),与 DVD 凹槽结构的最小尺寸 200 nm 相比有较为明显的降低。因此,在测试过程中,学生需要更加精细地调控实验参数,以获得更好的测试效果。这提升了该验证性实验项目的难度,体现了实验的高阶性。通过将科研成果引入实验教学,不仅提升了学生的学习兴趣,而且通过提高实验难度,促使学生通过实验参数的优化来锻炼解决问题的能力。

图 4　笔者前期发表的研究成果及将其引入实验教学后的原子力显微镜测试结果

三、未来拟采取的教学改革措施

针对"半导体照明及光电检测实验"目前在新工科人才培养中存在的问题,我们的教学团队近三年来在课程的实验项目内容和教学方法方面进行了初步的改进探索。从教学效

① Shuli Wang,Yongshun Liu,et al. Colloidal Lithography-Based Fabrication of Highly-Ordered Nanofluidic Channels with an Ultra-High Surface-to-Volume Ratio,*Lab on a Chip*,2018,18(6):979-988.

果来看,我们在培养具有创新和实践能力的新工科交叉型人才方面取得了积极的成果。为了进一步培养新工科交叉型、复合型人才,并提升学生的创新和实践能力,笔者打算在近三年的教学改革初步探索基础上,系统总结教学经验,优化实验内容和教学方法,继续推动该实验课程的教学改革。具体而言,我们将从以下三个方面展开工作。

1. 科研成果反哺教学,优化实验内容

将厦门大学在 Mini/Micro-LED 芯片制备、量子点色转换层设计、基于微纳加工的超结构制备等领域的研究成果引入到该实验课程的教学中,是我们未来优化实验内容的重要举措。通过更新实验测试样品、提升样品性能,我们不仅在提高实验的质量,而且让学生能够深入理解实验所涉及的交叉学科知识。这样的做法旨在培养学生的交叉学科思维,使他们不仅掌握光电检测技术,而且能够在多领域的交叉融合中展现创新潜力。

2. 促进科教融汇、产教融合,提升学生创新实践能力

在科教融合方面,我们利用厦门大学的研究平台资源、国家集成电路产教融合创新平台等,并结合本实验课程的资源,根据学生的兴趣爱好,指导他们开展与半导体照明与显示、光电检测等相关领域的研究工作。我们积极支持学生参与创新创业训练,为他们提供更多的机会和平台。在产教融合方面,我们可以依托厦门大学电子科学与技术学院与其他企业共建的平台,组织学生进行企业参观学习,甚至在企业进行部分实验。通过这些举措,我们希望学生能够更加深入地了解行业科研和产业前沿工作,提升他们的创新和实践能力。

3. 实验课程教材的优化

在以上基础之上,我们将进一步更新相关的实验内容,并将最新的科研成果融入课程教材中。通过引入多学科交叉的核心知识点,我们将优化课程的教材,致力于出版符合新工科人才培养需求以及厦门大学电子信息学科特色的实验教材。这一举措旨在确保教材的质量和实用性,使学生能够更好地理解和应用课程内容,并与前沿科研成果接轨,从而更好地培养学生的创新能力和实践技能。

四、结语

针对厦门大学电子信息科学与技术专业的"半导体照明及光电检测实验"课程现状,以及培养新工科交叉型、复合型创新人才的目标,我们通过跨学科教学、科教融合、科研反哺教学等措施,提升了实验课程的教学效果,并初步取得了积极的成效。未来,教学团队将继续总结教学改革经验,结合厦门大学电子信息学科的人才培养特色,不断推进科教融合和产教融合,将科研成果有机地引入实验教学,更新实验课程教材,培养符合未来电子信息学科科学研究和相关产业需求的"新工科"交叉型、复合型的创新人才。

"四体合一"创新型人才培养体系的构建与实践[*]

"四体合一"创新型人才培养体系的构建与实践[*]

安　然　郑子峥　葛胜祥　郑晗盈　郑铁生[**]

摘要：厦门大学通过在医学检验技术专业开展新型专业核心课程体系、专业拓展课程体系、创新创业培养体系和一流实验实践教学体系等重大改革举措与实践来构建创新型医学检验技术人才的培养体系，形成了具有厦大特色的"四体合一"创新型人才培养体系。经数年的实践和检验，"四体合一"的创新型医学检验技术人才培养体系取得了良好的成效。

关键词：创新型人才；培养体系；构建；实践

厦门大学医学检验技术专业按照学校建设"世界一流的高水平研究型大学"与教育部关于加强创新创业教育的目标要求定位，充分发挥两个国家级和两个省级科研平台的科研实力，通过构建"新型专业核心课程体系、专业拓展课程体系、创新创业培养体系和一流实验实践教学体系"等重大改革举措与实践，形成了具有厦大特色的"四体合一"创新型人才培养体系（见图1）。经5年的实践取得了较好的成效，并纳入了人才培养方案。[①] 现总结如下：

图1　医学检验技术专业"四体合一"创新型人才培养体系

一、构建新型专业核心课程体系

（一）传统课程体系存在的问题

经对医学检验技术专业传统的8门专业课的课程体系深入研究，发现各门课的课程体系都是将检验指标与检验技术和临床应用混为一体的课程体系。这种体系，不仅与临床的疾病诊疗思维明显脱节，而且同一种疾病、同一种检验技术在各门课中都有讲述，存在太多

　*　基金项目：2020年福建省本科教育教学改革项目"医学检验技术专业核心专业课程体系改革的研究与实践"（项目号：FBJG 20200283）。

　**　安然，厦门大学公共卫生学院实验医学系教学秘书，高级工程师。郑子峥，厦门大学公共卫生学院实验医学系副主任，副教授。葛胜祥，厦门大学公共卫生学院副院长，教授。郑晗盈，厦门大学公共卫生学院教学秘书。郑铁生，厦门大学公共卫生学院教授。

　①　《厦门大学医学检验技术专业人才培养方案（2019年修订版）》，https://sph.xmu.edu.cn/info/1971/45144.htm，访问日期：2024年4月22日。

重复性,缺乏系统性和综合性。① 经梳理整合、实践比对,我们从临床应用、专业技术和专业实践三方面设计构建了本专业新型专业核心课程体系(见图 2)。

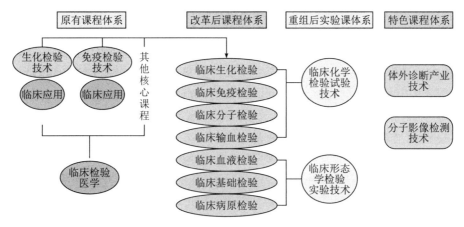

图 2　构建新型专业核心课程体系示意图

（二）新型课程体系的构建

1. 新型临床应用课程体系:以临床疾病诊疗思维为主线构建了一门新型"临床检验医学"课程体系,并牵头主编了国内首套《临床检验医学》及其配套的《临床检验医学案例分析》教材②,并纳入了规划教材出版。

2. 新型专业技术课程体系:将原 8 门专业技术课程仍按其原名称,以检验技术与检验指标检测为主线,改革重组了 7 门(见图 2)专业技术课程体系,突出了医学检验技术专业的专业属性。③

3. 新型专业实验课程体系:经对原 8 门专业课程的实验课进行梳理,将医学检验最核心、最前沿、应用广泛的检验技术,经过整合、合并、补充,构建了"临床化学检验实验技术(包括临床生化检验、临床分子检验、临床免疫检验和临床输血检验的实验)"和"临床形态学检验实验技术(包括临床基础检验、临床血液检验、临床病原检验的实验)"两门实验技术课程,并独立设置学分,不再附属于具体某门专业技术课程的配套实验。④

（三）新型专业课程体系构建的优越性

1. 突破了传统的将检验指标与检验技术同临床应用混为一体的课程体系。加强了课程体系的条理性、系统性和临床应用的综合性,克服了脱离现实临床,分散重述的弊端。

2. 突出了专业技术,强化了医学检验技术专业的专业属性。专业实验课程的改革建

---

① 曾常茜、张庆镐、王云华等:《综合性大学医学检验技术专业人才培养体系的构建与实践》,《中国高等医学教育》2017 年第 5 期。

② 郑铁生、倪培华主编:《临床检验医学》,人民卫生出版社 2017 年版。郑铁生、李艳主编:《临床检验医学案例分析》,人民卫生出版社 2017 年版。

③ 《厦门大学医学检验技术专业人才培养方案(2019 年修订版)》,https://sph.xmu.edu.cn/info/1971/45144.htm,访问日期:2024 年 4 月 22 日。

④ 《厦门大学医学检验技术专业人才培养方案(2019 年修订版)》,https://sph.xmu.edu.cn/info/1971/45144.htm,访问日期:2024 年 4 月 22 日。

设，符合教育部关于实验课程独立开设、自成体系的改革要求。

3. 节省了课时，为开设新课程和创新创业训练提供了足够的时间保障。

4. 受到了广大师生和临床工作人员的高度评价。体系思路清晰，教师好教、学生好学。临床检验医学及其配套案例分析教材，不仅可供医学检验技术专业本科生使用，还能为临床医学生对疾病诊断提供支撑，为此，人民卫生出版社已于 2021 年 5 月启动了第二版的修订。

二、构建专业拓展课程体系

（一）构建专业拓展课程体系的背景

①随着医学检验技术专业不断发展，毕业生去检验科就业难已成为发展的主要矛盾；②全国体外诊断企业（IVD）发展很快，目前已有 3 万多家，对研发人才具有较大的需求；③学院拥有多个国家级和省部级科研创新平台，在体外诊断产业技术和分子影像检测技术等方面具有丰硕的科研成果，可以把科研反哺教学落到实处。[①] 因此，构建专业拓展课程体系已具备了条件。

（二）专业拓展课程体系的构建

1. 体外诊断产业技术课程体系的构建：经调查研究，梳理整合了多个国家级科研平台的科研成果，构建了"体外诊断产业技术"课程，使培养的学生切合行业发展与创新创业对人才的需求，以拓展就业途径。

2. 临床分子影像检测技术课程体系的构建：该技术是将分子探针技术与影像跟踪技术相结合，实现体内诊断的新技术。经梳理整合学院在分子影像领域的科研成果，构建了"临床分子影像检测技术"课程，并开设了必修课，引导本专业向体内诊断发展，指导创新。

（三）专业拓展课程体系的教材建设

体外诊断产业技术和临床分子影像检测技术两门新拓展的专业课程体系，在人民卫生出版社的支持下，2018 年牵头主编出版了《体外诊断产业技术》《体外诊断产业技术实验指导》《临床分子影像检测技术》教材。[②]

构建专业拓展课程体系，开设必修课[③]，由教指委专家认定为突破本专业发展瓶颈的重大举措。不仅为医学检验技术专业本科生拓宽专业知识，而且能为体外诊断产业界提供入门培训指导，同时还可应用于生物医学工程、生物技术、转化医学等研究生专业的培养。目前，开课学校越来越多，引领了本专业向体外诊断产业和体内诊断拓展。

三、构建创新创业培养体系

构建创新创业培养体系，着重培养学生的科研思维和实践技能，获得了一批丰硕的大

---

① 郑铁生、夏宁邵主编：《体外诊断产业技术实验指导》，人民卫生出版社 2018 年版。
② 夏宁邵、郑铁生主编：《体外诊断产业技术》，人民卫生出版社 2018 年版。郑铁生、夏宁邵主编：《体外诊断产业技术实验指导》，人民卫生出版社 2018 年版。陈小元、金征宇主编：《临床分子影像检测技术》，人民卫生出版社 2019 年版。
③ 《厦门大学医学检验技术专业人才培养方案（2019 年修订版）》，https://sph.xmu.edu.cn/info/1971/45144.htm，访问日期：2024 年 4 月 22 日。

创成果。

（一）设置了"3＋2"创新训练必修学分[①]

厦门大学公共卫生学院长期重视科研反哺教学，在厦门大学本科生导师制的基础上，学院开设实践实验技能训练必修课程。学生可跟随本科生导师或其他教师进入课题组开展科研训练，完成 40 学时的科研训练，完成后提交科研训练总结报告、学习心得、考核情况表和教师指导记录，方可获得 1 学分。第一个学分以文献学习和基本实验技能学习为主；第二个学分以进阶实验技能训练为主；第三个学分则需完成一个小型科研项目，需通过学院统一组织的答辩，方可获得学分。医学检验技术专业本科生必须在毕业前完成所有 3 学分的科研训练。任务是使学生掌握医学检验实践、实验能力，并且使学生能通过实践/实验提高专业知识的综合应用能力，掌握学科的基本理念和技能。通过实践/实验技能训练的过程，也加强本科生导师与学生的联系，同时能够给予学生在学习和生活上的指导。

为了深化学校创新创业教育改革，鼓励本科生积极参加创新创业实践活动，引导学生自主性、探索性、实践性学习，提高学生的实践能力，提升学生的创新精神、创业意识和创新创业能力，培养高素质敢闯会创的创新型人才，厦门大学实行本科生创新学分奖励制度，所有学生需参与大学生创新创业训练计划项目、参与校级以上学业竞赛、参与发表学术论文、获得专利授权或自主创业等，根据完成情况，可参照相关管理办法申请创新实践学分。所有本科生需在毕业前完成至少 2 个创新实践学分。学院设有转化医学交叉学科，除了预防医学和医学检验背景的教师以外，还拥有来自化学、材料、物理机电、计算机、生物学等不同背景的专职教师。为学生提供不同专业、不同角度的创新创业项目，打造多样化、个性化的创新创业训练计划项目体系。

（二）为创新创业训练配置必要的资源

①实行跨专业导师制，以学生兴趣为动力，实现科研创新训练多元化[②]；②开设具有特色的实验实践技能训练课程[③]；③24 小时开放国家、省级科研平台和 8 个科研创新训练功能实验室；④额外配置院级科研经费，鼓励学生申报各级各类大创项目。

（三）近 5 年大学生获得的创新创业成果

获中国"互联网＋"大学生创新创业大赛第四届国赛金奖及第七届省赛金奖；本科生连续多年参加国际遗传工程机器设计竞赛 iGEM 获金奖；本科生获全国合成生物学竞赛金奖 1 项银奖 1 项；获大创项目立项 113 项，其中国家级 23 项、省级 25 项；本科生参与发表论文 35 篇，其中 SCI 收录 21 篇，第一作者发表 SCI 论文 6 篇；本科生参与申请实用新型专利 5 项，第一完成人 3 项；本科生参与体外诊断试剂盒的研制与注册 21 项；构建了一批优质的教学资源，包括虚拟仿真实验教学项目、实验课程教材等；学生升学率从 36％提升至 58％。

---

① 《厦门大学医学检验技术专业人才培养方案（2019 年修订版）》，https://sph.xmu.edu.cn/info/1971/45144.htm，访问日期：2024 年 4 月 22 日。

② 李晨光、廖明、张永亮等：《展跨学科通识技能训练提升本科生创新创业能力》，《实验技术与管理》2018 年第 11 期。

③ 雷岩、张超、伟等：《从医学生角度谈本科第二课堂科研活动》，《医学教育研究与实践》2019 年第 1 期。

四、构建一流实验实践教学体系

本专业构建的实验实践教学体系,主要体现在以下四个方面:

(一)建设高水平实验教学平台

1. 省级实验教学示范中心

2015 年起,学院获批省级实验教学示范中心。实验教学打通了基础课与专业课的实验,实行了模块化,基础课与专业课纵向、横向融合,避免教学内容脱节与重复;设计性、综合性实验上升到 80% 左右;为加强实验指导,全面推行了小班教学;强化了实验室安全教育,严格执行 6S 管理,提高了实验室的利用率和效率,确保了学生实验的生物安全。教育部安全检查多年评为优秀。

2. 省级虚拟仿真实验教学中心

2018 年获批省级虚拟仿真实验教学中心。通过建立专门的信息化平台,建设虚拟仿真教学系统;解决了大型仪器设备难引用、有毒有害物质操作危险、形态学技能考试和竞赛等实际问题;教育部立项校企协同育人[①]的"临床检验医学虚拟仿真案例分析""临床检验形态学实验虚拟仿真教学"项目,自主研发了 44 个案例分析,将信息技术、智能技术与临床案例的教学深度融合,破解了进临床病房的老大难问题,解决了原先"做不到""做不好""做不了""做不上"的问题。

(二)配合理论课程改革推进实验教学改革

在开设"临床检验医学"课程后,将各门核心专业课程的实验内容从课程中剥离,整合形成 2 门综合型实验课程。将"临床生物化学检验""临床免疫学检验""临床分子生物学检验"三门课程的实验内容整合为"临床化学检验实验"(128 学时,4 学分),以临床化学技术和检测指标为主线,将各门课程的实验内容融合,开设更多如献血员血液检查和疑似急性心梗检查等综合性实验,以及临床生化检验特异性评估及干扰排除特点、免疫诊断试剂的建立、免疫检测中定量模型的建立和 PCR 体系的建立与引物性能评价等设计性实验。将"临床检验基础""临床血液学检验"以及部分"临床微生物学检验"的实验内容整合为"临床形态学检验实验"课程(102 学时,3 学分)。以临床形态学鉴定技术和检测指标为主线,将各门课的实验内容融合。

(三)共建医学检验教学中心

协同附属心血管病医院,共建了"医学检验教学中心",并按国家标准建设Ⅱ级生物安全实验室,以加强生物安全管理和培训。建立开放、交叉、共享、综合的医学检验技术专业本科生创新实践平台,让学生尽早了解、熟悉现行检验科的工作环境,以及管理、运行等知识。

(四)共建一流实习基地[②]

2016 年以来在北、上、广、杭、深等地与北京协和医院等 18 家大型一流医院共建了实习基地,并在 2019 年召开了"一流实习基地建设研讨会"。加强了学生科研思维能力和实践动手能力的培养。提高了学生的专业兴趣和视野,扩大了就业的途径与范围。

---

① 章艳碧、黄松靖:《校企合作模式培养医学检验人才》,《世界最新医学信息文摘》2018 年第 4 期。

② 章艳碧、黄松靖:《校企合作模式培养医学检验人才》,《世界最新医学信息文摘》2018 年第 4 期。

　　本"四体合一"创新型医学检验技术专业人才培养体系的构建与实践,于 2016 年开始规划建设,自获批福建省创新创业改革试点专业以来,加大了改革的力度与实践,取得了可喜的成果,2018 年在结题评审中,获得了评委专家的一致好评,专业认可度一路攀升。2019 年获批国家级一流本科建设点。2020 年获福建省教学成果一等奖。

　　实践表明,"四体合一"创新型人才培养体系,着重培养了学生的创新思维,熟练的操作技能,同时也培养了学生严格的科学态度、严谨的工作作风和实事求是的科学精神等综合素质,获得了一批丰硕的成果。毕业生大都受到用人单位的好评,2021 年毕业生中升学人数占比 52%,医疗卫生机构就业人数占比 21.2%,在公司和企业就业人数占比 22.8%,出国留学与担任公务员人数占比 4%。由此可见,"四体合一"的创新型医学检验技术人才培养体系,是一种行之有效的突破性、创新型人才培养体系。

面向建筑类新工科人才培养的"环境行为学"教学探索

李　渊　黄竞雄　刘竞舸　梁嘉祺[*]

摘要：新工科建设对建筑类学生融会贯通、学科交叉应用的能力培养提出了新要求。"环境行为学"课程讲授人的行为与环境间的相互关系，是建筑类专才通才融合培养的核心课程之一。本文以"环境行为学"课程为例，对学情与教学痛点进行剖析，提出教学改革的三大举措：（1）打造线上课堂，建设慕课推动教学；（2）改革线下课堂，注重课堂对话教学；（3）重构考核指标，注重设计课程融合。教学团队分析了学生课程作业典例，对教学经验进行总结反思，并对未来环境行为学的教学探索提出展望。

关键词：环境行为学；建筑类；新工科；创新实践；教学探索

新工科建设是国家为了适应产业变革和需求而提出的工程教育改革方向，在工程学科建设中发挥了积极的引领作用。[①] 教育部办公厅关于公布首批新工科研究与实践项目的通知指出：工科优势高校要对工程创新和产业创新发挥主体作用；综合性高校要对催生新技术和孕育新产业发挥引领作用；地方高校要对区域经济发展和产业转型升级发挥支撑作用。在此背景下，厦门大学作为我国教育部直属副部级综合性研究型全国重点大学，对于新工科的建设，呼吁不同学科的交叉培养，促进专才与通才的深度融合，为服务国家的高质量发展提供坚实的工科人才基础。环境行为学作为建筑类学科体系中体现"以人为本"理念的理论课程，要求学生能够运用不同学科的基本理论、方法和概念对人的行为与环境的关联进行分析并反馈到设计实践中[②]，从心理学、生理学等视角为建筑类学生理解环境与行为的耦合方式提供了切入点。同时，环境行为学课程的设置响应了全国高等学校建筑学专业本科（五年制）教育评估指标体系对"建筑与行为"的要求，是探索建筑类新工科人才培养背景下空间人文学科交叉的前沿课程之一。

---

　　* 李渊（通讯作者），男，湖北荆门人，博士，厦门大学建筑与土木工程学院教授，研究方向为旅游行为。黄竞雄，男，福建泉州人，清华大学建筑学院博士研究生，研究方向为旅游者空间行为。刘竞舸，男，河南安阳人，厦门大学建筑与土木工程学院科研助理，研究方向为遗产环境感知与计算。梁嘉祺，女，江西九江人，厦门大学建筑与土木工程学院博士研究生，研究方向为遗产环境感知、遗产旅游。

　　① 陈刚、方庆艳、张成等：《新工科背景下锅炉原理课程建设的探讨》，《高等工程教育研究》2019年第S1期。梁恒、李伟光、马军等：《新工科背景下〈水质工程学〉课程建设思考》，《给水排水》2020年第11期。王轶卿、张翔：《新工科建设中实施课程思政的理论与实践》，《河北师范大学学报（教育科学版）》2020年第6期。

　　② 李道增：《环境行为学概论》，清华大学出版社1999年版。

早在 2000 年,徐磊青和杨公侠的研究就指出建筑类的科学研究与设计实践间存在鸿沟,是环境行为研究、教学与实践的主要挑战。[①] 目前,在新工科建设的要求下,学科交叉和知识体系的多元化为学生积累宽广深厚的知识基础提供了支持,多所高校正在尝试和完善将环境行为学课程与设计课程融合开展,旨在通过环境行为学指导设计,使学生对于研究与设计的融合具备更深层次的体会。基于案例式教学,西安建筑科技大学形成以理论应用为导向、以"案例调研"为手段的新型环境行为学教学模式[②],浙江工业大学在此基础上继续深化了授课内容组织、实践项目选择、工作量与考核指标等多个方面,进一步完善了以项目式教学为主线的教学模式。[③] 天津农学院的实践发现,多年的设计教学中常出现"重结果轻逻辑"的现象,在此基础上以环境行为学为理论指导对教学内容与教学环节进行调整,试图打破研究与设计之间存在的隔阂。[④] 华中科技大学则通过课外学习,以跨年级学生自主学习小组的方式推进环境行为课程教学的整合,促进课程体系的融会贯通,证实了不同年级混合教学和自主学习方式的可行性。[⑤]

随着时代变革与发展,新工科建设对学生的学科交叉应用能力与融会贯通能力提出了新的要求,需要结合现有的教学改革经验与学生的思维特点开展进一步的教学探索。厦门大学的建筑类教育构建了"一轴两翼"的体系,以多元化的方式培养创新型综合人才。"环境行为学"课程改革开启于 2019 年,主要面向建筑类专业三年级本科生开设,是人文翼主干课程之一。本文尝试以该课程的教学探索作为案例,通过学情与教学的痛点分析,提出课程改革的方案并对比改革成效,旨在为建筑类学科的新工科教学探索提供理论参考和方法支持。

一、学情分析与教学痛点

(一)学情分析

在建筑类新工科建设的背景下,环境行为学的介入可以更好地服务建筑类学科环境研究与建设的实践,提高城市环境对于现实问题的预见性。[⑥] 因此,教学团队首先对学情和教学上存在的痛点进行分析,以帮助寻找架起研究与设计间桥梁的方式方法,更好地服务于教学方案设计。

首先,计算性思维偏弱,是建筑类学生的常见问题。本校的建筑类专业学生招收和教

---

① 徐磊青、杨公侠:《环境与行为研究和教学所面临的挑战及发展方向》,《华中建筑》2000 年第 4 期。

② 王琰、黄磊:《应用导向下的案例式教学在环境行为学课程中的实践》,《华中建筑》2013 年第 3 期。

③ 戴晓玲、吴涌:《以项目式教学为主线的〈环境行为学〉教学探索》,《西部人居环境学刊》2017 年第 3 期。

④ 刘海荣、彭立新、胡妍妍等:《三大策略改变园林规划设计的传统教学》,《高教学刊》2016 年第 6 期。

⑤ 沈伊瓦、谭刚毅:《利用课外学习系统推进教学整合——华中科技大学"环境—行为"课程系列教研试验》,《中国建筑教育》2016 年第 3 期。

⑥ 万融、卢峰:《人本主义诉求之"人"的回归——乔恩·朗的环境行为学理论介述》,《西部人居环境学刊》2020 年第 5 期。

学方式为大类招生、大类培养,学生先接触到的是以设计为主轴的课程培养方案,其认知和习惯多基于主观的设计性思维建立。教师常强调学生的图形和发散性思维,鼓励学生对图像构成进行想象。经过一段时间的培养,学生的图形思维通常较为活跃,但潜藏着对于计算性思维理解和应用不足的情况。然而,环境行为学的研究层面涉及一系列数据分析、空间分析的应用需求,因此,面向建筑类新工科的人才培养模式,教学团队需要对学生的计算性思维进行针对性培养,并对其基于主观的设计性思维与基于客观的计算性思维进行思维交叉训练。

其次,思维技能与时代需求的脱节,是建筑类学生面临行业转型时共同的困惑。新时代对建筑类应用实践提出了"以人为本"的要求,坚持从人本理念出发开展行业实践、满足人民日益增长的美好生活需要是时代的基本要求。同时,面临行业转型的急剧变化,学生们往往存在对于自身技能、价值和未来发展前景的困惑。而新工科的建设强调对于通才专才的融合,对于学生融通意识和学科交叉应用的能力具有较高的要求,教学团队需要对学生进行相应的思维技能转型引导,积极结合时代需求开展人本实践活动,结合新工科建设要求引导学生融会贯通多学科的前沿技术方法,以适应新时代的新兴产业转换。

最后,缺乏将所学知识与设计进行充分整合的过程考察,是理论实践课程教学的通病。常规的理论实践类课程以论文或考试作为期末成绩考核评价指标,平时成绩则以考勤为主。课程评价体系对学习过程评价的缺乏,容易导致学生在学以致用方面的思考不足。教师团队对于学习过程的引导和及时干预,能够帮助学生衔接基础,对标行业前沿,有机融入专业使命,了解如何将所学所思应用到行业实践中,提高自身应用能力的同时保证学习过程的有效和充分。

(二)教学痛点

教学团队对传统的"环境行为学"课程教学进行分析发现,其作为建筑类教学体系中的一门理论为主导的课程,同样存在一些值得讨论的问题。

首先,课时支撑不足的问题较为突出。通常,环境行为学作为理论课程,需要在课堂上花费大量时间进行理论基础知识的建构。而新工科建设对学生将理论和实践融通认知和应用的能力存在需求,理论知识的讲授一定程度上压缩了设计实践的课程篇幅。因此,教学团队需要思考如何创新教学形式,充分利用时间和激发学生的自学能力,架起理论与应用的桥梁。

其次,现有的教学模式以教师的单向讲解和灌输知识为主,课前调研显示,学生对于纯理论的教学模式普遍积极性不高,课堂上活力较低。教学团队已有的实践表明,通过翻转教学可以有效提升师生的互动、激发学生学习的主动性,然而如何将其应用在本课程的教学当中,仍有待探索。

最后,教学模式的创新需要伴随考核模式的修正。如前所述,现有的考核指标注重结果考核而忽视过程性考察,对学生学以致用能力的培养缺少过程中的引导和考核,教学团队需要思考如何构建合理的考核指标,与设计环节形成联动而培养学生的计算性思维。考虑到设计课程作为建筑类学科的主干课程,如何将环境行为学融入设计课程教学过程,为设计方案提供理论基础、推动学生完善理论结构,同样是教学团队需要思考的问题。

二、教学创新思路与措施

针对上述学情痛点,教学团队开展教学改革思考。围绕新工科人才的培养需求以及环境行为学教学过程中存在的现实问题,通过三大措施培养学生的计算性思维,从环境分析到行为分析,最终达到由研究促设计的融合教学改革目标(见图1)。

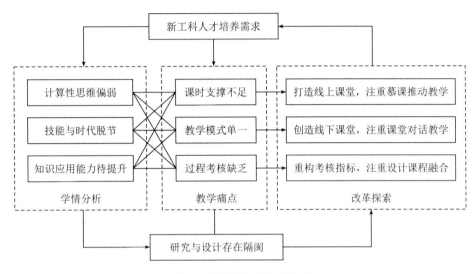

图 1　教学探索的总体思路

(一)打造线上课堂,建设慕课推动教学

"MOOC 推动式"(massive open online course,大规模开放在线课堂)教学是本课程的特色。目前,教学团队将 MOOC 作为理论和知识体系资源数字化的重要载体,传统课堂讲述的理论和方法作为线上资源,面向新工科建设需求对课程进行了内容重构,整合了教学资源,建设了线上课程,形成了一套以 MOOC 资源为主,教材、专著和案例库等资源为辅的线上"四新资源"体系,帮助学生全面了解环境行为学技术方法与综合应用,而线下课堂则是师生对话、研讨和思辨的场所,有效地解决了课时短缺造成的线下讲授内容很少或者过于综合的问题。

目前,教学团队针对"环境行为学"课程,总共建设了 119 个知识点,关联学习资源 70 个,测试题 221 道,侧重考察学生的记忆、理解、应用和创新能力。初步形成了一套知识图谱驱动的知识点关联体系,可以为"环境行为学"的教学提供良好的助力,也为实现建筑类新工科人才培养的目标提供结构化、体系化的知识库,还将有助于为教学团队后续面向建筑类新工科人才培养的数智化教学范式创新及教学内容数字化升级的执行提供重要实施基础。

同时,教学团队还构建了环境行为学元宇宙教学平台,如图 2 所示,借助虚拟教学的手段帮助学生拓宽思路,以信息技术方法提供更加宽广的思考角度,辅助设计方案的生成。这种虚拟+现实的教学模式以教研空间多样化、教学资源立体化、教学互动多元化、答疑解惑智能化、传播分享实时化为优势,实现了同步+异步的沉浸式学习、案例场景化+AI 个性化指引、资源立体化+多主体互动,提升了"环境行为学"教学质量的前沿性、高阶性和挑战度,促进了建筑类新工科人才培养的质量和示范效应。

图2　空间感知与计算元宇宙教学平台

（二）创造线下课堂，改革课堂对话教学

为解决传统课堂单向知识灌输、缺乏师生互动的问题，面向新工科人才培养需求，教学团队设计了符合学生特点的翻转课堂教学模式。以 O-PRITAS 模式为引导①，课前学生自学 MOOC 平台上的理论知识，线下进行交流汇报，教师则讲解重点方法案例并对研究小组提出针对性指导意见，以及回应学生在线上平台自学后遇到的问题，辅助提升学习的效果。

在翻转课堂教学模式中，教师主要进行引导和点评，由学生自主汇报研究、设计过程中产生的阶段性成果，再由教师进行解答。同时，教学团队提出了本研一体的教学模式（朋辈教学），鼓励本科生和研究生对研究和设计中遇到的技术问题等进行探讨，发挥各自的专长进行相互学习和能力提升，旨在培养建筑类学生的理性思维与计算思维作为设计的前置，推动理性与感性思维的结合完成科学问题与设计方案的解决。教学过程中，教师需要引导学生关注和理解"人本"主义思想，从具体"人"的角度出发思考具身体验，运用环境行为学知识指导设计理念的生成，最终通过空间思维完善设计方案。

（三）重构考核指标，注重设计课程融合

为解决传统设计课课时不足以同时支撑研究和设计的问题，同时为了减轻学生的工作量，结合新工科建设的学科交叉理念，教学团队打通"环境行为学"与其他设计类课程，通过与其他课程教师的配合，引导不同专业的学生以同一研究对象为例、面向不同的研究目标完成课程作业。对于课程考核指标，教学团队通过评价课程结果与设计方案结合的紧密程度与逻辑性、线上 MOOC 成绩以及课堂互动成绩和汇报成绩三个部分进行综合评判。这一考核指标不仅关注学生提交的课程报告成果，更注重过程性评价，关注学生将所学知识

---

① 李渊、黄竞雄、杨盟盛等：《基于数字技术的〈环境行为学〉教学改革研究》，《中国建筑教育》2022年第1期。

应用于设计中所产生的过程性成果,例如设计前期的多元数据场地分析、设计后期的人因实验评价等。总体上,将环境行为学与设计联动,既可以满足新时代对建筑类行业实践提出的"以人为本"的新要求,又可以提高学生学习主动性,健全课程考核体系并培养学生创新应用能力。

教学实践中,与本课程同步开设的设计类课程新增了如"基于数据技术、行为分析的社区整体空间评价与更新设计""基于环境行为调查方法的社区空间评价与更新设计"等设计主题,增进学生对于研究和设计融合的感悟。在整学期的学习过程中,学生从理论零基础开始学习环境行为学,不断探索理论视角与设计思路的关系,最后解决设计问题生成设计方案。在此过程中,学生通过探索形成了可扩展、可复制的方法体系,为今后的融合设计提供了可参考的工作流程。教学相长,师生深入理解面向设计需求的理性思考,并共同提出方案解决设计问题。

三、课程作业与教学反思

(一)课程作业典例解析

通过与设计类课程的结合,教学团队将环境行为学理论与方法的教学从理论一步步推向实践,以指导学生学科交叉应用水平的提升。从课程作业上看,通过本研一体的综合培养和探索,学生们能够将环境行为学的基本原理与方法在"居住区设计"与"城市设计"两个设计专题中进行实践应用。同时,由于教学团队对于科创活动的鼓励,在课程结束后,学生们往往会在教师的帮助下把课程作业进一步深化提炼。总体上,教学取得良好的成效。

教学团队选取部分作业作为典例进行分析。可以发现,通过本课程的学习,学生能够灵活运用相应的分析理论和方法从人的视角进行环境实验,获取对于设计方案的指导意见。例如,在"居住区设计"专题中,有的同学通过眼动实验对观景台的设计进行多方案比选(见图3),了解到较低位置的观景台方案能够有效吸引人群的注意力,同时对于阳台景观面的遮挡程度较低,为较优方案。有的同学则关注空间中的视觉因素(见图4),在设计的策划阶段就对案例地进行了全面的分析以发现问题所在,并在设计策略和设计方案生成后再次进行设计后评估,以验证设计和改造的合理性。而在"城市设计"专题中,有的同学则关注慢行系统中的街道视觉品质研究(见图5),通过构建街道品质评价体系,采用计算机视觉方法获取街道空间的视觉参数、人车流量等数据,对多项指标进行综合叠加分析判断场地的活力品质,进而引导城市设计方案的生成。

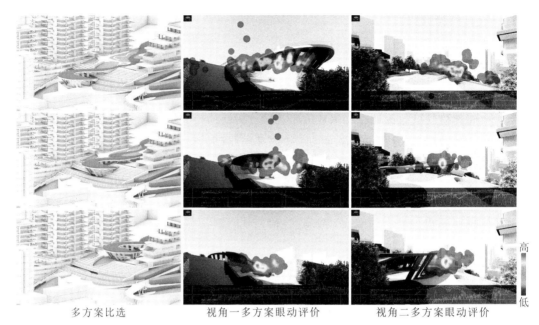

多方案比选　　　　　视角一多方案眼动评价　　　　　视角二多方案眼动评价

图3　眼动实验驱动设计分析过程

改造前视线遮蔽效果　　改造后视线遮蔽效果　　改造前视线整合度　　改造后视线整合度

图4　空间视觉分析辅助设计过程

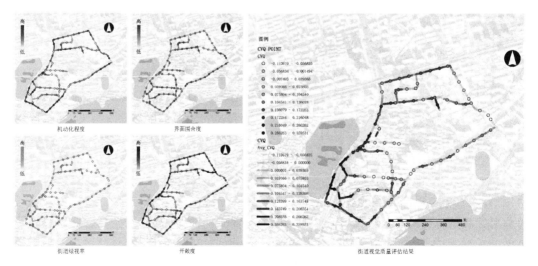

机动化程度　　　　界面围合度　　　　　　　　　　　　　

街道绿视率　　　　　开敞度　　　　　街道视觉质量评估结果

图5　街道品质评估指导设计过程

（二）教学经验反思展望

结合上述教学实践和学生作业分析，教学团队认为打通本课程与设计类课程对于建筑类专业培养新工科人才具有积极的作用。本文对这一过程中获得的经验进行了反思，并对教学中所需要注意的要点与方向进行了总结展望，希望对未来持续开展的教学改革提供参考和支撑。

1. 培养学生理性思维，探索设计与研究融合模式

研究与设计的关系一直是建筑类教学领域关注和探讨的问题，也是新工科建设背景下建筑类专业人才培养需要关注的目标。一段时间以来，国内建筑类教育多以设计基础课程为主干，注重培养学生的感性思维，而忽视了理性思维的培养。应当明确，研究是设计实践的依据，以理性思维为设计引导、感性思维为设计抓手，对于培养新工科建筑类专业人才的融通能力具有重要的指导作用。在本课程的教学过程中，环境行为学为设计的时间提供了理论的指引，构建以理论研究为基础、以实践应用为导向的教学模式，有助于探索设计与研究的融合模式。以教促学，更好地训练学生的学科交叉思维以及发现、分析和解决问题的能力。

2. 不同学位定位清晰，建立贯通式人才培养模式

针对不同的培养目标，教学团队对本科生和研究生提出不同的角色定位和培养要求（见表1）。而在教学过程中，教学团队发现，调研能力与研究能力的匹配度欠佳是困扰建筑类设计与研究融合培养的问题之一。因此，教学团队探索了本研一体化教学模式，研究生作为问题研究的主导力量开展应用型和创新型探索，本科生则发挥其优势主导研究过程中的调研环节，再由研究生为本科生提供技术与理论上的指导。通过课程培养，本科生与研究生建立"协作"关系，对于本科生的研究能力提升与研究生的成果转化效率均有促进作用。当前，环境行为学课程面向低年级设置，以启发式教学为主，配合本研一体化的教学模式形成的"研究式"设计方法为培养学生观察人、行为与环境的敏锐性打下了基础，有助于学生对调研形成的结果进行反思，为设计和研究提供进一步的参考。

表 1　本研学生角色定位与培养目标

学习阶段	角色定位	培养目标
本科生	以学习为主	了解环境行为学的基本理论方法和工具，了解理论学习背后的应用价值与意义，为后续的深入研究培养思维
硕士研究生	以应用为主	将理论与个人研究相结合，强调对理论体系的完整理解和新方法与工具的应用
博士研究生	以创新为主	与教学团队形成学术上的交流互动，作为学术伙伴开展创新性的学术研究

3. 学研创赛四位一体，多元运用研究与设计成果

通过结合本课程与建筑类设计主干课程，形成的设计方案既可以作为两门课程的结课作业素材，也可以充分挖掘课程教学过程中形成的前期研究与调研成果价值，把握课程作业中数据驱动设计的理念，指导学生将其与大学生创新创业计划、科研论文写作、设计竞赛、调研报告评优等结合，提升不同阶段学生的研究动力。同时，成果的多元运用有助于减轻学生的课业负担,激发学生的主观能动性,促进成果产出与成果转化的双向促进,为培养学生对知识的迁移应用和融通能力提供保障。

4. 始终坚持问题导向,强调技术与方法的工具性

通过本课程的学习,学生们充分认识到将技术手段与建筑营造充分融合已成为建筑类学科新工科人才培养的热点。然而,部分以"炫技"为主要目的、堆砌技术路线方法的研究也时有发生。学生们掌握了新的技术手段后,片面强调设计方案中的技术分析部分,结果"雷声大、雨点小",反而造成分析环节与设计环节的脱节。应当注意,在设计环节中引入的技术手段始终是为了分析问题而服务的,当用于分析数据的新技术脱开了问题本身,分析所得的数据亦失去了意义,无法为设计方案的生成提供有效的指导。"环境行为学"所教授的理论和方法适用于指导研究以解决科学问题和现实需求,方法是研究工具而不是研究目的。教学过程中,应时刻引导、培养学生坚持问题导向、注重现实需求、服务国家战略的思维,才能有效避免学生被工具和方法主导,反而束缚了解决问题的途径,这是建筑类新工科教学中有关新技术新理论与设计课程结合过程中应明确和避免的问题。

四、结语

综上所述,本文以"环境行为学"课程为例,面向学生计算性思维偏弱、技能与时代需求脱节、知识整合与应用能力不足的学情,应对课时支撑不足、教学形式创新、考核模式修正的需求与痛点,结合设计课程教学改革进行以新工科人才培养为目标导向的教学探索。通过本课程与设计课内容联动、"MOOC推动式"规划、知识图谱驱动、元宇宙教学平台建设等方法探索,实现课程教学的线上讲授与线下对话相结合的互动式教学模式,建构了理论学习、技术实操、设计实践"三位一体"的全过程评价体系。

当前,课程教学已取得一定成效,具体表现为学生的知识融通与问题解决能力得以提升、学生的课业负担有所降低、本硕博学生间建立起协作关系并实现成果转化等,受到学生的好评。未来,教学团队将根据现有教学改革的经验,继续从建立贯通式教学人才培养模式体系、研究与设计成果多元化运用等方面推进教学改革实践,充分培养学生的研究性、交叉性和计算性思维,传承"以人为本"的设计理念,以进一步提升学生使用环境行为学理论方法解决设计问题的能力。

思政导研下的新工科创新人才培养模式探索[*]

邵桂芳　高云龙　祝青园　刘暾东^{**}

摘要：研究生作为国家创新发展的主力军，其思想意识和专业能力培养至关重要。通过对研究生思政教育文献综述发现，导师在与研究生沟通方面还有待加强，思政育人目前大多集中在课程思政上，对于融合研究生党建和协同育人的研究尚未深入，缺乏可评价体系。结合学校发展定位、学科专业特色与团队研究基础，提出三个层次的思政导研体系：与专业理论、研究能力及创新能力培养相结合，政、产、学、研、用多方聚力，多方融合新型创新实践平台搭建。

关键词：研究生；思政导研；新工科；创新人才培养

一、引言

伴随科学技术的发展、专业的细分，产生了学科，学科促进专业的深入发展，但同时学科也造成了专业间的壁垒，使学生的培养在象牙塔中又被牢笼化了。即现有研究生教育存在单一导师制造成的学术思维僵化问题，导致导师学术专制与学生被动教育。同时，存在研究生科研成果脱离实际，经常被束之高阁、无法产业化的普遍现象。因此，突破学科壁垒，面向大科学问题，建立未来技术研究，面向行业技术难题，建立实践创新平台，对国家创新驱动发展战略的实施，对高端创新型人才的培养，已经变得刻不容缓。

国无德不兴，人无德不立。育人之本，在于立德铸魂。传统简单说教与理论学习无法适应研究生立德树人培养，需要认识思政与研究生培养的关系，探索如何将"祖国为上，人民为先，责任为重"的理念融入人才培养中及如何将思政融入科学研究的日常点滴中。并坚持《关于推进新工科研究与实践项目的通知》要求的"深入推进产学合作、产教融合及科教协同"与《国家中长期科学和技术发展规划纲要（2006—2020 年）》提出的"支持研究生参与或承担科研项目，在创新实践中培养其探索兴趣和科学精神"。

* 基金项目：福建省重大教改项目"机械工程专业学位研究生创新实践能力培养与质量保障体系建设研究"（FBJY20230249）。

** 邵桂芳，女，博士，厦门大学萨本栋微米纳米科学技术研究院副教授，主要从事模式识别与智能系统研究。高云龙，男，博士，厦门大学萨本栋微米纳米科学技术研究院副教授，主要从事机器学习与智能优化研究。祝青园（通讯作者），男，博士，厦门大学萨本栋微米纳米科学技术研究院教授，主要从事无人驾驶与智能装备研究。刘暾东，男，博士，厦门大学萨本栋微米纳米科学技术研究院教授，主要从事工业机器人与机器视觉研究。

　　为践行国务院办公厅《关于深化高等学校创新创业教育改革的实施意见》提倡的"落实立德树人根本任务",响应习近平总书记在全国科技创新大会上提出的"广大科技工作者要把论文写在祖国的大地上,把科技成果应用在实现现代化的伟大事业中",助力海峡西岸响应《中国制造 2025》的地区行业技术创新,本文系统探索了"以思政导研为引领,以多融合平台为依托,以全方位人才培养为目标,以学科领域的交叉融合为突破点,以地区行业技术创新为着力点,新工科创新人才协同聚力培养"具体实施机制。其中,"思政导研"是指通过"服务学科交叉突破瓶颈、服务地方行业创新驱动"两个方面,培养"具有民族责任感、科研能力扎实和创新进取精神"的全方位人才。

　　具体化为首先探索跨学科、跨专业、跨院系、跨国界的学术型研究生培养的新模式,以科学问题为导向,建立学科交叉开放式平台,推行跨学科双导师制研究生培养方案,加强互动交融、引入国际经验,培养具有前沿学术眼光、宽广国际视野的青年学术才俊。进一步探索以行业、企业技术需求为导向,建立校企合作技术创新平台,构建深度产教融合的技术人才培养新途径,解决政、产、学、研、用多方合作缺乏统一平台和着力点的问题,推动平台开放共建、共享,实现多方协同聚力专业型研究生培养新模式。

二、思政导研育人研究现状

　　教育部提出的课程思政主要针对在专业理论授课的课堂融入思政元素,但是近年来我们发现很多学术水平不低的研究生反而没有正确的人生观、价值观和世界观。与此同时,目前的工科教育恰恰存在重"术"的掌握和运用、轻"道"的阐发与弘扬的普遍问题。如何将"祖国为上,人民为先,责任为重"的思想理念贯穿工科人才培养的始终、如何通过民族责任感和认同感激发学生的创新动力极为重要。

　　通过文献综述发现,以"研究生"和"思政"为关键词的文献有 2317 篇,其中,与"课程思政"主题有关的文献为 487 篇,实际上,其他分类里也包含了课程思政有关内容,如 369 篇"思政教育"主题文献里有 60％是与课程思政有关的。即目前思政导学研究还主要停留在课程思政建设上,包括各种学科专业(信息与电子学科、机械工程、临床医学、汉语史)、各类课程(必修课、专业课、公共基础课)等。其中,研究生导师在思政教育引导中作为第一责任人在思想政治教育、协同育人等方面至关重要,而与辅导员、企业导师等协同育人是一种有效手段,特别是借助研究生党建达到导师与研究生深度融合育人是关键,关于这几方面的探索具体如下,简要情况如图 1 所示。

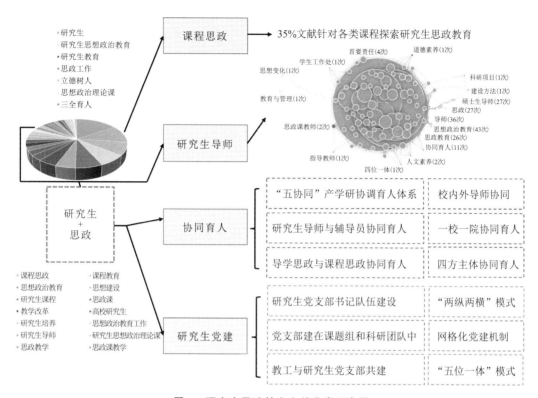

图 1 研究生思政教育文献分类示意图

1. 研究生导师的思政教育引导研究

研究生导师作为研究生培养与立德树人教育的第一责任人，需要与时俱进，且探索新方法新模式开展协同育人研究。调查分析表明有 98.18% 的研究生认为导师在课程思政上能贯穿始终，并且有 96.26% 的研究生认同导师师德师风表率，但在导师带学生参加学术活动与交流方面有 74.68% 的研究生认为极少参加。[①] 首先，在仅有 62% 左右的导师认为负有对研究生进行思想政治教育的首要责任情况下，提升导师思想意识至关重要。[②] 为提升导师导思实践效果，构建多维度课堂与产教研协同育人机制是关键。[③] 其中，构建"双创"导师团队[④]与"大思政"导师团队[⑤]是一条有效途径。特别是导师与辅导员合力育人可

---

① 韩忠全、郭望远：《研究生导师立德树人职责调查研究——以黑龙江省高校为例》，《黑龙江教育（高教研究与评估）》2020 年第 9 期。

② 景云川、周骁男、崔佳乐等：《临床医学研究生导师思政教育的调查与分析》，《中国高等医学教育》2023 年第 4 期。

③ 陈春、李海芬、俞晓平：《导师导思："一体双翼"培养模式研究与实践》，《研究生教育研究》2021 年第 2 期。

④ 隋文涛、袁林、李志永：《导师团队在研究生思政教育和创新创业教育中的作用中国》，《现代教育装备》2022 年第 7 期。

⑤ 马凯、刘维韬、刘衡升等：《导师在研究生培养中思政育人作用的提升路径研究》，《中国地质教育》2022 年第 1 期。

实现思想与学业双融合培养。[①] 虽然目前对于研究生导师的思政教育责任与义务已经非常明确，并在导师思想意识提升与协同育人机制上开展了探索，但是如何将研究生创新能力培养、思政育人与科学研究等有效融合发挥导师团队作用的具体实施机制与模式还有待深入研究。

2. 协同育人研究

在深入开展适合研究生学科专业特点的课程思政建设基础上，通过导师与学生关系为载体的导学思政体系构建可以实现价值塑造、知识传授与能力培养的三位一体。[②] 其中，专业学位研究生培养可以通过实践教学、攻关项目及实习基地等建设来实现产教融合育人。[③] 特别是企业导师与辅导员分工明确地在教学、培养计划制订、科研实践及就业等环节协助导师开展新工科人才培养是一种有效措施。[④] 而挖掘学科与实践资源、优化教学内容与创新教学方法、拓宽互动反馈与评价激励途径、落实党支部双带头与监督监测职责、关注教育对象与时代发展问题等手段可促进实现显性教育和隐性教育的统一。[⑤] 发挥研究生导师、辅导员、秘书和专业组长优势，明确分工与角色定位是研究生思想政治教育工作开展的关键。[⑥] 构建研究生工作站实现地方政府、高等学校及中小学"三位一体"协同育人也是一种新途径。[⑦] 可以看出，针对研究生思政教育，已有研究从导师与辅导员、企业导师协同角度，通过课程思政、教学改革及实践基地建设等手段，开展了相关探索，但还未形成可借鉴可推广的体系，需进一步深入探索。

3. 结合研究生党建的思政教育研究

与该主题有关的文献主要包括研究生党建工作、研究生党支部和研究生党员。目前已经有一些值得借鉴的探索，如通过问卷调查得出 84% 导师同意"导师应主动参与到研究生党建工作中"的观点，但如何落实参与机制仍需探索。[⑧] 且现有研究生党建存在组织管理不健全与组织形式单一问题，将学科教育与党建教育融合是新思路。[⑨] 可以通过设立纵向党支部、资助特色活动、建立思政导师制及毕业生党员最后一次党课等方式将思政教育与

① 韩青诺：《研究生导师与辅导员协同育人机制的探究》，《科学咨询（教育科研）》2020 年第 5 期。

② 周伟、刘佳、郑佩亚：《新时代"导学思政"与"课程思政"协同育人的实践》，《电脑与电信》2022 年第 5 期。

③ 马镳文：《专业学位研究生产教融合协同育人模式研究》，《产业创新研究》2023 年第 16 期。

④ 张鹤立、杨鸿文、柴春泽：《校内导师、企业导师与辅导员协同育人机制研究——以信通领域卓越工程师培养为例》，《工业和信息化教育》2023 年第 9 期。

⑤ 郑心语：《基于显性教育与隐性教育相协同的研究生思政课改革创新》，《学校党建与思想教育》2022 年第 6 期。

⑥ 徐敏华：《强化"四方主体"作用 提升协同育人质量——论高校院系研究生思想政治教育工作的创新》，《研究生教育研究》2016 年第 6 期。

⑦ 许冠亭、杨鹏：《研究生工作站在"三位一体"协同育人中的机制与作用研究》，《江南论坛》2019 年第 7 期。

⑧ 王璐、周宏武：《导师参与研究生党建工作的创新机制探究——以同济大学为例》，《高教学刊》2022 年第 29 期。

⑨ 褚晓岑：《研究生党建育人模式探索》，《决策探索》（中）2021 年第 8 期。

党建教育融合。[①] 强化导师的引导作用,通过教工党支部与研究生党支部共建方式形成潜意识引导。[②] 并进一步通过落实研究生导师参与制度及搭建党建与科研融合平台,最大限度发挥专业内研究生党员的"传帮带"作用。[③] 特别是在双创与双一流建设背景下,以科研诚信与学术道德为落脚点,实现研究生党建与学业科研协同发展是一种有效的实践模式。[④] 真正实现导学思政,需要构建导学团队并加强导师思政育人与引导责任意识。[⑤] 虽然结合研究生党建的思政教育已有一些探索方式与模式可以借鉴,但是融合学校发展目标、人才培养定位和学科优势特色的具体实施措施,还有待进一步挖掘和提升。

4. 新工科研究生思政教育研究

调查研究表明有90%学生希望开设与时俱进的课程,51%的学生认为自己与导师沟通不足,42%的学生并没有理想的科研成果,可以看出教学内容陈旧、缺乏有效沟通及创新能力不足是当前新工科研究生培养面临的挑战。[⑥] 为应对新工科建设对研究生创新能力的培养需求,从思政融入日常培养、学术交流分享、科研项目选题及竞赛实践验证等角度探索激发创新内驱力的方式[⑦],从多学科交叉融合的跨学科跨国界导师团队建设角度培养多元化人才[⑧],从导师师德师风与科研指导能力、学生综合素质与学术能力等多维度评价角度实现培养质量控制[⑨],都是有益的探索。

三、思政导研育人举措

基于对学校发展定位和学科专业特色的分析,以及团队教师从事教学改革研究经验,探索了从入学到离校、从生活到学习、从研究到应用以多形式、多阶段、多手段结合政产学研用五方聚力实现思政引领的举措(见图2)。

---

① 杨戴竹、赵飞:《党建工作新视角下的新时期研究生思政教育研究——以吉林化工学院为例》,《吉林化工学院学报》2019年第2期。

② 鲁晶:《新时代背景下研究生党建工作"五位一体"模式的探索》,《湖北经济学院学报(人文社会科学版)》2021年第1期。

③ 夏婷、刘进、周珊等:《"双一流"建设背景下"1+2+3+4"研究生党建模式构建初探》,《成都中医药大学学报(教育科学版)》2021年第4期。

④ 石存、张丽琴:《聚力"学、践、促",推进研究生党建与科研深度融合——以北航自动化学院"党建促科研,科研强党建"为例》,《大学》2021年第52期。

⑤ 张启钱、王爱伟:《导学思政与研究生党支部建设的融合模式研究》,《学位与研究生教育》2021年第6期。

⑥ 秦洪庆、耿赛、刘仕伟等:《工科专业研究生拔尖创新人才培养模式的探索》,《潍坊学院学报》2022年第5期。

⑦ 谭云、秦姣华、向旭宇:《融合思政教育的"新工科"研究生创新思维培养模式》,《软件导刊》2022年第7期。

⑧ 刘国艳、徐鑫:《新工科背景下油脂方向研究生创新能力培养对策研究》,《中国油脂》2022年第10期。

⑨ 王珍、王淑芬、亓占丰:《面向新工科的地方高校研究生培养质量控制与评价方法——以大连大学机械工程专业为例》,《大学》2023年第23期。

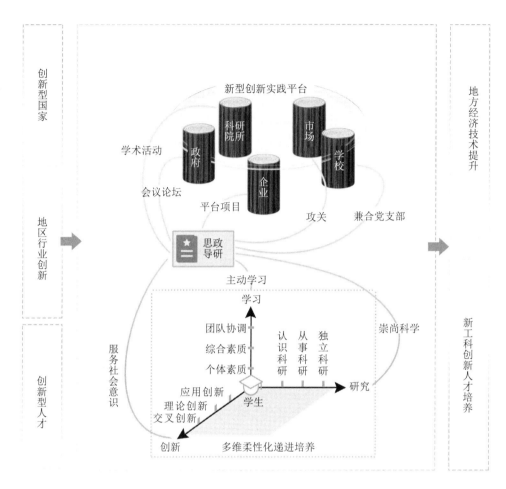

图 2　五方聚力下的思政导研融入学生能力培养示意图

1. 与专业理论、研究能力及创新能力培养相结合的思政导研

思政不仅是课堂上的说教与政治课上的理论,思政必须像盐一样,与专业理论、与研究能力、与创新能力相结合。本文通过以下手段,层层递进,让学生们真正意识到,他们的研究成果要为民族富强、在当前复杂的国际形势下打破发达国家的封锁,做真正有用的科研,为国家和民族作真正的贡献。而只有国家民族的真正发展和强大,才能让"小我"有真正的发展空间。在这样的意识引导下,让学生正确认识为什么而学、为什么而研,才能有真正的动力,做有价值的科研、做有意义的创新。(1)努力打造与专业知识相结合的课堂思政;(2)通过打造团队支部,将团队研究生组会与支部会议相结合;(3)通过国际科技新闻的学习与分享,了解国际形势与技术瓶颈,更加认识到所进行的研究创新的重要性。

2. 政、产、学、研、用多方聚力的思政导研

思政工作不能只在校园中进行,社会力量的多方聚力能更加丰富对思政导研的手段、能结合实际更加加深学生对所进行的科研和创新意义的理解与感受。我们通过科协举办的学术论坛开展人生规划的学术沙龙、院士面对面、学者在身边等活动,通过企业一线专家的讲座、交流和座谈对产业界的形势和存在的技术瓶颈有充分的认识,通过与社会各团体、学会和机构的技术交流,对产业界的需求有真正的了解,对创新给企业带来的贡献有深刻的感受,引导学生积极崇尚科学。结合科协的科技工作者日系列活动,强化"科技兴则民族兴,科技强则国家强"意识。鼓励学生参加志愿服务,以参与者身份融入学术会议,近距离接触领域专家学者,变传统听取学术报告的被动为主动,激发研究热情。

联合行业民营企业建立新型创新平台,以企业技术瓶颈突破及科技攻关为依托,结合应用企业现场测试,潜移默化激发创新意识与服务社会主人翁精神。通过多方协作筹办产学研论坛与新一代人工智能高峰论坛,鼓励学生勇于创新、学以致用。

3. 依托跨专业跨学科跨领域交叉开放平台的多导师团队思政引导

为引导学生做有用的科研,以需求为牵引,发挥本学科优势,形成不同层次的学科交叉融合。在学科内外、校内外及国内外,构建具有不同学科专业、知识层次、专业特长及理论实践的导师团队组,落实紧密合作的双导师制,建立交叉领域实际需求与兴趣导向的研究小组,从而实现研究生的多元化培养模式。(1)以校内、校际及国际的重大学科问题为需求牵引,通过交叉合作突破学科壁垒,打破象牙塔式人才培养,结合"交叉导师走进来"与"学生走进去"方式,形成针对未来技术研究的持续合作团队;(2)以行业技术发展、企业转型升级技术需求为牵引,通过深度融合的校企合作平台,结合"企业工程师走进来"与"学生走进去"方式,形成科技创新和高端人才培养双驱动。

4. 依托政产学研用多方融合新型创新实践平台的多方协同思政引导

以把科技成果应用在实现现代化的伟大事业中为目标,面对海峡西岸智能制造示范省及民营企业为主的独特区位现状,以助力企业科技创新应用为导向,以行业学会为载体,搭建新型多融合创新实践平台。(1)以行业技术创新为驱动建立校企合作创新平台,基于互利共赢理念,以企业投资、高校建设、双方人员入驻的协同方式,采用项目制管理,结合产业发展的技术需求与高校的人才培养目标,在保障企业技术前沿攻关的基础上,培养锻炼研究生的应用型科研创新能力;(2)在科技部门指导下,通过政策引导,建立面向地方产业方向的省、市各级的"重点实验室"平台,以学会为载体,多方协同聚力,建立多领域行业协会交叉融合的"学会联合体"平台,通过政、产、学、研、用有机结合,联合营造研究生培养外部环境,实现理论探索、技术创新与成果应用的多种能力全方位人才协同培养。

四、总结分析

经过近五年的探索实践,在研究生思想素质与科研能力并举方面取得了一定成效。如2020年新冠抗疫过程中,有多位同学自愿准备加油祝语,并主动参与迎接低年级同学返校志愿活动,特别是企业复工复产后,主动要求到企业进行现场测试调试,体现了学生与祖国共同抗疫的心愿。特别是在与本学科相关的本地会议组织上,有45位同学自愿担任了会议志愿者,体现了学生积极主动参与学术活动并志愿服务的热情。此外,团队3位党员导师与6名学生党员组成了兼合式党支部,并一起参加了不忘初心、牢记使命系列活动。当然,学生的科研水平也逐步提升,由原来一位硕士发表1篇毕业要求的学术论文到一位硕士发表2篇高水平学术论文,并申请发明专利1项。

由上可见,针对新工科研究生创新能力培养,将思政与科学研究融为一体的举措是有效的,特别是导师团队、党建和校企政多元一体是有意义和可借鉴的一种途径。

普通高等院校健身气功推广普及的理论与现实路径

——以厦门大学为例

李仁松　黄惠玲　曾秀端　王　鹏*

摘要：本文运用文献资料法、访谈调查法、逻辑分析法、个案分析法等研究方法，以厦门大学为例进行健身气功推广普及的路径探析。普通高等院校健身气功推广普及重点要从理论与现实两条路径着手：（1）加强国家有关支持开展健身气功项目活动的大政方针和政策的梳理及发展的理论研究。（2）以理论为指导，因时因地制宜制定出环环相扣、相辅相成的各项实践活动的制度设计，行之有效地开展活动。

关键词：普通高等院校；健身气功；理论路径；现实路径

一、前言

　　健身气功老少咸宜，并不是老年人锻炼的专利。传承中华优秀传统文化的责任应落在青年人的肩上，甚至应该从娃娃抓起。许多高校健身气功同仁和社会有识之士希望健身气功能在普通高等院校得到大力的推广普及，但现实与理想之间还存在明显的差距，有调查表明，目前全国普通高等院校健身气功项目课程普及率总体不高，课程开课率较低。① 究其原因是多方面的，主要有主管部门不重视、教师资源匮乏、学生缺乏积极性等问题。②

　　厦门大学历来重视中华优秀传统文化的弘扬和传承，健身气功的推广普及工作经历了蹒跚起步、拉开局面、蓬勃开展和内涵式发展几个阶段，积累了十多年的较为成功的经验。本研究以厦门大学个案为基础，着重探析健身气功在普通高等院校推广普及的路径。

二、实现普通高等院校健身气功推广普及的理论路径

　　理论是行动的先导。影响高校健身气功推广普及的原因首先是校领导、教师和学生这三方面关键核心要素在理论和思想观念上存在一定的认识误区。从事高校健身气功教学训练的一线教师，首先要加强国家有关支持开展健身气功项目活动的大政方针和政策的梳理

---

　　*　李仁松，厦门大学体育教学部副教授，主要研究领域为民族传统体育养生健身理论与实践、国术与健身气功研究。黄惠玲，厦门大学体育教学部副教授，主要研究领域为民族传统体育学和特殊体育教育。曾秀端，厦门大学体育教学部副教授，主要研究领域为高校体育教学与训练。王鹏，厦门大学体育教学部副教授，主要研究领域为体育教育与体医融合。

　　①　项汉平、丁丽玲、刘治国、项馨：《健身气功在普通高校的开展现状及发展对策》，《武汉体育学院学报》2013 年第 5 期。

　　②　唐玉洁、姜苹：《健身气功在高校的开展现状及推进策略》，《科教文汇（中旬刊）》2020 年第 35 期。

及发展的理论研究,熟悉健身气功的基础理论,结合厦门大学实际,加强本校师生习练健身气功的契合点调查和研究,在理论上武装自己,并影响相关人员的参与积极性,争取获得支持。

(一)加强国家有关支持开展健身气功项目活动的大政方针和政策的梳理及发展的理论研究

气功是中华民族的瑰宝,具有悠久的历史和深厚的文化底蕴。国家相继出台一系列政策、法规,气功管理逐步走向正轨。这些政策、法规的出台是开展健身气功推广普及工作的重要依据。

1. 国家体育总局关于健身气功的相关法规和文件

国家体育总局成立了健身气功管理中心,确立了健身气功"讲科学,倡主流,抓管理,促和谐"的发展方针,成立课题组,创编了易筋经等9种健身气功功法和明目功、校园五禽戏等,相继出台《健身气功管理办法》等法规和《中国健身气功对外技术等级评定办法(试行)》等一系列健身气功教学推广活动办法,同时相继出版了《健身气功200问》等健身气功教材图书,先后印发了《健身气功发展规划(2013—2018)》等促进健身气功发展的指导性文件。经过20多年的努力,健身气功的科研宣传活动得到不断加强,管理制度不断完善,有效地推动了健身气功的持续健康发展。

体育总局的一系列健身气功相关法规和文件,都是争取学校支持的重要材料和开展学校健身气功推广普及活动的重要依据。

2. 中共中央、国务院关于健身气功的相关政策

国务院早在2015年发布的《中医药健康服务发展规划(2015—2020年)》当中就将推广健身气功列为重点任务之一。

2016年国务院印发了《"健康中国2030"规划纲要》,提出明确支持推广健身气功。《"健康中国2030"规划纲要》中还明确提出:要加强"体医融合"和"非医疗健康干预",而健身气功作为传统养生保健的重要传统健身方法,正是"体医融合"和"非医疗健康干预"的最有效的运动形式和项目之一。《"健康中国2030"规划纲要》还要求"牢固树立健康第一的教育理念"。作为中国传统健身文化项目的健身气功,从理论到实践,都强调天人合一、道法自然、因人而异、因时因地制宜、身心协调发展,是学校贯彻"健康第一"教育理念最彻底、最有效的运动项目之一。健身气功项目特别适合作为体教融合运动项目在高校开展。

2020年,中共中央办公厅、国务院办公厅印发了《关于全面加强和改进新时代学校体育工作的意见》,要求学校"坚持健康第一的教育理念","弘扬中华体育精神,推广中华传统体育项目","因地制宜开展传统体育教学、训练、竞赛活动,并融入学校体育教学、训练、竞赛机制,形成中华传统体育项目竞赛体系"等。

正是在此指导下,厦门大学自上而下进行部署,把健身气功八段锦作为中华传统体育课间操项目在全校推广。2020年年底,厦门大学制定了《八段锦课间操实施方案》,开展师资培训。2021年开始组织学生骨干培训,在全校体育课上教授推广八段锦,开展课间操活动和校运会开幕式八段锦展示评比。

2022年党的二十大的召开,全国各高校掀起了学习、领会和贯彻会议精神的热潮,党的二十大报告中有关健康中国、体育强国、文化强国的重要论述与健身气功的推广普及有着内在的必然联系,应加强学习,领会精神并运用到健身气功推广普及工作中去。

抓住国家大政方针和政策的契合点是学校领导支持健身气功活动开展的关键。

（二）熟悉健身气功的基础理论

在学校推广普及健身气功，面对学校领导和学生，高校从事健身气功教学训练的一线教师要能简明扼要地说清楚健身气功是什么，它的主要特点和健身功效，不能只会教动作。

（三）结合本校实际，加强本校师生习练健身气功的契合点的调查和研究

通过访谈调查，了解到高校师生普遍处于紧张的教学和学习状态，经常性熬夜和长时间工作学习，久坐问题影响高校师生的骨骼生长，导致出现颈肩腰腿疼、腰椎间盘突出症等慢性身体疾病，还会出现紧张焦虑的情绪等。健身气功具有以下特点：它是调身、调息、调心，身心合一的整体锻炼，低强度的和缓运动，动作简单、易学易练，无论身体强壮还是虚弱，无论动作学习能力如何，都可以练习，不受年龄、性别、体质、时间、季节、场地、器械等限制，老少咸宜，它无须专门的场地器材，可在教室、走廊、阳台、球场、草坪、操场、宿舍或办公室随时随地练习，这也更适合高校师生的生活状态和身体状况，更便于高校师生的参与。加之其具有抻筋拔骨、疏通经络等健身功效，这是健身气功在高校师生中容易推广普及的重要因素。

对于高校教师，他们需要的是方便参与、容易参与和健身效果。对学生而言，还有学业进步的要求，如体育学分、志愿者工时、获奖综测加分、学院认可的社会实践活动、担任活动骨干和社团职务对评奖评优和学业进步的加分，以及勤工俭学等需求。因此在学生推广方面要与学校的教学育人目标相结合，注意活动的评价机制和奖励办法设计。

每所高校都有自己的办学特点和特殊情况，各校需要结合本校实际，加强对本校师生习练健身气功的契合点调研。

三、实现普通高等院校健身气功推广普及的现实路径

实现健身气功在普通高等院校推广普及，要有一整套活动和制度设计，每个活动环环相扣、相辅相成、落到实处，才能达到推广普及效果。现实路径包括但不限于以下几个方面：

（一）教师个人的喜爱、坚持不懈与不断自我提升

教师个人的兴趣爱好很重要。喜爱所在，才会排除万难，安排出时间，坚持不懈地去努力。同时，教师要注意不断自我提升健身气功的技术水平，参加各级各类培训，以及健身气功竞赛、裁判工作、锻炼指导、论文写作和科研工作等，并不断提升健身气功社会体育指导员、裁判员和段位等级，在学校教学训练工作中树立威望。

（二）加强健身气功课程建设

建设好学校健身气功体育课程，教师在教学工作中通过教学相长不断提升自己技术水平和教学能力，同时，又可以满足学生选课修习体育课程学分和对传统体育健身方法以及传统体育健身养生文化学习的需要，为学校健身气功推广普及打下常规参与人群的基础。

此外，健身气功的运动特点适合教职工，受教职工的欢迎，在教职工健身大课堂中开设健身气功培训和锻炼课程，是高校健身气功全面推广普及的重要渠道。

同时，可为老年大学和研究生开设健身气功课程，在学生、教职工和离退休人员中同步开展、全面铺开。

（三）成立学校健身气功运动队和协会，培养学校师生健身气功技术骨干

健身气功队技术骨干力量是满足开展活动、指导更多人参与健身气功锻炼、走出校园

参加交流和竞赛的重要途径。成立校级健身气功运动队,不断提升师生骨干的健身气功技术水平,有利于促进校园健身气功的推广普及。培养学校师生健身气功技术骨干,要秉承"健康第一"的教育理念。坚持健身气功的本质属性,重点发挥健身气功的养生功能,将健身气功致力于为全人类健康服务,这相较于奥运会竞技项目而言,意义更为深远。[①] 校园的健身气功骨干技术培养,要以为广大师生健康服务为主要目标,扎实推进和开展校园全民健身活动。

在健身气功队的基础上成立学校健身气功协会社团,以健身气功队师生的技术骨干力量为主,广纳贤才,与健身气功爱好者组建起学校健身气功宣传、推广团队,让技术骨干在全校各项活动中发挥作用。

运动队和协会要两手一起抓。此外,加强与学校老年体协健身气功组织的联系,在全校各项健身气功活动中共同发挥作用。

(四)开展校园各项健身气功活动,实现健身气功课堂教学、运动队训练和协会活动课内课外一体化的发展模式

群众体育的一个重要特点就是要通过组织活动来实现。[②] 学生参加学校各项活动具有一定的功利性,一方面是社会实践和交往的需要,另一方面是学业进步的需要。开展学校各项健身气功活动,要有利于学生的学业进步。实现健身气功课堂教学、运动队训练和协会活动课内课外一体化推广普及发展模式,打通健身气功体育课程、运动队训练和协会课外活动对学生学习成绩的评价办法的一体化是关键。

健身气功运动能够在厦门大学蓬勃开展,主要有以下重点推广方式。

1. 开展全校各学院师生健身气功骨干培训

开展院级推广普及,每个学院要有健身气功教练骨干力量。厦门大学每学年定期组织全校各学院学生骨干和各部门工会教职工骨干培训,尤其是学生方面,因为学生一届届毕业离校,每学年都要补充新成员。

2. 定期举办全校健身气功比赛

每年定期举办全校健身气功比赛是检验健身气功课堂教学、运动队训练和学校健身气功推广普及效果的重要举措。它为全校师生搭建起健身气功交流和展示的平台,为健身气功队选拔和发现苗子提供窗口,为全校健身气功学生爱好者创建各项评奖评优的机会和平台,同时带动学生投入时间参与、训练提高技术水平,进而推动了项目的快速发展。厦门大学自 2015 年以来每年定期开展比赛,参赛人数逐年增加,收到很好的推广效果。

3. 定期举办学校健身气功重点推广项目线上专项赛

定期举办学校健身气功重点推广项目个人线上专项赛,通过拍摄并上传视频进行评比,不受线下参赛的时间限制,组织比赛的难度低,经费需求低,方便师生的备赛和参赛,有利于师生技术水平的提高和身体锻炼。

同时,专项赛可为各学院选拔院队队员参加学校比赛、展示和评比等活动减轻选拔运动员和集中训练的压力。另外,也为学生增加参赛和获奖的机会,有利于推动学生的参与

---

① 王涛:《新时代中国健身气功发展省思》,《南京体育学院学报》2020 年第 3 期。

② 冀运希:《生命的祝福:健身气功工作手记》,人民体育出版社 2013 年版。

和全校健身气功重点推广项目的普及。

厦门大学自 2020 年以来，在总结线上体育课堂、线上作业批改、线上比赛等经验的基础上，每年组织八段锦专项赛一直延续至今，并受到师生的欢迎，参赛人数逐年增加。

4. 开展学校健身气功重点推广项目课间操活动

健身气功课堂教学、训练参赛、展示和培训活动要落实到全校师生日常锻炼和健康保养上，落实到校园全民健身锻炼上。把重点推广项目在校园以课间操的形式来开展，对校园全民健身和参与者自己都有长远的好处。推广之初，需要带操志愿者带操，引导师生参加课间做操并营造全校师生课间操活动的氛围。

厦门大学在新冠疫情期间为引导广大师生积极锻炼，积极开展全校各学院八段锦课间操活动，组织师生志愿者进行领操活动。现如今，课间操活动小型分散，在全校有 10 多个自发的课间操点，长期坚持课间操活动。

5. 开展校运会开幕式健身气功重点推广项目课间操展示评比

开展校运会开幕式健身气功重点推广项目课间操展示评比活动是督促全校各学院把课间操活动落到实处并促进全校健身气功重点项目推广普及活动开展的重要手段和保证。评比活动可以推动全校各学院课间操的推广普及和师生技术水平的提高，形成全校各学院都有师生技术骨干力量，实现全校健身气功重点推广项目推广普及活动的长期和循环开展的良好局面。

厦门大学自 2021 年起，每年在两个校区的校运会开幕式上同时开展课间操八段锦展示评比活动，全校 30 多个学院 800 多名师生共同参加，起到很好的示范带头作用。

6. 参加全国、省、市健身气功赛事交流和培训学习

组队参加校外各级健身气功活动交流和比赛，不断锻炼和提升队伍骨干力量的技术水平。除了参赛，还可推荐师生骨干参加各级健身气功社会体育指导员、教练员、裁判员的培训学习等，让骨干力量得到不断进步。

多年来，厦门大学在各级各类比赛中获得奖牌无数，运动成绩在全省高校中名列前茅，这些学生骨干在"朋辈课堂"中担任"小教练"开展健身气功教学活动，进一步推动了厦门大学健身气功运动的普及和推广。

四、结论与建议

（一）结论

要把健身气功在全校推广普及开来，离不开国家大政方针的指引、学校领导的支持、团队的力量，需要全校相关职能部门的协同开展、全校体育教师的共同参与、全校各学院师生的协同配合所形成的合力。要达到这一目标，首先要加强理论学习和研究，同时，从事一线健身气功教学训练的教师要个人热爱这项事业，不断提升自己的技术和理论水平及教学能力，脚踏实地、因时因地制宜制定出环环相扣、相辅相成的各项实践活动的制度设计，真抓实干地抓落实。

（二）建议

1. 健身气功具有体育和传统文化双重属性，属于体育，但高于体育，源于中国，走向世界，应在全国高校大力推广普及。

2. 加强理论学习和调查研究,制定学校健身气功推广普及的顶层设计计划和长远规划目标。

3. 依靠团队力量、培养学校健身气功技术骨干、成立相关协会(队)组织机构,理顺关系,形成合力。

4. 多开展活动、多总结、多宣传、多为参加活动的人员个人需求着想。

"一带一路"背景下高校外语教育中
提升中华文化国际传播力研究*

黄玲毅　王　可**

摘要：随着"一带一路"建设的推进，各国之间文化交流日益频繁，对我国人才的跨文化交际能力提出了更高要求。外语教育作为培养跨文化人才的摇篮，在国际文化交流中的重要作用愈发凸显，成为传播优秀中华文化的有力引擎。为应对新形势对跨文化语言应用的客观需求，本文聚焦高校外语教育中的中华文化学习现状研究，基于在南方某高校进行的一项实证研究，通过学生测试、问卷调查和教师半结构访谈，在数据分析的基础上，探讨我国人才优秀中华文化国际传播能力培养的机遇与挑战，并从教学活动、教材编写及使用和跨文化国际合作角度提出了应对挑战的有效路径。

关键词："一带一路"；跨文化交际能力；高校外语教育；国际传播能力

一、引言

2013 年，在世界多极化、经济全球化、文化多样化、社会信息化背景下，中国提出了"一带一路"倡议。"一带一路"倡议是开放的、包容的区域合作倡议，不仅有利于全球经济的互联互通，更有利于促进中外文化的交流互鉴。习近平总书记曾多次强调中华文化走出去的必要性，"让中华文明同各国人民创造的丰富多彩的文明一道，为人类提供正确的精神指引"。在"一带一路"倡议背景下，优秀中华文化走出去不仅是中华优秀传统文化的走出去，而且是要让"与当代文化相适应、与现代社会相协调"的具有当代价值的中华文化走出去。[①] 一些由当代各领域人民在 21 世纪文化交融大背景下创造的新兴文化，出于提升中国文化软实力、提高国际话语权的需要，也应纳入优秀中华文化领域，走进世界文明的交流和对话。

"一带一路"倡议提出以来，中外文化交流越发频繁和深入，对当今高校大学英语教育提出了更高的要求。为应对新形势下语言应用环境的客观需求，我国亟须加强英语教育在跨文化教学领域的理论和实践研究，特别是中华优秀文化国际传播这个重要环节。对于学生跨文化交际能力的提升，教育部 2020 年发布的《大学英语课程指南（2020 版）》在课程性质方面就明确指出，"大学英语课程可培养学生对中国文化的理解和阐释能力，服务中国文

---

* 基金项目：国家社科基金项目"基于人工智能多模态信息融合的大学英语口语评估理论与技术研究"（19BYY222）。

** 黄玲毅，女，福建泉州人，厦门大学外文学院副教授，主要研究方向为应用语言学、人工智能与语言学交叉研究。王可，女，广东广州人，厦门大学外文学院硕士研究生，主要研究方向为应用语言学。

① 习近平：《加强文化遗产保护传承 弘扬中华优秀传统文化》，《求是》2024 年第 8 期。

化对外传播",强调大学外语教学要注重目的与文化与本土文化双向文化的落实。① 当代大学生是中华优秀文化的重要传播者和创造者,高等教育作为我国教育的重要组成部分和跨文化交流的重要阵地,应积极响应"一带一路"倡议,努力培养具有精湛职业技能,又具备中华优秀文化国际传播能力的高素质综合型人才。

二、研究综述

外语教育承载着跨文化交际的使命,一方面传播各民族各国家文化,一方面建立文化认同,增强文化自信。外语教育中的文化选择,随着我国跨文化交际的需要而变化。20世纪以来尤其是改革开放后,国内学者的研究主要聚焦于英语学习中的英美文化输入,强调增强对英语国家文化背景的理解和认识。胡文仲认为,不了解交际对象国的文化则不能培养真正的社交能力。② 21世纪以来,各国文化交流日益频繁,中国文化失语问题也愈发凸显。南京大学从丛于2000年首次发文提出我国英语教育中的中国文化失语现象。③ 许多学者将目光投向这一领域,探讨跨文化教学中母语文化的重要性和触发文化失语现象的因素。罗玲(2015)指出,"中国文化失语症"表面上看是中国青年运用英语表达中华文化的语言能力不足,其背后的原因却是相关知识的匮乏和中华文化修养的缺失。④ 据肖龙福等学者的调查,高校英语教师和学生在不同程度上都存在中华优秀文化英语表达能力和传播能力的不足的问题。⑤ 针对现实教学中学生中华文化素养不足的问题,多名学者从课程设置、教材教法、评价体系等方面提出了中华优秀文化融入大学英语课堂的现实路径。⑥

"一带一路"倡议提出后,外语教育在中西方文化交流中的重要作用愈发凸显,建立文化自信、传播中国声音的时代诉求对在外语教育中融入优秀中华文化提出了更高要求。许多学者结合中国国情,开展了跨文化交际能力培养研究,提出了理论和实践模型,开展实证研究。⑦ 在此基础上,刘冠东联系"一带一路"背景,在跨文化金字塔模型基础上,构建了中华优秀传统文化国际传播能力培养模型,通过知识、态度、技巧三方面显性文化教学,达到高阶思维和文化自觉的隐性内化。⑧ 此培养模型进一步优化了各因素之间的关联性,同时

① 教育部高等学校大学外语教学指导委员会:《大学英语教学指南》,高等教育出版社2020年版。吕丽盼、俞理明:《双向文化教学——论外语教学跨文化交际能力培养》,《中国外语》2021年第4期。

② 胡文仲:《文化教学与文化研究》,《外语教学与研究》1992年第1期。

③ 从丛:《"中国文化失语":我国英语教学的缺陷》,《光明日报》2000年10月19日。

④ 罗玲:《在大学外语教学中有机融入中华优秀传统文化》,《中国高等教育》2015年第21期。

⑤ 肖龙福、肖笛、李岚等:《我国高校英语教育中的"中国文化失语"现状研究》,《外语教学理论与实践》2010年第1期。

⑥ 伊琳娜·伊力汗:《中华优秀传统文化融入大学英语教学策略探究》,《新疆师范大学学报(哲学社会科学版)》2022年第4期。

⑦ 胡文仲:《跨文化交际能力在外语教学中如何定位》,《外语界》2013年第6期。黄文红:《过程性文化教学与跨文化交际能力培养的实证研究》,《解放军外国语学院学报》2015年第1期。葛春萍、王守仁:《跨文化交际能力培养与大学英语教学》,《外语与外语教学》2016年第2期。顾晓乐:《外语教学中跨文化交际能力培养之理论和实践模型》,《外语界》2017年第1期。

⑧ 刘冠东:《"一带一路"背景下中华优秀传统文化国际传播能力培养研究——以外语教育为考察中心》,《人文杂志》2023年第6期。

立足我国国情,可实施性强,有一定的启示意义。

我国尽管跨文化交际能力培养研究成果颇丰,但多为宏观性阐述,只将母语文化英语表达能力作为子目标之一,缺少优秀中华文化国际传播能力的针对性研究。本文从现实研究的不足出发,力图通过学生问卷测试、调查,以及教师访谈,了解高校学生对"一带一路"相关文化以及优秀中华文化的熟知程度和英语表达能力,调查学生和教师维度对现存问题的态度、归因和措施建议,为有效提升学生中华优秀文化国际传播能力,进一步增强文化自信,树立文化认同提供可行措施。

三、"一带一路"背景下人才跨文化交际能力培养和国际传播素养提升的必要性

"一带一路"倡议自提出以来,便强调多文化交融中要体现出中国特色、中国精神和中国智慧,以平等互鉴的姿态开展文化交流,这对多年来重视目的语国家文化的高校外语教学提出了高要求、树立了新目标。作为高校学生文化知识学习和跨文化交际能力培养的主阵地,外语课堂跨文化交际能力培养重视中华文化学习有着重大意义。

1. 重视母语文化学习,建立巩固跨文化人才文化身份认同

文化身份认同指一个文化群体成员对其自身文化归属的认同感。[①] 这种文化身份表现在文化碰撞中交际人群的认知、情感和行为上,在"接受"或者"排斥"特定文化的过程中,文化认同的强度在不断变化,文化身份也会随情景和时间而产生变化。在中华文化"走出去"的过程中,缺乏文化自信和认同可能阻碍跨文化交际。杜秀莲在 2015 年的调查显示,EFL 学习者整体上对本国文化有一定的归属感,认同中华文化的发展和走向,但对接受传承文化的心态不积极,对于课堂、网络上接触到的西方文化和价值观则表现出欣赏的态度。[②] 可喜的是,2022 年,杨圣柱的问卷调查显示,受试者整体上母语文化认同程度要高于西方文化认同,这种变化离不开近年来我国对外语教育中优秀中华文化教育的重视。[③] 越是在文化交流频繁的今天,越要重视中华文化在外语教育中的重要地位,这样才能进一步提升学习者的文化认同,培养对母语文化的保护意识,避免在"一带一路"时代频繁而具有冲击性的多民族文化交流中迷失自我。

2. 提高跨文化人才母语文化素养,做好国际传播交流

随着对跨文化交际能力培养的重视,大学外语教育越来越认识到传播中国文化的重要性。尽管当前语言学习者展现出较强的文化自信,他们的母语文化素养和批判能力仍有待提升。教学中往往侧重于大 C 文化(物质、制度、心理文化)的传承,而忽视了小 c 文化(日常行为、传统风俗)的探讨。[④] 这种不平衡不利于学生成为优秀中华文化的传承者和创新者,也不利于培养新时代跨文化交际人才。因此,加强高校外语教学中母语文化的学习,提

① 刘双:《文化身份与跨文化传播》,《外语学刊》2000 年第 1 期。

② 杜秀莲:《EFL 学习者文化身份认同与文化身份焦虑的研究》,《当代教育科学》2015 年第 13 期。

③ 杨圣柱:《EFL 教学中增强中国文化认同机制的实证研究》,《黑龙江教师发展学院学报》2022 年第 1 期。

④ 杨冬玲、汪东萍:《外语教材思政建设研究:文化分析内容、方法与理论视角》,《外语电化教学》2022 年第 3 期。

高学生的母语文化素养,对于"一带一路"建设和国际传播交流至关重要。

四、大学外语教育中"优秀中华文化国际传播能力"培养——以大学英语为例

1. 大学英语教学中"优秀中华文化国际传播能力"培养现状

《大学英语课程指南(2020 版)》强调跨文化交际是教学的重要组成部分,并可设立独立课程。例如,西北大学的慕课"跨文化交际"深入探讨文化价值观。同时,一批针对跨文化交际课程的教材如《跨文化交际》(第 2 版)①、《跨文化交流英语阅读教程》②等,致力于帮助学生认识并理解中西文化的异同,分析文化差异的根源,培养中国情怀、国际视野,以适应日益广泛深入的国际文化交流的需求。此外,国内各类平台也开展了各种形式的相关主题活动。如 2023 年"外研社·国才杯""理解当代中国"全国大学生外语能力大赛,赛题聚焦当代中国,鼓励学生深入理解和诠释中国式现代化的内涵,讲好中国故事,传播好中国声音,增强中华文明传播力影响力。山东大学与东卡罗来纳大学合作,开设"了解世界"(global understanding)等课程,为学生的线上跨文化交流提供平台。

尽管如此,高校在培养学生中华文化国际传播能力方面仍面临挑战。大学英语课程缺乏明确的教学指导,课程内容和结构描述不详细。《大学英语课程指南(2020 版)》侧重英语能力描述,而忽视跨文化意识和交际能力。多数高校仍以通用英语为主,轻视跨文化教学。跨文化交流平台不足,活动多以竞赛为主,缺乏实践机会。教师的文化教学理念存在偏差,往往忽视文化的动态性和与语言的联系,课堂上过于聚焦英美文化。学习者则普遍持有功利性动机,忽视中外价值观碰撞和思辨能力提升。

2. 大学英语教学中优秀中华文化国际传播能力培养个案调查

鉴于上述现实困境,笔者在 2022 年以位于海上丝绸之路起点之一——广州的某所高校师生为研究对象,进行了调查研究,旨在深入了解优秀中华文化国际传播能力培养的现状及所面临的问题。调研先邀请学生参与一项有关"一带一路"相关知识和优秀中华文化内容英语表达的测试,其次通过问卷调查收集相关数据,并邀请部分教师就核心问题开展半结构访谈。

一开始的测试题要求学生对给定的若干专有词汇进行翻译和中英文匹配,以探索以下问题:(1)高校学生是否能用英语较为准确地转述"一带一路"及中华文化相关的专有词汇;(2)高校学生对"一带一路"热词中英表达的认知度。在翻译能力测试中,仅有 47% 的题目可以达到 50% 及以上的准确率,且没有受试可以完全无误回答所有测试题。所有词组翻译中,答题准确率最高为"健康码"和"京剧"(76%),最低为"糖醋排骨"(10%),在中英表达匹配题中,总体正确率较高,达 92%。在"一带一路"热词中英表达的认知度调查统计中,如表 1 所示,量表调查问项的克朗巴赫系数为 0.764,表明调查所用量表可信度高。在该部分,题目得分最高为"digital RMB"(3.524/5),最低为"祝融号"(1.238/5),平均得分为 2.3/5,受试对热词中属于科技和法律专有词汇的认知度最低。以上结果表明,受试学生对

---

① 常俊跃、吕春媚、赵永青:《跨文化交际》,北京大学出版社 2021 年版。
② 李建波、吴格非、朱哲等:《跨文化交流英语阅读教程》,华东师范大学出版社 2017 年版。

我国"一带一路"倡议衍生热词及传统文化词汇还不够了解，不少受试者甚至没有听说过部分词汇的中文表达。这在一定程度上说明要提高学生优秀中华文化国际传播能力，不仅要提高用英语表达中华文化的能力，而且要加强对高校学生的中华文化教育，提高学生的中华文化素养，增强文化身份认同。

表 1　Cronbach 信度分析

序号	中文名称	中文校正项总计相关性(CITC)	英文名称	英文校正项总计相关性(CITC)
1	中华民族伟大复兴中国梦	0.663	the Chinese Dream for national renewal	0.332
2	数字人民币	0.503	digital RMB	0.235
3	祝融号	0.366	Zhurong rover	0.362
4	民法典	0.456	Civil Code of the People's Republic of China	0.381
5	中国国际进口博览会	0.608	China International Import Expo/CIIE	0.393

注：标准化 Cronbach α 系数：0.764。

本次学生问卷调查旨在深入探讨学生学习中国文化英语表达的认知渠道、对优秀中华文化国际传播能力欠缺的学生群体的态度、成因以及相应的改善措施。本次调查共发放问卷 305 份，收回问卷 305 份，有效问卷 301 份，有效问卷率为 98.69%。根据调查结果，受试学生学习中华文化英语的方式主要还是课堂授课(90.0%)，其余在课下利用常见网络媒体(65.80%)或文学途径(62.80%)进行自主学习。在态度量表中，如表 2 所示，$KMO=0.701>0.7$，显著性水平 $p=0.00$，经主成分分析得出情感、行为意向和认知三维度，题项均值分别为 3.89、4.2 和 3.01，受试学生能基本意识到"一带一路"背景下，自己对外输出中华文化的能力不足，如果上升到国家层面不利于提高我国的国际地位，因此在行为意向维度表现出较高的认同。

表 2　KMO 和巴特利特检验因子分析的可行性

项目		数值
KMO 取样适切性量数		0.701
巴特利特球形度检验	近似卡方	319.780
	自由度	28
	显著性	0.000

对于国际传播能力欠缺的原因，问卷从英语学习教材、教师教学水平、考核制度、学习环境、个人意识和能力共五个方面展开调查，希望能从学生角度反映出在各方面具体的现实情况。数据显示，学生普遍认为在英语学习中，教材的英美文化内容编写(61.8%)、教师具备的中国文化知识储备(50.83%)、教师对跨文化教学的重视程度(57.81%)、课堂导入

的中国文化内容(55.48%)、考核制度的设计(各项均值为54.73%)、知识的应用语境(77.7%)、对英语学习中深层文化差异的思考(57.1%)、自身的英语水平(83.1%)、中华文化素养的培养(66.4%)以及输出能力的培养(63.5%)等方面存在不足。这些因素均直接或间接导致了高校学生在进行中华文化的国际传播时,表现出能力的欠缺。

在改善措施的可行性评估中,基于受访者对各项改善措施可行性程度的排序,给每个选项的选中频数赋值一个加权数,即排名第一位的数值权重>第二位权重>第三位权重,对数据进行反向赋分,排第一位的选项计6分,排第二位的选项计5分,以此类推。就均值来看,受试学生对课程教材(5.159/6)、教师水平(4.583/6)、课堂教学方法(4.233/6)的改善措施表示了较大的认可与期待。

半结构访谈部分主要从教师实际教学情况、影响教师教学因素、教师态度及建议等方面展开。访谈结果表明所有受访教师对英语教学中融入中国文化内容均持肯定态度,也有意识地在课堂中进行一定的中华文化拓展和中外文化对比,但部分教师仍存在重语言技能,轻文化思维的现象。除了教材等客观因素,教师的教学理念和文化素质对学生中国文化英语表达能力的培养也起着重要作用。培养优秀中华文化国际传播能力的学生,是当前高校和教师的重要任务。在"一带一路"的背景下,语言作为文化交流的桥梁,对于培养学生的中华文化素养至关重要。通过提升学生的文化自信,让他们能够更好地传播中国文化,讲述中国故事,为推动中华文化在国际舞台上的传播和发展做出更大的贡献。

五、高校外语教育中"优秀中华文化国际传播能力"培养措施

高校外语教育是跨文化人才培养的核心,对中华文化国际传播至关重要。"一带一路"倡议实施以来,跨文化交流的深化使得国际传播力相关教学受到广泛重视,而高校可以在下面几个方面采取有效措施,提升学生母语文化素养和国际传播能力。

1. 开设相关课程,拓宽国际视野

厦门大学作为"一带一路"沿线的重要高校,可以开设融入"一带一路"相关内容的课程。目前,与"一带一路"国家的文化、历史、经济和社会发展相关的课程很受欢迎,但外语类课程的开设门数还比较有限。这些教学内容不仅能够拓宽学生的国际视野,还能增强学生作为中华文化传播使者的自觉和能力。同时,在课内外教学活动中可以组织学生参与模拟"一带一路"国际合作项目、"一带一路"文化沙龙等,也可以鼓励学生走访福州、泉州等地,自主调研,以提升学生的语言实践和调研能力,加深他们对"一带一路"倡议的理解和认同。

2. 完善教材内容编写,设计多样化实践活动

大学外语教材应体现时代特色的中华文化,教师可以设计多样化实践活动,并深入挖掘文化价值观,以促进学生理解文化内涵和平等交流。学校一方面要鼓励教师编写或编译更多优秀的跨文化教材,另一方面教师可以在现有教材的基础上,自主添加具有地方特色的文化内容,设置贴近学生生活的课堂活动,创设文化交流情境,组织学生进行模拟跨文化交流,以提升学生的跨文化语言和非语言技能。

3. 增强国际合作,构建良好的跨文化学习环境

厦门大学可以利用其地理和文化优势,为学生提供与"一带一路"国家高校或其他文化

机构交流的机会,如学者专家来校讲座、留学生交流、境外大学访问、教育基地项目和教育合作等。此外,为学生创造与校内留学生互动的文化课堂,可以让学生在实践中提升跨文化交际能力,传播优秀中华文化。这样的措施可以发挥厦门大学的特殊地理优势,构建良好的跨文化学习环境,为学生提供宝贵的国际交流经验。

六、结语

　　"一带一路"倡议的开展为优秀中华文化"走出去"提供了宝贵的历史性机遇,也为世界各国文化交流互鉴提供了重要平台。正如习近平总书记所强调的"把跨越时空、超越国家、富有永恒魅力、具有当代价值的文化精神弘扬起来","推动中华文明创造性转化和创新性发展"。① 要让世界听见蕴含中国智慧的中国声音,领略优秀中华文化的历史意蕴和时代意义,需要以语言为工具,以人才为依托,而大学英语教育在其中起到了非常重要的作用。大学外语教育所具备的跨文化属性决定了其在培养优秀跨文化交际人才中的重要使命,通过国际、校际、教师等方面的共同协作,在提升学生语言应用能力的同时培养学生的中华文化素养和文化认同感,最终有效提升学生的优秀中华文化国际传播能力。

---

① 习近平:《加强文化遗产保护传承 弘扬中华优秀传统文化》,《求是》2024 年第 8 期。

从"教"到"学"

——探索以学生为中心的本科实验教学模式

杨　丽　张金宝[*]

摘要：以学生为中心的教学范式核心是以学生为主体，以教师为主导，理解学生的需求，关注学生的发展，强调学生学习的重要性及学生学习的责任意识。本文以本科实验教学为切入点，总结了以学生的"兴趣"（interest）、"思考"（thinking）、"创新"（innovation）、"体验"（experience）为一体的"ITIE"教学模式的构建和培养目标，实现从"以教定学"到"为学而教"的教学模式转变，培养具有主观学习能力、独立思考能力、创新创造能力和沟通交流能力的高素质新工科人才。

关键词：以学生为中心；实验教学；创新；新工科

一、对传统实验教学模式的思考

"传授型"教学模式是本科教育的经典范式，以老师为主体，以内容为牵引，以成果为目标。[①] 通过制订详细和完整的实验教学方案，逐步引导学生开展实验，并主要通过实验结果的优良来评价学生的学习成果和学习能力。这种以"教"为中心的实验教学模式在数百年的高等教育中发挥了重要作用，它可以很好地规划实验内容，保证实验教学有序、高效地完成，让学生在短时间内比较准确地掌握大量的知识，同时也有利于老师连贯、完整地传授系统性知识。[②]

但是，随着社会的快速发展和教育教学理念的不断完善，"传"与"授"教学方式的弊端日益凸显。[③] 首先，过度强调老师的作用，忽视了学生的需求。爱因斯坦曾说："兴趣是学习最好的老师。"只有抓住学生的兴趣爱好，才能化被动为主动，激发学生的学习内驱力，让学生以一种积极、专注的状态投入学习过程中。其次，既定的计划安排抹杀了学生的思考和创新能力，也不利于老师对教学内容的反思和教学方式的革新，学生和老师的成长都受

---

* 杨丽，女，四川遂宁人，厦门大学材料学院助理教授，博士，主要从事有机半导体材料、光电器件等研究及相关教学工作。张金宝，男，河北承德人，厦门大学材料学院教授，博士，主要从事半导体材料、界面物理、薄膜工艺、太阳能电池等研究及相关教学工作。

① 杨连发、何玉林、陈虎城：《从传授范式向学习范式转变的课程教学模式改革探索》，《中国现代教育装备》2019 年第 9 期。

② 许邦兴：《传授型课堂教学模式反思》，《河西学院学报》2004 年第 6 期。

③ 邵雅黎：《近年来传统教学模式的研究综述》，《山西青年职业学院学报》2014 年第 4 期。周兰芳：《〈教育研究方法〉教学范式改革的现状调查》，《江西电力职业技术学院学报》2020 年第 3 期。

到限制。再次，单一的评价方式并不能全面反映学生的学习能力和教学效果。考试文化是中小学教育的主要特色，成绩也成为其最基本、最重要的评价方式。但社会的健康有序发展需要创新型、研究型、复合型人才，除了自我学习能力之外，本科生还需要具备创新创造能力、独立思考能力、人际交往能力、心理调节能力、职业规划能力等多种素质。因此，高等教育也应根据这些能力的培养制定多元的评价方式，注重学生综合素质的评估。

2018年，教育部发布了《关于加快建设高水平本科教育全面提高人才培养能力的意见》中指出：要坚持学生中心，全面发展。以促进学生全面发展为中心，既注重"教得好"，更注重"学得好"，激发学生学习兴趣和潜能，激励学生爱国、励志、求真、力行，增强学生的社会责任感、创新精神和实践能力。因此，突破传统以"教"为中心的教育范式，发展以"学"为中心的新型教学理念势在必行。教育部部长陈宝生在2021年全国教育工作会议上提出："有高质量的教师队伍，才会有高质量的教育。"高校教师是教学模式创新改革的主要承担者和执行者[①]，如何将学生发展和自我发展有效融合，是每位高校育人者需要思考和解决的问题，也是实现高质量本科教育的关键所在。

二、"ITIE"实验教学模式探索

实验教学是对理论知识的实践，让学生在实际操作过程中亲身体验和感受知识，让老师和学生在实验过程中交流和探讨知识。下面笔者将以本科生实验课程"材料工程课程设计"为切入点，浅谈实验教学过程中我们对教学模式的探索和革新。在传统实验教学模式的基础上，我们提出了以学生的"兴趣"（interest）、"思考"（thinking）、"创新"（innovation）、"体验"（experience）为一体的"ITIE"式实验教学模式（见图1），培养学生的主观学习能力、独立思考能力、创新创造能力和沟通交流能力，为学生打造开放的、动态的和交互化的实验环境，也为教师教学技能和教学质量的提升提供契机和平台。

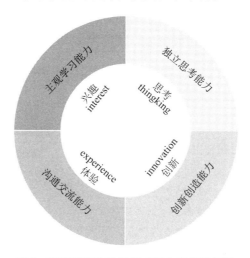

图1 "ITIE"实验教学模式架构和培养目标

---

① 涂德虎：《论创新教育范式引领高校创业教育课堂教学改革的实践》，《创新创业理论研究与实践》2018年第20期。

1. 以学生兴趣(interest)为主导

"材料工程课程设计"是材料学院 2020 年开设的专业必修课,主要面向学院本科三年级的学生。此时,学生已进行了专业方向的选择和分流,即分为高分子材料、无机非金属材料和生物材料三个专业方向。该实验课程共设置 6 个子项目,实验内容涉及半导体材料、金属材料、发光材料、生物材料、光谱技术、光电器件等不同领域,综合评估学生在大一和大二期间对材料相关专业理论课程的学习情况。

为调动学生的学习积极性,各专业方向学生可根据个人的兴趣爱好选择其中一个子项目开展实验,而不局限于自己的专业。因此,在课程开始前,我们引入竞争机制。先由各导师介绍项目内容,然后由学生自由选择。为防止学生过多集中于某项实验,最后由导师根据学生对实验的初步理解情况和主观能动表现等进行再选择。"双向选择"充分激发了学生的学习热情,让被动式教学变成主动式学习。同时,老师赋权予学生,也提高了学生的责任感和使命感,明白执行并坚持"我的选择"的重要意义,让学生以主人翁的心态全身心地投入实验过程中。

2. 以学生思考(thinking)为主导

思考,是为了寻找答案,更是为了不断探索未知。而独立思考,则是为了更好地适应互联网时代带来的各种新信息和新挑战。为培养学生的独立思考能力,我们采用半开放式实验教学方式,引导学生思考、设计和实践自己的实验内容。在子项目"天然染料在光敏太阳能电池中的应用研究"的实验中,学生需要寻找生活中的天然染料,并制作小视频展示寻找的经过,说明选择该染料的理由。我们生活中有许多天然染料(见图 2),寻找染料的过程让学生提前思考染料的特点和作用,对有机半导体材料有初步的认识和理解。同时调动学生的学习积极性,提升学生对生活的热情以及对大自然的观察和感知能力。

图 2　生活中的天然染料

染料是光敏太阳能电池中最重要的功能材料,主要发挥吸收光、光转电和运输电的作用,这些能力直接影响太阳能电池的光电转换效率。[①] 但是,不同染料的光电作用存在显

---

① Geetam Richhariya, Anil Kumar, Perapong Tekasakul, Bhupendra Gupt. Natural Dyes for Dye Sensitized Solar Cell: a Review, *Renewable and Sustainable Energy Reviews*, 2017, 69: 705-718. Khushboo Sharma, Vinay Sharma, S. S. Sharma. Dye-Sensitized Solar Cells: Fundamentals and Current Status, *Nanoscale Research Letters*, 2018, 13: 381.

著差异,因此学生在寻找原料的过程中也需要去思考哪一种染料最佳,其主要的结构特点是什么,并预判可能的实验结果。为便于学生获取相关理论知识,我们以"线上"和"线下"相结合的教学方式,引导学生如何查阅文献和阅读文献。并提供 MOOC、b 站、网易云课堂等视频资源,让学生在实验开始前丰富有关有机功能材料、光生伏特效应、界面电荷传递等知识,思考如何将物理化学、高分子化学等相关课程知识应用到实践过程中,深化对理论知识的理解,不断完善知识体系。

3. 以学生创新(innovation)为主导

创新是科学发展、文明进步的动力。培养大学生的创新思维和创新能力,即培养其理性的思辨精神,使之具备良好的判断能力和批判精神,鼓励其勇于突破成规,敢于独辟蹊径,不断发现和创新科学知识。[1] 跳出了以成绩为导向的初高中教育环境,大学教育为创新人才培养提供了丰沃和自由的土壤。"材料工程课程设计"是一门工艺性和实践性很强的综合性技术基础课,旨在培养学生的创新意识和创新思维。在实验过程中,我们引入设计型实验内容,放手让学生自主设计实验方案并实践实验。学生需要根据原料的形态和染料的物化性质,设计出合适的染料提取方法,并搭建相应的染料提取工艺。由于原料的形态各异,要提取出足够量的高纯度染料并不容易。但染料的质量直接关系到太阳能电池的光伏性能,因此学生必须反复调整工艺流程,修正实验参数。有时甚至全盘否定,从头再来,以获得高质量的天然染料(见图 3),为后续实验奠定基础。这个过程极大地调动了学生的自我挑战和自我突破意识,在实验中逐步培养了创新意识和创新思维。在不断设计—实践—优化—实践的过程中,学生的动手能力、专注力和意志力也得到极大提升。

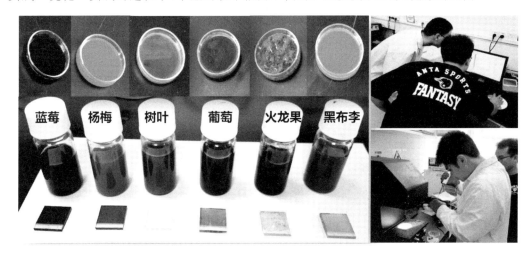

图 3 染料的提取和薄膜制备

在组装太阳能电池时,学生可以按照自己的想法,设计不同结构和尺寸的光伏器件,再根据需求去切割、打磨和刻蚀基底材料。学生需要考虑每一个功能层的内在联系和薄膜制备过程的相互影响,还需要考虑搭建不同电池的方法和可操作性,并结合实验条件对设计

---

① 谢宇、殷祚炷、周丹:《创新训练项目培养学生的创新思维和实践能力》,《创新创业理论研究与实践》2024 年第 2 期。

的可行性进行评估。在这个过程中,学生可以充分发挥他们的想象力和创造力,并将心之所想付诸实践,这有利于学生个性思维的发展和创新能力的培养,也有利于提高学生的实验操作能力和协调配合能力。同时,老师也需要不断更新自身的知识体系,应对学生的不同需求,逐步完善实验过程体系建设。

对于理工科学生来说,创新思维和创新能力对学生自身的学术追求、科学技术进步和社会发展都至关重要。科学研究的本质是发现和探索未知,固有的思维方式和知识体系有助于学生理解科学现象,但并不能有效推动科学技术的进步,只有树立创新思维并掌握创新能力才能不断超越,获得新的认知。本科生实验课程正是学生从"学"向"研"过渡的关键环节,如何正确引导学生转变思维方式,培养基本科研素养,让学生主动去思考、探究和发现真理,是我们一直努力的方向。在实验过程中,我们引入"研"带"本"的教学机制,以研究生辅助教学,促进本科生对科研的认识和理解,发掘科研的魅力。我们注重引导学生对细节和现象的观察及记录,不断培养学生的科研思维。在此基础上,鼓励学生自主探索、验证和反思,强化创新思维和能力,努力成为实践能力强、创新能力强的高素质复合型新工科人才。

4. 以学生体验(experience)为主导

"经验式教学"主要是老师通过说教的方法将前人已有的经验和认知传授给学生,让学生间接体验别人对于知识的看法。对于理论教学来说,"经验式教学"可以让学生充分吸收已有知识体系,快速地认识自然和社会。但实验教学着重培养学生的实践能力,使学生得到所学专业的全面综合训练,传统"经验式教学"已不再满足学生和老师的情感需求。因此,在实验教学过程中,我们始终坚持"体验式教学"方法,其核心在于激发学生的情感,不仅可以调动学生的兴趣,而且有利于培养他们的创造性思维。"体验式教学"创建了一种互动式交往模式,尊重每个学生的人格,重视学生,倾听学生,引起学生积极的、健康的情感体验,提升新时代大学生在知识、智力、情感等方面的能力。同时,它也维系了良好的师生关系,老师和学生之间相互信任和尊重,从而在师生互动的过程中,达到认知过程和情感体验过程的有机结合,使教学活动积极、健康并高效地开展。

图 4　实验过程与小组互评

为检验学生的实验成效,在实验课程的最后,我们发起了一个挑战赛。学生将自己制备的染料敏化太阳能电池与小风车、小汽车等机动玩具结合,测试电池的光伏驱动能力。这是检验实验成果的关键时刻,学生的比赛兴致高昂,课堂气氛活跃。在这个过程中,学生需要去分析电池的工作机制以及各光伏参数与其驱动力的内在联系,探讨实验成败的关键影响因素,在前期的实验基础上进行再创造。在评价机制方面,我们还引入了老师评价和学生互评的"双评价"模式(见图4)。各组学生需要总结实验结果,以PPT汇报的方式向大家展示实验方案、实验过程和实验数据。学生对各组的PPT制作、汇报表现、实验数据分析三个方面进行评价。在这个过程中,学生可以进行实验经验的分享,也可以对各组的实验数据进行质疑和讨论,公平公正地评价各组的实验结果。同时,每位学生还需要总结自己的实验内容,按照科研论文的模板书写实验报告,这是每位理工科学生必须经历的科研训练。老师会从专业、规范的角度去评价报告内容,并结合前期的表现对学生给出综合评价。为了解学生的想法,进一步提升教学效果,我们在课程最后进行了满意度小调查,具体包括实验内容的难易程度和创新性、教学方式的新颖性以及评价方式的合理性。学生各抒己见,为实验课程教学模式革新提出了很多建设性意见,我们也将在此基础上不断优化"ITIE"教学模式,与学生一起开展互动性的、开放性的实验课程,促进学生和老师共同成长。

三、结语

以学生为中心的"ITIE"教学模式的成功在于老师和学生角色的转变,老师起着组织者、管理者、引导者和合作者的作用。从"教"到"引",从"引"到"放",在课程规定的教学范围内,赋予学生权力,从而调动学生的学习热情,积极投入学习过程中;老师也需要从一个教育者转变为学习者,不断完善自己的知识范畴,提升教学技能水平,适应丰富多变的现代化教学方式。而学生则发挥主观能动性,起着设计者、执行者、解难者和评价者的作用。学生自由设计实验内容,敢于尝试、创新和突破,积极思考和解决问题,从"被动受教"转变为"能动学习",不断提升自己的主观学习能力、独立思考能力、创新创造能力和沟通交流能力,成功实现由"学"到"研"的思维方式转变。在"ITIE"教学模式下,老师和学生相互促进,共同成长。这种教育范式的变革,为培养创新型、研究型和复合型新工科人才提供了土壤,也为教师教学水平和教学质量的提升奠定了坚实基础。但是,如何深化实施"ITIE"教学模式,从实践性的实验课程走向以教为主的理论课程还充满挑战,这也是我们一直思考的问题和努力的方向。

海洋化学实验教材的建设与探索[*]

刘春兰　郭香会　邓永智　唐甜甜　李春园　杨进宇　蔡毅华[**]

摘要：本文分析了国内海洋化学类实验教材现状，介绍了《海洋化学实验》教材的编写思路、教材框架、教材特色和创新。本教材从海洋科学研究和应用出发，以综合性、设计性和创新性实验为主要内容，既包含参照国标方法的标准实验，又着重引入海洋化学研究前沿实验方法。教材将海洋化学理论知识点与实际的实验研究手段有机结合，同时设立自主设计实验，提升探究创新的能力。该教材的建设，有助于解决现有海洋化学实验教材不足的问题，促进海洋化学实验教材库的建设，为海洋化学实验相关教材的编写提供参考。

关键词：海洋化学实验；教材建设；探究性实验；设计性实验

一、引言

厦门大学海洋学科是我国海洋科教的"蓝色摇篮"，厦门大学海洋化学专业始建于1959年，是我国最早设立的海洋化学专业之一。海洋化学专业主要是利用化学的理论和方法来研究海洋各部分的化学组成、分布、性质和过程，以及研究海洋化学资源在开发利用中的化学问题，具有开放性和宏观性的特点，还涉及多尺度、多时空的模型模式验证，单靠理论讲授难以使学生深刻理解其内在联系，而实验课程能够有效深化对理论知识的理解，促进理论联系实际，学以致用，知行合一，实现从知识到能力和素养的升华。

随着人们对海洋探索的不断深入，海洋化学领域的专业人才需求持续增长，目前，我国内地开展海洋教育的高等院校有将近200所[①]，且大多开设了海洋化学相关实验课程，然而海洋化学相关的实验教材却比较缺乏。2023年，教育部发布了《开展战略性新兴领域

———————————

[*] 基金项目：厦门大学本科高校教育教学改革研究项目"教育数字化背景下《海洋化学专门化实验》新形态教材建设研究与探索"，厦门大学"十四五"精品教材建设项目。

[**] 刘春兰，女，湖南祁阳人，厦门大学海洋与地球学院工程师，主要研究方向为海洋有机物分析、实验室与设备管理。郭香会，女，河北保定人，厦门大学海洋与地球学院教授，主要研究方向为海洋碳酸盐系统。邓永智，男，陕西山阳人，厦门大学海洋与地球学院副教授，主要研究方向海洋环境科学。唐甜甜，女，辽宁大连人，厦门大学海洋与地球学院副教授，主要研究方向海洋有机地球化学、同位素生物地球化学。李春园，湖北竹溪人，厦门大学海洋与地球学院教授，研究方向为海洋生物地球化学。杨进宇，男，湖北荆州人，厦门大学海洋与地球学院助理教授，主要研究方向海洋氮循环、营养盐生物地球化学循环。蔡毅华，男，福建莆田人，厦门大学海洋与地球学院教授、博士生导师，主要研究方向为海洋化学。

① 李果、郑卫东：《高校海洋学科发展要素探析》，《中国农业教育》2010年第2期。

"十四五"高等教育教材体系建设工作的通知》，决定组织开展战略性新兴领域"十四五"高等教育教材体系建设工作。

厦门大学在 20 世纪 70 年代就开设了海洋环境化学实验、化学海洋学实验、海水物理化学实验、海洋仪器分析和分离提取技术等实验课程。1990 年海洋化学教研室将所有的实验课程整合成一门实验课——"海洋化学专门化实验"，并编制了实验讲义，其内容涵盖海洋化学各个研究方向，实验体系完整，兼具实用性和先进性，该讲义经过数代海洋化学教师的传承、更新、修订和完善，已证明可满足高年级海洋化学专业本科生专门化实验教学的需要。2023 年在学校和学院教材两级建设基金的资助下，课程组对讲义进行精选、补充和完善，结合多年来的教学实践经验及当前国内海洋化学学科的应用与发展前沿等方面编写了《海洋化学实验》教材，并与高等教育出版社签订了出版合同。本文将对本教材建设的思路和探索进行分析。

二、海洋化学类实验教材现状分析

目前国内海洋化学实验相关教材较少，主要有中国海洋大学出版的《海水分析化学实验》和《化学海洋学实验》以及中山大学出版的《海洋化学实验》等，而国外未见有相关教材出版。

《海水分析化学实验》[①]注重实用性，是当前较为全面、系统的海水分析实验教材，但主要侧重海水化学要素基础分析技能养成，对其他海洋化学要素、海洋环境化学以及化学海洋学综合实验技能培养涉及较少。

《化学海洋学实验》[②]涵盖了海洋体系各个部分和各组分的主要相关化学海洋学理论和研究方法，但主要为验证型实验，缺乏探索性和创新设计型实验。对于海洋环境化学、海洋沉积物化学、海洋资源化学等应用型、扩展型学科方向并无涉及。

《海洋化学实验》[③]既有基础型实验，也有部分综合型和设计型实验，但主要内容为对海洋中各基本化学要素的单独测定，且设计型与综合型实验的内容相对简单，实用性和共享性不强，无法适应专门化、高年级实验课程的培养任务。

综上，国内现有的海洋化学实验相关教材存在着内容覆盖不全、验证型实验较多、实用性不强、综合性与自主设计性不足等问题，亟须编写一本适合高年级本科生的系统、全面，具有前瞻性、探索性以及理论性和应用性并存的海洋化学实验教材。

三、编写思路及教材架构

1. 编写思路

本教材以培养创新型海洋科学人才为目标，从海洋科学研究和应用实际出发，以海洋化学的专业技能及前沿知识点的研究方法为核心，以综合性、设计性和创新性实验为主要内容，通过精心设计，在其中融入基础实验操作和海洋化学研究方法，促使学生掌握和了解

---

① 祝陈坚：《海水分析化学实验》，中国海洋大学出版社 2006 年版。
② 谭丽菊：《化学海洋学实验》，中国海洋大学出版社 2018 年版。
③ 石贵勇、杨颖、黄希哲：《海洋化学实验》，中山大学出版社 2018 年版。

海洋化学专业研究的方法、海上调查的技能及仪器设备的使用。同时积极构建"科研＋"教学模式,将我院最新的科研成果转化为教学实验项目。此外,利用"互联网＋"实现"纸质＋多媒体"融合教材,激发学生的学习兴趣,满足个性化学习的需要,提升教学效果。

2. 教材架构

本教材分为海洋资源化学、海水养殖化学、海洋环境化学、海洋沉积物化学、海洋有机化学及海洋生物地球化学 6 个模块,共设 17 个综合实验、7 个设计型实验、6 个科研创新型实验。并在其中融入 7 个基础海洋化学实验和 9 个虚拟仿真实验,形成完整的海洋化学实验体系,全面培养学生的实验技能,提升科学意识、洞察能力、创造能力、全球视野等学科核心素养。为提高教材的适用性,编制了教材附录,主要包括实验基本操作规范、仪器操作规程以及教师操作手册,供使用的教师和学生参考。本教材的结构框架如图 1 所示。

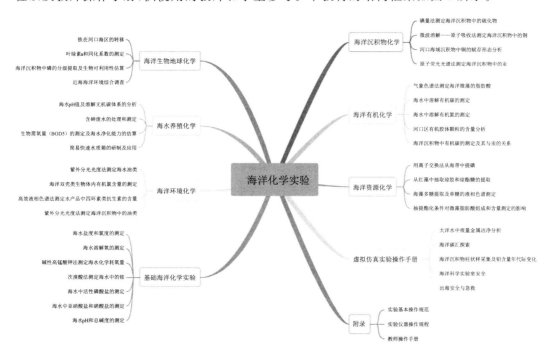

图 1 教材编写组织架构及主要内容

3. 内容设计

教材的每个实验项目均由实验目的、背景知识概述、实验方法原理、实验仪器设备、实验试剂、实验步骤、结果计算、注意事项、结果分析与讨论、参考文献等部分组成。每一个实验项目都设有思考题,引导学生根据实验项目内容延伸思考,强化对科学问题的提炼及独立思考能力,从而提高学生的科研创新能力。每一个实验项目均给出了相应的参考文献,供学生查阅和课后深度学习,拓宽学生的视野,满足个性化学习的需求。

四、教材特色与实践

1. 内容系统全面,综合性、创新性和设计性实验为主

本教材包含既相互独立又紧密结合的 6 个模块(见图 1),每个模块又按实验基本技能训练、综合设计能力锻炼、科研创新能力培养 3 个层次进行实验设计。教材将海洋化学具有代表性的理论知识点设计成教学实验项目,并循序渐进增加难度。多模块、分层次、渐进式实验设置,符合学生学习规律,由浅入深,全面而扎实地掌握知识。各模块也可分别单独应用,满足不同学习者、不同层次的差异化学习需求。如海洋生物地球化学模块中,第一层次为"铁在河口海区的转移"及"叶绿素 a 及同化系数的测定"两个实验,可掌握海水样品分析的基本原理和方法,采样、过滤、滴定、分光光度法测定等基本操作;第二层次为"海洋沉积物中磷的分级提取及生物可利用性估算",实验中学生先查阅文献,了解海水样品和沉积物样品在样品分析上的差异,设计实验方法后,再进行实验;第三层次为"近海海洋环境调查",学生将按照科研项目的要求进行文献调研、实验设计、实验操作、数据质量控制、调查报告撰写等,可有效提升学生科研意识和能力,为后期毕业论文的撰写打下良好基础。

2. 实验内容兼具实用性和先进性,适用性强

本教材的实验项目均与海洋化学的应用和科学研究相结合,兼具实用性和先进性。如在采样技术上,包含水样、沉积物样、沉积物柱状样等多种实用性强的现场采样方法,还通过虚拟仿真实验让学生掌握海洋现场原位监测方法;在样品分析上,除了国标方法外,还引入前沿的海洋化学研究方法,如在 pH 测定上,除了传统的电极测定法,还引入了准确度更高的光度测定法,并要求学生进行对比分析、思考两者之间的差异,培养学生严谨的科研作风。本教材实验项目可使学生将来进入科研实验室或走上工作岗位后迅速进入角色,发挥应有作用。

3. 教研融合,助力培养科研能力

近年来,海洋科学研究领域取得了许多瞩目的成果,将高水平科学研究反哺教学,实现教研融合,可增强学生的专业认同感,有效提升人才培养质量。教材的"海洋有机化学"和"虚拟仿真实验"两个模块,内容紧跟国际前沿关键科学问题,将我院最新的海洋碳汇、痕量金属洁净分析、海洋氮循环、海洋酸化等最新研究成果引入教学实验,拓宽学生的专业视野,引导其关注科学前沿问题,激发学习兴趣和探究欲望。

4. 设置设计性、开放性实验项目,培养创新学习能力

实验课堂是学生展示和实现创新能力的主要平台。[①] 因此,本教材在综合性实验的基础上设置了设计性、开放性的实验,既满足了个性化学习需求,又激发了学生的学习兴趣,提升了探究创新的能力。设计实验通过课前讲授实验设计的提示和部分文献资料,让学生自己查阅文献、设计实验方案和步骤,并在教师的指导下进行实验方案的修改和实验,完成实验后按论文形式撰写实验报告。如教材中的"简易水质箱的设计与应用"为学生自主设计实验项目,通过为学生提供设计基本思路,引导学生利用已学的水质监测的理论知识,自主设计一个操作简单、便携好用的水质箱,实验教学流程见图 2,典型学生设计图见图 3。设计性、开放性实验注重培养学生在查阅文献的基础上,应用所学知识解决实际问题的能力,学生往往能创造性地提出个性化的实验方案,并在教师的指导下得到个性化的实验结果,在培养学生创新能力上起着积极的作用。

---

① 刘明、韩宗珠、林霖等:《研究型教学在海洋地学实验教学中的应用》,《实验科学与技术》2022 年第 1 期。

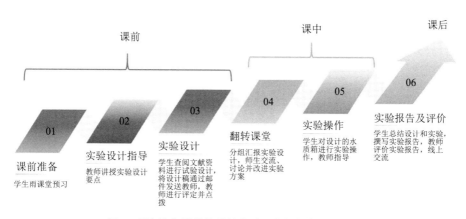

图2 "简易水质箱的设计与应用"实验的课程设计

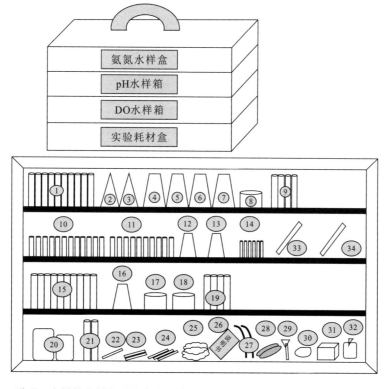

说明：水样箱外侧由不易腐蚀的材料构成，内侧使用白色底，用于比色。

图3 学生设计的"简易水质箱"

5. 教材实践与探索

目前，本教材已在海洋化学专门化实验的教学实践中应用两轮，具体教学过程设计包括学生课前预习、课上老师讲解和学生独立实验、课后学生撰写实验报告。实验报告中要求学生反馈"实验改进建议"，后期实验将根据学生的反馈意见进行进一步优化。通过教学实践证明，教材的实用性、操作性和可复制性强，既可作为高等院校海洋科学及相关专业高年级本科生和研究生的教学用书，也可作为海洋工作者的参考用书。

近年来，数字技术深度融入教育教学中，使教学理念、教学模式、教学方式和教学工具产生了颠覆式变革，因此教材开始探索新形态立体化的教材编写，目前已对本教材的知识点进行梳理，确定了适合建设数字化资源的内容。

五、结语

高质量的实验教材是课程建设的重要环节，是提高课堂质量的重要保证，实现学科人才培养目标的重要支撑。《海洋化学实验》聚焦综合性、设计性、创新性实验，在培养学生专业实验技能的同时，引导学生关注学科前沿研究热点。《海洋化学实验》教材建设，有助于解决海洋化学实验教材不足的问题，同时积极探索新型数字化教材建设，期望能为海洋化学专业系列实验教材编写提供参考。

应用层次分析法(AHP)的大学生学科竞赛分类与研究[*]

刘万山　陈　颖　林　蔚　蔡志钦　李春梅　刘　群　倪建超^{**}

摘要:大学生学科竞赛是高校双创教育中非常重要的一部分,有助于培养大学生的创新创业精神,对提高创业技能有重要的作用。目前学科竞赛数量繁多、质量参差不齐,在面对众多的学科竞赛的选择上容易产生纠结,缺少区分不同竞赛的评价模型。在实践中将高等院校学科竞赛进行分类和分级,对于高校开展双创教育有重要的现实意义。本文在总结归纳多种学科竞赛的基础上,应用层次分析法(AHP)建立大学生学科竞赛评级模型,使得大学生学科竞赛评价定量化,得到学科竞赛的评估结果,提供选择参考。

关键词:学科竞赛;层次分析法;分类评级

一、引言

近年来,高等院校的双创教育越来越受到重视,学科竞赛是高校大学生孵化创业机会、提高创新能力的重要途径,是高校双创教育中不可或缺的组成部分。[①] 高校也相继出台了多种措施推动和鼓励学生参与各种学科竞赛,现在学科竞赛数量繁多、质量参差不齐,在实践中将高等院校学科竞赛进行分类和分级,对高校开展双创教育有重要的现实意义。本研究尝试提出给予多种形式竞赛归纳总结,并应用层次分析法(analytic hierarchy process, AHP)建立大学生学科竞赛评级模型,使得大学生综合素质评价定量定类化,得到不同的学科竞赛评估结果,通过学科竞赛的评估结果,可以挑选出那些能够提升创新人才培养效果的高质量竞赛。这样的做法不仅能够增强竞赛项目本身的质量,还能够通过反向激励的方式,促进整个竞赛环境的优化和提升。

二、高校开展学科竞赛的作用和意义

建设教育强国是实现中华民族伟大复兴的基础工程。面对全球竞争的挑战和科技革新的浪潮,高等教育领域正采取战略性决策,致力于推进新工科、新医科、新农科和新文科的建设。这些新兴学科领域的发展成为高等教育适应时代变迁和提升国际竞争力的关键

* 基金项目:福建省 2023 年本科高校教育教学改革研究项目(FBJY20230275)。

** 刘万山,男,汉族,山东临沂人,硕士,高级工程师,厦门大学航空航天学院工程管理中心主任,研究方向为创新创业教育。

① 韩少钦:《开展"双创"竞赛课程思政的价值、维度与路径探析》,《创新与创业教育》2022 年第 4 期。

举措。首先提出的是新工科，它融合科学、技术、产业和社会，是高质量高等教育体系建设的重要主题。在服务创新型国家建设和地方社会经济发展中，建设引领复合型创新创业人才教育体系是高校在"四新教育"生态下的重要任务，也是推进科教融合、产教融合和深化人才培养等工作的重要环节。

近年来，高等院校的双创教育越来越受到重视，学科竞赛是高校大学生孵化创业机会、提高创新能力的重要途径，是高校双创教育中不可或缺的组成部分。高校也相继出台了多种措施推动和鼓励学生参与各种学科竞赛，现在学科竞赛数量繁多、质量参差不齐，在实践中将高等院校学科竞赛进行分类和分级，对高校开展双创教育有重要的现实意义。

三、学科竞赛体系的构建思路

在当前的学科竞赛体系中，学生在选择参与竞赛时常常面临信息不足的问题，难以准确评估各项竞赛的真实水平，这使得他们在决定参与哪些竞赛时感到迷茫。另外，由于缺乏高校提供的实质性反馈，竞赛组织者难以对竞赛内容进行针对性的改进，进而影响到竞赛在培养具有创新能力人才方面的实际效果。[1] 这种信息不对称的现象，让学生在选择竞赛时感到迷茫，因此，提高学科竞赛信息的公开程度，有助于解决竞赛组织中出现的不规范问题，同时也为高校在竞赛选择上提供了清晰的指导。提高信息的透明度，可以让同学们更加了解每个竞赛的特点和质量，从而做出更明智的选择。同时，竞赛主办方也可以通过接收来自高校的反馈，更好地了解他们的需求和期望，进而对竞赛进行改革和提升，使其更符合创新人才培养的目标。

大学生学科竞赛是高校双创教育中非常重要的一部分，有助于培养大学生的创新精神，是对产学研结合教育理念的直接实践。[2] 而评估大学生参与的学科竞赛涉及众多因素，要进行全面的定性或定量分析极为复杂。鉴于此，我们需要采纳一种融合定量分析与定性判断的综合多目标决策模式来进行评估。将决策目标进行量化，从而可以对其进行定量的研究和分析，提高决策的科学性和准确性。通过层次分析法建立大学生学科竞赛评级模型。[3] 这种方法将决策对象的相关元素分为目标、准则和方案等层次，然后对其定性和定量分析。[4]

四、建立大学生学科竞赛评价模型

1. 建立大学生学科竞赛评价体系

本文所建模型的层次结构分成三层，层次结构模型如图 1 所示[5]。

① 陆国栋、陈临强、何钦铭等：《高校学科竞赛评估：思路、方法和探索》，《中国高教研究》2018 年第 2 期。
② 沈亚东：《基于情境领导理论的大学生科创竞赛指导研究》，《河南教育（高等教育）》2022 年第 7 期。
③ 赵伟奇：《AHP 法在大学生综合素质评价中的应用》，《价值工程》2012 年第 27 期。
④ 徐晓敏：《层次分析法的运用》，《统计与决策》2008 年第 1 期。
⑤ 邹小林、林晓聪：《信息与计算科学专业的学科竞赛分级研究》，《肇庆学院学报》2018 年第 2 期。

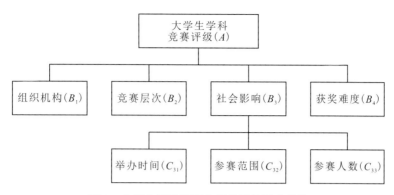

图 1 大学生学科竞赛分级模型的层次结构

2. 建立判断矩阵

从图 1 评价体系的第二层判断指标开始,对于影响上一层每个因素的同一层不同因素,利用表 1 给出的判断矩阵的标度 1～9 构造判断矩阵,直到第三层,其中 1～9 标度及含义如表 1 所示。

表 1 判断矩阵标度 1～9 级含义

标度	定义	含义
1	同样重要	两元素对某准则同样重要
3	稍微重要	两元素相比,一元素比另一元素稍微重要
5	明显重要	两元素相比,一元素比另一元素明显重要
7	强烈重要	两元素相比,一元素比另一元素强烈重要
9	极端重要	两元素相比,一元素比另一元素极端重要
2/4/6/8	相邻标度中间值	表示相邻量标度之间折中时的标度
标度倒数	相反比较	元素 i 对元素 j 的标度为 a_{ij},反之标度为 $1/a_{ij}$

通过对不同影响指标的相对重要性进行评判,评价结果如表 2 和表 3 所示。

表 2 一级指标的判断矩阵

	组织机构	竞赛层次	社会影响力	获奖难度
组织机构	1	4	2	5
竞赛层次	0.25	1	0.333	2
社会影响力	0.5	3	1	3
获奖难度	0.2	0.5	0.333	1

表 3　二级指标的判断矩阵

	举办时间	参赛范围	参赛人数
举办时间	1	4	2
参赛范围	0.25	1	0.333
参赛人数	0.5	3	1

3. 计算权向量并做一致性检验

通过构造判断矩阵，计算权向量，并进行一致性检验，如表 4 和表 5 所示。通过比较权向量与一致性指标的值(4.1)来进行，如果(4.1)的值小于 0.1，则认为判断矩阵的一致性可以接受。

$$CR = \frac{CI}{RI} \qquad\qquad (4.1)$$

表 4　一级指标的层次分析结果

	特征向量	权重值/%	最大特征根	CI 值
组织机构	1.983	49.585		
竞赛层次	0.519	12.964	4.057	0.019
社会影响力	1.155	28.87		
获奖难度	0.343	8.58		

表 5　二级指标的层次分析结果

	特征向量	权重值/%	最大特征根	CI 值
举办时间	1.671	55.714		
参赛范围	0.368	12.262	3.018	0.009
参赛人数	0.961	32.024		

再对每一个判断矩阵进行一致性检验，如不满足需进行修正。层次分析法的计算结果如表 6 和表 7 所示，一级指标的 $CR = 0.021 < 0.1$，通过一次性检验。二级指标的 $CR = 0.017 < 0.1$，通过一次性检验。

表 6　一级指标进行一致性检验

最大特征根	CI 值	RI 值	CR 值	一致性检验结果
4.057	0.096	0.882	0.021	通过

表 7　二级指标进行一致性检验

最大特征根	CI 值	RI 值	CR 值	一致性检验结果
3.018	0.009	0.525	0.017	通过

通过计算结果可得,一致性检验通过,上述特征向量可作为权向量。

4. 计算组合权向量并计算大学生学科竞赛评价值

$$\beta_{B1}=0.49585 \quad \beta_{B2}=0.12964 \quad \beta_{B3}=0.28870 \quad \beta_{B4}=0.08580$$

$$\beta_{C31}=0.28870\times0.55714\approx0.16085 \quad \beta_{C32}\approx0.03540 \quad \beta_{C33}\approx0.09245$$

将组合权向量代入公式,计算大学生学科竞赛评价值。

$$Z=\sum_{i=1}^{n}\beta_i\times Q_i \tag{4.2}$$

其中,Z 为大学生学科竞赛评价值,n 为目标因素的个数,Q_i 为各目标因素的实际评价值,βi 为各目标因素的合成权重值,由此计算出大学生学科竞赛评价值。

5. 大学生学科竞赛分级

第一步,请对大学生参加的大学生学科竞赛根据组织机构(记作 B_1)、竞赛层次(记作 B_2)和获奖难度(记作 B_4)三个一级指标,以及举办时间(记作 C_{11})、参赛范围(记作 C_{12})、参赛人数(记作 C_{13})三个二级指标,根据评分标准进行指标分为Ⅰ级、Ⅱ级、Ⅲ级(Ⅰ级为100分、Ⅱ级为80分、Ⅲ级为60分)。

第二步,将评分代入到计算公式中,获得该学科竞赛的综合分。

第三步,根据不同竞赛的综合得分获得学科竞赛的等级。

本文提供一种可参考的分级标准:如果一个竞赛的综合分落在90~100分的范围内,那么它将被归类为顶级竞赛;如果综合分处于80~90分(不包括90分)的区间,这样的竞赛则被定义为重点竞赛;那些综合分在70~80分(不包括80分)之间的竞赛,被视作一般竞赛。通过这种分级方式,我们可以清晰地区分竞赛的难易程度和重要性。

五、竞赛评级模型的应用

应用上述得出的评级模型,针对大学生参加的大学生学科竞赛根据组织机构、竞赛层次和获奖难度三个一级指标,以及举办时间、参赛范围、参赛人数三个二级指标,根据评分标准进行指标分级评分。

评分标准参考如下组织机构(B_1)若为国家直属部门主办,例如教育部、团中央、工信部等则分类为Ⅰ级。若为国家其他教育部门参与主办则分类为Ⅱ级,若为其他组织主办则分类为Ⅲ级;竞赛层次(B_2)若选拔方式为从院、校、省再到国家总决赛则分类为Ⅰ级,若选拔方式为区域赛和国赛则分类为Ⅱ级,若选拔方式为只投递一个作品多层评奖则分类为Ⅲ级;举办时间(C_{11})可以从竞赛举办频次和竞赛存续时间两个方面进行分类为Ⅰ级、Ⅱ级、Ⅲ级三个等级;参赛范围(C_{12})根据参赛选手的专业分布范围和参赛院校的地域分布范围共同决定,若参赛选手涵盖所有专业或所有高校均可参赛则分类为Ⅰ级,若参赛选手涵盖部分专业则分类为Ⅱ级,若参赛选手只涉及某一个领域或对参赛高校有开设专业限制则分类为Ⅲ级;参赛人数(C_{13})根据累计参赛总人数和近一年参赛人数进行分类为Ⅰ级、Ⅱ级、Ⅲ级三个等级;获奖难度(B_4)根据获奖比例进行评分,若获奖人数占参与人数的比例较高则分数较低,若获奖人数占参与人数的比例较低则分数较高,按照获奖比例所构成的线性关系分类为Ⅰ级、Ⅱ级、Ⅲ级三个等级。选取国家竞赛库中前11个学科竞赛进行评分评级,各个指标得分和综合分结果如表8所示。

表 8　应用模型对部分学科竞赛进行评分分级

竞赛名称	组织机构	竞赛层次	举办时间	参赛范围	参赛人数	获奖难度	综合分
中国国际"互联网＋"大学生创新创业大赛	Ⅰ	Ⅰ	Ⅱ	Ⅰ	Ⅰ	Ⅰ	96.782
"挑战杯"全国大学生课外学术科技作品竞赛	Ⅰ	Ⅰ	Ⅱ	Ⅰ	Ⅰ	Ⅰ	96.782
"挑战杯"中国大学生创业计划大赛	Ⅰ	Ⅰ	Ⅱ	Ⅰ	Ⅰ	Ⅰ	96.782
ACM-ICPC 国际大学生程序设计竞赛	Ⅱ	Ⅱ	Ⅰ	Ⅰ	Ⅲ	Ⅰ	83.791
全国大学生数学建模竞赛	Ⅱ	Ⅲ	Ⅰ	Ⅰ	Ⅰ	Ⅱ	83.180
全国大学生电子设计竞赛	Ⅱ	Ⅲ	Ⅰ	Ⅲ	Ⅲ	Ⅱ	78.066
中国大学生医学技术技能大赛	Ⅱ	Ⅲ	Ⅱ	Ⅲ	Ⅲ	Ⅱ	77.442
全国大学生机械创新设计大赛	Ⅱ	Ⅲ	Ⅱ	Ⅲ	Ⅲ	Ⅱ	77.442
全国大学生结构设计竞赛	Ⅱ	Ⅱ	Ⅱ	Ⅲ	Ⅲ	Ⅱ	77.442
全国大学生广告艺术大赛	Ⅱ	Ⅲ	Ⅱ	Ⅲ	Ⅲ	Ⅱ	74.849
全国大学生智能汽车竞赛	Ⅱ	Ⅱ	Ⅱ	Ⅲ	Ⅲ	Ⅲ	75.726

表 8 中得出不同学科竞赛的综合分，再根据参考的评级标准，选取的 11 个竞赛进行综合分的排序，可得出由应用大学生学科竞赛分级模型得出的学科竞赛综合分排序与 2023 年 3 月 22 日中国高等教育学会高校竞赛评估与管理体系研究专家工作组发布《2022 全国普通高校大学生竞赛分析报告》中的竞赛目录的排序大致相同，验证了大学生学科竞赛分级模型的合理性。

生态文明工程师培养与大学生科研创新实践[*]

李杨帆　黄暄皓[**]

摘要：生态文明和美丽中国建设对环境与生态类大学生人才培养提出了更高要求,如何通过融合教学学术实践和科研学术实践是关键之所在。大学生作为大众创业、万众创新的中坚力量,高校是他们开展早期科研创新培训和试验的最佳实践场所,本科生参与科研创新活动对于培育这些未来的生态文明工程师具有重要的意义。海岸带城市化与生态环境变化研究组 2014 年以来在厦门大学指导本科生近 90 人次参与 23 项科创和竞赛项目(其中大创项目 5 项国家级,4 项省级),发表 7 篇核心论文和 1 篇政策建议,获得各类奖项15 项,初步形成"思政引领,启智润心;科学前沿,项目实战;系统指导,长效机制"的生态文明工程师人才培育模式。当前,环境与生态类人才培养的教学过程与科学研究存在脱节,教学模式与社会需求、新质生产力发展存在差距,未来需加强教学的学术研究,促进教学与科研融合,通过校企联动实习实践实训,统筹构建生态文明工程师培养和大学生科研实践的创新生态。

关键词：生态文明工程师;人才培养;大学生;科研创新

一、引言

生态文明建设是关系中华民族永续发展的根本大计,建设美丽中国要把生态文明建设放在突出位置。2023 年,习近平总书记在全国生态环境保护大会上发表重要讲话,强调推动美丽中国建设、实现人与自然和谐共生的现代化,为生态文明建设指明了前进方向。这一重要战略部署要求我们深刻认识生态文明建设规律,实现由实践探索到科学理论指导的转变,践行习近平生态文明思想。美丽中国建设以科技创新为关键支撑,旨在坚持科技是第一生产力、人才是第一资源、创新是第一动力,需要深入实施科教兴国战略、人才强国战略、创新驱动发展战略,加快发展新质生产力。

建设美丽中国是满足人民日益增长的美好生活需要的必然要求,作为生态文明建设的前进方向,需要一大批对习近平生态文明思想领悟深刻、生态环境工程理论基础扎实、技术

* 基金项目:厦门大学课程思政教学研究项目"思政元素深度融入一流专业课程教学模式及其创新途径研究"(2021 年度)。

** 李杨帆,厦门大学环境与生态学院教授,主要研究方向为海岸带城市化与生态环境管理。黄暄皓,厦门大学环境与生态学院生态学专业 2022 级硕士生(环境生态工程专业本科毕业),主要研究方向为海岸带生态系统建模。

过硬、实践能力突出并兼具一定人文和社会科学修养的生态文明工程师。生态文明工程师以生态学理论为认知起点，以生态系统健康和经济、社会、自然协调持续发展为行为目的，在生态文明建设过程中统筹交融经济、社会、道德等手段和方法，最终实现人与自然和谐共生。[①] 高等院校作为践行和发展习近平生态文明思想的主阵地，承担着培养生态文明工程师的重要任务。通过引导大学生从本科阶段参与科研、技术开发和社会实践等创新活动，挖掘他们的科研潜力、培养他们的创新精神、提升他们的实践能力，对于培养美丽中国的建设者和接班人来说意义重大。

在当前社会发展的新形势下，生态环境问题已成为全球共同面临的严峻挑战。在美丽中国建设背景下，树立大学生大众创业万众创新的主人翁意识，充分发挥高校教书育人和科学研究的双重优势，强化大学生科研能力和创新素养培养[②]，正是面对上述挑战的人才培养必然之举。探索面向生态文明工程师培养的科研创新实践，不仅是对传统学科教育模式的创新，而且是适应社会需求的客观要求。如何将理论与实践相结合，深入探寻以生态文明工程师培养为导向的大学生科研创新实践方法，培养具备环境责任感和创新能力的新型人才，已经成为亟待破解的关键问题。

二、大学生科研创新的指导成效

本科生作为科学研究的潜在新兴力量，做好本科生科创指导是人才培养的关键一环。通过课程教学、讲座和本科生导师科研项目宣讲等方式吸引学生参与科创项目，积极弘扬高等教育中的"科学家精神"，充分激发青年大学生科研的主观能动性。2014 年厦门大学海岸带城市化与生态环境变化研究组成立伊始就指导本科生参加大学生创新创业训练计划及相关科创竞赛，迄今累计指导项目 23 项，指导学生近 90 人次，受训本科生发表核心论文 7 篇和 1 篇政策建议，获得各类奖项 15 项。同时，研究组于 2018 年开始与深圳市大鹏新区改革与发展研究中心合作开展长期科研项目，5 年内持续指导 4 支本科生团队依托该项目开展大学生创新创业训练计划及科创竞赛项目，制定"全链条"人才培养计划培养生态文明工程师(见图 1)。该合作项目为本科生的成长发展提供了重要平台，学生可以利用合作交流和成果转化等方式，通过暑期社会实践、大学生创新创业训练计划、科创竞赛及毕业论文等形式积极参与真实科研场景当中。

---

① 郭青海:《生态文明建设需要生态文明工程师》,《中国科学报》2018 年 12 月 10 日第 7 版。李杨帆、张倩、欧阳通:《新工科导向下生态文明工程师本科人才培养模式探讨》,《中国大学教学》2021 年第 10 期。

② 李杨帆、朱晓东:《科研训练计划与大学生创新能力培养》,《中国大学教学》2011 年第 4 期。

图 1　大创项目本科生在深圳大鹏新区调研

科创项目和竞赛方面,指导本科生主持大学生创新创业训练计划 5 项国家级、4 项省级项目。2014 年指导本科生获第七届全国大学生节能减排社会实践与科技竞赛三等奖;2017 年指导本科生开展台风影响下厦门海岸带社区—生态系统脆弱性研究,获国家级立项,并于 2018 年荣获"未来城市"论文国际竞赛银奖;2018 年指导本科生开展厦门下潭尾红树林蓝碳估算及生态修复效果研究,获国家级立项;2019 年指导本科生开展海岸带城市生态安全边界划定方法及应用研究,获得国家级立项;2020 年分别指导本科生开展九龙江—厦门有机碳时空分布格局研究和深圳市大鹏新区沙滩—社区生态系统健康韧性评估研究,均获省级立项;2020—2021 年指导本科生荣获联合国环境规划署—同济大学 2020 年度绿苗计划奖学金(见图 2);2022 年指导本科生参与第一届全国大学生生态环境管理科研创新大赛并荣获一等奖;2023 年指导本科生开展深圳市大鹏新区红树林蓝碳增汇潜力评估及空间优化技术研究,获第二届全国大学生生态环境管理科研创新大赛特等奖(见图 2);2024 年指导本科生开展厦金海岸带红树林景观破碎化遥感监测与韧性提升策略研究,获省级立项。

图 2　本科生科创竞赛成果

科研服务地方方面,在项目一线磨炼的本科同学们成功做到了将自己的成果写在了祖国大地上(见图 3)。2019 年指导 9 人本科生团队开展暑期社会实践进行现场调研,在地方管理部门《大鹏信息》上发表《关于新区海岸带社区存在的问题及"未来社区"建设建议》,得到管理部门重视。基于暑期社会实践的调研结果，团队核心成员深入并细化至大鹏新区典型的沙滩—社区生态系统开展评估及生态产品价值实现机制研究。在此期间，大创项目成员还参与了《2021—2022 年厦门市经济社会发展与预测蓝皮书》生态文明建设部分的文本撰写。经过 2 年的培养教育及学术熏陶，该组黄暄皓同学以沙滩侵蚀的遥感监测及预测为主题开展本科毕业论文研究工作，并推免至本校硕士研究生，成功实现了大学四年全流程一体化的培养计划。

图 3　本科生参与科研与服务地方的部分成果

基于科创项目刊发的代表性论文包括：①《面向水环境现代化治理的绩效评估与优先区识别》，发表于环境与生态学科一流期刊《中国环境科学》，重点研究九龙江河流有机碳由陆地生态系统输送至海洋生态系统的时空分布，通过 RUSLE 模型结合 GIS、遥感反演等办法分析有机碳陆源空间格局和厦门湾近海海域有机碳浓度分布。②《沙滩—社区生态系统健康韧性评价——以深圳市大鹏半岛为例》，发表于环境与生态学科一流期刊《生态学报》（见图 3），项目以深圳大鹏半岛的沙滩—社区系统为例，从社会—生态系统的应对力和适应力出发，构建健康韧性评估框架，以此为基础探索不同健康韧性系统的生态产品价值实现机制。③另一篇在《生态学报》发表的论文《台风影响下海岸带社区社会—生态系统脆弱性研究：以厦门为例》结合大数据及空间统计数据，建立台风灾害影响下，基于暴露—敏感—应对—恢复力体系构建厦门海岸带城市社会—生态系统脆弱性指标体系，评估灾前灾后台风对厦门不同地区的影响，并对不同受灾信息进行灾情跟踪及分析。④Complementing Carbon Tax with Renewable Energy Investment to Decarbonize the Energy System in

China 发表于中国科学院 SCI 一区期刊 *Renewable and Sustainable Energy Reviews*，第一作者是课题组指导的本科生吴辉煌同学，该成果源于他在厦大的本科毕业论文和继续深造的北京大学课题组相关研究的融合创新，将电力系统决策模型纳入可计算一般均衡（CGE）模型，全面探讨了我国碳税（CTax）和可再生能源投资（REI）组合政策的低碳转型、环境效益和经济成本。

三、经验总结

1. 思政引领，启智润心

厦门大学环境与生态学院设有环境科学、生态学、环境生态工程三个本科专业，生态学、环境科学专业入选国家级一流本科专业建设点。环境科学为国家重点学科，生态学连续两次入选国家"双一流"建设学科（2017、2022）。学院基于"引领创新"的教学理念，发挥自身学科优势，积极推动国内外交流，教学过程全面融入生态文明与美丽中国建设，助力生态修复和乡村振兴。新的培养模式是美丽中国人才建设的重要基础，在生态文明框架下，本研究将习近平生态文明思想有机融入课程体系，提出环境与生态类专业建设需要以习近平生态文明思想为指导，从思政课程引领、理工文学科交叉融合、未来职业导向三方面建设美丽中国建设背景下的生态文明类专业，引入交叉学科理念、强调前沿科研与教学的有机融合，建立以研促教的教学模式，通过建设课程思政群、促进跨学科融合、搭建校企深度合作、开展以成果为导向的创新实践等手段，打破传统学科界限，打通本科生参与环境与生态类前沿领域科学研究的渠道，打造全链条具有生态文明内涵的个性化培养方案，最终培养出具备环境科学、生态学和工程学基本理论、基本知识和专业素养，掌握应用生态学和工学基本技能的新型卓越工程复合人才——生态文明工程师，为践行生态文明建设和美丽中国做出贡献。

以本科专业核心课"城市生态规划与管理"课程思政为依托，研究组引导本科生从中国大地上和国家人民最急需的领域寻找科学问题。通过课堂的专业教学，学生更加充分地了解自身的科研兴趣和研究动力，为他们以后的科研和人生之路奠定了基础；通过理论讲解和翻转课堂的引导教学，学生以合作交流的方式主动学习海岸带城市生态规划中所蕴含的科学知识，激发学生对科学研究的兴趣；课余积极为学生提供创新创业和学业竞赛的途径及专业指导，以此路径激发了青年学生创新创业发展的持续动力及解决国家地方生态文明建设中急难愁盼问题的勇气。

2. 科学前沿，项目实战

加强校内外实训平台建设，在实际工程或规划项目中训练应用实践技能，培养学生专业综合能力。联合政府机构以及多个企事业单位，建设了厦门大学—漳江口红树林实践教育基地、厦门大学环境与生态学院—全国卫生产业企业管理协会净水产业分会卓越班实践基地、厦门大学环境与生态学院—福建省漳州水文环境生态教学科研实践基地、厦门大学环境与生态学院—长汀县水土保持及生态保护教学科研实践基地、厦门大学环境与生态学院—厦门市下潭尾红树林公园教学实践基地等多个实训基地，利用野外教学基地，组织学生参与生态系统监测及修复工作，提升其实践能力。为了更好地衔接校园生活与社会生活，带领学生前往企业进行生态文明建设的考察调研（如翔安水质净化厂、固废处置有限公司），从产品生产到核心技术，让学生全面了解实践操作和技术应用。同时，组织学生到环境与生态类项目施工现场进行勘测、取样，并辅助开展相关工程设计，旨在提升学生对工程实践的认知和兴趣。结合大数据、人工智能等技术，引导学生提升规划与管理水平，培养创新性思维和创业能力。积极推动产学研合作，与企业签订战略合作协议，通过学校与企业的资源共享和合作，打通教育与社会需求的渠道，为学生提供更多实践机会，促进技术转化和协同育人，同时在生态环境保护方面为国家提供优质的生态文明工程师。[①]

在指导学生参加科创项目及竞赛过程中紧扣"双碳"新时代社会发展目标，努力实现"将论文写在祖国大地上"的科研要求，例如基于海岸带的韧性研究开展沙滩生态产品价值实现机制研究、在海岸带典型地区"蓝绿碳汇"等科研项目中强化生态文明建设、碳达峰碳中和等相关领域的国家地方重大战略需求内容，通过实际需求导向保证学生求真务实、把论文写在祖国大地上的探索精神，同时为学生提供政策建议的撰写实战平台，助力学生实现科研成果支撑政策管理并落地实施。

3. 系统指导，长效机制

通过专业教育—科研创新—实践教育在本科阶段全过程的深度融合，重点打通大一暑期社会实践、大二大创与学科竞赛、大三生产实习、大四毕业论文的生态文明全程"学—研—产"育人链条，坚持多学科交叉融合研究方式，通过直接指导本科生进入科研和实践第一线，综合提升学生的理论、创新、应用水平，不仅能锻炼学生解决复杂的环境与生态修复问题的能力，更能培养学生解决最现实社会需求的能力，为他们成为生态文明工程师—未来生态文明建设事业接班人做好各项准备。

充分利用现有的教学科研实验平台，锻炼学生解决复杂的环境与生态修复问题的能力。针对美丽中国建设任务需要，进行设备、单元、工艺的设计；选择、使用与开发现代仪器、计算机软件工具，对复杂生态环境问题进行计算、模拟和系统分析，开展人与自然和谐共生的新工程营造；将虚拟仿真、虚拟现实、大数据等新兴技术融入环境与生态类专业课堂、实验与实践教学中。设计"课堂—实验—实习—工厂—仿真"一体化云端智慧教学新模式，打造"教学、科研、培训、开发"一体化智能教育平台，通过多样化的实验内容、实验仿真模块、可视化和互动性强的教学模式以及多学科教师的交叉合作，激发学生的学习兴趣，全面提升学生的学习能力和解决实际问题的能力，实现实验、实践教学资源的共享。

四、存在的挑战与未来展望

环境与生态类人才培养的教学和科学研究存在脱节。目前，各类生态环境主题的自然科学和社会科学研究不胜枚举，相关教学研究特别是教学学术的研究却不多见。科学研究具有学术性，承载着人才培养的教学也具有学术性。因此我们迫切需要推动教学改革，提高环境与生态类课堂和实践教学的学术性，促使教师从专业性的角度来看待教学，对自己所讲授的领域有深刻全面的认识的同时，能够将自身的理解转化为学生的学习，以教学活

---

① 李杨帆、张倩、欧阳通：《新工科导向下生态文明工程师本科人才培养模式探讨》，《中国大学教学》2021 年第 10 期。

动中产生的问题为对象进行不断的研究、反思和改进,创造与拓展知识。[①] 充实并完善教学内容、设计研究型教学内容,与生态文明及美丽中国建设具体科学前沿和实际问题的研究充分融合起来,打破传统解决科学问题的思维定式和功能固着,在教学中注重培养学生的创造力和解决实际问题的能力。提升学术性的教学将会与科学研究并行,在培养学生的科研思维和工程师实践能力方面发挥协同作用。

高校环境与生态类人才培养与生态文明及美丽中国建设高要求存在差距。具体表现在人才培养的教学模式、科研本身及其支撑教学的水平与新质技术脱节,对人工智能等新质生产力理解应用不到位,许多头部企业新质技术和创新能力已经超过高校,使得学校培养和社会需求的差距进一步放大。环境与生态教学和科学研究未能实现有效的融合,教师、学生缺乏将课堂上所学的理论方法融会贯通并应用到生态环境工程和治理领域的能力。未来亟待创新生态文明工程师系统育人创新模式,引导学生在科研创新场景中融入新质生产力理论方法技术,加强校外一流企业和研究院所的技术合作与实习实训合作,打造校企联合育人创新生态,深化科教融汇、产教融合,开展"人工智能+"行动,深化大数据、人工智能等新兴领域前沿技术研发应用,共同培养能充分利用现代科技、熟练使用现代先进设备且具备高素质的知识型、技能型、创新型人才。

---

① 刘华东:《本科教育如何跳出上级热、教师冷》,《光明日报》2019 年 11 月 5 日第 13 版。

对临床医学专业大学教育承前启后作用的思考

赵　云 *

摘要：临床医学专业大学教育在医生培养中肩负重要作用，但不是孤立的一环，它向前衔接于中学生物课学习，向后延伸向临床医生的成长和提升。因此，除了做好大学的专业教育，加强与前后两个阶段的延伸和衔接也有助于临床医生的培养。

关键词：临床专业；大学教育；前后衔接

医科大学或综合大学的医科专业的学习，向前衔接于中学生物课学习，向后延伸向临床医生的培养和成长，是学习与成长体系中的重要一环。笔者在教学实践中对医科专业大学教育的承前启后作用有些许浅薄拙见，与读者分享探讨。

一、医科专业大学教育向前与初中生物课程的衔接

医科专业的许多课程以初中生物课程学习为基石，大学的资源又能为初中生物学习提供实践机会和专业引导，深化中学生对生物课程的学习，并帮助他们理性了解医学学科。

1. 医科专业课程与初中生物课程的知识衔接

初中生物是大学医学专业学习的重要基石。以人教版教材为例，七年级上册介绍了细胞，七年级下册讲述了生物圈中的人，八年级上册学习的动物和微生物，八年级下册学习的生命的延续和发展、传染与免疫，这些内容都与大学医学专业学习连接紧密（见表1）。初中时某个章节的铺垫，在大学时展开为相应课程的系统学习。例如，七年级下册讲述生物圈中的人，学习了人的部分器官系统，而在大学临床专业学习中，需要对人的器官系统进行全面深入学习，这就是解剖学这门学科的讲授内容。[①] 并且，解剖结构是临床学习的重要基石，所以临床专业学生对人体结构的学习非常深入，不仅要学习系统解剖学，还要学习局部解剖学。

表1　初中生物课相关内容与临床医学专业大学课程的对接与对比

内容	初中章节	大学医学课程
细胞	七年级上册，生物体的层次结构这一单元，介绍细胞是生命活动的基本单位、细胞怎样构成生物体	细胞生物学——从细胞的整体水平、亚显微水平、分子水平等三个层次，研究细胞与细胞器的结构和功能、细胞的生活史和各种生命活动规律

　＊　赵云，女，山东潍坊人，厦门大学医学院助理教授，医学博士，主要研究方向为中药活性成分的心血管药理学研究。

　①　丁文龙、刘学政：《系统解剖学》，人民卫生出版社2018年版，第1页。

续表

内容	初中章节	大学医学课程
人体结构	七年级下册,生物圈中的人这一单元,介绍人体的部分器官系统	人体解剖学——研究正常人体各系统和器官的位置、形态、结构和功能的科学,是进一步学习后续医学基础课程和临床医学课程的基础课程
微生物	八年级上册,生物圈中的其他生物这一单元,学习细菌、真菌和病毒	医学微生物学——研究与医学有关的病原微生物的生物学特性、致病和免疫机制的科学,寻求特异性诊断、防治的措施,控制和消灭感染性疾病
遗传	八年级下册,生物圈中生命的延续和发展这一单元,学习生物的遗传和变异	医学遗传学——研究遗传因素在人类疾病的发生、流行、诊断、治疗和预防中的作用机制及其规律
免疫	八年级下册,健康地生活这一单元,学习传染病与免疫	医学免疫学——研究人体免疫应答的规律和效应,探讨免疫功能异常所致疾病及其发生的机制,发展有效免疫学诊断和防治手段的一门科学

2. 大学医科教育与中学生课外实践的衔接

笔者认为,随着人口数量的下降,教育资源将会变得充裕,中学生各种形式课外实践的客观条件也会更加具备。[①] 大学对各学科的学习更加精细,资源也更丰富,因此,可作为中学的课外实践基地。例如,厦门大学有国家级医学虚拟仿真实验教学中心以及人体生命科学馆,对生物圈中人的层次结构既有虚拟仿真,又有真实展示,有利于对初中课本的深入理解。厦门大学的细胞应激生物学国家重点实验室虽以科研为主,但也会经常开展科普开放日活动,展示生命和细胞活动的奥秘,有益于七年级时对细胞结构和功能的理解。如同去博物馆参观文物和展出有益于历史学习,在这些教学中心和实验室的参观学习也必然会帮助学生对生物学科有更生动形象的理解。

3. 大学医科教育与中学生专业选择的衔接

以前传统的文理分科教学模式中,学生在学习中选择余地较小,因此主动学习不足,导致学生在高考后对大学专业的选择缺乏自主意识,进入大学后难以适应或学习兴趣不高。我国大部分省份高考制度改革为"3+1+2"模式[②]后,这个问题提前到中学阶段,高一下学期就要根据以后学习和从事的专业而做出选择。这需要高一甚至初中阶段就要对专业有一定的理性认识。临床医学专业因为其专业性强、就业率高等特点,是高考后报考的热门专业。笔者在本科教学的过程中体会,本专业的学习对学生个人素质要求较高,特别是对其自主学习能力、逻辑思维能力等方面都有一定要求。以后从事临床医生工作,虽然治病救人获得的职业满足感较强,但同时压力也大,不仅有短时间做出正确判断的精神压力,也有手术时间长、经常值夜班等身体压力。因此,让中学生了解医学、医生的使命,有助于选择专业后的大学学习以及成为医生后的坚持,也有助于医科大学聚拢有意治病救人工作的学生,为临床工作输送有价值感和使命感的医生。

---

① 杜海:《强化学生认知体验,落实课堂有效教学》,《生物学教学》2018 年第 7 期。

② 刘海峰、唐琴、韦骅峰:《高考制度满意度的东西部差异研究》,《大学教育科学》2023 年第 4 期。

二、医科专业大学教育向后与临床医生成长和提升的衔接

大学医科专业的学生毕业后将走向临床岗位，肩负治病救人的神圣职责，这对其自身而言也是巨大的责任和挑战。因此，医科专业大学教育向后与临床医生成长和提升相衔接，为他们顺利成长为合格医生铺设道路。

1. 大学医科教育帮助学生完成知识储备，以便向后与临床医生成长相衔接

知识储备是大学学习的重中之重。特鲁多医生的墓志铭"有时是治愈，常常是帮助，总是去安慰"很好地总结了医生的职责[①]，医生高尚的医德医风应该体现在清楚医学能做什么和该做什么并身体力行。而要知道能做什么和该做什么，扎实的基础知识是必不可少的。笔者在本科教学实践中发现，对以后成为医生持坚定态度的同学多具有强大的内驱力，学习效果明显优于其他同学，因此，更意识到中学开始进行职业科普的重要性。

2. 大学医科教育帮助学生实现逐渐从学生到医生角色的思想转变，以便向后与临床医生成长相衔接

医学本科生必然会经历从学生到医生角色的转变，这种转变不是一蹴而就的，否则不利于学生的成长。厦门大学医学院在见习和实习教学以及考试中引入标准化病人，这一举措的目的就是帮助学生逐渐转变、进入医生角色，感受医生在医疗过程中如何综合运用所学知识解决患者病痛折磨的实际问题。而基础知识不扎实的学生这时就会感到力不从心，因此，医学院在基础课学习时也适量引入临床医生教学，让学生接触临床病例，将角色转变进一步向前渗透。医学基础阶段的学习是繁重的，脱离了实际问题的学习容易感觉枯燥乏味。因此，学生越早转变角色，从医生的角度思考、认识到这些基础知识的重要性，便越早能认真对待、提高学习积极性，越有助于对基础知识的扎实掌握。

3. 医科专业大学教育帮助青年医生的成长和提升

医生是对个人素质有高要求的职业，既要掌握大量的基础知识，又要在行医过程中不断学习新知识新技术。虽有规范化培训，但有不少青年医生仍有针对自己的弱项进行训练提升的需求，比如在腹腔镜模拟操作室重复练习直至熟练掌握该操作。医科大学具有这些硬件资源，对需要的医生开放，能帮助他们成长和提升。

医生的成长是个漫长的过程，中学理性了解该职业、大学扎实学习基础知识并完成角色转变、行医时不断成长和提升，这三个阶段都是必不可少的。临床医学专业大学教育是培养临床医生的核心阶段，也在这三个阶段中具有承前启后作用，对前后两个阶段的学习起到重要衔接作用。愿临床医学专业大学教育联动前后两个阶段，为医疗行业输送有价值感和使命感的医生，为社会和谐和进步添砖加瓦。

---

① 周嘉伟、李延青：《特鲁多墓志铭与当代医师专业精神》，《医学与哲学》2019 年第 17 期。